教育部人文社会科学研究青年基金
"法律社会史视阈下的元代地方司法研究"（项目批号:19YJC770065）资助

郑鹏 ◎ 著

制度与秩序

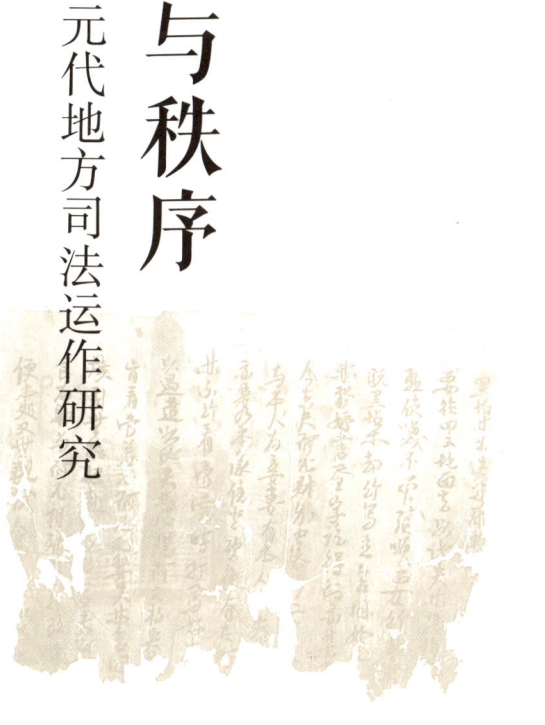

元代地方司法运作研究

社会科学文献出版社
SOCIAL SCIENCES ACADEMIC PRESS (CHINA)

元代法制史研究的新进展（代序）

申万里

郑鹏博士的新书《制度与秩序：元代地方司法运作研究》就要出版了，作为他硕士和博士的研究生导师，由衷地为他感到高兴。从当时他完成博士论文并以优异成绩通过答辩，到今天该书的完成，其间已经过去近十年时间，确实是感慨良多！通读这部书稿，了解到它是在郑鹏博士论文的基础上，经历了他在博士后期间的继续研究以及入职华中农业大学以后的不断打磨和完善后才定稿，可谓是"十年磨一剑"，其学术观点的新颖和写作方法的成熟同时体现出来。郑鹏是我带的第一位博士，回顾他学习元史和中国法制史的历程，深有感触。

一

法制是与人类历史相始终的制度体系，在古代和今天都占有重要地位。法制包括国家制定的法典、司法制度及设施，这一点古今中外同样区别不大。不过，纵观中国传统社会发展演进的历程，法制及其运行特征与中国传统文化息息相关。在中国传统社会不同的历史发展阶段，同样也有各自的特征。郑鹏博士的书稿将研究范围限定在元朝，有其特殊的考量。元朝是中国历史上统一多民族的大一统时代，元代地方司法运作具有"统一多民族"国家的法制特征,对于今天来说,具有明显的学术意义和现实意义。

中国战国以前没有成文法,司法与行政合二为一。战国时期的李悝、申不害和商鞅将法律条文提出来,颁行天下,作为处理政治和社会关系的基本规范,在中国法制发展历程中具有里程碑意义。成文法的出现,影响了秦帝国和西汉前期的国家治理,对中国中央王朝的建构与维持,产生了重要影响。秦汉帝国以后,因法家过度使用法制,与中国社会讲究伦理和"人情"的文化特征相悖,因此儒家礼制逐渐被纳入法律范畴。经过三国、魏晋南北朝"由礼入法"的完善,唐王朝颁布的《唐律》,完成了法制与儒家礼制的融合。长孙无忌阐释《唐律》的《唐律疏议》,成为中国古代司法理论最完备的表达。作为中国历史上的盛世,唐王朝完成了中国传统法律的建构,以后历代王朝通过的法律,其司法理念和内容结构,都是以《唐律》为蓝本。

唐宋变革促进了中国社会的近世化,宋王朝社会发展迅速,社会发展中出现的新的司法问题也越来越多。宋廷在继承唐律基本原则的基础上,为了适应新的社会发展而对法律制度进行了调整。《宋刑统》颁布以后,宋王朝发布了大量敕令,结合新的司法诉求,给法律增加了新的内容。北宋太宗到徽宗时期,都有司法敕令的颁布和整理,这些司法敕令经过北宋历代政府的编修,形成敕令格式的新的法律体系。南宋编修敕令的同时,为了使用的方便,将以前敕令分类编纂,形成"条法事类"这一新形态。两宋司法制度的完善,适应了当时社会发展的需要,法制对国家政治、经济和社会生活的涵盖范围大大拓展。

元朝是蒙古统治的大一统王朝,元朝统治下的四个族群,其文化和社会生活各有特点,这就要求元政权直面这种多民族视域下的法制问题。从元世祖忽必烈开始,元朝制定了推行全国的法律,从《至元新格》、《大元通制》到《至正条格》,反映了元政权对全国进行统一司法治理的努力。从元代颁布的法典来看,元朝司法已经不再满足于通过敕令扩大司法的适用范围，国家分类编订的各种条格和断例，成为元朝司法实践的主要根据。不过，元朝法制在运作的过程中，考虑到蒙古族和信仰伊斯兰教的各民族的情况，对于特定族群实行特殊的司法治理，对于族群之间的司法问题，则通过约会的方式，解决纠纷，维护司法公正。从元朝法律的内容来看，元朝继承了唐律的基本理念，条格和断例成为元朝法律的主要内容。

帝制中国晚期的明清两朝，是皇权膨胀、中央集权空前强盛的时代，在法制方面，主要表现在：其一，皇帝的意志开始大量成为法律，颁行全国。明朝以明太祖名义颁布的《大诰》系列法律的应用等级，甚至超过《大明律》，成为这一时期司法治理最重要的依据。其二，大量重刑、灭族和毁伤肢体的刑罚出现在司法实践之中，刑罚由轻变重，成为明清法制的重要特点。其三，明清将一些宋元时期属于轻刑的户婚案件，上升到社会道德方面，处以重刑，"十恶"的规定和处罚呈现出复杂和严酷的特征。有关科举考试的案件也被无限放大，处罚严厉。上述情况说明，帝制中国晚期随着皇权的膨胀和人身控制的加强，司法实践在政治和社会层面的严酷性明显加强。不过，中国政治、经济、文化是向前发展的，明清经济与社会的发展，推动这一时期法制在主要方面仍然为国家与社会的发展服务。另外，明清中国地方社会构建完成，地方社会中宗族、士人和地方精英控制地方社会的能力明显增强，"皇权不下县"逐步成为这一时期国家治理的特征。因此，明清地方社会中的宗族组织和地方精英承担了县以下地方司法的部分任务，一些地方社会中的争讼，可以在地方社会的层面解决，国家严酷的法律主要集中在县以上的场域，占中国大部分的地方社会中的司法争讼，被地方社会本身消化，这种情况的出现，抵消了明清严酷法律对地方社会的部分伤害。

总之，中国法制历经中国历史的漫漫长河，形成了以儒家理念为中心的司法内核，重视法和情的统一，这对于中国历代地方社会价值观体系的建构，起到巨大的形塑作用，对于中国历代国家秩序的维护、社会教化的推广以及民众法律意识的觉醒，都有重要影响。另外，法制与一个时期的国家政治和社会环境密不可分，法制一直在通过国家政权的调适，以适应社会发展的需要，这一点是中国传统法制的重要特征。

最后回到元朝，本书的主题——地方司法运作，将研究对象定位于中国统一多民族的大一统元朝，从中国法制史的角度来看具有承上启下的意义。就"承上"来说，元朝法制上接唐宋变革给中国社会带来的巨大变化，这就要求其司法治理适应两宋以来社会变革带来的经济发展和社会生活复杂化的社会现实，同时，对于蒙古统治和多民族并存造成社会多元化和社会矛盾复杂化问题，元代司法治理同样要认真面对，通过司法治理进行社会调适，缓解社会矛盾，推动社会发展。就"启下"来看，元朝法制对于明清司法治理的影响表现在两个方面：首先，元朝君臣依附关系的强化，对于后世专制皇权加强具有明显影响，元朝皇帝参与死刑判决，给明太祖亲自审案和颁布法律，造成了明显的影响。其次，元朝蒙古统治者将上层皇权政治斗争定位为黄金家族的"家事"，在蒙古法制范围内解决，而主流法律主要解决社会中下层的政治、经济和社会问题，造成元代司法治理复杂琐碎和用刑宽厚，使后世统治者形成元代法制宽泛的认识，将元朝后期政治腐败多发、民间势力挑战国家权威的原因，归结为元朝法制宽泛造成的弊端。于是，明朝以后重刑治国和重刑治吏成为司法治理的共识。

二

地方司法运作，实际上是指国家法制在地方的实施过程，包括法制宣传、法律执行以及法律适用等复杂过程。司法运作从制度史视角来看，是立法者、司法者、违法者在司法制度范畴内互动的过程；从社会治理的角度来看，司法运作是历代中央和地方政府通过推行国家法制，达到维护政治、经济和社会秩序，推动国家和地方社会发展的过程。前者注重司法各种元素的实施和推进过程，后者注重司法各元素运作过程中达成的司法效果。郑鹏博士的这部著作，关注的主要问题就是元朝地方司法体系运作情况与运作绩效的考察，这既是司法运作的问题，也是元代地方司法治理的问题，这里有必要对司法运作与司法治理这两个概念加以辨析。

首先看司法治理的问题。按照管理学的定义，社会治理是国家政权通过国家权威与被治理者互动的过程，在此互动过程中，国家政权通过制度供给、政策奖励和外部约束等手段达到治理目的。基于这种定义，中国古代的司法治理，就是国家通过司法制度的供给、法律中的奖励和惩戒机制，法制与基层社会和地方精英互动，达到稳定社会秩序、控制社会矛盾和促进社会发展的目的。

国家法制的运作过程一般称为司法实践，其对于地方社会的惩戒和激励作用，是通过对违反国家法律和秩序的罪犯实施刑罚，让违法者受到惩罚，而地方社会一般百姓则从对个别人的惩罚中受到激励。国家司法实践的约束作用，则是通过颁布禁令、司法宣传以及利用司法机构具有的惩罚职权，对违反国家禁令的人实施刑罚。不管是惩戒激励还是约束作用，司法治理都是通过司法的手段，达到一种目的或绩效，从而起到司法应有的作用。

其次是关于司法运作的问题。前面已经说明，司法运作实际上是立法者、司法者和违法者的互动。立法者给司法运作提供司法根据；司法者通过法律规定的司法程序，通过立案、侦察、审理、复核、执行等环节，处理社会上出现的司法案例；违法者是作为司法实践的对象，通过固定司法程序受到刑罚，受到法律的制裁。

从上面论述看来，地方司法治理与地方司法运作虽然是两个不同的概念，有不同的侧重，但实施的过程和实施的目的基本是一致的，从学术研究来看，两个概念具有互补的特征，我们研究元代司法问题，可以从这两个概念的不同侧面进行全面考察。

就元朝法制来看，首先元朝从元世祖时代就开展了法制建设，通过全国性的《至元新格》《大元通制》《至正条格》等法律的制定与颁行，完善了元朝法律体系。在这些法典中，地方社会相关的法律条文比较丰富，涉及地方司法各个方面，使元代地方司法治理有法可依。

其次，元朝司法机构从中央到地方，从基层县级政府再通过吏员、社长延伸到农村地方社会。元朝地方社会出现的婚姻案件、家庭暴力案件、土地财产纠纷案件等，都可以通畅地从农村上报到地方机构和中央刑部，从而得到权威性较强的司法判决。这种效率较高的司法实践，构建了地方社会的司法权威，司法对于维护地方社会秩序和价值观念至关重要。

再次，元朝重视法制宣传，一些有关地方社会的法令、禁令，通过宣讲、榜示、粉壁书写等手段，在农村广泛宣传，对于重要的国家法令、禁令，元朝要求农村百姓"排门粉壁"，以保证将其推广到广大农村，融入农村百姓的日常生活。这种比较完备的法制宣传制度，对于减少地方社会的违法现象，减少司法诉讼对行政资源的占用，提高地方政府的工作效率，有着重要意义，是元朝司法治理的重要内容。

最后，对于农村出现的司法案件，元朝还注意通过司法调解（告拦）等方式，将农村社会的一些诉讼，留在农村社会的层面解决。

可以说，元朝的法制已经形成完整的体系，这个体系对司法运作的流畅和地方社会司法治理的开展，提供了司法保障，保证了地方司法运作的绩效。

三

郑鹏博士《制度与秩序：元代地方司法运作研究》一书，从制度、实践与社会三个层面考察了元代的地方司法运作。在制度层面，首先考察了元代地方司法体系的一般结构、基于诸色户计的多元司法管辖以及地方监察机构的司法监督职能等问题,总结了元代司法制度及其监察方面的特征——多级与多元结构,为司法运作提供制度史的背景。其次,考察路、县两级司法运作的展开。重点考察了元代圆署制度规制之下,路、县两级司法运作情况以及官、吏在司法运作中的角色。在实践层面,首先聚焦于诉讼社会中的"相"与"实",考察了元代司法运作的表象与实情之间的关系。将"江南好讼"解释为元代江南官员缓解诉讼压力的一种"话语策略"。其次是地方司法治理中的"息讼"机制,考察了地方司法治理中"息讼"的理念与实践策略。再次,在诉讼的分类与审断策略中,考察了元代的案件分类及不同案件的审判逻辑。在社会层面,聚焦地方社会中的讼争与博弈,以两浙湖讼案件为中心,考察了元代司法实践场域与地方社会场域的互动。

总之,该书在前人研究的基础上,从单一的制度史研究转向"整体史"的考察,通过社会科学理论与历史学实证相结合,研究元代司法运作的实际情况与司法治理问题。就本人看来,该书在学术方面的主要创新或突破表现在以下两个方面。

第一,动态制度史研究。近年来,学术界一直强调动态制度史研究,将制度史作为一个运行过程,探讨其在运行过程中出现的问题与完善的过程。就法制史来说,也存在动态法制史的问题。郑鹏博士在该书中,在元代法制史基础上,考察元代地方法治的运作过程,本身就是对动态制度史的研究,体现了其创新意识和理论自觉。

第二,学科交叉的典范。学科交叉是近年来学术界一个重要的努力方向,可以相互吸收交叉学科在研究范式方面的优点,推进认识的深化。郑鹏博士在该书中有着比较突出的学科交叉意识,书中对"江南好讼"的考察与分析,就是将政治学与历史学结合起来,从史料中大量"江南好讼"的表达,分析江南地方官员通过政治"话语建构","在不明显增加行政成本的情况下,缓解诉讼压力。"书中论述的另一个问题"地方治理中的息讼机制",也是政治学与历史学结合较好的一个部分,通过地方官是"牧民官"的角色定位,利用法律以外的政治和文化资源,减少司法诉讼,达到"息讼"的目的。此外,书中对"诉讼分类和审断策略"的分析,则是体现出了法理学的问题意识,这里不再展开说明。

四

法制史既是历史学研究的领域,也是法学研究的组成部分,其本身就是学科交叉的一个学术领域,研究前景非常广阔。我于2010年接受长江出版社《中华长江文化大系·明镜高悬:长江流域的法制与社会》的写作任务,郑鹏作为我的硕士研究生,参与了该书的写作。这一经历使他对中国古代法制与社会的材料进行了全面了解和阅读,也产生对法制与社会问题的关注,他后来跟我读博士,博士论文选题就是元代的法制与社会。

据我所知,郑鹏为研究元代法制史付出了大量的精力,从法学专著,到欧美学者和日本学者法制史的研究成果,郑鹏都进行了全面收集。对于中国古代和近代法制史,他也广泛涉猎,这为他在元代法制史方面的研究,打下了良好基础。2014年以后,我本人除了每年给武大本科生讲授《中国法制史专题》课程以外,并没有进行法制史的研究,逐渐感到知识积累的不足,给郑鹏新书写序言,也感觉比较吃力。不过,郑鹏一直在做元代法制史的研究,这部专著的出版,是他这些年研究的一个总结。作为他的老师,对于这部元代法制史学术专著的出版,我感到十分欣慰。希望他以此作为法制史研究的一个新的起点,收集新材料,发现新问题,在该领域做出新的更大的贡献。

搁笔于此,是为序。

2023年6月9日晚于梅南山居寓所

目　录

绪　论 ………………………………………………………… 001

第一章　地方司法体系的多级与多元结构 ………………… 022
　一　多级混合：元代地方司法体系的基本结构 …………… 023
　二　诸色户计与司法管辖的多元化 ………………………… 032
　三　地方监察机关的司法监督职能 ………………………… 044
　本章小结 ……………………………………………………… 061

第二章　路、县两级司法运作的展开 ……………………… 063
　一　县级司法运作：时间、空间与参与者 ………………… 064
　二　独专刑名：推官与路级司法运作 ……………………… 092
　本章小结 ……………………………………………………… 113

第三章　诉讼社会的"相"与"实" ……………………… 117
　一　"江南好讼"：一个话语的考察 ……………………… 118
　二　现实中的诉讼：诉冤与告奸 …………………………… 138
　三　"见官去"与"怕见官司"：民众的矛盾心态 ……… 156
　本章小结 ……………………………………………………… 170

第四章　地方治理中的息讼机制 …………………………… 172
一　从"无讼"到"息讼"：基于地方治理的审视 …………… 173
二　息讼源："无争"社会秩序的构建 ……………………… 180
三　弭讼端：讼争产生后的平息之术 ……………………… 201
本章小结 ……………………………………………………… 220

第五章　诉讼分类与审断策略 ………………………………… 223
一　元代的诉讼分类制度 …………………………………… 224
二　依法审断与"畏刑名之错" …………………………… 232
三　婚姻判决中的官、民与法 ……………………………… 240
本章小结 ……………………………………………………… 261

第六章　地域社会中的讼争与博弈
　　——以两浙湖讼案件为中心 ……………………………… 264
一　元代两浙地区的围湖垦田与讼争 ……………………… 265
二　案例分析：永安湖案与花屿湖案 ……………………… 271
三　讨论：元代江南司法中的地方势力 …………………… 276
本章小结 ……………………………………………………… 283

结　论 …………………………………………………………… 285

参考文献 ………………………………………………………… 296

后　记 …………………………………………………………… 325

绪　论

一　问题的提出

对13世纪的中国来说，最重要的事件无疑是蒙古的兴起和元朝的建立，中国历史上出现了蒙古族统治之下的统一多民族政权。多元法律文化的碰撞与融合，使得元朝统治下的法律制度与前代相比具有鲜明的特色，无论是具体的法律内容还是司法制度，都很容易找到与前代明显不同之处。对元代法律史研究者来说，关注到这些不同并从蒙古族统治的角度予以考量，是十分自然的学术路径。近年来，学术界对元代法律问题的探究很大一部分就是在这一问题意识下展开的。[①] 从"蒙汉二元"的角度考察元代法制当然是十分重要的研究思路，不过，过于强调元代法制的这一结构性特征，将元代法制的特点简单归于少数民族统治因素，亦有其学术风险。[②] 以元代的法律形式为例，宫崎市定早在20世纪50年

[①] 以近十年仅有的几篇研究元代法律史的博士学位论文为例，其中有两篇是在这一问题意识下展开的。分别为李玉年《元代多元法律问题研究》（南京大学，2008）、武波《元代法律问题研究——以蒙汉二元视角的观察为中心》（南开大学，2010）。

[②] 胡兴东就曾指出："把元朝司法中反映出来的问题简单归结到民族因素后，让我们不能很好的反思中国传统司法制度在元朝的反映。"见氏著《元代法律史研究几个重要问题评析（2000—2011）》，《内蒙古师范大学学报》（哲学社会科学版）2013年第4期。

代就指出,元代未曾颁布律令,其原因不在于元代是一个少数民族统治的朝代,而在于元代是宋代以来法律权威动摇的延续。① 另外,现有元代法律史研究基本停留在"文本中的法",对于"行动中的法"少有关注,这显然会影响到我们认识的深度。

从中国法律史学界的研究动向来看,或许是出于对自己研究领域的焦虑,② 近年来学界不断对旧有的研究范式,无论是基于史料的简单考证还是套用西方法学理论的模式化阐释,皆予以批判,呼吁在问题意识、研究方法上进行革新。③ 在这一背景下,中国法律史研究展现出了明显不同以往的新气象,梁治平将其概括为"从实体规范转向程序和过程,从法典转向审判,从表达转向实践,从大传统转向小传统,从意识形态转向日常生活,从国家转向社会"。④ 在这股"范式革命"的浪潮中,梁治平、徐忠

---

① 宫崎市定:《宋元时代的法制和审判机构》,刘俊文主编《日本学者研究中国史论著选译》第8卷,姚荣涛、徐世虹译,中华书局,1992,第252—253页。
② 有学者形容当下中国法律史研究的境况为"双重边缘",即"在法学界位于边缘,在史学界也位于边缘"。见胡永恒《法律史研究的方向:法学化还是史学化》,《历史研究》2013年第1期。中国法律史研究之所以呈现这一处境,除其内在原因之外,还有一个很重要的原因是作为法学二级学科之一的"中国法制史",在当下强调"实务"的中国各大学法学院日益受到轻视,甚至作为法学核心课程的地位也一度岌岌可危。其更深层的原因是,由于近百年来中国几次"断裂式"法制建设,中国古代的法律传统已很难与中国当下法律制度进行对话,我们的传统已经沦为"他者"。而据学者研究,相似的状况在台湾的法律史学界其实同样存在。见尤陈俊、范忠信《中国法律史研究在台湾——一个学术史的述评》,《中西法律传统》第6卷,北京大学出版社,2008,第21页。
③ 相关论述之多,难以枚举,主要可参看徐忠明《关于中国法律史研究的几点省思》,《现代法学》2001年第1期;梁治平《法律史的视界:方法、旨趣与范式》,《中国文化》2002年第19、20期;邓建鹏《中国法律史研究思路新探》,《法商研究》2008年第1期;里赞《中国法律史研究中的方法、材料和细节——以清代州县审断问题研究为例》,《法学》2009年第3期;李祎恒、金俭《论法律史研究方法的路径选择》,《学海》2009年第5期;胡永恒《法律史研究的方向:法学化还是史学化》,《历史研究》2013年第1期;汪雄涛《迈向生活的法律史》,《中外法学》2014年第2期。
④ 梁治平:《法律史的视界:方法、旨趣与范式》,《中国文化》2002年第19、20期。

明等人的法律文化研究,[①]黄宗智及其弟子的法律社会史研究,[②]以各自的方式展开了"新法律史"的可贵探索。特别是法律社会史研究,继瞿同祖、戴炎辉之后,在近年取得了可喜成就。根据黄宗智的总结,其法律社会史研究的目的是对中国法律、社会与文化的总体理解,实现路径则是以司法档案为主要材料进行"中国法律的实践历史研究"。[③]中国法律社会史的开创者瞿同祖在一篇访谈录中提到,其对法律秉持着这样的理念:其一,法律是社会制度的一种而不是分析法学派所认为的孤立的存在,法律与社会有着密切联系,只有在社会语境中才能理解法律的真正意义;其二,法律分为"书本上的法律"和"行动中的法律",不仅要关注法律条文,更要关注法律的实效。[④]可以说,从瞿同祖到黄宗智,对"实践"和"社会"的强调是一脉相承的。

在黄宗智研究成果的基础上,国内许多学者也对法律社会史的研究

[①] 梁治平受文化人类学和诠释学的影响很大,力图"用法律去阐明文化,用文化去阐明法律",对中国传统法文化予以"同情的理解",其基本观点可参见《"法"辨》,《中国社会科学》1986 年第 4 期;《法律的文化解释》,《中国社会科学季刊》(香港)第 4 期,1993 年。徐忠明先是从法律与文学的话题入手,后将研究中心转到法律文化,特别是明清时期司法实践中的法律知识、法律意识等问题,其相关作品有《包公故事:一个考察中国法律文化的视角》,中国政法大学出版社,2002;《案例、故事与明清时期的司法文化》,法律出版社,2006;《众声喧哗:明清法律文化的复调叙事》,清华大学出版社,2007;《情感、循吏与明清时期司法实践》,上海三联书店,2009;《传播与阅读:明清法律知识史》(与杜金合著),北京大学出版社,2012;《〈老乞大〉与〈朴通事〉:蒙元时期庶民的日常法律生活》,上海三联书店,2012;《明镜高悬:中国法律文化的多维观照》,广西师范大学出版社,2014。

[②] 黄宗智对中国法律史的研究主要体现在其有关清代及民国民法的三部著作《清代的法律、社会与文化:民法的表达与实践》《法典、习俗与司法实践:清代与民国的比较》《过去和现在:中国民事法律实践的探索》,这三部著作于 2014 年集结为三卷本的《清代以来民事法律的表达与实践:历史、理论与现实》,由法律出版社出版。除黄宗智本人外,其夫人白凯及其弟子苏成捷、白德瑞等也都有重要著作,相关介绍可参见尤陈俊《"新法律史"如何可能——美国的中国法律史研究新动向及其启示》,《开放时代》2008 年第 6 期。

[③] 黄宗智有关中国法律史研究的思考主要可参见其《中国法律制度的经济史、社会史、文化史研究》(《中国经济史研究》1999 年第 2 期)以及《中国法律的实践历史研究》(《开放时代》2008 年第 4 期)。

[④] 王健:《瞿同祖与法律社会史研究——瞿同祖先生访谈录》,《中外法学》1998 年第 4 期。

方法进行了富有启发性的讨论。如汪雄涛提出中国法律史研究要回归实践与日常，"意味着对生活的强调、对表达的警惕、对行动者的重视"；①徐忠明提出要重视司法实践中的"权力关系、情感信念与行动策略"。②这些研究虽然着重点各有不同，但无疑有着一些共同理念：长时段视角，关注实际运作，眼光向下，注重整体理解。这与近年中国史学界所提出的一些新的研究范式，如邓小南之"活的制度史"，③很大程度上亦是相通的。其基本取向，借用岸本美绪在中研院的一次讲座中的话来概括，"不是从硬性的制度而是从模糊的、日常的常识、practice（实践）的角度研究秩序这样不可思议的问题"。④本书的研究重点，正是元代地方司法运作的"秩序"问题。

正如"秩序"一词本身有着"规则的秩序"与"行动的秩序"等不同层面的含义，"司法秩序"也是一个包含规范与事实、应然与实然的复杂概念，但学者在使用时很少予以明确的界定。⑤在这里，笔者借用法国学者皮埃尔·布迪厄（Pierre Bourdieu）社会实践理论中的核心概念——

---

① 汪雄涛：《迈向生活的法律史》，《中外法学》2014年第2期。
② 徐忠明：《偏好与追求：中国法律史的跨学科研究》，《华南师范大学学报》（社会科学版）2015年第1期。
③ 邓小南认为，制度史研究不能孤立于政治运作与人事之外，而是要从制度的实际运作、制度变迁及制度背后复杂的人事权力关系等方面进行"活"的研究。参见氏著《走向"活的"制度史——以宋代官僚政治制度史研究为例的点滴思考》，《浙江学刊》2003年第3期。黄宽重又在此基础上提倡进行"新政治史"的研究。参见氏著《从活的制度史迈向新的政治史——综论宋代政治史研究趋向》，《中国史研究》2009年第4期。
④ 岸本美绪：《"秩序问题"与明清江南社会》，《近代中国史研究通讯》（台湾）第32期，2001年，第58页。
⑤ 据笔者管见，现有研究中对"司法秩序"予以明确定义的有两例。其一，崔永东从社会秩序的达成手段入手，将司法秩序定义为"通过司法手段而维护或达成的和谐稳定的社会秩序"。见氏著《论司法秩序与司法权威》，《中国司法》2012年第1期。其二，蒋楠楠根据寺田浩明"法秩序"的概念，将司法秩序理解为"司法结构中的各个角色在司法活动中通过语言和互动形成秩序的行为总体"。见氏著《社会变革下的宋代司法秩序——从司法活动中的"幹"说起》，《南京大学学报》（哲学·人文科学·社会科学）2014年第4期。崔永东强调的是"通过司法的社会秩序"，这与本书所要研究的"司法活动中的秩序"旨趣不同。相对来说，蒋楠楠的定义更接近于本书中司法秩序的内涵。

"场域"这一极具包容性的分析工具,[①]将司法秩序视作司法场域运作的动态呈现,即司法活动中的行动者运用各种策略和资本进行的实践行为及其所呈现出的秩序状态。至于"司法场域",在布迪厄的论述中,本是基于西方现代法律的语境予以阐释的,[②]而本书要讨论的是元代的地方司法秩序,故在更为宽泛的意义上使用这一概念,大致可表述为:由司法活动中所有参与者之间的关系网络组成的一个相对独立的社会空间。

当视角从司法制度转向司法的实践场域,我们看到的就不再是官府依照国家法律对民众进行审判的单调景象,官、民间的互动,衙门内的权力运作,都以一种十分鲜活的面目呈现出来。除制度本身,诉讼两造的策略、司法官员的法律素养与个人理念乃至外部的社会力量等因素都影响着最终的结果。这是中国传统社会最真实的司法秩序,亦是林端所谓中国传统法律文化"多值逻辑"的生动体现。[③]任何一种"理想型"的

---

① 皮埃尔·布迪厄(1930—2002)是当代法国最有影响力的社会学大师之一,其主要工作是试图超越结构分析与能动分析、宏观分析与微观分析之间的对立,建立一种普遍适用的社会研究方法。其创设的主要分析工具之一便是"场域",他曾简要将之定义为"在各种位置之间存在的客观关系的一个网络(network),或一个构型(configuration)"。见皮埃尔·布迪厄、华康德《实践与反思——反思社会学导引》,李猛、李康译,中央编译出版社,1998,第134页。质言之,所谓"场域"即是一个相对独立的社会空间,其本质是由"关系"构成的网络,在这个空间中充满了各种斗争和博弈。

② 对于"司法场域",布迪厄的解释是:"司法场域是一个围绕直接利害相关人的直接冲突转化为由法律规制的法律职业者通过代理行为进行的辩论而组织起来的社会空间。它也同时是这种辩论发挥作用的空间。这些法律职业者具有共同的知识,他们都接受法律游戏的规则,即司法场域本身的成文法和不成文法,甚至是要求不顾法律的文字表述而打赢官司的法则。"见皮埃尔·布迪厄《法律的力量——迈向司法场域的社会学》,强世功译,《北大法律评论》第2卷第2辑,北京大学出版社,1999,第518页。这一解释显然是立足于西方法律秩序而言的。

③ 在马克斯·韦伯那里,中国传统法律与西方法律是截然不同的两种法律类型,西方严格依照法律进行审判,而中国古代司法几乎不受法律约束。林端认为,中国传统法律其实是一种"多值逻辑",具体表现为:律与例并存;情、理、法同为法源;官方审判与民间调解相辅相成;明有王法,幽有鬼神;国家法律与民间习惯同为法源。参见林端《韦伯论中国传统法律:韦伯比较社会学的批判》,台北:三民书局,2003,第39—150页。

描述，无论是韦伯的"卡迪司法"、①滋贺秀三的"教谕式调停"②还是黄宗智的"依法审判"，③都无法全面反映这一复杂的现实。也正是在这一意义上，司法秩序成为邓小南所说的具有整体"牵动"作用的论题，④是审视元代国家与社会的绝佳观测点。

二　学术史回顾

自 20 世纪以来，中外学者对元代司法相关问题展开了丰富的讨论，关于此，已有学者进行了初步的梳理。⑤下面笔者在前人基础上，对现有成果予以更为全面的回顾和检讨。

有关元代司法的研究，首先见于两类通论性著作。一类是中国法制通史，如杨鸿烈《中国法律发达史》、陈顾远《中国法制史》、戴炎辉《中国法制史》、仁井田陞《中国法制史》，都是西方法学体系下研究中

---

① "卡迪"（kadi）原指伊斯兰国家的审判官，其审判的依据不是成文法律，而是出于伦理与情感的考量。马克斯·韦伯认为，中国古代法律是一种"家产制法律结构"，其司法处在"卡迪司法"的阶段，法官的自由裁量高于法律规则。见马克斯·韦伯《儒教与道教》，洪天富译，江苏人民出版社，2008，第 107—111 页。
② 滋贺秀三认为，中国古代的民事审判主要是根据"情理"进行衡平，清代法庭做出的是"教谕式调停"。参见滋贺秀三《清代诉讼制度之民事法源的概括性考察——情、理、法》，滋贺秀三等著，王亚新、梁治平编《明清时期的民事审判与民间契约》，王亚新、范愉、陈少峰译，法律出版社，1998，第 19—53 页。
③ 黄宗智认为，清代的民事判决基本是依据《大清律例》，呈现出"依法审判"的图景。参见氏著《民事审判与民间调解：清代的表达与实践》，中国社会科学出版社，1998。
④ 参见邓小南《走向"活的"制度史——以宋代官僚政治制度史研究为例的点滴思考》，《浙江学刊》2003 年第 3 期。
⑤ 参见刘晓《元史研究》，福建人民出版社，2006，第 126—127 页；王平原《一枝一叶总关情——蒙元法制的开端与学术社会思潮的演变》，《法律文化研究》第 2 辑，中国人民大学出版社，2006，第 187—191 页；李泽岩《元代法律研究概述》，《法律文献信息与研究》2007 年第 4 期；胡兴东《元代法律史研究几个重要问题评析（2000—2011）》，《内蒙古师范大学学报》（哲学社会科学版）2013 年第 4 期；陈佳臻《元代法制史研究综述》，《隋唐辽宋金元史论丛》第 9 辑，上海古籍出版社，2019，第 438—473 页。此外，刘晓还有专文对日本学者的研究成果进行了回顾，见氏著《日本有关元代法制史研究概述》，《中国史研究动态》1996 年第 4 期。

国法制的典范。^①其中有关元代司法的论述对后来的类似作品有着深远影响，不过相对其他断代则显得比较薄弱。沈家本被称作律学之殿军、法学之先驱，其《历代刑法考》虽以史料考证为主，但不少涉及元代司法的内容至今仍有参考价值。^②另一类是元代断代史，韩儒林《元朝史》以及周良霄、顾菊英《元代史》是其中代表，都对元代司法制度进行了介绍。^③此外，陈高华、史卫民《中国政治制度通史·元代》是有关元代政治制度的通史，其中亦辟有专章讨论元代的司法制度。^④韩玉林主编的《中国法制通史·元》是第一部全面研究元代法制的专著，书中对元代的司法机构、诉讼及审判制度、民间调解活动以及监狱管理制度等问题进行了综合考察。^⑤

作为一个由草原民族肇建的王朝，元代司法的特色是学者十分关心的问题。杨国宜《略论元朝的法律》一文认为，皇帝个人意志的干扰、司法不能独立、科刑不按条例、使用刑讯逼供是元代法律执行的突出特点，其对元代法制的整体评价不高。^⑥赵文坦、孙成状在《元代司法制度的特点》一文中指出，元代司法制度的特点主要有五个方面：一为中央并存两个最高审判机构；二为明确区分民事和刑事；三为审判上实行圆坐圆署制；四为多级录囚机制；五为刑罚上的轻刑原则。^⑦李淑娥在《独具特色的元朝法制》一文中认为，元代的法制既延续了中国历代封建王朝之制，又创制了突出蒙古贵族意志和利益的新的司法制度，进而从奥鲁官决断军户狱讼、"就便断遣"与"有斩无绞"简易判决办法，以及刑

---

① 杨鸿烈：《中国法律发达史》，上海书店出版社，1990；陈顾远：《中国法制史》，商务印书馆，1934；戴炎辉：《中国法制史》，台北：三民书局，1979；仁井田陞：《中国法制史》，牟发松译，上海古籍出版社，2011。
② 沈家本：《历代刑法考》，邓经元、骈宇骞点校，中华书局，1985。
③ 韩儒林：《元朝史》，人民出版社，2009，第290—305页；周良霄、顾菊英：《元代史》，上海人民出版社，1993，第456—462页。
④ 陈高华、史卫民：《中国政治制度通史·元代》，人民出版社，1996，第292—351页。
⑤ 韩玉林主编《中国法制通史·元》，法律出版社，1999。
⑥ 杨国宜：《略论元朝的法律》，《安徽师大学报》（哲学社会科学版）1982年第3期。
⑦ 赵文坦、孙成状：《元代司法制度的特点》，《东岳论丛》1995年第3期。

案检验制度的创新等方面，考察了元代司法制度的"破惯例创新例的事实"。[①] 白翠琴《略论元朝法律文化特色》一文认为，元代的诉讼审判制度颇有创新，主要表现是监察司法机构的变化、民刑分离以及约会制。[②] 刘长江《元代法政体制述论》一文指出，元代法政体制主要有以下特点：司法机构交错重叠，军政、宗教等各机关同时兼理司法，互不统属；司法机构设置具有明显的民族特色；审判中推行"圆署制度"、"五府"审囚制、"约会制"等；将死刑最终判决权收归中央，掌握在皇帝手里等。[③] 美国学者柏清韵（Bettine Birge）在《辽金元法律及其对中国法律传统的影响》一文中指出，元代司法监督的加强以及法典的缺失使得司法官员不愿意做出最终判决，同时对元代的民族特权、职业区分及特殊司法管辖进行了讨论。[④]

除宏观讨论外，许多学者就元代司法制度中的民族特色与宗教特权进行了专门研究。杨华双《从法律制度看元朝的民族宗教政策》、[⑤] 李莎《试析元代的刑律优免政策》[⑥] 对蒙古人、色目人以及僧道在司法中的特殊优待进行了较为全面的讨论。柴荣《论古代蒙古习惯法对元朝法律的影响》[⑦] 与邹敏、李学华《试论蒙古族习惯法对元朝法制的影响》[⑧] 分析了蒙古族习惯法对元代司法的影响，认为其突出表现是处理民事诉讼案件时，广泛运用调解方式。田莉姝《论元朝法制的民族特色》主要关注到元代法制上的民族不平等，以及司法机构的互不统属、职掌不清。[⑨] 刘

[①] 李淑娥：《独具特色的元朝法制》，《西北大学学报》（哲学社会科学版）1997年第2期。
[②] 白翠琴：《略论元朝法律文化特色》，《民族研究》1998年第1期。
[③] 刘长江：《元代法政体制述论》，《重庆师范大学学报》2005年第2期。
[④] 柏清韵：《辽金元法律及其对中国法律传统的影响》，蔡京玉译，柳立言主编《中国史新论·法律史分册》，联经出版事业股份有限公司，2008，第141—192页。
[⑤] 杨华双：《从法律制度看元朝的民族宗教政策》，《西南民族学院学报》2001年第5期。
[⑥] 李莎：《试析元代的刑律优免政策》，《学术探索》2012年第1期。
[⑦] 柴荣：《论古代蒙古习惯法对元朝法律的影响》，《内蒙古大学学报》（哲学社会科学版）2000年第6期。
[⑧] 邹敏、李学华：《试论蒙古族习惯法对元朝法制的影响》，《西北民族大学学报》2008年第2期。
[⑨] 田莉姝：《论元朝法制的民族特色》，《贵州民族研究》2002年第1期。

向明《元朝法制中的僧侣特权》对元代僧侣的司法特权及其危害进行了探讨。①

对于元代司法机构的设置与职能，民国时期的中国法律史学者在其所著中国法制通史著作中已有所论述，杨鸿烈《中国法律发达史》、陈顾远《中国法制史》即是其中典范。不过，对元代司法机构进行系统、深入研究，则始自日本学者。日本学者有高岩《元代的诉讼裁判制度的研究》一文，是较早对元代司法制度进行综合研究的文章，对刑部、大宗正府、御史台等中央司法机构，以及行御史台、肃政廉访司以及路、府、州、县官衙等地方司法机构，分别进行了考察。②随后进行这一工作的是宫崎市定，他在20世纪50年代参加了时由安部健夫任组长的"《元典章》读书班"，并在《东方学报》的"元典章的研究"专号上发表了自己的研究成果。③宫崎市定在宋（金）—元这一长时段视角下对元代的司法体系进行了深入的分析，指出元代主要承金制，与宋制则有相当远的距离。同时对元代司法机构的两大突出制度——圆署制与监察制，进行了深入的分析。陈恒昭在其博士学位论文《蒙古统治下中国的法律传统》中，对元代的司法机构、司法程序以及特殊司法管辖等问题进行了考察，他尤其关注到元代法律的职业化，认为元代官、吏的法律训练以及民间法律知识的普及有着十分积极的意义。④陈高华《元朝的审判机构和审判程序》一文，是有关这一问题的集大成之作，对元代各级司法机构以及司法程序中的各环节进行了详尽考察，并对司法效果及其原因进行了分析。⑤李明德《元代司法制度述略》一文，对元代的司法制度亦进

---

① 刘向明：《元朝法制中的僧侣特权》，《嘉应大学学报》1998年第4期。
② 有高巌「元代の訴訟裁判制度の研究」『蒙古學報』第1号、1940。
③ 宫崎市定「宋元時代の法制と裁判機構—元典章成立の時代的・社會的背景」『東方學報』第24册、1954。中译本以《宋元时代的法制和审判机构》为题收录于刘俊文主编《日本学者中国史著作选译》第8卷。
④ Paul Heng-Chao Ch'en, *Chinese Legal Tradition Under the Mongols: The Code of 1291 as Reconstructed* (Princeton, N.J.: Princeton University Press, 1979), pp.69-98.
⑤ 陈高华：《元朝的审判机构和审判程序》，《陈高华文集》，上海辞书出版社，2005，第108—156页。

行了概括性的论述。①

元代中央司法机构的一大特色是省大理寺不立，而并置大宗正府与刑部，其中大宗正府又源自大蒙古国时期的断事官即札鲁忽赤。日本学者秋贞实造（田村实造）很早就在《元朝札鲁忽赤考》一文中，对元代札鲁忽赤的名称、职掌、组织以及由札鲁忽赤演变出的大宗正府进行了研究。②刘晓《元代大宗正府考述》对大宗正府的渊源与影响进行了分析，他认为元代的大宗正府来源于蒙古旧制，又兼采汉制，体现了元代政治制度的二元性质。③刘晓对元代的断事官亦有专门研究，其《元朝断事官考》一文，对断事官在元朝各机构中的设置与职掌问题进行了更为系统的分析，进而对元朝统治下蒙汉官制相结合的特点进行了探讨。④赵文坦《元代的刑部和大宗正府》一文，对元代刑部与大宗正府的机构编制、人员编制与司法职责进行了考察，驳正了此前中国法制通史著作中的相关错误论述。⑤

在帝制中国，司法体系在中央与地方层面的演进过程中呈现出截然不同的图景，相对于中央官制体系很早就发展出大理寺（廷尉）、刑部等专门司法机关，地方司法机构一直没有从行政体系中分化出来，元代亦大体如此。李治安《元代政治制度研究》一书，在对元代路总管府、县官、巡检司、行御史台、肃政廉访司的研究中，对其各自的司法职能都有详尽的论述。⑥他在《唐宋元明清中央与地方关系研究》一书中，还就元代中央与地方之间的司法权力分配进行了深入探讨。⑦张金铣《元代

---

① 李明德：《元代司法制度述略》，《法学研究》1995年第1期。
② 秋贞实造（田村实造）「元朝札鲁忽赤考」『東洋史論叢：桑原博士還暦記念』弘文堂、1930。
③ 刘晓：《元代大宗正府考述》，《内蒙古大学学报》（哲学社会科学版）1996年第2期。
④ 刘晓：《元朝断事官考》，《中国社会科学院研究生院学报》1998年第4期。
⑤ 赵文坦：《元代的刑部和大宗正府》，《历史教学》1995年第8期。
⑥ 李治安：《元代政治制度研究》，人民出版社，2003，第141—146、204—210、226—228、271—273、317—321页。
⑦ 李治安主编《唐宋元明清中央与地方关系研究》，南开大学出版社，1996，第221—237页。

地方行政制度研究》一书，对元代行省及路、府、州、县各级行政机构的司法职责亦有相关论述。[①]陈彩云在有关元代温州路的研究中，对路总管府的司法审判进行了考察。[②]洪丽珠在其博士学位论文《元代县级官员群体研究》中，考察了元代县级官员的司法职责，并从词讼案件与人命官司入手展现了县级官员的司法实践。[③]此外，首领官作为负责具体事务的官员在司法实践中有着重要作用，许凡与日本学者大岛立子都对此进行了探讨。[④]许凡《元代吏制研究》一书，是有关元代吏制的重要著作，书中对吏员在司法中的作用与表现进行了考察。[⑤]同样关注元代吏员的还有日本学者胜藤猛、会泽卓司。[⑥]

除正式的司法审判外，元代在解决纠纷时还有民间调解机制，特别是社制的建立和社长的设置，在调解民间纠纷方面有着重要意义，中、日学者很早就予以了关注，并有十分丰硕的学术成果。[⑦]此外，苏力还从地方精英与地方社会的关系入手，对地方精英在民间调解中的作用进行了考察。[⑧]

对元代的诉讼与审判制度进行系统研究，日本学者同样是先行者，

[①] 张金铣：《元代地方行政制度研究》，安徽大学出版社，2001，第173、229页。
[②] 陈彩云：《元代温州研究》，浙江人民出版社，2011，第145—151页。
[③] 洪丽珠：《元代县级官员群体研究》，博士学位论文，台湾清华大学，2012，第114—121页。
[④] 许凡：《元代的首领官》，《西北师大学报》(社会科学版)1983年第2期；大岛立子「元朝の首領官」『明代史研究』第30号、2002。
[⑤] 许凡：《元代吏制研究》，劳动人事出版社，1987，第5—8页。
[⑥] 胜藤猛「元朝初期の胥吏について」『東洋史研究』17巻2号、1958；会沢卓司「元雑劇における胥吏の姿」『集刊東洋學』第29号、1973。
[⑦] 主要成果有：有高巌・松本善海「元代に於ける社制の創立」『東方學報』11巻1号、1940；井之崎隆興「元代社制の政治的考察」『東洋史研究』15巻1号、1956；杨讷《元代农村社制研究》，《历史研究》1965年第4期；岡本敬二「元代の社制と郷村」『歴史教育』13巻9号、1965；太田彌一郎「元代社制の性格」『集刊東洋學』第23号、1970；仝晰纲《元代的村社制度》，《山东师大学报》(社会科学版)1996年第6期；胡兴东《元代"社"的职能考辨》，《云南师范大学学报》(哲学社会科学版)2001年第4期；中島楽章「元代社制の成立と展開」『九州大学東洋史論集』第29号、2001。
[⑧] 苏力：《元代地方精英与基层社会——以江南地区为中心》，天津古籍出版社，2009，第51—63页。

除前引有高岩《元代的诉讼裁判制度的研究》、宫崎市定《宋元时代的法制与裁判机构——元典章成立的时代的·社会的背景》外，岩村忍《元典章刑部的研究——刑罚手续》亦是这方面的力作。① 其中有高岩认为，元代在诉讼与审判中明确区分民事与刑事，这较唐、宋更为进步，这一观点对后来学者的研究影响很大。前引陈高华《元朝的审判机构和审判程序》一文，可谓迄今为止有关元代诉讼与审判制度最为全面且深入的研究。文章详细考察了案件从告诉、审理到判决的各个环节，认为元代的审判程序与前代基本一致，但一些具体环节又有差别，其制度设计总体上是严密的。文章还对元代审判制度的运行进行了考察，认为许多制度规定并没有得到严格执行，元代司法实际上存在许多弊病，其集中表现是大量冤假错案和案件拖延不决。此外，吴海航《元代法文化研究》着重对元代的二元法文化进行了研究，重点对蒙古法的审判程序进行了考察。②

元代司法中民事、刑事的分离为多数学者所认同，他们还分别从民事或者刑事的角度研究元代的司法制度。陈景良《元朝民事诉讼与民事法规论略》一文，主要就元代的民事诉讼和民事法规进行了论述，作者认为，元代的民事法律制度相比唐、宋有着很大的发展，并对之后的明律产生了深远影响。③ 杨淑红《元代有关民事司法制度及其实效》一文，对元代的民事司法制度及其实效予以探讨，对元代司法中的弊端，特别是稽迟和违错进行了分析。④ 胡兴东近年在元代法律史研究领域用力颇勤，在《元代民事审判制度研究》和《元代刑事审判制度之研究》两文中，从审判机构、诉讼程序等方面对元代的民事审判制度和刑事审判制度分别进行了研究。⑤ 其

---

① 岩村忍「元典章刑部の研究—刑罰手續」『東方學報』第 24 号、1954。
② 吴海航：《元代法文化研究》，北京师范大学出版社，2000，第 104—108 页。
③ 陈景良：《元朝民事诉讼与民事法规论略》，《法律史论集》第 2 卷，法律出版社，1999，第 153—207 页。
④ 杨淑红：《元代有关民事司法制度及其实效》，《元史及民族史研究集刊》第 17 辑，澳门：澳亚周刊出版有限公司，2004，第 34—45 页。
⑤ 胡兴东：《元代民事审判制度研究》，《民族研究》2003 年第 1 期；《元代刑事审判制度之研究》，《云南大学学报》（法学版）2005 年第 2 期。

《元代民事法律制度研究》一书亦有关于元代民事审判制度的论述。[①]日本学者岩井茂树在《元代行政诉讼与审判文书——以〈元典章〉附钞案牍"都省通例"为材料》一文中，从《元典章》中的一则案牍"都省通例"入手，对元代行政审判过程进行了考察，其有关监察御史与路、府、州、县官在行政诉讼中居于不同立场的观点颇具启发性。[②]

元代司法运作中有一些独具特色的制度措施，对此学者也进行了深入的专题研究。首先是判例的适用。胡兴东在《元代司法运作机制之研究》一文中，对在司法运作中如何适用法律、判例及衡平救济进行判决进行了考察。[③]他在《元代司法中判例适用问题研究》一文中，又着重分析了判例适用的前提、方式以及功能，认为元代存在真正意义上的判例法。[④]其有关元代判例法运作机制的研究在《中国古代判例法运作机制研究——以元朝和清朝为比较的考察》一书中有集中体现。[⑤]吴海航《论元代判例的生成及其运用》一文，考察了元代判例的生成背景，文章认为元代判例的生成与蒙古法传统渊源甚深，亦与元初法制的形成过程密切相关，而判例的运用在为元代提供了司法裁判的工具性手段的同时，也造成元代立法进程愈加迟滞的后果。[⑥]

其次，有关元代的约会制度，日本学者很早就予以了关注，有高岩、海老泽哲雄都进行了相关研究。[⑦]赵文坦《元朝的狱讼管辖与约会制度》

[①] 胡兴东：《元代民事法律制度研究》，中国社会科学出版社，2007。
[②] 岩井茂樹「元代行政訴訟と裁判文書—『元典章』附鈔案牘「都省通例」を素材として」『東方學報』第85号、2010。中译本载《中国古代法律文献研究》第5辑，社会科学文献出版社，2012，第294—321页。
[③] 胡兴东：《元代司法运作机制之研究》，《云南大学学报》（法学版）2006年第6期。
[④] 胡兴东：《元代司法中判例适用问题研究》，《司法》第4辑，厦门大学出版社，2009，第135—150页。
[⑤] 胡兴东：《中国古代判例法运作机制研究——以元朝和清朝为比较的考察》，北京大学出版社，2010。
[⑥] 吴海航：《论元代判例的生成及其运用》，《法治研究》2014年第5期。
[⑦] 有高巖「元代の司法制度特に約会制に就いて」『史潮』6巻1号、1936；海老沢哲雄「約会に関する覚書」小竹文夫・岡本敬二編『元史刑法志の研究訳註』教育書籍、1962。

一文，对元代约会制的具体内容和作用进行了详细考察，认为约会制的实质是狱讼的多元管辖。①杨德华、胡兴东《元代"约会"制度初探》一文，对约会制度产生的原因、适用范围、调整对象以及在元代的变迁、历史作用进行了综合论述，认为约会制度可以使不同权利主体间的纠纷得到恰当的解决，有利于维护多民族国家的安全。②吕志兴在《元代"约会"审判制度与多民族国家的治理》一文中，亦进行了相似的论述。③

此外，围绕元代的录囚制度、④监狱制度、⑤警迹人制度，⑥学者进行了深入探讨。

对司法实践的重视是近年来"新法律史"的主要特征，而这一研究路径又建立在对司法档案的发掘和利用上。有关元代司法实践的研究，主要集中于两种文书资料。

一是黑水城（又称黑城）文书。元代黑水城文书的发现是20世纪元史学界的一件大事，其中包含的律令与词讼文书对元代司法研究有着重要意义，近年来相关成果不断涌现。王盼《由黑水城文书看亦集乃路民事纠纷的调解机制》一文，以黑水城文书中的《麦足朵立只答站户案文卷》为中心，对元代亦集乃路民事纠纷的调解机制进行了考察。⑦张斌《从黑城汉文书看元代地方社会民事纠纷的解决机制》一文，也对黑水城

---

① 赵文坦：《元朝的狱讼管辖与约会制度》，《中国史论集》，天津古籍出版社，1994，第242—255页。
② 杨德华、胡兴东：《元代"约会"制度初探》，《云南师范大学学报》（哲学社会科学版）1999年第5期。
③ 吕志兴：《元代"约会"审判制度与多民族国家的治理》，《西南政法大学学报》2011年第4期。
④ 武波：《元代法律问题研究》，博士学位论文，南开大学，2010，第181—196页；王敬松：《元代宪司分行录囚述论》，《北京联合大学学报》（人文社会科学版）2013年第1期。
⑤ 刘晓：《元代监狱制度研究》，《元史论丛》第7辑，江西教育出版社，1999，第35—45页；范洋达：《元代的地方狱政初探》，硕士学位论文，台湾清华大学，2006。
⑥ 刘晓：《元代的警迹与警迹人》，《北大史学》第2辑，北京大学出版社，1994，第239—245页；阮剑豪：《释元代"警迹人"》，《西南交通大学学报》（社会科学版）2009年第2期。
⑦ 王盼：《由黑水城文书看亦集乃路民事纠纷的调解机制》，《西夏研究》2010年第2期。

文书中呈现的民间纠纷的解决机制进行了分析,文章认为元代的亦集乃路存在正式纠纷解决系统与非正式纠纷解决系统之间的互动,即黄宗智意义上的"第三领域"。[1]陈志英对皇庆元年(1312)十二月的一件刑房文书进行了考证,认为俄藏黑水城文献和中国藏黑水城文献中的两件杀夫案为同一案件,进而分析了诏赦在司法中的执行情况。[2]侯爱梅通过对《失林婚书案文卷》的考释,分析了元代的司法文状和审判程序。[3]她的博士学位论文《黑水城所出元代词讼文书研究》,则对黑水城出土的词讼文书进行了综合研究。[4]张重艳对《也火汝足立嵬地土案文卷》进行了研究,对元代站户两地入籍的情况以及案件长期未能得到审理的原因做了分析。[5]苏力《黑城出土 F116：W98 号元代文书研究》一文,围绕一件告拦状展开研究,进而对元代民事诉讼告拦的条件、程式等进行了探讨。[6]张笑峰对黑水城出土词讼文书所见的案件种类和处理方式进行了分析,认为亦集乃路总管府在处理盗贼、财物等案件上积极作为,由镇戍宗王统领诸军参与抓捕盗贼是元代地方政府处理此类案件的特别之处。[7]

二是徽州文书。徽州文书中元代部分多为民间契约文书,其中有关民间纠纷解决的信息受到学者的重视。周绍泉《退契与元明的乡村裁判》一文,通过对元、明时期徽州文书中的退契进行考察,发现退契背后往往隐藏着民间纠纷和争讼,而在处理这些纷争时,元代的社长和明代的里长、老人有着惊人的相似作用。[8]日本学者中岛乐章《明代乡村纠纷与

---

[1] 张斌:《从黑城汉文书看元代地方社会民事纠纷的解决机制》,《青海社会科学》2012 年第 1 期。
[2] 陈志英:《〈元皇庆元年(公元 1312 年)十二月亦集乃路刑房文书〉初探》,《内蒙古社会科学》(汉文版)2004 年第 5 期。
[3] 侯爱梅:《〈失林婚书案文卷〉初探》,《宁夏社会科学》2007 年第 3 期。
[4] 侯爱梅:《黑水城所出元代词讼文书研究》,博士学位论文,中央民族大学,2013。
[5] 张重艳:《也火汝足立嵬地土案文卷初探》,《西夏学》第 6 辑,上海古籍出版社,2010,第 96—103 页。
[6] 苏力:《黑城出土 F116：W98 号元代文书研究》,《古代文明》2011 年第 4 期。
[7] 张笑峰:《元代亦集乃路诸案成因及处理初探——以黑水城出土元代律令与词讼文书为中心》,《西夏学》2013 年第 2 期。
[8] 周绍泉:《退契与元明的乡村裁判》,《中国史研究》2002 年第 2 期。

秩序——以徽州文书为中心》一书，同样关注到了元代徽州乡村社会中的纠纷处理，并对其与明代老人制之间的联系进行了分析。①

此外，元代传世文献以及石刻资料中也有许多司法案例，一些学者从具体案例入手，对相关的司法与社会问题进行了讨论。谭晓玲《浅析元代的判决离婚》一文，以《元典章》所载离婚案例为中心，对元代的判决离婚进行了分析。②默书民《元代前期腹里地区的土地开发与田产争讼》一文，关注到元代腹里地区的田产争讼剧增的现象，指出这一现象从一个侧面反映了腹里地区农业经济的恢复程度和发展水平。③党宝海《略论元代江南学田与地方社会——以碑刻上的学田诉讼案为中心》一文，对碑刻资料中所见的庆元、镇江两地学田案进行了研究，展现出江南地域社会中儒学、豪民、高官以及地方官府间错综复杂的关系。④日本学者七野敏光《关于元初杀害强奸犯的一个案例》一文，对元初一例杀死强奸犯的案例进行了考察，进而从唐律到明律这一律法的漫长变化过程中，探讨了元代对这一案件的处置及其意义。⑤大岛立子《从"继承"判例看法律的适用》一文，从元代"继承"案例入手，分析了宋—清这一长时段中法律适用的不同及其原因。⑥她还在《元代的刑事案件与女性》一文中，对元代涉及女性的刑事案件进行了分析，指出元代存在减轻女性罪行和负担的事例，但另一方面又常将女性置于家庭秩序与夫妻关系的儒家价值体系中理解。⑦

---

① 中岛乐章：《明代乡村纠纷与秩序——以徽州文书为中心》，郭万平、高飞译，江苏人民出版社，2012，第62—67页。
② 谭晓玲：《浅析元代的判决离婚》，《内蒙古大学学报》（人文社会科学版）2003年第3期。
③ 默书民：《元代前期腹里地区的土地开发与田产争讼》，《河北师范大学学报》（哲学社会科学版）2003年第4期。
④ 党宝海「略論元代江南學田與地方社會——以碑刻上的學田訴訟案為中心」『13、14世紀東アジア史料通信』第11号、2009。
⑤ 七野敏光「元初強姦犯殺害の一裁判案例について」『法學論集』第46号、2000。
⑥ 大島立子「『承継』判例から見た法の適用」『宋‐清代の法と地域社会』東洋文庫、2006。
⑦ 大島立子「元代における『刑事』事件と女性」『中国女性史研究』第17号、2008。

综上所述，在20世纪80年代以前，元代司法研究的主力是日本学者，他们就元代的司法机构、司法程序等问题予以了系统的探讨，展现了元代司法制度的基本图景。20世纪80年代以后，国内学者逐渐成为元代司法研究的主要力量，在日本学者的基础上将研究继续推进，尤其注重探讨元代司法的独特性，对元代司法的评价也越来越理性和全面。此外，得益于黑水城文书、徽州文书等新史料的发现和利用，学者开始注意到制度背后的司法实践，这成为近年来的新动向。然而，无论在元史领域还是中国法律史领域，元代司法研究乃至整个元代法律史研究仍然属于薄弱环节，特别在以下三个方面有待继续深入。

其一，长时段的视角。元代司法制度是在"蒙汉杂糅"的模式下建构起来的，主要为蒙古草原制度与金朝后期汉法制度的混合体，同时亦受到宋制的影响。因此，对元代司法制度的考察须置于长时段的视角下才能予以真正理解。另一方面，随着近年来"宋元明过渡说"的兴起，元代的意义被重新审视，司法也是考量这一时期历史变迁的重要方面。就现有成果来说，学者更为重视蒙古旧俗对元代司法制度的影响，长时段视角下的考察则多有欠缺。

其二，对实践的重视。无论在中国古代史学界还是中国法律史学界，近年来学者都已经将视角从制度规定转向实际运作。现有的元代司法研究主要集中于制度考证，虽然已有部分学者关注到元代的司法实践，但无论数量还是深度皆有不足。

其三，对社会的关注。法律与社会有着密切联系，只有在社会语境中才能理解法律的真正意义。从另一个方面来说，司法中所反映的亦绝不止法律实践本身，而是整个社会的深层图景。现有元代司法研究主要关注官方的司法运作，对于司法中的民众基本是忽视的，对于司法秩序背后的社会图景亦少有论及。元代各种社会力量如何参与和影响司法运作，不同地区间司法秩序的差异及其原因如何，皆是我们在元代司法研究中需要关注的问题。

三　本书思路与要点

司法秩序虽源于制度设计所构建的规则体系，但其最终表现为参与者行为的总和，从制度到实践，有着不小的距离。同时，司法运作并不是孤立的存在，而是受司法机关内部权力关系以及地域社会秩序的深刻影响。本书将借鉴法律社会史的研究方法，分别从制度中的司法、实践中的司法、社会中的司法三个层面展开，重点考察诉讼审判中的官府运作、司法实践中的官民互动以及地域社会对司法秩序的影响。

本书内容分为六章。

第一章，考察元代地方司法体系的整体结构。元代地方司法体系脱胎于宋、金旧制，但其结构相比前代又有明显的变化，呈现出鲜明的"多级"和"多元"特征。本章首先考察元代地方行政体系的多级混合结构，以及在此基础上形成的审级制度，指出这一结构特征使得判决权被进一步细分，案件依据量刑的轻重层层申转和审覆，形成纵向的权力制约。其次考察司法管辖的多元化，认为其主要源自元代的户口构成与管理制度，重点对投下户、军户、僧、道、回回、畏吾儿、哈迷里、盐户、医户、乐户的专门司法管辖进行分析，指出多元司法管辖的制度设计既保证了国家对重大案件的掌控，亦使司、县等基层地方政府与各户计管理机构之间形成权力制衡。此外，元政府在地方设置了由行台和肃政廉访司构成的两级监察网络，本章对其司法监督的内容、方式和效力进行系统分析。相比前代，元代地方司法体制蕴含着更为多样的权力制约因素。

第二章，分别考察路、县两级司法的具体运作模式。在元代多元与多级地方司法体系中，亲民官府中的路、县两级扮演着最为关键的角色。其中县级官府作为国家权力的末端，承担着繁重的司法任务，但其建制又最为简约。本章首先从县级司法运作的时间节奏入手，探讨县级官府制度角色与制度能力之间的矛盾；然后将司法流程置于县衙空间，考察县级司法运作的基本模式；最后对圆署制下长贰正官、首领官以及吏员的司法角色进行分析，探究其权力秩序。元代在路总管府以及散府设推官负责刑狱，路级司法运作因此呈现出推官专掌与长贰正官圆署相结合的模式。本章从路、府推官入手，从长时段考察其沿革与建置，分析其选任途径与标准，着重就其"专刑"之内涵与运作方式展开探讨。研究发现，推官虽然是元代最专业的地方司法官员，但元政府始终未能建立起类似于宋代的选任机制，推官的选任最终"混于常流"。所谓推官"独专刑名"，更多的是"专责"而非"专权"，与圆署制并不相冲突，一定意义上是圆署制的补充。

第三章，辨析元代诉讼社会的"史相"与"史实"。中唐以降，随着社会经济的发展，诉讼成为庶民日常生活以及地方官员治理实践的重要内容，呈现出"诉讼社会"的景象，元代史籍中有关民风"好讼"的记载也屡见不鲜。本章首先从元代史籍中常见的"江南好讼"这一记载入手，从文本、话语以及现实等层面分析其书写与实质，进而分析这一话语出现的深层背景。研究发现，这类文本多非对民众诉讼状态的客观描述，而是服务于具体语境的模式化书写。这一话语之所以在元代盛行，既根植于元人观念中对诉讼以及江南风俗的成见，亦是元代国家和江南地方官员应对"滞讼"困境的一种话语策略。无论"好讼"还是"无讼"，其实都是对诉讼形态的概括性描述，现实中的诉讼究竟是怎样的情形呢？通过梳理大量案例，分析民众在不同诉讼中的惯习，揭示官与民在诉讼中的立场差异和逻辑错位。最后，围绕民众在诉讼中的矛盾心态，分别考察其诉讼的动机与顾虑。

第四章，考察元代地方治理中的息讼机制。面对层出不穷的诉讼，元代地方官员表现出强烈的"息讼""弭讼"倾向。本章首先从理念与现实两个角度，解释地方官员为何追求息讼，指出这不仅是对儒家"无讼"理想的践行，更是充分衡量成本与风险后，最为有利的治理策略。进而在地方治理视域下，系统论述息讼的具体制度和机制。研究发现，元代息讼机制存在于诉讼产生前后的各个环节：一方面，地方官员试图通过伦理教化、法律宣传构建"无争"的社会秩序，作为"公共景观"的耻辱刑，则在构建和维护社会秩序中有着独特的作用，尤其用以惩治妄告、健讼等行为；另一方面，元代司法制度对告诉人资格以及告诉内容进行严格限制，非正式的纠纷解决渠道起到了分流诉讼的作用，即使已经进入正式审理阶段，依然可以通过司法官员调解或者当事人告拦予以息讼。

第五章，分析元代诉讼分类制度下的审断策略。《经世大典》与《元典章》中"诉讼篇"的出现，很大程度上凸显了诉讼制度在元代所受之重视与显著进步，其主要表现之一便是不同类别案件在诉讼中的进一步分离。以往学者在现代民事诉讼、刑事诉讼概念下叙述元代的诉讼划分，但这一源自西方法律体系的概念对元代并不完全适用。本章力图在元代语境下对其诉讼分类及其制度设计重新考量，进而考察司法者在不同诉讼中的立场与策略。研究认为，元代的户婚钱债和刑名词讼本质上与现代意义上的刑事诉讼、民事诉讼不可完全等同，更多是统一在公权裁决下的轻重、大小之别，即元人所谓"轻罪过"与"重罪过"。对于前者，元代要求须严格依法审判，对审断结果进行严格监督。但在元代"断狱用例不用律"的审判机制下，具体的判决和量刑十分难以把握。为了避免刑名违错，许多官员通过匿案不报的方式消极应对，更多人则将案件作疑申禀。对于后者，元代朝廷要求地方官员应尽量自理，减少不必要的咨禀，但对是否依法审断并无特殊要求，司法监督也相对宽松。在这类案件的审断中，司法者的最终目的是"止争"，其具体的判决方式则多种多样。从婚姻案例来看，官民互动、情理考量都会对最终的判决结果产生极大影响。

第六章，以两浙地区的湖田争讼案件为中心，考察司法运作与地域社会之间的复杂关系。司法实践的参与者本身来自地域社会，地域社会中的秩序结构同样会投射到司法之中。本章首先考察宋元时期两浙地区围湖垦田现象，进而通过两个典型案例——花屿湖案与永安湖案，分析这类案件的诉讼与审判实践。通过案例，发现被告论者的权豪身份往往给地方司法者带来不小困难，案件最终的圆满解决不仅依靠司法者不惧权贵，更多是依靠外部权威的介入。进而系统考察元代江南地区的地方势力在司法运作中扮演的角色，指出蒙古诸王、贵族、官员、僧道等权贵势力享有特殊的政治地位和特权，他们往往凭借权力破坏司法规则，导致司法秩序的异化；士人、富民等精英群体既是协助司法运作的重要力量，又时有武断乡曲、把持官府的现象。

概而言之，本书力求对元代地方司法与社会进行整体性的理解，在"诉讼社会"研究的基础上实现诉讼的"社会史"研究。在上述问题的分析中，本书将立足史学研究的实证立场，将对文献的梳理、辨析与解读作为最基本的研究方法。研究中尤其重视通过对具体案例的分析来展现元代地方司法秩序的真实图景，同时从长时段、总体史的视角进行审视。此外，本书将根据研究需要，在论述中使用其他社会科学领域的分析工具，如话语分析、场域概念等，以求对史料进行更深入的理解。需要指出的是，这些分析工具在本书中只是作为解读史料的视角而非"研究范式"，拒绝模式化和简单化叙述是本书秉持的核心理念。

第一章

地方司法体系的多级与多元结构

在帝制中国，司法体系在中央与地方层面的演进过程中呈现出截然不同的图景：相对于中央官制体系很早就发展出大理寺（廷尉）、刑部等专门司法机关，地方司法机关不仅没有从行政体系中分化出来，在行政机关内部亦只有少数几名正式官员。[1]一个可能的解释是，受财政与技术手段等原因的限制，帝制中国的统治其实是一种"集权的简约治理"，地方统治机构不得不维持在一个较小的规模。[2]从这一角度来说，中国古代地方司法体系属于一种"统制"的权力结构。然而实际上，为了保证司法的公正，中央政府往往设法对地方官府的司法权予以制约。这种制约通常来自两个方向：一个是行政体系内部的纵向制约，另一个是监察机构的横向制约。欲探讨元代的地方司法运作，首先须深入把握其司法体制，进而考量对司法实践可能产生的影响。以往研究对此虽早有涉及，但余义尚多，本章就此展开进一步的探讨。需要指出的是，本书的研究

---

[1] 需要特别提出的是，北宋景德四年（1007）设立的诸路提点刑狱司，负责一路的司法和监察，在某种意义上可视为专门的地方司法机构。相关研究可参见王晓龙《宋代提点刑狱司制度研究》，人民出版社，2008。

[2] 黄宗智：《过去和现在：中国民事法律实践的探索》，法律出版社，2014，第12页。

范围主要是中原地区，草原地区、宣政院辖地的司法体制与中原有很大差异。

一　多级混合：元代地方司法体系的基本结构

与前代一样，元代各级地方行政机关同样是司法体系的主体。关于元代地方行政体系，元人吴澄记载：

> 皇元因前代郡县之制损益之。郡之大者曰路，其次曰府若州。其下有属县，若古附庸。府若州，如古次国、小国。路设总管府，如古大国之为连率。路总于道，古之州牧也。内有省，外有行省，以总诸道，古之方伯也。此其监临统治之职也。[1]

其中，路、府、州、县官员为牧民之官，《元典章》中曰"路、府、州、县皆牧民之职，民之休戚系焉"，[2]《吏学指南》又曰"司养百姓为牧民。盖牧者，能守养之义，路府诸州是也"。[3] 元代的"道"有肃政廉访司与宣慰司两种。其中肃政廉访司属于监察机构，其在司法中的作用下文将专门讨论，暂不赘言。宣慰司全称"宣慰使司"，管军事者又兼"都元帅府"，一般于远离省治之处"临治列郡"，[4] 其主要是中书省、行

---

[1] 吴澄：《吴文正公集》卷14《送监察御史刘世安赴行台序》，《元人文集珍本丛刊》第3册，台北：新文丰出版公司，1985，第273页上。
[2] 《元典章》卷12《吏部六·吏制·司吏·选补州县吏新例》，陈高华等点校，天津古籍出版社、中华书局，2011，第485页。
[3] 徐元瑞：《吏学指南》（外三种），杨讷点校，浙江古籍出版社，1999，第23页。
[4] 王沂：《伊滨集》卷14《送翟生序》，《景印文渊阁四库全书》第1208册，台北：台湾商务印书馆，1986，第510页下。

省或宣政院的分治机构。①行省全称"行中书省"②，是控驭地方的最高政区，为前代所不见。行省早期作为临时军政机构因事设立，到世祖末成宗初，逐渐变为地方最高官府，形成"都省握天下之机，十省分天下之治"的格局。③此外，元代又在路的治所设录事司，"凡路府所治，置一司，以掌城中户民之事"，"若城市民少，则不置司，归之倚郭县"。④相比前代，元代地方行政体系有两大特点。

第一，层级增多。宋、辽、金时期地方行政体系大致为路（道）—州—县三级结构，元代则有行省—宣慰司—路—府—州—县（司）六级。

第二，各级区划间的组合纷繁复杂。《元史·地理志一》载："唐以前以郡领县而已，元则有路、府、州、县四等。大率以路领州、领县，而腹里或有以路领府、府领州、州领县者，其府与州又有不隶路而直隶省者。"⑤各级政区从属不定，而不同的政区组合又形成繁简不一的层级结构。其简单者如恩州，直隶省部，州下亦不领县；⑥复杂者如上都路—顺宁府—保安州—永兴县，省以下达四级之多。⑦元代的地方行政体系呈现出一种多级混合结构。

唐制，杖罪以下县决，徒罪以上由县断定后送州复审，其中徒、流

---

① 根据李治安先生的研究，元代的宣慰司经历了三个阶段的演变：中统年间为监司机构，至元元年（1264）至至元十五年（1278）为负责临时处理军政事务的机构，至元十五年以后为中书省、行省的分治机构。可以说，大部分时间里，宣慰司是作为分治机构存在的。见氏著《元代政治制度研究》，第92页。近来，陆韧又关注到元代宣慰司的边疆演化，认为元代中后期宣慰司突出分布于西南边疆，成为边疆军政管控机构。见氏著《元代宣慰司的边疆演化及军政管控特点》，《云南师范大学学报》（哲学社会科学版）2012年第6期。
② 元代多次在中央立尚书省，行中书省亦随之改称"行尚书省"。《元史·百官志七》载："至元二十四年，改行尚书省，寻复如旧。至大二年，又改行尚书省，二年复如旧。"见《元史》卷91《百官志七》，中华书局，1976，2305页。
③ 许有壬：《至正集》卷32《送蔡子华序》，《北京图书馆古籍珍本丛刊》第95册，书目文献出版社，1988，第166页上。另，关于元代行省制度的演变，可参见李治安《行省制度研究》，南开大学出版社，2000，第3—15页。
④ 《元史》卷91《百官志七》，第2317页。
⑤ 《元史》卷58《地理志一》，第1346页。
⑥ 《元史》卷58《地理志一》，第1370页。
⑦ 《元史》卷58《地理志一》，第1351页。

第一章　地方司法体系的多级与多元结构

在复审后由州施行，死罪则须经刑部审核后，奏请皇帝批准。① 宋制与唐制大体相同，"杖以下，县决之；徒以上，送州推断"，② 只是死刑的判决有所变化。元丰改制前，死罪若案情明了、断罪无疑而不需奏谳，州可予以断决。元丰改制，规定"四方之狱，非奏谳者，则提点刑狱主焉"，③ 除刑名疑虑、情理可悯、尸不经验、杀人无证见者须奏谳外，其余"申提刑司详覆，依法断遣"。④ 金制，"州县官各许专决"。⑤ 元代审级⑥ 确定于至元二十八年（1291）的《至元新格》，其具体规定为：

> 诸杖罪五十七以下，并听司县断决。八十七以下，散府、州、军断决。一百七以下，宣慰司、总管府断决。配流、死罪，依例勘审完备，申关刑部待报，应申扎鲁忽赤者，亦同。⑦

这里没有提到徒刑，元代徒刑似乎要到大德六年（1302）《强切盗贼通例》颁布才成为定制，⑧ 其归属亦在这时得到明确规定："徒罪，总管〔府〕官司公厅完坐，引其囚人，明示所犯罪名，取责准服文状，然后决配，仍申合干上司照验。"⑨ 也就是说，徒罪在由路总管府审问后可先予以决配，然后再报上级官府审核。相比唐、宋、金，元代地方行政机构的判决权限有很大的变化：一方面，由于行政层级的增加，各级官府

---

① 仁井田陞『唐令拾遺·獄官令』東京大學出版會、1983、757、761 頁。
② 天一阁博物馆、中国社会科学院历史研究所天圣令整理课题组校证《天一阁藏明钞本天圣令校证》，中华书局，2006，第 415 页。
③ 马端临：《文献通考》卷 167《刑考六》，中华书局，1986，第 1450 页上。
④ 楼钥：《攻媿集》卷 27《缴刑部札子》，《四部丛刊初编》，商务印书馆，1922。
⑤ 宇文懋昭撰，崔文印校证《大金国志校证》卷 36《科条》，中华书局，1986，第 518 页。
⑥ 审级制度是司法制度的重要组成部分，指审判机关在组织体系上设置的等级，以及案件判决产生法律效力需要经历的层级。
⑦ 韩国学中央研究院编《至正条格》（校注本），条格卷 34《狱官·断决推理》，首尔：Humanist 出版集团，2007，第 136 页。
⑧ 参见姚大力《论元朝刑法体系的形成》，《蒙元制度与政治文化》，北京大学出版社，2011，第 308 页。
⑨ 《元典章》卷 49《刑部十一·诸盗一·强窃盗·强切盗贼通例》，第 1626 页。

·025·

的判决权得到进一步细分；另一方面，地方行政机构的判决权在整体上被大大削减，最高止于徒刑，流刑以上的最终决定权皆被收归刑部。由于元代地方行政体系呈多级复合结构，各级行政机构在司法体系中的位置远比审级划分复杂得多。

"县极下，去民为最近"，[①]录事司"列曹庶务一与县等"，[②]二者处于元代行政体系的末端，亦是民众与国家权力联系最为紧密的地方。元人常以"司县"并称，又称二者为"字民官"，"盖字者，抚也，表司县抚育养民也"。[③]元制："诉讼人先从本管官司，自下而上，依理陈告。"[④]作为亲民官府，司、县受理绝大部分诉讼。司、县的判决权限是"五十七以下"，也就是笞罪，这一范围内大多是民事纠纷或者轻微刑名案件。胡祗遹曰："小民所争讼，不过婚姻、债负、良贱、土田、房舍、牛畜、斗殴而已，所犯若无重罪，司县皆当取决。"[⑤]若对案件存有疑问，则要申解上司。中统五年（1264）规定："诸州司县但有疑狱不能决断者，无得淹滞，随即申解本路上司。若犹有疑惑不能决者，申部。"[⑥]对杖六十七及以上的案件，司、县虽无权判决，但也要进行初步的审问，然后解赴上级官府。至元二十四年（1287）规定："应有重刑，司县略问是实，即合解赴各路州府推问追勘结案。"[⑦]至于此类案件中司、县的具体职责，元贞三年（1297）《儒吏考试程式》中有着较为全面的记载，现摘录如下：

[①] 李谦：《重修学庙记》，民国《茌平县志》卷12《艺文志·外集》，《中国方志丛书》，台北：成文出版社，1968，第474页下。
[②] 脱因修，俞希鲁纂《至顺镇江志》卷16《宰贰》，《宋元方志丛刊》第3册，中华书局，1990，第2823页下。
[③] 徐元瑞：《吏学指南》（外三种），第23页。
[④] 《元典章》卷4《朝纲一·政纪·省部减繁格例》，第135页。
[⑤] 胡祗遹：《紫山大全集》卷23《县政要式》，《景印文渊阁四库全书》第1196册，第412页上。
[⑥] 《元典章》卷40《刑部二·刑狱·系狱·疑狱毋得淹滞》，第1361页。
[⑦] 《元典章》卷39《刑部一·刑制·刑名·重刑司县略问》，第1340页。

据某人状告〖贴题备录全文,直至"告乞施行"〗。得此〖杀人,即云寻委某官初覆检过致命根因。杀伤,即云寻勒医工验过被伤去处。贼盗,须云委官验过本家失盗踪迹〗。移文县尉并下所属地分,及牒邻境官司捉贼。施行间,准某处官司公文该:据某人状告,某年月日,缘何认是前项贼人,以此亲手捉获监押赴官〖因赃败露者,即云并赃一就赴官。涉疑捉获者,即云缘何疑是贼人,盘捉到官。非盗贼,云就将犯人勾捉到官〗。县司略行问得贼人某招伏,与事主元申并捉事人见告俱各相同。追获赃仗,勒令事主认过,委是被〖强曰劫,切曰盗〗本物〖非盗贼,止云略行问得犯人某招伏,并与某人元告相同〗。契勘逐人所招,事干刑名,县司地卑,不敢留问。今将正犯人某人枷项纽手,事主某、捉事人某散行,同赃仗一就差人牢固监押前去。乞收管施行。①

从这段材料来看,司、县对于笞罪以上的案件虽无判决之权,但从立案、检验、缉捕到案情的讯问皆是其必须履行的职责,案件的最终判决正是建立在这些工作基础之上的。总的来说,司、县的司法权限虽然不大,但其司法任务却极为繁重,在地方司法体系中扮演着十分重要的角色。

州在宋代是县之上的高一级政区,负责复审属县上报案件,元代的州则较为复杂。首先,元代州有领县与不领县之分。入元后,"升江南军州为路,壮邑为州",②元代江南诸州很多是由原南宋的县升格而成。③这些州因没有属县,"得亲治民",④成为与司、县一样的县级州,在司法上

---

① 《元典章》卷12《吏部六·吏制·儒吏·儒吏考试程式》,第427—428页。
② 邵亨贞:《野处集》卷2《送张令尹序》,《景印文渊阁四库全书》第1215册,第199页上。
③ 根据洪丽珠的统计,这种州分别占江浙、江西、湖广三省总州数的93%、55%、67%。见氏著《元代县级官员群体研究》,第21页。
④ 苏天爵:《滋溪文稿》卷10《元故少中大夫江北淮东道提刑按察使董公神道碑》,陈高华、孟繁清点校,中华书局,1997,第159页。

亦与司、县基本一样，受理词讼、追证检验，并作为第一审级进行审判。不过县级州的司法权限要大于司、县，可以对杖八十七以下的案件予以判决。领县的州与宋代一样，主要负责复审由属县所申解的案件。根据上引《儒吏考试程式》，州在接收属县所申解的罪囚后要仔细进行审问，如果审出之前未曾发现的犯罪情况，还要进一步予以勘核。除对杖八十七以下的案件予以判决外，对超出权限的案件要将涉案的犯人和其他相关人等，连同案卷解赴上司。[①] 其次，元代州又有隶于路、府与直隶省部（或行省、宣慰司）之别。前者在《元史·地理志》中称"属州"，后者径称"州"。对于属州与直隶州在司法中有无不同，史料未有明确记载。不过，陆文圭言"以州隶行省，事得直达，免旁郡牵制之虞"，[②] 刘埙亦言直隶州"予夺刑赏得以专决"，[③] 直隶州的司法职责很可能与下文的路、府是相近的。

元代诸路、府处在行省、宣慰司与州、司、县之间，主要司法任务是复审州、县、司所申转的案件。这些案件有两类：一是超出州、司、县判决权限的案件，二是疑难案件。据前文所述，路的判决权限为杖一百七以下（大德六年后为徒以下），散府的判决权限为杖八十七以下，在此范围内的案件路、府可予以终审判决。若案件超出路、府的权限，虽不能做出最终判决，但要予以审理并结案。其具体情形在《儒吏考试程式》中有较全面的展现，现抄录如下：

> 某路、府：据某州、司、县申，归问一起公事。解到所关人等，追获赃仗〔杀人无赃，云追获元使器仗。切盗，云追获元盗赃验〕，勒令认过，一就归勘得：正犯人甲招：不合于某年月日作何罪犯〔但写文状后招语〕，如何到官，情罪是实〔如全无赃仗，即云解

---

① 《元典章》卷12《吏部六·吏制·儒吏·儒吏考试程式》，第428页。
② 陆文圭：《墙东类稿》卷7《江阴改州记》，《元人文集珍本丛刊》第4册，第555页上。
③ 刘埙：《南丰郡志序目》，刘纬毅等辑《宋辽金元方志辑佚》，上海古籍出版社，2011，第543页。

到所关人等,当厅审过,取责正犯人甲招同前。如有徒伴,即云不合于某年月日甲为首,纠合乙、丙同谋作何过犯,如何到官,情罪是实,乙、丙招责与甲无异。乙、丙如更或曾别作过犯,须云除与甲招相同外,又招某年月日不合与丁、戊作何罪犯,丁、戊招责相同〗,并取到干连人某指证词因,及捉事人某、被伤人某、苦主某、事主某准伏文状〖已上随事摘用〗,追会一切完备〖如有未获人数,即云除某人在逃、常川根捕外,追会一切完备〗。府司官公座,对众将犯(人)〔重〕刑人某至徒人某同行引审,取讫服辩文状〖杖以下罪不取服辩,刑徒以上须取〗。除将干连人某、准首人某、被伤人某、事主某、苦主某先已省会宁家,奴婢某摘断付主,某人还职,某人还役,某人召保〖旧例,杖以下轻罪未断责保〗,至徒人某收禁外〖已上皆于所出题内随事摘用〗,据正犯重刑人某,已经本道巡按廉访司对本人家属明示犯由,亦已取到服辩文状,依旧收禁外〖大都,须云已牒监察御史某官引审无冤,取讫服辩文状,枷项纽手,同家属某差人监押,赴部引审〗,今具元发事头逐人招款词因,并抄白追会收竖事件,开立如后。须至申者。①

根据这段材料,除对权限内的案件予以判决外,对超过权限的案件,路、府的任务主要有以下四项:其一,详审案情;其二,公座审问,取得徒以上案犯服辩文书;其三,对案犯以及诸涉案人员进行处置;其四,将案件申转上司。

相比路、府、州、县等管民官府,宣慰司既不设捕盗官和专门的司法官员,亦没有监狱,其组织架构基本没有为司法做特别的安排。《元史·百官志》曰:"宣慰司,掌军民之务,分道以总郡县,行省有政令则布于下,郡县有请则为达于省。"② 在司法方面,宣慰司最主要的功能是

---

① 《元典章》卷12《吏部六·吏制·儒吏·儒吏考试程式》,第426—427页。
② 《元史》卷91《百官志七》,第2308页。

负责行省与路、府、州、县的承转。《元典章》所载诸案例显示，在设宣慰司的地方，下属官府的待报案件要由宣慰司呈达行省，最后的判决结果亦由宣慰司传达给下属官府。如至元十五年"傍人殴死奸夫"一案，案件由平江路审问后，经浙西道宣慰司呈江淮行省；① 皇庆二年（1313）"冯崇等剜坏池杰眼睛"一案，江浙行省的札付是经由福建道宣慰司都元帅府传达南剑路的。②

宣慰司一般不受理诉讼，但如果下属官司审理不当，诉讼人即可向宣慰司陈告。至元二十四年江西行省规定："各路争告户婚、田产、家财、债负、强窃（盗）盗贼一切刑名公事，若各路偏徇，理断不公，许令直赴上司陈告。"③ 后至元二年（1336）圣旨条画中又规定："诸诉讼人等，先从本管官司自下而上陈告。或理断不当、迁延不与归结，在内经由省、部，在外赴行省、宣慰司陈诉。"④ 不过，从实际情况来看，宣慰司很少亲自审判，接到诉讼后多委派下属官府审理。如柳逢吉、段伯通争典佃户黄康义一案，荆湖北道宣慰司就是委付峡州路审理的。⑤

行省由中书省的派出机构演化而来，其设官颇类似中书省，其中理问所专管刑狱，元人称"理所，为行中书法部"，⑥ 概将其比作中书省之刑部。所谓"繁剧在郡县，无在行省"，⑦ 行省不需像牧民官府那样应对无尽的诉讼，其本身也不具有高于路、宣慰司的判决权限。行省的司法职责主要有以下两点。

第一，审核重刑。至元十五年的圣旨条画中规定："应有至死罪囚，有司取问明白，追会完备，行移提刑按察司，审（录）〔复〕无冤，有

---

① 《元典章》卷42《刑部四·诸杀一·因奸杀人·傍人殴死奸夫》，第1469页。
② 《元典章》卷44《刑部六·诸殴·他物伤·冯崇等剜坏池杰眼睛》，第1508页。
③ 《元典章》卷53《刑部十五·诉讼·越诉·越诉转发元告人》，第1772页。
④ 刘孟琛等编《南台备要·首振台纲》，浙江古籍出版社，2002，第155页。
⑤ 《元典章》卷57《刑部十九·诸禁·禁典雇·禁主户典卖佃户老小》，第1888页。
⑥ 杨维桢：《东维子文集》卷5《送省理问所提控范致道序》，《四部丛刊初编》。
⑦ 揭傒斯：《揭文安公全集》卷9《送张都事序》，《四部丛刊初编》。

司依例结案，申行中书省，移咨中书省，类奏待报施行。"[①] 在这时，行省的任务似乎只是将重刑案件转交中书省，是否有审核之责并无明确规定。大德七年（1303），刑部在给中书省的呈文中称："各处行省掌握方面，责任不轻。近年咨到重刑结案，俱以脱本抄连各处申解备咨，并不参详议拟，于内多不完备。"[②] 可见，此前行省只是将下级官府所上报的案件呈送省部而已。刑部进而提议："今后重刑……依式结案。行省专委文（咨）〔资〕省官并首领官吏，用心参照，须要驳问一切完备，别无可疑情节，拟罪咨省。"[③] 换言之，行省对重刑案件须仔细审核，并拟定罪名，然后才能上报中书省。

第二，审理疑狱。据前文，各州、司、县有疑难案件须申路总管府，若路总管府仍不能断，则申刑部。实际上，在行省成为地方最高官府后，路总管府首先要将这些案件上报行省。除流刑以上依旧申中书省外，其余轻罪，行省可依例处决，若无先例，则要先拟定罪名，然后"咨省可否"。[④] 行省收到案件后，通常交由理问所审断和拟罪。以"丁庆一争婚"案为例，吴江州民丁庆一、徐千三在皇庆元年约定换亲，延祐元年（1314）因水灾缺食，各立合同休弃。延祐三年（1316），丁庆一将其女丁阿女嫁与倪福一，徐千三却将丁阿女强抢回家成亲。吴江州依据许嫁女悔亲的相关条例予以拟断，然后经平江路上报江浙行省。行省理问所认为，吴江州所拟不当，但若依此前白满儿例予以断离，又难免使丁阿女再嫁，于是又上报中书省。最后依礼部所断，令两家依旧换亲。[⑤] 此外，前文已经提到，若有案件理断不当或长期未能结案，诉讼人可向行省陈诉，受理上诉案件也是行省的一项重要职责。

概言之，元代地方行政体系在司法中亦遵循其本身的多级复合结构。

---

① 赵承禧等编撰《宪台通纪·行台体察等例》，王晓欣点校，浙江古籍出版社，2002，第23页。
② 《元典章》卷40《刑部二·刑狱·断狱·重刑结案》，第1378页。
③ 《元典章》卷40《刑部二·刑狱·断狱·重刑结案》，第1378页。
④ 《元典章》卷40《刑部二·刑狱·断狱·重刑结案》，第1378页。
⑤ 《元典章》卷18《户部四·婚姻·嫁娶·丁庆一争婚》，第633—634页。

诉讼肇始于州、司、县，根据案件轻重，其审判权又归属不同级别官府管辖。在案件逐层复审的过程中，上级官府皆可对下级官府的审判结果予以改正。同时，当下级官府审理不当，民众又可逐级上诉，由上级官府重新予以判决。通过司法权力的纵向分配，各级官府之间层层辖制，最终形成地方行政体系内部的制衡机制。

二 诸色户计与司法管辖的多元化

在元代，司法权力不仅在多层级行政体系中进行分割，同时亦在横向的不同管理机构之间分割，呈现出司法管辖多元化的特点。这种司法管辖的多元化本质上是与户口结构以及管理的多元化相呼应的。

（一）多元司法管辖的成立

以往研究多以多元司法管辖以及约会审问制度为元代新创，其实这一制度早有渊源。唐德宗贞元七年（791）三月规定："神威、神策六军将士自相讼，军司推劾；与百姓相讼，委府县推劾。"[①]即将军人之间的词讼归属军事管理机构审理，军、民相争则由有司处断。宋代与唐代类似，以枢密院以下各级军事管理机构掌军人案件，不过由于宋代地方长官多同时兼经略安抚使、兵马都总管、都监、监押等军职，亦有权审理军人案件。真宗大中祥符五年（1012），因"县与本军各庇所部"，诏令开封府："诸县军民相殴讼者，令知县、都监同议断。"[②]这与唐代做法有所不同，可以说已具元代约会制度之雏形。金代崇尚佛教，在地方设有僧正、僧录、都纲、维那等僧官，遇有僧人案件，杖以下由维那判决，徒以上则"申解僧录、都纲司"。[③]

[①] 《旧唐书》卷13《德宗纪下》，中华书局，1975，第371页。
[②] 李焘：《续资治通鉴长编》卷77，大中祥符五年二月癸丑，中华书局，1995，第1756页。
[③] 宇文懋昭撰，崔文印校证《大金国志校证》卷36《浮屠》，第518页。

到元代，多元司法管辖相比前代又有所发展，这应该是元代户口构成与管理多元化的必然结果。元代户口构成十分复杂。

一方面，按其归属，有"诸王位下户计"与"系官大数目"之分。所谓"诸王位下户计"，即蒙古诸王、驸马及功臣等投下所属民户；所谓"系官大数目"，又称"大数目里"，为国家直属民户。元人魏初奏议中曰："窃见目今除诸王位下户计外，系大官数目内送纳差发、米粮、种田等户，如耶律丞相、南合中书、杨中书、贾达、阿喽罕等投项甚多。"[1] 很明显是将"诸王位下户计"与"系官大数目"区分开来。[2]

另一方面，全国民户又根据族属、宗教与职业的不同，被划分为诸色户计。如新近在纸背公文纸资料中发现的户籍册显示，江南归附后，湖州路民户或根据其原本营生，或被重新签发，划入不同户计。[3] 另以《至正金陵新志》所载江宁县至元二十七年（1290）户口抄数为例，其数据是按民户、军户、站户、匠户、哈喇齐户、铺夫户等分类统计的，民户下又分列医户、淘金户、财赋佃户、儒户、弓手户、乐人户、无名色户（见表1-1）。

表1-1 至元二十七年江宁县户口统计

单位：户，口

户计	民户							军户	站户	匠户	哈喇齐户	铺夫户	合计*
	医户	淘金户	财赋佃户	儒户	弓手户	乐人户	无名色户						
户数	75	823	573	75	86	16	18259	1013	491	373	483	116	22705
口数	571	7792	3251	425	846	112	101360	3930	5202	3116	4137	1144	132787

* 此处户数、口数合计数目为《至正金陵新志》原载，但以各户计相加，户数、口数合计应为22383、131886，与前者有所出入。

资料来源：张铉《至正金陵新志》卷8《民俗志·户口》，《宋元方志丛刊》第6册，第5643页上。

---

[1] 魏初：《青崖集》卷4《奏议》，《景印文渊阁四库全书》第1198册，第748页下。
[2] 参见姚大力《蒙元时代西域文献中的"因朱问题"》，《蒙元制度与政治文化》，第340—365页。
[3] 参见王晓欣、郑旭东《元湖州路户籍册初探——宋刊元印本〈增修互注礼部韵略〉第一册纸背公文纸资料整理与研究》，《文史》2015年第1期。

在元代，除民户由路、府、州、县等有司管理外，其他户计多有专门管理机构。如郑介夫所言："今正宫位下自立中政院，匠人自隶金玉府，校卫自归拱卫司，军人自属枢密院，诸王位下自有宗正府、内史府，僧则宣政院，道则道教所。又有宣徽院、徽政院、都护府、白云宗，所管户计诸司头目，布满天下，各自管领，不相统摄。"① 就江南来说，平定后同样将各户计拨隶相关机构，湖州路户籍册中所载铁匠戚万七一家即是一典型事例：

  一户：铁匠戚万七，元系湖州路安吉县凤亭乡一管横塘村人氏，亡宋作铁匠，至元十二年十二月内归附，至元十八年正月内有康提举□二十一年拨入本路杂造局工作，见有作头戚文旺管领，不曾支请□坐应当铁匠差役
  计家：亲属七口
    男子：四口
      成丁：三口
        本身：年四十五岁 弟戚十二，年四十一岁
        弟戚双儿，年二十六岁
      不成丁：一口，侄戚千三，年三岁
    妇人：三口
      母亲宗三娘，年六十五岁 弟妇濮四娘，年二十五岁
      弟妇沈八娘，年二十六岁
  事产：
    田土：七亩九分九厘
      水田：五亩八分九厘 陆地：二亩二分
    房舍：瓦屋二间二步

---

① 郑介夫：《上奏一纲二十目》，邱树森、何兆吉辑点《元代奏议集录》下册，浙江古籍出版社，1998，第83页。

营生：铁匠①

由于各户计的管理"不相统摄"，司法上的多元管辖也就成为必然。至元二年（1265）《立总管府条画》中规定："投下并诸色户计，遇有刑名词讼，从本处达鲁花赤、管民官约会本管官断遣。如约会不至，就便断遣施行。"②至迟到这时，各户计管理机构已被明确赋予与有司共同审理相关案件的权力。《元史·刑法志》载：

> 诸管军官、奥鲁官及盐运司、打捕鹰坊军匠、各投下管领诸色人等，但犯强窃盗贼、伪造宝钞、略卖人口、发冢放火、犯奸及诸死罪，并从有司归问。其斗讼、婚田、良贱、钱债、财产、宗从继绝及科差不公自相告言者，从本管理问。若事关民户者，从有司约会归问，并从有司追逮，三约不至者，有司就便归断。③

这段材料包括三条信息：首先，无论何种户计，若犯重刑，须由有司审理；其次，本户计内部的民事纠纷和轻微犯罪，由其本管官司处理；再次，其他户计与民户相争讼，由其本管官司与有司约会断决，三次约会不至则由有司断决。这三条涵盖了专门司法管辖的权限以及不同户计间争讼的处理方式，为元代专门司法管辖的基本原则。

（二）多元司法管辖的适用

根据黄清连的研究，元代户计有80余种之多。④但并非所有户计都适用于专门管辖。大致来说，除民户词讼归属有司外，有七类户计各有

---

① 王晓欣、郑旭东：《元湖州路户籍册初探——宋刊元印本〈增修互注礼部韵略〉第一册纸背公文纸资料整理与研究》，《文史》2015年第1期，第153—154页。
② 《元典章》卷51《刑部十五·诉讼·约会·诸色户计词讼约会》，第1780页。
③ 《元史》卷102《刑法志一》，第2619—2620页。
④ 黄清连：《元代户计制度研究》，台北：台湾大学出版社，1977，第197—214页。

其专门管辖：一为投下户，二为军户，三为僧、道、回回等宗教户计，四为畏吾儿与哈迷里，五为盐户，六为医户，七为乐户。不同户计间，甚至同一户计内部不同群体间，司法管辖皆有差异，下面分别对其予以分析。

1. 投下户

所谓"投下"，蒙古语作"爱马"（ayimaq），概指蒙古人的军政集团，又多专指诸王、贵戚及功臣受封而形成的民户集团。根据李治安先生的研究，元代的投下户包括蒙古直属千户部民、诸王兀鲁思封户、五户丝食邑民与投下私属，①不同投下户的司法管辖是不同的。其中蒙古直属千户部民仍保持千户组织，词讼归属大宗正府之断事官，诸王兀鲁思分处大漠南北，由诸王高度支配，不必赘言。需要特别分辨的是五户丝食邑民与投下私属。

五户丝食邑民是太宗丙申（1236）分封后产生的，②因其科差"每二户出丝一斤，并随路丝线、颜色输于官；五户出丝一斤，并随路丝线、颜色输于本位"，③故名。世祖平宋后，"又各益以民户"。④五户丝食邑民在江南亦大量存在，如南丰州就有一万一千户被拨属答里真位下。⑤根据耶律楚材的建议，早在太宗丙申分封时就规定："各位止设达鲁花赤，朝廷置官吏收其租颁之，非奉诏不得征兵赋。"⑥至元二年，诏"各投下者，并入所隶州城"，⑦投下食邑被置于国家有司的统一管理下。元朝建立后，

---

① 李治安：《元代分封制度研究》，天津古籍出版社，1992，第5—28页。此外，日本学者村上正二将元代投下分为两部分：由梯己民匠组成的"本投下"以及由中原五户丝户组成的"一般投下"。见村上正二「元朝における投下の意義」『蒙古學報』第1号、1940。周良霄则将投下民分为三部分：朝廷拨属的草原部民、二五户丝户及专业户计，投下私属，投下非法招集的部民。见氏著《元代投下分封制度初探》，《元史论丛》第2辑，中华书局，1983，第69—70页。
② 《元史》卷2《太宗纪》，第35页。
③ 《元史》卷93《食货志一》，第2361页。
④ 《元史》卷95《食货志三》，第2411页。
⑤ 《元史》卷95《食货志三》，第2412页。
⑥ 《元史》卷2《太宗纪》，第35页。
⑦ 《元史》卷6《世祖纪三》，第107页。

食邑的权力行使基本是一元性的，投下达鲁花赤与其他管民官一起"同署共治"，既无约会之必要，更不存在投下官自理刑狱。①

投下私属即怯怜口（ger-ün köhüd），除早期俘虏的草原部众外，主要是此后由朝廷拨付或者各投下私自拘刷的诸色民匠，"不纳系官差发"，或居于投下领地，或"于随处看守庄子，放牧头匹"。②这部分人多从事打捕鹰房、工匠、斡脱、种田等户计，投下以"随路诸色民匠打捕鹰房都总管府""怯怜口总管府"等机构予以编制，其下又有提举司、户计司、提领所、杂造局等机构。中政院、徽政院、詹事院下分别管领隶属皇后、皇太后、皇太子的诸多投下机构，亦属此类。③至元三年（1266）条画中曰："合死的重罪过，并强盗、窃盗、造伪钞等更做重罪过的，各投下里也不须约会，是管民官的勾当，只教管民官依体例归断者。除这的，斗殴、争驱良、婚姻、家财、债负等，这般勾当，约会各投下官人每一处断者。三遍约会不来呵，管民官就便依体例归断者。"④所谓"投下官人每"，主要指的就是这些管领投下私属的官员。需要注意的是，诸财赋总管府、财赋提举司下有许多财赋佃户，这些人虽承佃官田，但仍属"大数目户"，其词讼归于有司而非投下官。⑤

投下官员受理词讼必须与本投下所管户计相关，但实际上，这些投下官员常超出自己的司法权限行事，如分宜县与万载县的户计司官员就因"违例受理刑名词讼，擅便断决"，受到袁州路的弹劾。⑥

2. 军户

元代军队大致分为宿卫、镇戍两大系统，镇戍军又分蒙古军、探马

---

① 李治安：《元代分封制度研究》，第87页。
② 方龄贵校注《通制条格校注》卷2《户令》，中华书局，2001，第15页。
③ 植松正：《元代江南投下考——〈元典章〉文书所见投下有司的相克》，吴海航译，中国政法大学法律史学研究院编《日本学者中国法论著选译》，中国政法大学出版社，2012，第449页。
④ 《元典章》卷53《刑部十五·诉讼·约会·投下词讼约会》，第1782页。
⑤ 《元典章》新集《刑部·诉讼·约会·财赋佃户词讼》，第2216页。
⑥ 《元典章》新集《刑部·诉讼·约会·户计司相关词讼》，第2215页。

赤军、汉军、新附军，其中镇戍江南者主要是汉军及新附军。① 凡为军者皆世袭军户，"定入尺籍伍符，不可更易"。② 诸军统于枢密院，以万户府—千户所—百户所予以编制，万户府分上、中、下三等，设达鲁花赤、万户、副万户、镇抚；千户所亦分上、中、下三等，设达鲁花赤、千户、副千户、弹压；百户所有上、下二等，设百户。③ 至正五年（1345）九月革罢奥鲁之前，蒙古军、探马赤军、汉军还设有奥鲁管理军户。蒙古军、探马赤军之奥鲁随军府设置，大翼万户设奥鲁总管府，小翼万户、千户设奥鲁官。④ 汉军奥鲁初亦随军府设置，至元五年（1268）后例"由州县长官结衔，兼奥鲁官以莅之"。⑤ 新附军无奥鲁，军户由各军府直接管理。

关于军人内部词讼，至元十年（1273）定制，重刑由路总管府断决后申部，"其余杂犯事理，从诸军奥鲁总管府归结"。⑥ 至元十二年（1275）又特别针对蒙古军人规定，婚姻、良贱、债负、斗殴词讼、和奸、杂犯，由奥鲁断决，其余重刑由有司与奥鲁约会审问，并由有司结案，若无奥鲁则归有司负责。⑦

关于军、民相讼，世祖时期规定："军民相犯的勾当有呵，贼情、人命等重罪过的，交管民官归问。其余家财、田土、斗打相争等轻罪过的，军民官约会着问者。"至大元年（1308），枢密院提议"军民相犯，不捡什么勾当有呵，约会着问者"，试图扩大军方的司法权力，但在中书省、御史台的坚持下，最终还是延续世祖旧制。⑧ 在江南地区，除随营军

---

① 《元史》卷99《兵志二》，第2538页。相关研究参见萧启庆《元代镇戍制度》，《内北国而外中国：蒙元史研究》，中华书局，2007，第256—275页。
② 《经世大典序录·政典总序》，苏天爵编《国朝文类》卷41，《四部丛刊初编》。
③ 《元史》卷91《百官志七》，第2310—2312页。
④ 《元史》卷82《选举志二》，第2039页。
⑤ 《经世大典序录·政典总序》，苏天爵编《国朝文类》卷41，《四部丛刊初编》。
⑥ 《元典章》卷39《刑部一·刑制·刑名·军户重刑总府归结》，第1342页。
⑦ 《元典章》卷39《刑部一·刑制·刑名·蒙古人自相犯重刑有司约会》，第1343页。
⑧ 《元典章》卷53《刑部十五·诉讼·约会·军民词讼约会》，第1783—1784页。

人外，许多军属散居各地，"与民相参住坐"，遇有军民相争，约会多有不便。延祐六年（1319），乌江县尹提议："今后莫若除在营军人与民相（关）〔斗〕，依例约问，据离营军属余丁争斗等事，听管民官勾问。"① 最终没有得到批准。

3. 僧、道、回回

在元朝统治者看来，无论何种宗教皆可为其"告天祝寿"，于是不仅采取了兼容并包的宗教政策，更在政治、经济、法律等方面赋予其多项特权。不过就司法管辖来说，以仁宗即位为界，又可分为两个时期。

在仁宗以前，各教在地方广置衙门，拥有相当大的司法权力。佛教在诸教中尤受尊崇，世祖时立宣政院统领天下僧徒，又在路、府、州、县设僧正司、僧录司、都纲司等僧官。② 至元二十九年（1292）圣旨规定："俗人与和尚每有争差的言语呵，和尚每的为头儿、管民官一同问了断者。民官，和尚每根底休教断者。"③ 大德四年（1300），甚至一度将僧人自犯重刑案件亦交由僧司审理，④ 这一做法在大德七年得到改正。⑤ 道教统于集贤院，江南则由正一天师统领江南诸路道教所。至元十四年（1277），忽必烈封张宗演为真人，统领江南道教，规定："俗人每，先生每根底休归断者。先生每与俗人每有折证的言语呵，委付来的先生每头目，与管城子的官人每一同理问归断者。"⑥ 伊斯兰教徒在元代被称为"木速蛮"或者"回回"，教士则为"答失蛮"，中央设有回回哈的司，地方则由哈的大师掌管词讼。就连头陀教这种前代的秘密宗教，大德二年（1298）亦规定："头陀禅师每，管俗人一处折证的言语有呵，头陀禅

---

① 《元典章》卷53《刑部十五·诉讼·约会·军民词讼约会》，第1785页。
② 释念常：《佛祖历代通载》卷22，《景印文渊阁四库全书》第1054册，第759页上。
③ 《元典章》卷53《刑部十五·诉讼·约会·儒道僧官约会》，第1780页。
④ 《元典章》卷39《刑部一·刑制·刑名·僧人自犯重刑》，第1345—1346页。
⑤ 《元典章》卷39《刑部一·刑制·刑名·僧道做贼杀人管民官问者》，第1346页。
⑥ 《元典章》卷33《礼部六·释道·道教·宫观不得安下》，第1136页。

师的头目,与管民官一处断者。"①

至大四年(1311)四月,仁宗即位不久,李孟建言:"人君之柄,在赏与刑,赏一善而天下劝,罚一恶而天下惩,柄乃不失。所施失当,不足劝惩,何以为治!僧、道士既为出世法,何用官府绳治!"②同月,除宣政院、功德使司外,僧、道、也里可温、回回、白云宗、头陀教等诸教设在各路、府、州、县的衙门皆被革罢,其相应诉讼皆归属有司。③不过,从此后的史料记载来看,这一规定并没有得到完全贯彻,僧、道、回回之专门司法管辖此后逐渐恢复。皇庆元年,因罢除僧道衙门后有司"妄生事端,勾扰不安",规定:"除刑名词讼违法事理,有司自有定例外,据僧道违别教法,听从住持、师长自相戒谕,所在官司不得勾扰。"④皇庆二年,中书省与宣政院官员共同商定,规定除奸盗诈伪、致伤人命等重刑由有司审理,其余案件,僧人相互争讼者由本寺住持审理,僧、俗相争由管民官与住持约会审理,僧、俗争田土则一概归有司审断。⑤延祐四年(1217),又对道教做出专门规定:"先生每体例不行、做歹勾当、说谎做贼、犯重罪的先生每,依在先圣旨体例,教管民官问者。先生别了教法体例,自家其间里有的相争勾当呵,从张天师委付的宫观里住持提点每依理归断者。"⑥至大四年十月条画,回回人词讼应由有司审理,哈的无权过问。⑦但据延祐六年九月二十二日中书省的上奏:"世祖皇帝圣旨、累朝皇帝圣旨:'教诸色人户各依本俗行者。'么道,至今诸色人户各依着本俗行有。自其间里合结绝的勾当有呵,结绝者。结绝不得的,有司里陈告,教有司官人每归断呵,怎生?"⑧似乎此前已经

---

① 《元典章》卷33《礼部六·释道·头陀教·头陀禅师另管》,第1143页。
② 《元史》卷175《李孟传》,第4088页。
③ 《元典章》卷33《礼部六·释道·革僧道衙门免差发》,第1127—1128页。
④ 《元典章》卷33《礼部六·释道·道教·僧道教门清规》,第1130页。
⑤ 《元典章》卷53《刑部十五·诉讼·问事·僧俗相争》,第1760页。
⑥ 《元典章》卷39《刑部一·刑制·刑名·先生每犯罪》,第1348页。
⑦ 《元典章》卷53《刑部十五·诉讼·问事·哈的有司问》,第1759页。
⑧ 《元典章》新集《刑部·诉讼·约会·回回诸色户结绝不得的有司归断》,第2217页。

恢复了哈的审理回回词讼之制。另一个证据是，在《伊本·白图泰游记》中曾记载泉州设有专门处理穆斯林案件的法官，[①]伊本·白图泰到访泉州时已是顺帝至正六年（1346）。

4. 畏吾儿、哈迷里

宋、辽时期的高昌回鹘（西州回鹘）在元代被称作"畏吾儿"（uyghur），因归附较早，在元代地位一直较高，统于亦都护。畏吾儿以东的哈迷里（又作"哈密立""哈密力"，今哈密）还有一支哈迷里人，与畏吾儿语言相通，但别有系统，首领称"的斤迭林"。至元十一年（1274）初置畏吾儿断事官，至元十七年（1280）改为都护府，"掌领旧州城及畏吾儿之居汉地者，有词讼则听之"。[②]大德五年（1301）规定，畏吾儿、哈迷里人等无论居于何处、当何种差役，其一应事务皆由都护府官员掌管，若畏吾儿、哈迷里与其他民户相争，则由都护府官员与管民官共同审问。[③]大德八年（1304），令"诸路畏吾儿、合迷里自相讼者，归都护府，与民交讼者，听有司专决"，[④]都护府的司法权有所削减。到皇庆二年又重申了大德五年之旧制。[⑤]延祐六年进一步明确，人命、奸盗等重案归管民官，其余事务，属畏吾儿、哈迷里内部事务者则由都护府管理，与民户相争之事则由都护府与管民官约会审断，若当地没有设置管理畏吾儿、哈迷里的官员，则一概交由管民官。[⑥]

5. 盐户

"盐户"或称"灶户"，是元代专门从事食盐生产的户计，分隶诸盐运司。转运司设转运使、同知、运判、经历、知事、照磨，提举司则设提举、同提举、副提举。其下各有数量不等的盐场，设司令、司丞、管

[①] 《伊本·白图泰游记》，马金鹏译，宁夏人民出版社，2000，第547页。
[②] 《元史》卷89《百官志五》，第2273页。
[③] 《元典章》卷53《刑部十五·诉讼·约会·畏吾儿等公事约会》，第1783页。
[④] 《元史》卷21《成宗纪四》，第459页。
[⑤] 《元典章》卷53《刑部十五·诉讼·约会·都护府公事约会》，第1785页。
[⑥] 《元典章》新集《刑部·诉讼·约会·畏吾儿若无头目管民官断》，第2216—2217页。

勾。① 盐户词讼由盐运司掌管，若与其他户计相争亦须约会审问。至元三十一年（1294）定例："管民官、奥鲁官、运司并投下相关公事，管民官与各相管官司约会一同归结。若行移三次不至，止从管民官勾摄一干人等依例归结，重者申部详断。"② 大德六年，中书省再次重申："灶户与军民相关词讼，理合所委盐司官与管军民官一同取问归结相应。"③ 元代许多盐司官以能治狱著称，如仁宗时任福建等处都转运盐使司同知的范德郁就"平反冤狱数十，释非辜者无虑三百余"。④

6. 医户

元代医人皆入医户。至元二年，"敕太医院领诸路医户"。⑤ 至元二十五年（1288），又在地方设官医提举司。官医提举司在腹里共设十七路，腹里以外则于河南、江浙、江西、湖广、陕西每省立一司，设提举、同提举、副提举各一员，"掌医户差役词讼"。⑥ 元贞元年（1295），又定医户与民户相争约会之制："医人，百姓每一处有争差的诉讼时节，管民官、医人每头目一处归问断者。"⑦

7. 乐户

早在北魏时便已将乐人作为一种特殊户口，⑧ 此后历代皆因之。元代乐户分隶两大机构：一是太常礼仪院之大乐署，"掌管礼生乐工四百七十户"；⑨ 二是礼部之仪凤司、教坊司，仪凤司下设云和、安和、常和、天

---

① 《元史》卷91《百官志七》，第2313—2314页。
② 《元典章》卷53《刑部十五·诉讼·约会·军民词讼约会》，第1785页。另外，《元典章》新集《刑部·诉讼·约会·军民相干词讼》作"至元三十年"（第2213页）。
③ 《元典章》卷53《刑部十五·诉讼·约会·灶户词讼约会》，第1787页。
④ 郭朵儿伯台：《福建都转运盐使司公堂记》，正德《福州府志》卷35，《福建师范大学图书馆藏稀见方志丛刊》第3册，北京图书馆出版社，2008，第534页。
⑤ 《元史》卷6《世祖纪三》，第110页。
⑥ 《元史》卷91《百官志七》，第2313页。
⑦ 《元典章》卷53《刑部十五·诉讼·约会·医户词讼约会》，第1781页。
⑧ 唐长孺：《拓跋国家的建立及其封建化》，《魏晋南北朝史论丛》，中华书局，2011，第218页。
⑨ 《元史》卷88《百官志四》，第2218页。

乐四署，教坊司下设兴和、祥和二署。① 有关地方乐户的管理机构，史料中很少见有记载，不过《元史》载有至元二十七年"命江淮行省钩考行教坊司所总江南乐工租赋"一事，② 可见江南地区还设有行教坊司管领江南乐户。大德三年（1299）圣旨曰："乐人每根底，管民官每的勾当迟误，说哏教生受有。有问的勾当呵，管乐人的头目与管民官每一同问者。"③ 此后涉及乐户的词讼须乐官与管民官约会审理。

此外，仁宗以前儒户词讼一度由儒学提举司等学官掌管。至元二十五年、至元二十六年曾多次重申，儒户除犯奸盗等重罪由有司理问外，其余事务须约会学官一同处理。④ 皇庆元年二月，浙西廉访司认为"儒人与民一体抄籍，难同别籍僧道军民户"，建议儒户词讼归于有司。刑部援引至大四年裁撤诸教衙门的法令，议定："在籍儒人果有违枉不法不公一切词讼，比例合从有司归问相应。"⑤ 儒户词讼遂归于有司。

相比较而言，元代以前的专门司法管辖主要是针对军人、僧道等特殊群体，元代专门司法管辖的范围则扩展到多种户计，这必然导致司法权力的分散。郑介夫在《太平策》中建议："诸色衙门投下头目，除管领钱粮造作外，无问大小词讼，俱涉约会者，并令有司归问，似望政归一体，狱无久淹。"⑥ 郑介夫所言代表了大部分地方有司官员的立场，希望能将司法权力集中于地方政府。各户计本管官司则相反，常试图扩大自己的司法权。实际上，元代司法管辖的多元化源于元代社会的多元构成，亦是诸色户计制度在司法领域的直接体现，很难遽然改变。仁宗初年裁撤地方各宗教衙门，将相关词讼一概归于有司，但这一政策并没

---

① 《元史》卷85《百官志一》，第2139—2140页。
② 《元史》卷16《世祖纪十三》，第340页。
③ 《元典章》卷53《刑部十五·诉讼·约会·乐人词讼约会》，第1781页。
④ 《庙学典礼》卷2《儒人免役及差设山长正录直学词讼约会》《儒人公事约会》，王颋点校，浙江古籍出版社，1992，第42、47页。
⑤ 《元典章》卷53《刑部十五·诉讼·问事·儒人词讼有司问》，第1758页。
⑥ 郑介夫：《太平策》，黄淮、杨士奇编《历代名臣奏议》卷67《治道》，上海古籍出版社，1989，第928页下。

有贯彻多久,僧、道、回回等较为强势的宗教很快就恢复了专门司法管辖。

三 地方监察机关的司法监督职能

在司法与行政不分的情况下,为了保证司法的公正,帝制中国中央政府除在行政体系内部建立纵向的制约机制外,十分重视地方监察机关对司法的监督和制约。尤其到宋代,路一级并置提点刑狱司、提举常平司以及转运司等"监司",皆负有监督地方司法的职责,其中提点刑狱司更是历史上首次设立的专职司法监察机关,"总郡国之庶狱,核其情实而覆以法,督治奸盗,申理冤滥"。① 金大定二十九年(1189)仿宋制设九路提刑司,承安四年(1199)又改称按察司,其重要职责之一亦是"审察刑狱"。②

元代统治者对监察体系的构建极为重视,③ 早在大蒙古国时期便设置了"廉访使"。④ 忽必烈建元后,"中台总宪,分二台西、南,而错置廿二道于天下",⑤ 前所未有地建立行御史台—肃政廉访司二级地方监察网络。行台、廉访司之分工大致依据至元十四年设立江南行台时之规定,"行省、宣慰司委行台监察,其余官府并委提刑按察司"。⑥ 至元十五年,根据行台的提议,宣慰司亦归其本道按察司监察。⑦ 廉访司在各路府还常

---

① 马端临:《文献通考》卷61《职官考十五》,中华书局,1986,第558页下。
② 《金史》卷38《百官志三》,中华书局,1975,第1037—1038页。
③ 宫崎市定认为,这与出身北方民族的元朝对自身统治的疑虑是息息相关的。参见氏著《宋元时代的法制和审判机构》,刘俊文主编《日本学者研究中国史论著选译》第8卷,第301页。
④ 参见刘晓《大蒙古国与元朝初年的廉访使》,《元史论丛》第8辑,江西教育出版社,2001,第118—122页。
⑤ 许有壬:《至正集》卷39《静庵记》,《北京图书馆古籍珍本丛刊》第95册,第200页上。
⑥ 《元典章》卷5《台纲一·行台·行台体察等例》,第150页。
⑦ 《元典章》卷5《台纲一·行台·行台体察等例》,第153页。

建有分司衙署，如松江府就以旧县尉厅址建起了浙西道廉访分司公廨。[①]沿袭前代制度，行台、廉访司作为国家"耳目之寄"，肩负地方司法监督之责，尤其是廉访司"职在提刑"，[②]元人视其为"州郡法吏"。[③]由于兼具监察权与司法权，行台、廉访司对地方司法运行形成严密监督，从而对行省以下各级地方官府的司法权力形成强有力的制约。

在先行研究中，洪金富、郝时远、丹羽友三郎、堤一昭、李治安等前辈学者对元代地方监察机关的沿革、建制与职能进行了深入的讨论，对其司法监督职能亦有所涉及。[④]近来王敬松先生对元代廉访司法监督的重要方式之一——录囚，进行了详细的考述。[⑤]不过，有关元代地方监察机关司法监督的内容、方式与效力，迄今尚无系统的研究。下面拟在前人研究基础上，对元代地方监察机关司法监督的制度与实践进行更为深入的考察。

（一）监督内容

元代在至元六年（1269）设立按察司以及至元十四年设立江南行台时，分别颁布《察司体察等例》与《行台体察等例》，对二者之职司进行了规定，其中有不少条款是关于司法监督的，不过这些条画并没有涵盖行台、廉访司司法监督的全部内容。行台"弹劾行中书省、宣慰司及

[①] 俞镇：《建廉访司廨记》，嘉庆《松江府志》卷15《建置志·古署》，《中国方志丛书》，台北：成文出版社，1970，第338页。
[②] 《元典章》卷43《刑部五·诸杀二·检验·检尸法式》，第1483页。
[③] 王恽：《秋涧先生大全文集》卷35《上世祖皇帝论政事疏》，《四部丛刊初编》。
[④] 相关研究可参见洪金富《元代监察制度的特点》，《成功大学历史学报》第2期，1975年；郝时远《元代监察制度概述》，《元史论丛》第3辑，中华书局，1986，第82—104页；郝时远《元代监察机构设置辑考》，翁独健编《中国民族史研究》(1)，中央民族学院出版社，1987，第39—70页；丹羽友三郎『中国元代の監察官制』高文堂出版社、1994；堤一昭「元朝江南行台の成立」『東洋史研究』54卷4号、1996；李治安《元代政治制度研究》，第244—354页。
[⑤] 王敬松：《元代宪司分行录囚述论》，《北京联合大学学报》（人文社会科学版）2013年第1期。

以下诸司官吏奸邪非违",①廉访司"体究一切非违",②其监察内容是十分广泛的,地方司法官员一切过犯自然皆在其纠察范围之内。《行台体察等例》中规定,"刑名词讼,若审听不明及拟断不当,释其有罪,刑及无辜,或官吏受财故有出入,一切违枉者,纠察",③即是此意。《元史·刑法志·职制》中详细记载了元代司法官员的各种职务犯罪行为及处罚措施,笔者将其整理如表 1-2 所示。

表 1-2 元代司法官吏职务犯罪及处罚

类别	罪行	处罚	出处
受理	流外官越受民词	笞一十七,首领官二十七,记过	《元史·刑法志一·职制上》
	有司辄凭妄言帷薄私事逮系人	笞四十七,解职,期年后叙	《元史·刑法志一·职制上》
	民犯弑逆,有司称故不听理	杖六十七,解见任,殿三年,杂职叙	《元史·刑法志一·职制上》
检验	有司检尸故迁延及检覆牒到不受,以致尸变	正官笞三十七,首领官吏各四十七	《元史·刑法志一·职制上》
	检尸不亲临或使人代之,以致增减不实,移易轻重,及初覆检官相符同	正官随事轻重论罪黜降,首领官吏各笞五十七罢之,仵作行人杖七十七,受财者以枉法论	《元史·刑法志一·职制上》
	在监囚人因病而死,有司虚立检尸文案及关覆检官	正官笞三十七,解职别叙,已代会赦者,仍记其过	《元史·刑法志一·职制上》
	职官覆检尸伤,尸已焚瘗,止傅会初检申报	解职别叙,若已改除,仍记其过	《元史·刑法志一·职制上》
鞫问	职官于禁刑之日决断公事	罚俸一月,吏笞二十七,记过	《元史·刑法志一·职制上》
	有司断诸小罪,辄以杖头非法杖人致死	罪坐判署官吏	《元史·刑法志一·职制上》

---

① 《元典章》卷 5《台纲一·行台·行台体察等例》,第 150 页。
② 《元典章》卷 5《台纲二·体察·察司合察事理》,第 161 页。
③ 《元典章》卷 5《台纲一·行台·行台体察等例》,第 151 页。

续表

类别	罪行	处罚	出处
鞠问	职官听讼，事关有服之亲并婚姻之家及曾受业之师与所仇嫌之人，应回避而不回避	各以其所犯坐之	《元史·刑法志一·职制上》
	以官法临决尊长	虽会赦，仍解职降叙	《元史·刑法志一·职制上》
	有司非法用刑	重罪之	《元史·刑法志二·职制下》
	鞠狱不能正其心，和其气，感之以诚，动之以情，推之以理，辄施以大披挂及王侍郎绳索，并法外惨酷之刑	不详	《元史·刑法志二·职制下》
	鞠问罪囚，非朝省委问大狱，寅夜问事	不详	《元史·刑法志二·职制下》
	职官辄以微故，乘怒不取招词，断决人邂逅致死，又诱苦主焚瘗其尸	笞五十七，解职别叙，记过	《元史·刑法志二·职制下》
	鞠狱辄以私怨暴怒，去衣鞭背	不详	《元史·刑法志二·职制下》
	鞠问囚徒，不经长贰僚佐会议立案而加刑	不详	《元史·刑法志二·职制下》
判决	故入人罪	若未决者及囚自死者，以所入罪减一等论，入人全罪，以全罪论，若未决放，仍以减等论	《元史·刑法志二·职制下》
	故出人罪	应全科而未决放者，从减等论，仍记过	《元史·刑法志二·职制下》
	失入人罪	减三等	《元史·刑法志二·职制下》
	失出人罪	减五等，未决放者又减一等，并记过	《元史·刑法志二·职制下》
	失出人死罪	笞五十七，解职，期年后降先品一等叙，记过，正犯人追禁结案	《元史·刑法志二·职制下》
	有司辄将革前杂犯，承问断遣	以故入论	《元史·刑法志二·职制下》
	监临挟仇，违法枉断所监临职官	抵罪不叙	《元史·刑法志二·职制下》
	审囚官强愎自用，辄将蒙古人刺字	杖七十七，除名，将已刺字去之	《元史·刑法志二·职制下》
	斗殴杀人，有司辄任情擅断	笞五十七，解职，其年后，降先品一等叙	《元史·刑法志二·职制下》

续表

类别	罪行	处罚	出处
监禁	内外囚禁有冤滞	不详	《元史·刑法志二·职制下》
	弓兵祗候狱卒，辄殴死罪囚	为首杖一百七，为从减一等，均征烧埋银给苦主，其杖死应征倍赃者，免征	《元史·刑法志二·职制下》
	有司辄收禁无罪之人	正官并笞一十七，记过	《元史·刑法志二·职制下》
	无招枉禁，致自缢而死	笞三十七，期年后叙	《元史·刑法志二·职制下》
	有司辄将无辜枉禁，瘐死	解职，降先品一等叙	《元史·刑法志二·职制下》
	有司承告被盗，辄将警迹人，非理枉勘身死，却获正贼	正问官笞五十七，解职，期年后，降先职一等叙；首领官及承吏，各五十七，罢役不叙；均征烧埋银给苦主，通记过名	《元史·刑法志二·职制下》
	有司受财故纵正贼，诬执非罪，非法拷讯，连逮妻子，衔冤赴狱，事未晓白，身已就死	正官杖一百七，除名，佐官八十七，降二等杂职叙，仍均征烧埋银	《元史·刑法志二·职制下》
	禁囚因械梏不严，致反狱	直日押狱杖九十七，狱卒各七十七，司狱及提牢官皆坐罪，百日内全获者不坐	《元史·刑法志二·职制下》
	罪在大恶，官吏受赃纵令私和	罢之	《元史·刑法志二·职制下》
	诸司获受财，纵犯奸囚人，在禁疏枷饮酒	以枉法科罪，除名	《元史·刑法志二·职制下》

从表1-2可见，根据元代法律规定，司法官员的过犯大致可分为五类：其一，受理词讼不当，包括不应受理而受理以及应受理而不受理；其二，检验违制，包括检验迟误、不亲自检验以及虚报；其三，非法审讯，包括在禁刑日或者深夜审讯、不依法回避以及非法用刑；其四，判决失当，包括因有意或者失误，将罪重者轻判、罪轻者重判；其五，监禁疏失，包括枉禁无罪之人、虐待囚徒以及纵放罪囚。这些罪行涵盖了元代司法审判的各个环节，皆是行台与廉访司的监督范围。

（二）监督方式

行台监察权力的运作方式为大夫、中丞综领与察院巡守，廉访司亦与此相似，为总司坐镇与分司出巡，[①]对司法的监督则贯穿其中。具体来说，其司法监督职能的实现，主要有以下五种途径。

1. 录囚

录囚又称"虑囚"，颜师古释曰："省录之，知其情状有冤滞与不也。"[②]概指对在禁罪囚进行审录和复核。大德五年颁布的《审理罪囚定例》规定了录囚的具体任务："轻者决之，冤者辩之，滞者纠之。"[③]意即对轻罪予以断决，对冤抑予以平反，对长期淹禁者予以纠治。元代廉访司、行台录囚主要由廉访分司、行台监察御史在每年分巡时进行。

有关廉访分司录囚，王敬松已有详尽研究。[④]大致说来，在按察司时期，按察司官每年上、下半年各一次对包括统军司、转运司在内诸衙门轻重罪囚进行审录，"若有冤滞，随即改正疏放"。[⑤]至元二十八年改立廉访司后，分司出巡基本定为每年八月到第二年四月，录囚则改在六月单独进行。[⑥]故俞镇在《建廉访司廨记》中曰："部使者率以岁八月出巡其所部，越明年夏四月乃还。诸路府州比一再至，大暑录囚又至。"[⑦]不过，

---

① 李治安：《元代政治制度研究》，第251—258、291—302页。
② 《汉书》卷71《隽不疑传》，中华书局，1962，第3037页。
③ 赵承禧等编撰《宪台通纪·审理罪囚定例》，第49页。
④ 王敬松：《元代宪司分行录囚述论》，《北京联合大学学报》（人文社会科学版）2013年第1期。
⑤ 赵承禧等编撰《宪台通纪·审理罪囚定例》，第49—50页；刘孟琛等编《南台备要·立江南提刑按察司条画》，第154页。
⑥ 赵承禧等编撰《宪台通纪·廉访分司出巡日期》，第65—66页。另据《元史·刑法志一》："诸廉访分司官，每季孟夏初旬，出录囚，仲秋中旬，出按治，明年孟夏中旬还。"（第2617页）经李治安、洪金富考证，此说有误，录囚应在六月。参见洪金富《元代监察制度的特点》，《成功大学历史学报》第2期，1975年；李治安《元代政治制度研究》，第295页。
⑦ 俞镇：《建廉访司廨记》，嘉庆《松江府志》卷15《建置志·古署》，《中国方志丛书》，第338页。

广东、广西、海北三道与云南行省被视作"烟瘴歹地面",为防止廉访司官员暑月录囚染病,延祐四年后规定,这些地区录囚仍旧与按治一同进行。①

关于行台监察御史分巡录囚,由于官方法令缺乏明确规定,先行研究认为录囚非监察御史固定职责。②笔者认为,监察御史虽不像廉访分司那样有固定的"大暑录囚"之制,③但录囚也是其分巡按治过程中的重要职责之一。顺帝后至元二年条画中强调:"监察御史、肃政廉访司每遇分巡照刷文卷、审理罪囚,务要尽心,毋致冤滥。"④至正九年(1349)的整肃台纲条画中又规定:"今后监察御史、廉访司审理去处,虽报无囚,必须遍历,若有非理死损者,严加究治。"⑤这些材料都从侧面反映出,监察御史在巡行过程中有责任对各地囚徒予以讯视,以"析冤决罪"。

除每年一次的分巡录囚外,每当灾异或庆典,廉访司官以及行台监察御史还常被临时派遣至各处录囚,其目的主要是希望通过恤刑,禳灾祈福。如大德八年,因灾异颁布"恤隐省刑诏书",令廉访司官审录重囚,"毋致冤滞"。⑥至大二年(1309)九月,又因"年岁饥馑,良民迫于饥寒,冒刑者多",而令廉访司录囚。⑦

2. 刷卷

刷卷指对公文案牍的照刷审核,是行台、廉访司行使监察职能的主要方式之一。由于元代官府运作很大程度上依赖公文,"刑狱之轻重,金谷之出纳,舞弄于巧密之内,包括乎繁冗之中",⑧刷卷虽为"簿书期会

---

① 《元典章》卷6《台纲二·按治·巡按一就审囚》,第176页。
② 李治安:《元代政治制度研究》,第272页。
③ 实际上,元代监察御史出巡本身亦不像廉访分司那样有固定日期,而是因时而异,具有弹性。相关研究参见洪金富《元代监察制度的特点》,《成功大学历史学报》第2期,1975年;《元代监察御史的出巡时间问题》,《新史学》第13卷第2期,2002年。
④ 刘孟琛等编《南台备要·首振台纲》,第201页。
⑤ 刘孟琛等编《南台备要·整治台纲》,第214页。
⑥ 《元典章》卷3《圣政二·理冤滞》,第115页。
⑦ 《元典章》卷3《圣政二·理冤滞》,第116页。
⑧ 许有壬:《至正集》卷74《风宪十事·文案稽迟》,《北京图书馆古籍珍本丛刊》第95册,第376页上。

之末",却具有重要作用。在行台、廉访司照刷的文卷中,很大一部分是词讼文卷,《至元新格》规定:"诸系囚听讼事理,当该官司,自始初勾问,及中间施行,至末后归结,另置簿朱销。其肃政廉访,专一照刷,毋致淹滞。"① 黑水城文书 M1·0646(F116:W474)就是《也火汝足立嵬土地案文卷》中的一件刷尾:

1. 革前创行未绝一件:也火汝足立嵬告复业☐ 申
2. 　　　　　至当日行检为尾,计☐ 申
3. 　　　至正十三年正月　日司吏张世雄☐②

刷卷的主要任务是检核"稽迟"与"违错",就词讼文书来说,则要审视"已断词讼有无偏屈",特别是对于人命案件,要"子细详审初复检验尸状、端的致命根因,及照死者元犯轻重罪名、责付何人烧埋、有无冤枉"。③ 通过刷卷可以发现审理失当或者迁延不决的案件,从而进行纠治和改正。

3.受理上诉

廉访司受理上诉之权早在至元六年初立按察司时便得以明确,《立提刑按察司条画》中规定:"诉讼人等,先从本管官司,自下而上,以次陈告。若理断不当,许赴提刑按察司陈诉。"④ 无论原告还是被告,若地方官府判决不当,其本人或者家属都可向廉访司申告冤抑。申诉须写具词状,然后呈于廉访司公厅,或遇廉访司官员巡按时申冤上告。⑤ 廉访司接到申诉后要"详审词理",对审判情况仔细勘核,若发现确实有不当之处,"行移再问"。上诉的案件必须是有司已经断决完毕的,

---

① 《至正条格》(校注本),条格卷33《狱官·断决推理》,第137页。
② 塔拉等主编《中国藏黑水城汉文文献》第4册,北京图书馆出版社,2008,第809页。
③ 《元典章》卷6《台纲二·照刷·照刷抹子》,第177页。
④ 《元典章》卷6《台纲二·体察·察司体察等例》,第156页。
⑤ 《元典章》卷6《台纲二·体察·察司体察等例》,第158页。

"其见问未决及越诉者，不得受理"。① 许多冤假错案经上诉廉访司重审后得到了纠正，如扬州路录事司判官石琪以冤狱构陷淮东宣慰司奏差王昹一案，经王昹亲属向廉访司申诉，廉访司委泰州知州赵俨将此案平反。②

相比廉访司，行台主要负责受理官吏诉冤。大德十一年（1307），建德县达鲁花赤桑哥哈剌失向建德路、江浙行省称冤，刑部指出，桑哥哈剌失应"赴御史台称冤"，"江浙行省不应受理"。③ 皇庆元年，纳昔儿等三人称冤，仁宗令刑部、御史台共同处理，御史台官员认为所告之事为"赦前的勾当"，提议"今后称冤的人有呵，交台里告，外头的有呵，交行台里告"。④ 这一原则在至正三年（1343）的《作新风宪制》中亦得到重申。⑤ 对于一般案件，至元十四年之《立行御史台条画》规定："诸诉讼人，先从本管官司自下而上依理陈告，如有冤抑，经行中书省理断不当者，许行御史台纠察。"⑥ 也就是说，行台受理的主要是行省审理不当的案件。

4. 复核重刑

如前文所述，元代地方官府的判决权限相比唐、宋大大缩小，凡流、死重刑皆须上报刑部，而在上报之前还须经过严格的复核。中统二年（1261）规定，重刑复核由宣抚司负责，至元六年设立按察司后则转归按察司。在早期，复核重刑是在出巡录囚时一并进行的，其具体规定为：

> 所在重刑，每上下半年亲行参照文案，察之以情，当面审视。

---

① 《元典章》卷6《台纲二·体察·察司合察事理》，第162页。
② 郑元祐：《侨吴集》卷9《赵州守平反冤狱记》，《元代珍本文集汇刊》，台北"中央"图书馆，1970，第393—394页。
③ 《元典章》卷53《刑部十五·诉讼·称冤·称冤赴台陈告》，第1767页。
④ 《元典章》卷53《刑部十五·诉讼·称冤·称冤赴台陈告》，第1769—1771页。
⑤ 唐惟明编《宪台通纪续集》，浙江古籍出版社，2002，第115页。
⑥ 刘孟琛等编《南台备要·立行御史台条画》，第152页。

若无异词，行移本路总管府结案，申部待报，仍具审过起数、复审文状申台。其有番异，及别有疑似者，即听推鞫。若事关人众卒难归结者，移委邻近不干碍官司，再行磨问实情。若有可疑，亦听复行推问，无致冤枉。①

根据这条规定，按察司不仅要仔细审核案件文卷还要提审罪囚，若犯人翻供或者发现可疑情况，则要进行复审，如果案情复杂还要委付其他官府进行审问。在实际操作中，这种集中复核的做法无法及时对案件做出处理，容易导致"淹禁罪囚"。故至元十六年根据刑部的建议又规定，重刑案件在经路总管府审问完毕后即移文按察司，按察司随即对案卷进行审核，若无冤枉即可"回牒本路结案申部"。②至元二十八年制定《至元新格》，在此前条画基础上进一步完善，规定："诸所在重刑，皆当该官司，公厅圆坐，取讫服辩，移牒肃政廉访司，审覆无冤，结案待报。若犯人番异，或家属称冤，听牒本路移推。其赃验已明，及不能指论抑屈情由者，不在移推之列。"③大德七年又重申："今后重刑，各路追勘一切完备，牒呈廉访司仔细参详始末文案，尽情疏驳。如无不尽不实者，再三复审无冤，开写备细审状回牒本路，抄连元牒，依式结案。"④相比至元十六年以前，此后的重刑复核出现了三个明显的变化：首先，由定期分巡审录改为随时复核；其次，由当面审问改为审核案卷；再次，对上诉案件的移推改由路总管府负责。这种制度的改进有利于重刑案件及时结案和上报省部。

5. 管理监狱

元代诸路、府、州、县、录事司皆置狱，负责监收涉案的诉讼双

---

① 《元典章》卷6《台纲二·体察·察司体察等例》，第155页。
② 《元典章》卷40《刑部二·刑狱·断狱·重刑结案》，第1377页。
③ 《至正条格》(校注本)，条格卷33《狱官·断决推理》，第136页。
④ 《元典章》卷40《刑部二·刑狱·断狱·重刑结案》，第1378页。

方、各种相关人员以及未决或已决待执行的罪犯。① 其中路及直隶中书省、行省的散府、州设有司狱及司狱司，其余州、县及录事司则"委佐贰正官提调牢禁"。② 司狱司一般设在路、府、州治所附近，如松江府司狱司在府治西垣外，③ 镇江路司狱司自元至清皆在府治谯楼旁。④ 这种布局很大程度上是出于方便案件审理的考虑。但就其管辖而言，路、府、州衙门虽以佐贰或者幕官为提牢官兼理狱政，⑤ 司狱司本身却直隶于地方监察机关。至元六年立按察司，规定"随路京府州军司狱，并隶提刑按察司"。⑥ 至元十四年立江南行台，又规定"司狱司直隶本台"。⑦ 在实际运作中，主要由廉访司对本道各司狱司进行监督和管理。

第一，司狱司定期向廉访司上报狱情。"司狱直隶廉访司者，盖欲常知各处狱情"，根据大德八年的恤刑条画，司狱须每月一次将罪囚人数和有无冤滞情况"开申宪司"。⑧ 顺帝时期定制，"各处罪囚起数，每季申达廉访"。⑨ 若狱中罪囚有死损，司狱在上报时须详细写明"所犯罪名、收禁月日、感患病症、用过药饵加减分数、死亡日时、初复检验致死缘由"。⑩ 司狱任内死损罪囚以及审出冤抑枉禁罪囚情况都会记入其解

---

① 有关元代监狱制度，可参见刘晓《元代监狱制度研究》，《元史论丛》第 7 辑；范洋达《元代的地方狱政初探》，硕士学位论文，台湾清华大学，2006。
② 《至正条格》（校注本），条格卷 34《狱官·提调刑狱》，第 148 页。另据魏虞冀《松江府司狱司记》载："又定选例，诸路及散府各设司狱一员，狱典一名，本官所受品级、月俸、职田俱与簿尉同，考满通转亦然。"见嘉庆《松江府志》卷 15《建置志·古署》，《中国方志丛书》，第 339 页。
③ 嘉庆《松江府志》卷 15《建置志·古署》，《中国方志丛书》，第 339 页。
④ 乾隆《镇江府志》卷 8《建置》，《中国地方志集成·江苏府县志辑》第 27 册，江苏古籍出版社，1991，第 342 页下。
⑤ 《元典章》卷 40《刑部二·刑狱·提牢·幕职分轮提控》，第 1379 页。
⑥ 《元典章》卷 6《台纲二·体察·察司体察等例》，第 158 页。
⑦ 刘孟琛等编《南台备要·立行御史台条画》，第 152 页。
⑧ 《至正条格》（校注本），条格卷 33《狱官·恤刑》，第 131 页。
⑨ 刘孟琛等编《南台备要·整治台纲》，第 214 页。
⑩ 《至正条格》（校注本），条格卷 34《狱官·囚病医药》，第 150 页。

由，①"以凭殿最"，②故任职司狱者常积极审察罪囚有无冤抑并向廉访司申告。如永嘉县司狱林龙泽，"考其成牍，剔疑摘奸，重者上宪府，轻者白郡守，多有所变易，罪以不冤，囚民宜之"。③

第二，廉访司官在监察过程中对司狱司予以纠察。《至元新格》规定，凡"禁系不应，淹滞不决，病患不治，并合给囚粮依时不给者"，廉访司皆须进行纠察。④大德七年又规定，各路司狱司须置囚历，"若有收禁罪囚，随即附写所犯情由"，廉访司官分巡审录时，对囚历进行照刷，若发现有不应监禁者或漏报，"就便严刑惩戒"。⑤由于司狱司直隶廉访司，凡司狱官吏有过犯，皆可由廉访司审理，"免有司挟恨罗织之患"。⑥

概而言之，司法监督是元代地方监察机关日常运作中的重要职责，其途径则是全方位的。地方监察机关通过录囚、刷卷、审核重刑、接受上诉以及管理监狱等方式，实时监控地方司法运作，从而为及时纠正司法中的不当行为提供了条件。

（三）监督效力

元人张之翰形容宪司官员曰："有地数千里，有城数百区，持肃清之权，按治于其间。喜之而为春，怒之而为秋，使百辟群吏趋走听命之不暇。"⑦可见其威势。监察官员对司法监督的效力主要体现在两个方面。

第一，对案件本身的纠正。至元六年初立按察司时就规定，按察司

---

① "解由"是中国古代官员任满时开写的证明文书，主要记载官员的个人履历和在任功过，最早见于唐代。在元代，官员任满时必须开具解由并申报吏部，吏部通过考核解由定其能否。有关元代的解由制度可参见郑鹏《虚文与实务之间——元代解由考论》，《内蒙古大学学报》（社会科学版）2014年第3期。
② 《至正条格》（校注本），条格卷33《狱官·恤刑》，第131页。
③ 袁桷：《清容居士集》卷18《新修司狱司记》，《四部丛刊初编》。
④ 《至正条格》（校注本），条格卷33《狱官·断决推理》，第136页。
⑤ 《至正条格》（校注本），条格卷34《狱官·囚历》，第147页。
⑥ 《至正条格》（校注本），条格卷33《狱官·恤刑》，第131页。
⑦ 张之翰：《西岩集》卷14《送王侍御河北按察使序》，《景印文渊阁四库全书》第1204册，第478页上。

官员以"民无冤滞为称职",[1]历朝屡次整顿台纲,皆着重申明其"审理冤滞"之责。[2]所谓"冤"即冤抑,指案件审断失当;"滞"即淹滞,指案件迁延不决。"居宪司者,能正郡县之失,达小民之枉,然后为无负于天子之法",[3]当地方官府审理的案件出现冤滞,廉访司、行台须予以纠治和改正。从表1-3中的案例可以看到,地方监察机关通过刷卷、录囚等途径发现冤抑或淹滞之狱,对冤狱进行平反,改正司法官员的不合理判决,督促加快案件的审理。

表1-3 元代地方监察机关平冤决滞案例

序号	纠治官司	途径	案情	结果	材料出处
1	福建廉访司	刷卷	郑贵、郑子进同谋将侄郑昭举打死。郑贵男郑福德又与郑昭举妻通奸。本路不行申解,辄将郑子进照依省部元拟米怃因侄米公寿于机上剪了纻丝三尺用棍打伤身死断例,各决一百七下,郑福德决杖八十七下,疏放,却将郑阿李通奸情罪并烧埋银两作疑申禀。本司帅府不为参详,止下本路更为照勘无差,依例施行	郑贵照依已拟迁徙,发去辽阳行省地面住坐	《元典章·刑部三·诸恶·不睦·郑贵谋故杀侄》
2	广东廉访司	录囚	广州路番禺县梁伶奴等因争田土,互相争打,蔡敬祖、罗二、谢景德身死,初检元问官县丞马廷杰等检验违式,变乱事情,纵令吏贴私下取问,出脱真情	移推博罗县,归问得实,县尹马廷杰、典史孔镇材罪经原免,解任罢役,别行求仕	《元典章·刑部十六·杂犯一·违错·官典刑名违错》
3	江南行台	录囚	龙兴路新建县民郑巽为争家财,指使潘四三、胡万一杀其叔邓德四,邓德四妻邓阿雇被与邓巽通奸、谋杀其夫,邓阿雇屡次称冤,上下官司不准,枉勘枷禁五年,监察御史审录龙兴路罪囚时,邓阿雇再次称冤	平反冤枉,并令各道廉访司审察此类冤狱	《元典章·刑部十六·杂犯一·违枉·拷打屈招杀夫》

---

[1] 《元典章》卷6《台纲二·体察·察司体察等例》,第158页。
[2] 赵承禧等编撰《宪台通纪》,第65、73页;唐惟明编《宪台通纪续集》,第102、113、133页。
[3] 梁寅:《新喻梁石门先生集》卷2《崔照磨审录诗后序》,《北京图书馆古籍珍本丛刊》第96册,书目文献出版社,1988,第350页上。

续表

序号	纠治官司	途径	案情	结果	材料出处
4	广西廉访司	上诉	大德五年六月，刘子胜买到香货，八月二十七日经过远江务，被大使吴让用手执木拐决打身死，初、复检验官临桂县尹张辅翼、录事司达鲁花赤秃哥俱各验作服毒身死，其兄刘子开上诉至广西道廉访司	大德六年四月初四日钦遇释免，犯人吴让追征烧埋银，县尹张辅翼、达鲁花赤秃哥依例解见任，期年后降先职一等，放杂职内任用	《元典章·刑部十六·杂犯一·违错·刑名枉错断例》
5	江南行台	上诉	龙兴路新建县民户陈解宗虚告陈宝孙盗卖物业，本路不行归结，陈宝孙告至江南行台	监察御史追照取问，责新建县依理归结	《元典章·台纲二·照刷·追照文卷三日发还》

第二，对失职、渎职等职务犯罪的司法官员予以惩处。行台、廉访司监督地方司法，除关注审判结果本身是否得当外，对地方司法官员的职务犯罪亦有权予以纠治。行台、廉访司有两大途径对地方司法官员的职务犯罪行为进行纠察：一是监察御史、廉访司在录囚或照刷词讼案牍时发觉，二是由案件当事人及其亲属直接向行台、廉访司告诉。为确保民众冤抑能够得到切实伸张，至元二十六年特别做出规定，若官吏贪赃枉法，民众可直接向监司上告，不受越诉之限。[1] 廉访司官或监察御史察出司法官吏的犯罪事实后，可随即对其进行审问，若案情复杂、牵连众多，还可委付与本案无关的管民官审理。案情审问完毕，监察官员可视其品级高下、罪行轻重，做出相应处置。至元十五年规定：

> 诸职官犯罪，除（授）〔受〕宣官照依已降圣旨咨台闻奏，受敕人员应断应罢者，听从行御史台区处。其余受省札人员，并听提刑按察司依上施行。[2]

---

[1] 《元典章》卷53《刑部十五·诉讼·越诉·告论官吏不论越诉》，第1773页。
[2] 赵承禧等编撰《宪台通纪·行台体察等例》，第23页。

元制，"五品以上宣受，六品以下敕受"，①"受省札人员"则指由行省任命的官吏，多是流外杂职及吏员。根据这条规定，按察司可断决流外官及吏员，六品以下职官由行台审断，五品以上则要上报御史台。至元二十八年改立廉访司后，廉访司的判决权限亦扩大到受敕官员杖罪以下，②取得了"专决六品以下"的极大权力。不过，地方监察机关的审判权并非一直保持如此，往往因地方官府的抵抗而有所波动。在元贞元年至大德五年之间，由于江浙行省明里不花的建言，地方监察机关一度失去了独立审问不法官吏的权力，"察知宣慰司官的罪过呵，与行省同官审；知路官的罪过呵，与宣慰司官同审；州县官的罪过，与路官同审"。③这一规定极大阻碍了监察官员对地方官吏的监督，故行台、廉访司以及监察御史不断奏请恢复世祖旧制，大德五年重新确立了地方监察机关的独立审判权。

元代地方监察机关在司法监督中的重要作用，在文学作品中多有反映。如在杂剧《窦娥冤》中，窦娥之父窦天章即以肃政廉访使的身份平反窦娥冤案。④监察官员平冤决滞亦颇为时人所重，不仅作为一项重要政绩在监察官员的传记资料中予以详细记录，还通过各种诗文对其进行颂扬。如柳贯在仇谔墓志铭中记载了仇谔任福建闽海道廉访副使时，平反建宁麻沙村刘氏被仇人诬告谋反一案，称"刘阖门数百指，不纤一人"。⑤至正六年，周伯琦任职广东道廉访司，时值大赦，"有司系不原者，狱具犹三十又四，总之百七十余人"，经周伯琦审录，"释其枉若诖者三之一，论当者半"，此事被周伯琦写入《肃政箴》并镌刻于分司衙署之厅堂。⑥

---

① 元明善：《平章政事廉文正王神道碑》，苏天爵编《国朝文类》卷65，《四部丛刊初编》。
② 《元典章》卷6《台纲二·体察·改立廉访司》，第162页。
③ 《元典章》卷2《圣政一·肃台纲》，第36页。
④ 关汉卿：《感天动地窦娥冤》，王季思主编《全元戏曲》第1卷，人民文学出版社，1990，第202—211页。
⑤ 柳贯：《柳待制文集》卷10《有元故奉议大夫福建闽海道肃政廉访副使仇君墓志铭》，《四部丛刊初编》。
⑥ 周伯琦：《肃政箴》，解缙等编《永乐大典》卷5345，中华书局，1980，第2473页下。

至顺三年（1332），苏天爵以南台监察御史录囚湖北，时人黄溍作《苏御史治狱记》颂扬其事迹。①

宫崎市定指出，监察制是元代司法制度的一大特色，这与出身北方少数民族的元朝对自身统治的疑虑息息相关。②从上文所述可以看到，元代通过行台—廉访司二级监察网络对地方司法进行严密的监督。举凡受理、检验、审理、判决、监禁等各个司法环节，皆在监察官员的监督范围内。通过录囚、刷卷、受理上诉、复核重刑以及对监狱的管理，监察官员对狱讼的违错和淹滞进行纠治和改正，同时对有过犯的司法官员进行惩处。不过，这种严密的监察是否完全源自元代"征服王朝"的属性，实则存有疑问。同为北方少数民族建立的金朝，地方司法监察机构发展与元代即有很大差异。金代之提刑司晚至金章宗大定二十九年即位才得以设立，至金宣宗贞祐三年（1215）即予以撤销，其间又屡遭削权、更名。学者在解释这一现象时，同样将部分原因归于作为"征服王朝"的金朝继承辽宋政治文化的薄弱。③元代对于司法监察的重视及相应制度建设的完善，或应更多地从现实司法运作的内在需求寻找其原因，同时亦与忽必烈初期对汉法的重视有关。

元代地方监察机关的司法监督职能继承自宋、金旧制，特别是宋代的提刑司制度为元代提供了非常成熟的制度经验。④同时，元代地方监察机关在司法监督中又有不同于前代的特点。首先，最为直观的是，元代行台—廉访司的二级结构是前所未有的。如同李治安先生所指出的，通过行台进行大区监察包含了蒙古法和汉地监察传统二元因素，与行省制

---

① 黄溍：《金华黄先生文集》卷15《苏御史治狱记》，《四部丛刊初编》。
② 宫崎市定：《宋元时代的法制和审判机构》，刘俊文主编《日本学者研究中国史论著选译》第8卷，第301页。
③ 参见余蔚《金代地方监察制度研究——以提刑司、按察司为中心》，《中国历史地理论丛》2010年第3期。
④ 参见戴建国《宋代的提点刑狱司》，《上海师范大学学报》（哲学社会科学版）1989年第2期；王晓龙《宋代提点刑狱司制度研究》，人民出版社，2008，第220—236页。

的出现不无关系。① 行台、廉访司分别针对不同层级地方官府进行监察，同时在其内部又以行台对廉访司进行统领和监督，其组织相比前代更为严密。其次，地方监察机关进行司法监督的途径进一步拓展，这主要体现在其对监狱的统辖。将监狱直隶于监察机关是元代的制度创新，宫崎市定认为，其目的在于通过检举官员的非法行为来维护嫌犯的权利。② 实际上，司狱司所羁押者多是下属官府申解的重刑罪犯，廉访司对司狱司的这种直接统属关系以及罪囚月报、季报制度使其获得了一种监督地方重案审理的重要渠道，廉访司可以及时了解案情并做出反应，在分巡审囚时更加有的放矢。对于地方官府而言，这一制度设计至少在理论上使其难以隐瞒司法中的过失。再次，司法与监察的相对分离。宋代提点刑狱司不仅是路一级的监察机关，同时也是地方最高司法机关。尤其在元丰改制以后，提点刑狱司获得了对无疑难死刑案件的最终审判权。但在元代，廉访司通常只是对案件的审理情况进行审核，本身很难视作一个审级。实际上，有学者已经指出，元代监司早期称"提刑按察司"，其职责侧重"提纲刑狱"，至元二十八年以后改称"肃政廉访司"，其职能则转向监察。③

总的来说，司法监督是元代地方监察机关的重要职能，其制度设计亦在宋、金旧制基础上颇多创新。陶晋生先生认为少数民族统治者不易了解繁复的中原官僚制度的运作，而只求简化行政程序和组织，进而重视制压而忽视制衡。④ 这一判断对于元代司法制度似乎并不完全适用，行台、廉访司的司法监督职能恰恰对地方官府的司法权力形成了有效的制衡。

---

① 参见李治安《元代政治制度研究》，第280—282页。
② 宫崎市定:《宋元时代的法制和审判机构》，刘俊文主编《日本学者研究中国史论著选译》第8卷，第304页。
③ 参见李治安《元代政治制度研究》，第283—291页。
④ 参见陶晋生《金代的政治结构》，《中央研究院历史语言研究所集刊》第41本第4分，1969。

本章小结

司法体制外在表现为一种组织体系，实质为司法权力的分配。忽必烈建立元朝后，师法宋、金，逐渐建立起元代的地方司法体制，平宋后又将这一体制施及江南。相比前代，元代地方司法体制蕴含着更为多样的权力制约因素。

第一，元代地方行政体系本身为一种多级混合的结构，在地方司法权限整体削减的情况下，多级混合行政体系中的审级划分使得判决权进一步细分。按照审级制度，轻重不同的案件将经过次数不同的申转和审覆，上级官府可对下级官府的审判结果予以改正。同时，当下级官府审理不当，民众又可逐级上诉，由上级官府重新予以判决。在行政体系内部，通过司法权力的纵向分配，各级官府之间层层辖制，形成制衡。

第二，由于元代户口结构和管理的多元化，对诸色户计施行多元司法管辖。对于户婚田土等案件，各户计各归其所属管理机构，不同户计之间争讼则由双方约会。对于刑名重事，则一概由有司审断。这样的制度安排，实质上使司、县等亲民官府与各户计管理机构形成制衡，同时又保证了重刑案件判决的一致性。

第三，元代在地方设置了由行台和宪司构成的二级监察网络，对地方司法进行严密监督。通过录囚、刷卷、受理上诉、复核重刑以及对监狱的管理，地方监察机关对司法的各个环节进行监督。当发现狱讼有冤抑或者淹滞，监察官员不仅可以对案件本身进行纠正，还有权对司法官员进行惩处。

元代地方司法体制中的权力制约，对防止司法官员违法枉断起到一定作用，但同时又很容易产生效率低下的弊端。由于地方判决权限过低，审级又极为烦琐，案件在申转与体覆中拖延难断。当时地方有司将案件申呈后,"有十年不裁决者,有申至数十次而不蒙明降者"。①元代对于不同户计实行专门司法管辖,不同户计之间则须约会,"或事涉三四衙门,动是半年,虚调文移,不得一会。或指口对问,则各司所管互相隐庇,至一年二年事无杜绝"。②面对监察官员的监督,地方官员为了避免担负罪责,"事事不为断决,至于两词屈直显然明白,故为稽迟。轻则数月,甚则一年二年,以至本官任终,本司吏更换数人而不决断"。③特别是死刑,"类延缓不报,瘐死者多"。④虽然稽迟也会受到监察官员纠治,但处罚甚轻,"纵遇鞫问明白者,不过笞县吏一二十下,不满奸顽之一笑,虽立按察司与无何异"。⑤

总而言之,权力制约本身是一把双刃剑,在很大程度上形塑了元代地方司法秩序的真实图景。

---

① 胡祗遹:《紫山大全集》卷21《论除三冗》,《景印文渊阁四库全书》第1196册,第372页下。
② 郑介夫:《太平策》,黄淮、杨士奇编《历代名臣奏议》卷67《治道》,第928页下。
③ 胡祗遹:《紫山大全集》卷21《官吏稽迟情弊》,《景印文渊阁四库全书》第1196册,第379页上。
④ 黄溍:《金华黄先生文集》卷26《岭北湖南道肃政廉访使赠中奉大夫江浙等处行中书省参知政事护军追封南阳郡公谥文肃邓公神道碑铭》,《四部丛刊初编》。
⑤ 胡祗遹:《紫山大全集》卷21《又稽迟违错之弊》,《景印文渊阁四库全书》第1196册,第379页下。

第二章

路、县两级司法运作的展开

虽然元代地方司法体系呈现复杂的多级、多元结构,但其中最为重要的显然是亲民官府中的路(散府、直隶州)、县(录事司、县级州)两级。路(散府、直隶州)—县(录事司、县级州)不仅是元代纷繁多样的多级混合行政体系中最为常见的组合(在江南地区尤其如此),更为重要的是二者在司法权责的分配中扮演着极为关键的角色:县级衙署作为第一审级接受民众的诉讼并负责婚田钱债、轻微刑名案件的审判;路级衙署作为亲民官府中唯一设有专门司法官员的机构,虽然判决权限相比宋代大大缩小,但依然作为第二或第三审级,负责重刑案件的审理和拟判。由此,路、县两级司法如何展开,是我们探讨元代地方司法运作无法绕开的话题。

有关路、县两级司法运作,上文已经就其主要司法职责予以介绍,但要呈现其具体运作图景,需要更为深入的分析。先行研究对此已有一定的探讨,尤其李治安先生在对元代路总管府、县官的研究中,对相关司法运作有着颇具启发性的分析。[1]笔者在前人研究的基础上,拟针对

---

[1] 李治安:《元代政治制度研究》,第140—147、204—211页。

路、县两级司法的不同特点，做如下探讨：其一，作为直接临民的县级衙署，其司法活动如何在时间、空间中展开，县衙中的官吏群体分别在司法中扮演了怎样的角色；其二，路、府中的专职司法官员——推官，在选任、设置上有何特点，其司法职能又是如何运行的。

一　县级司法运作：时间、空间与参与者

在元代多级复合地方行政体系中，处于末端的县级官府不像路总管府需要负责重刑案件的审判，相比唐宋的"杖以下，县决之"，[①]其权责亦大大缩减。但县级官府作为民众与国家权力联系最为密切的"亲民官府"，负责受理词讼、追证检验，并作为第一审级进行审判，在地方司法体系中占有十分特殊的地位。下文以县级官府中最普遍的"县"为主要研究对象，从时间节奏、空间结构以及官吏角色等不同角度，呈现其司法运作的深层秩序。

（一）司法运作的时间节奏

所谓"迟来的正义非正义"，无论对于个体司法救济的有效性，还是对于维系社会秩序，司法的及时性无疑都有着重要意义。在元代法律文化中，审判效率与审判结果同样受到重视，"有司廉明，随事裁决而狱空"，是一种理想的治理图景。[②]元初针对地方守令定"五事考核"之法，其中"词讼简"一项的要求之一即是"讼无停留"，[③]这与唐代"四善二十七最"中的"决断不滞"是一脉相承的。[④]其具体时限，至元八年（1271）规定"小事限七日，中事十五日，大事三十日"，[⑤]至元二十八

[①]《天一阁藏明钞本天圣令校证》，第415页。
[②]《经世大典·宪典总序》，苏天爵编《国朝文类》卷42，《四部丛刊初编》。
[③]徐元瑞：《吏学指南》（外三种），第30页。
[④]《新唐书》卷46《百官志》，中华书局，1975，第1190页。
[⑤]《元典章》卷13《吏部七·公规一·公事·行移公事程限》，第508页。

年（1291）《至元新格》中又改为"常事五日程，中事七日程，大事十日程"。①从诉讼档案来看，司法运作中还有更为详细的时间规范，勾追、检验等流程皆有具体时限要求。如黑城出土 M1·0616（Y1：W64）号文书即是一件土地案件的勾追文书，其中明确规定被告人应在文书下发后的两日内赴官。②

为保障政务效率，元代规定各级官府须"每日早聚圆坐，参议公事"，③但所谓"早聚"具体时辰为何，并没有明确规定。不过，对于公务结束时辰，其规定是明确的。至元二十四年（1287），针对地方官吏"日高方聚，未午休衙"的状况，中书省规定："今后随路大小官员，除假日废务、急速公事不在此限外，每日必须早聚，虽事毕，亦防不测紧急事务，拟至未时方散。"④也就是说，官员处理司法以及其他政务，大致在未时（下午 1—3 点）之前。当然，有些官员勤于政事，如上都路贺胜"谨辰酉，吏舍肃然"。⑤不过，审问罪囚必须于白日进行，夜晚审囚被严令禁止。成宗大德时期，地方官员夜间审囚十分普遍，"近年以来，一等酷吏，昼则饱食而安寝，夜则鞫狱而问囚。意谓暮夜之间，人必昏困而难禁，灯烛之下，自可肆情而妄作，以致蚊虻之嘬皮肤，风霜之裂肌体。间有品官为事鞫问，官吏先使本人跪于其前，问官据案假寐，或熟寝榻上，至于睡觉，方问其人招与不招，又复偃卧，或啜茶饮酒，故意迁延，百端凌虐，必得招而后已"。故中书省、刑部于大德四年明立禁令："除朝省委问、紧急重事，其余诸衙门官吏不得似前寅夜鞫问罪囚，违者从本管上司究治。"⑥

尽管官员按规定须"每日早聚圆坐"，但其处理诉讼的时间并不能

---

① 《元典章》卷 13《吏部七·公规一·公事·公事量程了毕》，第 509 页。
② 塔拉等主编《中国藏黑水城汉文文献》第 4 册，第 675 页。
③ 《元典章》卷 13《吏部七·公规一·署押·圆坐署事》，第 500 页。
④ 《元典章》卷 13《吏部七·公规一·署押·官员勤政聚会》，第 504 页。
⑤ 苏天爵编《国朝文类》卷 53《上都留守贺公墓志铭》，《四部丛刊初编》。
⑥ 《元典章》卷 40《刑部二·刑狱·狱具·禁治游街等刑》，第 1356 页。

很好地保证。胡祗遹在《折狱杂条》中曰：

> 十月一日务开，三月一日务停，首尾一百五十日。每月先除讫刑禁假日四日，计二十日；又除讫冬节、年节前后各一日，计六日；两月一小尽，除讫三日；立春节，除讫一日；进年节表一日；乙亥日三日；若遇二月清明节，又除讫三日；计二十七日。其间或遇通仕上官下任，吉凶庆吊，迎送上司使客，大约又除讫十余日。总计五十日。余外断决词讼者，止有一百日。或遇两衙门约会相关，或干证不圆，或勘会不至，或吏人事故（转按、疾病、上司勾追刷案之类）。经两吏人手，又虚讫十余日，中间止有八九十日理问辞讼。又以监视造作、劝农、防送递运、府州追勾、按察司差委，得问民讼多不过五六十日。①

这里胡祗遹的着眼点在于批评停务制度的弊端，但他对狱讼时间紧缺的分析无疑是切中肯綮的。而之所以出现这一现象，究其原因大致有两点。

其一，元代日常政务运作中有诸多"停审日"，大大削减了处理狱讼的时间。其中对县级司法最常见的婚田词讼来说，首先是停务制度。自唐代起，为防止民众由于争讼延误农时，政府开始实行"务限法"，将婚姻、田产、钱粮、债负等案件的诉讼和审理限定在十月至次年三月的半年内。②到宋代，《宋刑统》在继承《唐令》六个月务限期的基础上，又补充规定"正月三十日住接词状"，③民众的告诉时间进一步缩减。至南宋，由于江南气候远比黄河流域湿热，为不妨碍农时，宋高宗绍兴二

---

① 胡祗遹：《紫山大全集》卷23《折狱杂条》，《景印文渊阁四库全书》第1196册，第426页。
② 仁井田陞『唐令拾遺』卷33『雜令』851頁。
③ 窦仪等：《宋刑统》卷13《户婚律·婚田入务》，吴翊如点校，中华书局，1984，第207页。

年（1132）颁布的《绍兴令》又规定二月一日入务、十月一日开务，①停务长达八个月。元初延续金《泰和律》，规定"自十月一日官司受理，至二月三十日断毕，三月住接词状"，②停务期比南宋稍有缩短，但仍长达七个月。

停务制度的初衷是避免"妨农"，但无疑极大地影响了正常的司法运作，案件常常无法及时处理。许多案件在停务前无法结案，经过多次务开、务停，以至"十年、八九年不决"。鉴于此，元政府先后进行了数次修订。至元二十四年户部所引圣旨节文中曰，"年例，除公私债负外，婚姻、良贱、家财、田宅，三月初一日住接词状，十月初一日举行"，③似乎"公私债负"案件不再适用于停务制度。大德三年（1299），根据山东肃政廉访司经历张璘的建议，中书省对案件停务的次数进行限制，若经两次停务不能结绝则不再停务，防止复杂案件不经断决即因务限而停摆，循环往复。④大德六年（1302）再次强调，"二次农隙之间而不结绝，所属官司拟合治罪，必要本年杜绝"。⑤延祐四年（1317），规定"告争婚姻事理，如不妨农，随时归结"，⑥婚姻类案件一定程度上摆脱了停务制度的限制。

除务限法导致的停审外，元代还存在许多假日和禁刑日。早在西周时期，中原王朝便形成"五日一朝"的休沐之制，至唐宋更是发展出了主要由旬假、节假构成的假宁制度。⑦其中，唐代除每月初十日、二十

---

① 徐松辑《宋会要辑稿·刑法》三之四六，中华书局，1957，第6600页。
② 《元典章》新集《刑部·诉讼·停务·告争婚姻》，第2219—2220页。
③ 《元典章》卷53《刑部十五·诉讼·停务·年例停务月日》，第1787页。
④ 《元典章》卷53《刑部十五·诉讼·停务·年例停务月日》，第1788页。
⑤ 《元典章》卷53《刑部十五·诉讼·停务·争田词讼停务》，第1789页。
⑥ 《元典章》新集《刑部·诉讼·停务·告争婚姻》，第2220页。
⑦ 相关研究可参见杨联陞《中国制度史研究》，江苏人民出版社，2007，第17—38页；大庭脩「漢代官吏的工作和休假」『秦漢法制史研究』創文社、1982；郑显文《法律视野下的唐代假宁制度研究》，《南京大学法律评论》2008年第1期；岳纯之《论唐代官吏休假制度》，《贵州文史丛刊》2010年第1期。

日、三十日共三日旬假外有节假五十三日。[1]宋代节假更多，宋人庞元英《文昌杂录》曰："祠部休假，岁凡七十有六日。"[2]元代早期继承了唐宋旬假之制，但在节假方面，无论种类还是休假日数，相较唐宋皆大为减少。据中统五年（1264）条令："若遇天寿、冬至，各给假二日；元正、寒食，各三日；七月十五日、十月一日、立春、重五、立秋、重九、每旬，各给假一日。"[3]旬假外共计十节十六日，其中天寿节为皇帝诞辰，其余基本为民俗节日。

世祖至元十四年（1277），中书省奏请用初一日、初八日、十五日、二十三日和元命日代替旬假。[4]其中初一日、初八日、十五日、二十三日又称"禁刑日"，亦即胡祗遹所说的"刑禁假日"，源自南北朝以降佛教的"断屠月日"。不过与前代相比，元代的"禁刑日"不仅在时间上由"十斋日"变成了"四斋日"，更重要的是相比唐宋时期断屠月日只是禁止执行死刑，元代"禁刑日"则禁止一切审囚断罪，"职官于禁刑之日决断公事罚俸一月，吏笞二十七，记过"。[5]大德元年（1297），建昌路南城县蓝田巡检夹谷德祯就因禁刑日将弓手殷祥、周顺"各决一十七下"，被断二十七下。[6]所谓"元命日"，根据张帆先生的研究，即"本命日"，指皇帝生年干支所对应之干支日，一年共有六日。[7]如忽必烈生于"乙亥岁八月乙卯"，其元命日即乙亥日，前文胡祗遹所提及之"乙亥日三日"即为此。不同皇帝在位，元命日根据其生辰各不相同，但根据元代相关规定，凡元命日官员皆要"率领僧道纲首人等，就寺观行香

---

[1] 杨联陞：《中国制度史研究》，第18—20页。
[2] 庞元英：《文昌杂录》卷1，《丛书集成初编》，中华书局，1958，第3页。
[3] 《至正条格》（校注本），《条格·假宁令·给假》，第125页。
[4] 《至正条格》（校注本），《条格·假宁令·给假》，第125页。
[5] 《元史》卷102《刑法志一》，第2619页。
[6] 《元典章》卷54《刑部十六·杂犯·违例·禁刑日断人罪例》，第1840页。
[7] 张帆：《元朝皇帝的"本命日"——兼论中国古代"本命日"禁忌的源流》，《元史论丛》第12辑，内蒙古教育出版社，2010，第21—46页。

祝延圣寿",①同时与禁刑日一样,"有性命的也不交宰杀有,人根底也不打断有"。②无论是在禁刑日还是在元命日,司法运作很大程度上都会处于停顿状态。

其二,在"停审日"以外的正常时段,司法运作又受到其他各种繁杂公务的影响。首先,元代的地方官员作为肩负"征收赋税、调节纠纷和维持公共秩序"等广泛职责的地方治理者,③其日常公务当然不仅仅限于狱讼,而且需要同时应对赋役、差发、救灾等繁杂事务。尤其亲临治民的县,其任务更加琐碎繁重。元代县所辖人口虽多寡不一,但户至数万、口至十数万者不在少数。其甚者如温州路永嘉县有65077户,④嘉兴路嘉兴县更高达120742户。⑤而其所设正官,不过数员而已。元代以户口多寡为标准将县分为三等,其中上县设达鲁花赤、县尹、县丞、主簿、县尉五员正官,中、下县又不置县丞,仅四员而已。⑥按惯例,元代各项政务皆差一名正官提调,"虽舆台皂隶所当为之事,部符下州郡,州郡下司县,必曰委正官一员亲身监视"。所谓"正官有限,公务无穷","不三四事则无人可委",衙署为之一空,甚至"胥吏抱案无人判署"。⑦元人李谦论"为县难"曰:"县极下,去民为最近,凡省部符檄一出,诸道趣属郡,郡趣县,至县则布之于民,事事必躬亲莅之。若茧丝之赋,粒米之征,调度力役,牒诉狱讼,连证会逮,案牍填委,吏雁鹜行以进,戢戢取判其前。率则平旦治事,至日旰乃得尝食。"⑧面对应接不暇的繁

---

① 方龄贵校注《通制条格校注》卷8《仪制·祝寿》,第355页。
② 方龄贵校注《通制条格校注》卷22《假宁·给假》,第606页。
③ 郝若贝(Robert M. Hartwell):《750—1550年间中国的人口、政治及社会转型》,易素梅、林小异等译,单国钺主编《当代西方汉学研究集萃·中古史卷》,上海古籍出版社,2016,第201页。
④ 光绪《永嘉县志》卷5《户口》,《中国方志丛书》,台北:成文出版社,1983,第451页。
⑤ 单庆修,徐硕纂《至元嘉禾志》卷6《人口》,《宋元方志丛刊》第5册,第4452页。
⑥ 《元史》卷91《百官志七》,第2318页。
⑦ 胡祗遹:《紫山大全集》卷21《论臣道》,《景印文渊阁四库全书》第1196册,第370页下。
⑧ 李谦:《重修学庙记》,民国《茌平县志》卷12《艺文志·外集》,《中国方志丛书》,第1791页。

杂公务，当然难以从容处理狱讼。

除治下分内之事外，元代州县官员还经常被上级官府差委，负责工程监造、押运钱粮、起解军役以及审理它处词讼等事务。官员一经差委，常常半年甚至一年无法还职，有些官员甚至多数时间差调在外，终其一任无几日在衙署事。如江阴州同知纳琳哈喇，自任职后先后监造海塘、参与军机、管理市舶、监造佛经，"三考之中，在州仅数月"。① 无论州、司、县，正官都不过数员，应对治下公务本已捉襟见肘，若在任官员被长期差占，必然影响正常的政务运作。世祖至元中后期，征伐事繁，大量州县正官被差委山场伐木、监造船只、收买物料、监造军器，乃至长途押军、跨海运粮，以至"州县正官为之一空，动是经年不得还职。署事之日常少，出外之日常多，是以民间无所诉苦，而府县日以不治"。鉴于此，元政府于至元二十一年（1284）规定不得差委长官，"止许次官从公轮番差遣"。② 至元二十九年（1292）再次强调，路、府、州、县长官、首领官除行省实名差遣或遇紧急军情外，"其余一切公事并不得差占"。③ 但从相关材料来看，此后滥差正官乃至长官的现象依然存在。

在元代，县级官府本质上是肩负全面地方治理职责的"亲民官府"，而非单纯的司法机关；狱讼亦只是"政务"的一部分，而非现代意义上的"司法"。在这一制度框架下，司法运行要服从于整体治理需求，因而出现了诸如"务限法"等不符合法律逻辑的审判制度。同时面对繁杂政务，官员自然难以从容应对层出不穷的诉讼。其中就前者来说，元政府已经意识到停务制度的弊端并进行了一系列修订，元代节假日相比前代亦大大减少，又以禁刑日、元命日代替旬假，在一定程度上减轻了对正常司法运作的影响。但后者本质上是"简约治理"模式下官府治理能力无法满足现实需求的体现，在现有制度框架内很难有根本改变。元政

---

① 陆文圭:《墙东类稿》卷6《送州同知序》，《元人文集珍本丛刊》第4册，第552页。
② 《元典章》卷14《吏部八·公规二·差委·差使留除长官》，第515—516页。
③ 《元典章》卷14《吏部八·公规二·差委·长官首领官不差》，第519页。

府虽多次强调民间词讼须"依理处决,毋得淹延岁月",①但收效甚微,制度角色与制度能力之间的矛盾成为元代县级司法运作的基调。

(二)县衙空间与司法流程

如前文所述,元代县级官府在"简约治理"模式下结构十分简单,没有设置专门的司法官员,司法运作亦混于日常政务之中。那么元代县级司法究竟是如何运作的呢?前人讨论元代县级司法往往关注其流程,其实只有当司法流程置于其所运行的空间,才能呈现出直观、动态的运作图景。

1. 元代县衙的基本结构

元代规定地方衙署"已有廨宇,不须起盖",②县衙原则上沿用前代旧廨,如上元县与句容县皆"因宋旧治"。③不过由于元代前期多年兵燹,地方衙署颇多废坏。尤其对县来说,受财力所限,衙署毁弃后长年无力修缮,以致"今日僧寮之借榻,明日道宫之假楹,习以成风,因仍苟且,日复一日"。④如临汾县治在金末即被豪民所据,官吏长期寄居"老屋隙舍",一直到至元十三年(1276)才以民居作为衙署。⑤中阳县衙在蒙金战争中被毁,数十年未能修缮,官吏只得"或侨居民舍,或听政于驿馆,或决狱于神祠"。⑥其中有一些在国家承平以后得以重建,但一直因陋就简者也不在少数。此外,有时因行政区划变动,衙署亦会择地另建。如江宁县,其衙署本在集庆路治北门寿宁寺北,为唐代所建,宋仍其旧。

---

① 《元典章》卷4《朝纲一·词讼用心平理》,第140页。
② 《元典章》卷59《工部二·造作二·公廨·随处廨宇》,第1996页。
③ 张铉:《至正金陵新志》卷1《地理图·上元县图考》,《宋元方志丛刊》第6册,第5301—5302页。
④ 胡祗遹:《紫山大全集》卷9《襄阳重修官廨记》,《景印文渊阁四库全书》第1196册,第184页。
⑤ 王恽:《秋涧先生大全文集》卷37《平阳府临汾县新廨记》,《四部丛刊初编》。
⑥ 王元弼:《重修廨宇碑文》,乾隆《汾州府志》,《中国地方志集成·山西府州县志辑》第27册,凤凰出版社,2005,第32—433页。

至元十四年，城中建录事司，江宁县衙乃于故尉司重建。①

在现存的元代建筑中，我们已无法找到完整的县衙遗存，②不过通过地方志及相关文献，尚能窥其大概。按规制，元代州衙设正厅一座，附两耳房，五檩四椽；司房东西各三间，三檩两椽。县衙除无耳房外，其规制与州相同。③这一规定显然仅涵盖了衙署的核心建筑，并没有完整反映出其具体结构。姚燧称，元代路、府衙署之格局大致为"谯楼、仪门，厅以听政，堂以燕处；厅翼两室，右居府推，左居幕府，吏列两庑；架阁、交钞、军资诸库，与夫庖厩，各自为所"。④县衙虽然规模更小，但基本格局大致相同。以建德路寿昌县为例，其旧治于蒙古平宋战争中损毁，王瑀尹寿昌时重新修葺，时人叶天麟所作《重建县治记》中对修葺后县衙的格局描述颇为详细，现抄录如下，并据此绘制示意图如图2-1所示：

> 厅东西翼室各二：东为典史分司，又东其属居焉；西以馆台居府之委差，又西为掌故府。东廊：北六间，列吏户礼三房，南二，为农田房。兵刑工列于西廊，如东制。外：一为投牒所，一为土地祠。门台各翼一室：东作承发，其西陪台，宿直焉。屏树塞门，檐楹环护，以栅葺楼，置更鼓其上。徙旧狱于西偏之阳，中为监房，前严门阑，后创堂以便听谳。右圄仿圜土制，使可辟寒暑燥湿。圄之后山原有小祠，则扩之，通民相近。又即尉署故址创营屋三区，俾戍人无渎民居。在十有二月，建台门于颁春宣诏之南。⑤

---

① 张铉：《至正金陵新志》卷1《地理图·江宁县图考》，《宋元方志丛刊》第6册，第5300页。
② 山西临晋镇现存故临晋县衙，始建于元大德间，不过得以保留下来的只有大堂及库房，元代的县衙结构也无法得见。
③ 《元典章》卷59《工部二·造作二·公廨·随处廨宇》，第1996页。
④ 姚燧：《牧庵集》卷6《圣元宁国路总管府兴造记》，《四部丛刊初编》。
⑤ 叶天麟：《重建县治记》，光绪《严州府志》卷33，《中国地方志集成·浙江府州县志辑》第8册，上海书店出版社，1993，第786页。

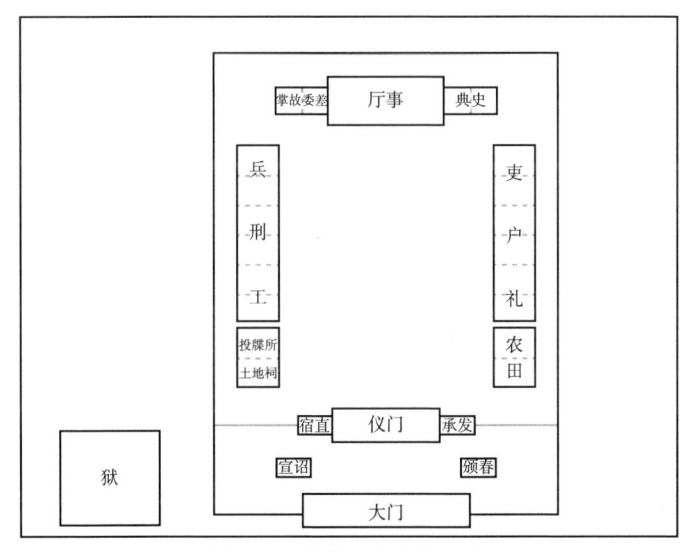

图 2-1　元代寿昌县衙示意

如图 2-1 所示，重建后的寿昌县衙以仪门为界，大致可分为两大区域。

其一，仪门之内，由南向的厅事、东西两列吏舍与仪门合围而成的院落构成县衙的核心区，为主要政务处理场所。相对宋代来说，元代县衙一个很重要的变化是除了负责捕盗的县尉外，县丞、主簿皆不再有单独的厅事，这明显是元代群官圆坐署事制度的结果。有些县衙中虽保留了宋代所建官厅，如前述上元、句容两县都有县丞厅、主簿厅、县尉司，但其功能亦不同于往日。[①] 吏舍仿中书省六部之制，根据政务类别分设诸房，中以吏员掌案牍。不过，各官府诸房设立的种类不尽相同，常见的是吏、户、礼、兵、刑、工六房。在厅事东侧耳房，一般是典史幕所在，其位置邻近厅事和吏舍，便于政务运作。此外，仪门内的院落中央通常还会有戒石亭，有时架阁库亦在院落中。如镇江路丹阳县衙，东西吏舍之间即有"楼以架阁文字"，厅前又有戒石亭。[②]

---

① 李治安：《元代政治制度研究》，第 190 页。
② 脱因修，俞希鲁纂《至顺镇江志》卷 13《公廨》，《宋元方志丛刊》第 3 册，第 2798 页上。

制度与秩序：元代地方司法运作研究

其二，仪门之外，县大门、颁春亭、宣诏亭等建筑构成公共或半公共空间。通常来说，元代县衙有大门、仪门两道门，但也有县衙只有一道门。其中大门常建有谯楼，设有更鼓，又称谯门，亦有如寿昌县将谯楼建于仪门者。分别用以颁春典礼、宣读诏书的颁春亭、宣诏亭是重要的仪式空间，其位置或在大门与仪门之间，或在大门之外。如丹阳县颁春亭、宣诏亭在谯楼之外，金坛县则在谯楼之北。① 县狱一般邻近县衙西南，即《周易》中之坤地。

此外，记文中未提及寿昌县衙是否有供官员休息的后堂，但一般来说厅事后面还多建有为数不一的堂、轩等建筑，作为官员"燕处"之地。如丹阳县衙"厅事后有堂二，前曰德政，后曰琴清；轩一，曰近民"，金坛县衙"厅事后有堂曰修己"。② 不过，由于政务运行由"专官署事"变为"群坐圆署"，元代县衙不仅不再像唐宋时期每名正官"各有厅事"，官员自身亦不再居于官廨，"廨宇止为听断之地，而各官私居，类皆僦赁"。③

2.衙署空间中的司法运作

在元代县级司法中，完整的诉讼审判程序可大致划分为受词、追证、鞫问、判决四个阶段，下面结合县衙空间，分别考察每一阶段的具体运作过程。

元制，陈告须赴衙署，严禁诉讼人"于应管公事官员私第谒托"。④ 通常来说，告诉者须在陈告之前准备好诉状，于允许告诉之日持诉状赴衙，由衙署谯门或仪门前的当值祗候接收诉状。有些县衙还设有专门接收讼牒的场所，如上文寿昌县之投牒所应该就是这样的场所。诉状递入县衙后会由厅事的当值司吏负责记录，然后由承发房根据案件内容分发

---

① 脱因修，俞希鲁纂《至顺镇江志》卷13《公廨》，《宋元方志丛刊》第3册，第2798页上。
② 脱因修，俞希鲁纂《至顺镇江志》卷13《公廨》，《宋元方志丛刊》第3册，第2798页上。
③ 陈大震：《大德南海志》卷10《廨宇》，《宋元方志丛刊》第8册，第8450页。
④ 《元典章》卷5《台纲一·设立宪台格例·整治台纲》，第145页。

给适当吏房承办。胡祗遹在《折狱杂条》中建议："当置状簿辞一册，便给缝印，府官押讫。每日新状，当直司吏随即当厅附籍，便令承发司布散合该人吏。"①在这一阶段，诉状主要由吏人负责，诉讼人亦不一定要进入衙门内部。不过有时官员为了防止吏人专擅和民众妄告，会在诉状递入后将原告人引入县衙厅事，"当厅口说所告事理，一一与状文相对"，②甚至命告诉者直接入衙呈告，由书状人在厅下当场书状。③

诉状受理后，官府须进行勾追和检验等工作，为正式审问做准备。勾追的对象包括案件当事人、证人等所谓"干连人"，由祗候、曳剌等胥役持传唤帖下乡勾摄，或发给信牌，由"执里役者呼之"。④刑名案件中的案犯，通常由县尉及手下弓手负责缉捕。元代前期，涉案的两造以及干连人等一概羁押于狱。由于各色涉案人员统统羁押在狱，往往人满为患，大德九年（1305）以后仅监收奸、盗、诈伪等杖罪以上案犯，田土、婚姻、家产、债负、殴詈等笞罪以下案件当事人，以及干证人，等候衙门随时传唤即可。⑤在勾追的同时，官府还要进行必要的勘核检验。如命案要检验"致命根因"，杀伤要检验"被伤去处"，贼盗案则要检验"本家失盗踪迹"。⑥

进入鞫问阶段，主要任务是厘清案情，进而取得当事人的供词，为最后案件审判提供依据。元制，"鞫勘罪囚，仰达鲁花赤、管民官一同磨问"，⑦具体到县，则为"县令以次，公厅群问"，⑧即长贰正官与首领官等

---

① 胡祗遹：《紫山大全集》卷23《折狱杂条》，《景印文渊阁四库全书》第1196册，第426页上。
② 胡祗遹：《紫山大全集》卷23《折狱杂条》，《景印文渊阁四库全书》第1196册，第425页下。
③ 赵偕：《赵宝峰先生文集》卷1《治县权宜为邑宰陈文昭设》，《续修四库全书》第1321册，上海古籍出版社，2002，第142页上。
④ 《元史》卷182《许有壬传》，第4199页。
⑤ 《元典章》卷40《刑部二·刑狱·系狱·详情监禁罪囚》，第1363页。
⑥ 《元典章》卷12《吏部六·吏制·儒吏·儒吏考试程式》，第427页。
⑦ 《元典章》卷13《吏部七·公规一·座次·品从座次等第》，第501页。
⑧ 胡祗遹：《紫山大全集》卷23《吏治杂条》，《景印文渊阁四库全书》第1196册，第424页下。

在厅事共同审问。尤其当审问过程中需要施行刑讯，需要得到全部参与官员的一致同意，"连职官员立案同署，依法拷问"。①不过在司法实践中，案件的审理经常由一名官员专门负责，甚至不少官员"纵令吏贴私下取问"。②厅事亦不是案件审理的唯一场所，于狱中就近审理也是一个很重要的方式，如上文提及寿昌县狱就有专门供听谳的大堂。

一些比较简单的案件在审问后即可当场给出判决，如张辑任柏乡县尹时遇有民众争讼，即"为开譬诘辩，立与决遣"。③绝大部分案件则还需经过复杂的圆议程序。首先，刑房或者户房的承行吏员会拟定判决草案——议札，并由典史签署，即所谓"事无巨细，承吏率先抱案以白首领官，详阅议可，然后书拟"。④下面黑水城文书中的 M.0671（F116·W78）号文书即亦集乃路刑房草拟的议札：

（一）

（前缺）

1. 刑房

2. 呈：承奉

3. 判在前，今蒙

4. 总府官议得，妇人失林等各各□

5. 一对款开坐，合行具呈者：

6. 　犯人二名

（后缺）

（二）

（前缺）

---

① 《元典章》卷40《刑部二·刑狱·鞫狱·鞫囚以理推寻》，第1374页。
② 《元典章》卷54《刑部十六·杂犯一·违错·官典刑名违错》，第1830页。
③ 元明善：《县尹张侯德政碑》，正德《赵州志》卷7，《天一阁藏明代方志选刊续编》第2册，上海书店出版社，2014，第452页。
④ 脱因修，俞希鲁纂《至顺镇江志》卷15《参佐》，《宋元方志丛刊》第3册，第2818页上。

第二章　路、县两级司法运作的展开

1. 呈
2. 　　　　至正廿二年十二月　　吏　贾
　　　　　　　　　　　　　　　　　　侯
3. 阿兀告妾妻失林
4. 　　　提控案牍赵□
5. 　　　知　　事□
6. 　　　经　　历□
7. 　　初□日 [①]

从这通议札可以看到，其署名者有吏员以及路的所有首领官。县衙议札与此类似，只是签署的首领官只有典史一人。议札拟好后，所有官员要在厅事圆坐议事，"公议完署而后决遣之"。[②] 圆议中先由典史陈述"议札"内容，即"对读"。然后由长贰等正官讨论，进行裁决。讨论完毕后，由典史根据讨论意见，拟定最终判决，然后与议正官书押。署名的次序，根据正官级别，从低到高依次书押，"狱讼期会署文书，又必自主簿始，以次至于丞若令"。[③] 典史通常不参与圆署，但若到会官员因不习文字或者其他原因不能署名，则由其代书，"具述其故于名下"。[④] 圆署完成后，文书上加盖官印即可颁行。

概括来说，"简约治理"模式下元代县衙构造本身比较简单，狱讼事务与其他政务共享同一个空间，除监狱外并没有专门的司法空间。在县衙内部，司法运作主要集中于三个场所：一为厅事，主要进行案件的审问以及判决结果的圆议；二为县狱，不仅用于临时羁押，亦是鞫问罪囚的重要场所；三为吏舍，文书攒造与案件拟判皆在此处。这种空间结构

[①] 塔拉等主编《中国藏黑水城汉文文献》第4册，第886页。
[②] 郑玉：《师山先生文集》卷4《送鲍国良之官巢县诗序》，《中华再造善本丛书》，北京图书馆出版社，2005。
[③] 揭傒斯：《揭文安公全集》卷8《送族子时益赴南康主簿序》，《四部丛刊初编》。
[④] 《元史》卷102《刑法志一》，第2619页。

反映了元代县级司法的基本运作模式：群官集体决策，首领官总领案牍，吏员具体执行。其中，民众印象深刻的是"咚咚锣鼓响，公吏两边排"的厅事，但司法运作很大程度上其实完成于吏舍之中。

（三）官吏角色与权力秩序

如表 2-1 所示，元代地方官府的职官设置有两大部分，即正官与首领官，其中前者又包括长官与佐贰。就县来说，元代县根据户口多寡分为三等："三万户之上者为上县，一万户之上者为中县，一万户之下者为下县。"① 上县设达鲁花赤、县尹、县丞、主簿、县尉各一员，典史二员；中县、下县不置县丞，其余如上县。相比宋、金，元代县级官府的职官设置发生了两个主要变化：一是在县尹之上另设达鲁花赤，形成双长官制；二是改变宋、金分别以吏员中的押录、上名司吏为首领吏员的做法，单独设典史为首领官，统领吏员。如此一来，元代县级官府就形成了正官—首领官—吏员三级结构，县衙中厅事—典史幕—吏舍构成的政务空间就是其体现。相比路、府有推官"独专刑名"，县不设专门司法官员，司法运作采取典型的圆议联署制。那么，不同官吏究竟在司法运作中扮演什么角色，其中又呈现出怎样的权力秩序呢？

表 2-1 元代地方官府官员设置

		长官	佐贰	首领官
路	上	达鲁花赤、总管	同知、治中、判官、推官	经历、知事、照磨兼承发架阁
	下	达鲁花赤、总管	同知、判官、推官	经历、知事、照磨兼承发架阁
府		达鲁花赤、知府（或府尹）	同知、判官、推官	知事、提控案牍
州	上	达鲁花赤、州尹	同知、判官	知事、提控案牍
	中	达鲁花赤、知州	同知、判官	吏目、提控案牍
	下	达鲁花赤、知州	同知、判官	吏目

---

① 《元史》卷 91《百官志七》，第 2318 页。

续表

		长官	佐贰	首领官
县	上	达鲁花赤、县尹	县丞、主簿、县尉	典史
	中	达鲁花赤、县尹	主簿、县尉	典史
	下	达鲁花赤、县尹	主簿、县尉	典史
录事司	上	达鲁花赤、录事	判官	典史
	下	达鲁花赤、录事	无	典史

资料来源：《元史》卷91《百官志七》，第2316—2318页。

1. 司法中的长官、佐贰与首领官

在县级官员群体中，达鲁花赤"于官属为最长"。[①] 达鲁花赤本为蒙古语 daruqaci 之汉译，意为"镇守者"。根据札奇斯钦先生的研究，达鲁花赤起初是蒙古人在占领城市设立的监临长官。[②] 入元后，"路府州县皆置达鲁花赤一员，监其治也"，[③] 达鲁花赤成为各级地方官府的最高长官，而传统的县尹等官员成为其次官。达鲁花赤的最高决定权集中体现在其掌印权，按元制，官府以印信"达鲁花赤封记"。[④] 不过达鲁花赤多由蒙古人、色目人担任，他们中很多人与汉人官吏言语不通，不谙律法，是否参与具体司法运作呢？胡祇遹言，县级官府审案为"县令以次，公厅群问"，[⑤] 似乎不包括达鲁花赤。叶子奇在《草木子》中亦言，达鲁花赤虽位居最尊，但并不参与日常政务圆署，"判署则用正官，在府则总管，在县则县尹"。[⑥] 不过正如李治安先生所指出的，这一情况只存在于元代早期。[⑦] 早在中统五年，元政府就规定"京、府、州、县官员，凡行

[①] 杨维桢：《东维子文集》卷4《送旌德县尹亦怜真公秩满序》，《四部丛刊初编》。

[②] 札奇斯钦：《蒙古史论丛》，台北：学海出版社，1981，第467页。

[③] 刘敏中：《中庵先生刘文简公文集》卷2《邹平县普颜君去思记》，《北京图书馆古籍珍本丛刊》第92册，书目文献出版社，1988，第276页上。

[④] 《元典章》卷13《吏部七·公规一·掌印·印信长官收掌》，第505页。

[⑤] 胡祇遹：《紫山大全集》卷23《吏治杂条》，《景印文渊阁四库全书》第1196册，第424页下。

[⑥] 叶子奇：《草木子》卷4《杂制篇》，中华书局，1959，第64页。

[⑦] 李治安：《元代政治制度研究》，第186页。

文字，与本处达鲁花赤一同署押"。① 成宗大德元年又规定："随处达鲁花赤，凡行文字及差发、民讼一切大小公事，与管民官一同署押管领。"②/我们可以从黑水城文书中找到确切的证据：

1. 　　　宣光元年闰三月二十一日申司吏崔文玉等
2. □坐觧□强夺驱口等事
3. 　　　亦集乃路总管府推官闫
4. 　　　亦集乃路总管府判官
5. 　　　亦集乃路总管府治中
6. 　　　同知亦集乃路总管府事［八思巴文名字］
7. 　　　亦集乃路总管府总管
8. 　　　亦集乃路总管府达鲁花赤［八思巴文名字］
9. 　　　亦集乃路总管府达□□赤
10. 　　奉议大夫亦集乃路总管府达鲁花赤□□脱欢③

很显然，这件文书是一个案件判决文书的一部分，刚好保留了官员圆署内容，达鲁花赤是在列的。质言之，达鲁花赤在元代前后期出现了角色的变化，即由单纯的监临官员逐渐成为日常政务官员的一分子。杨维桢言，元代早期达鲁花赤并不参与圆议，政务议定后"白之达鲁赤"即可，后来"达鲁赤任与令等，昔之尊而优者，今转烦剧矣"。④ 实际上，元代中后期达鲁花赤不仅要参与圆议，检尸、听讼等事务皆在其职责范围之内。如廉酉保被平山站刘提领打死一案，负责检尸的初、复检官员，分别是归善县达鲁花赤阿都赤和博罗县达鲁花赤忙哥察儿。⑤ 一些文化素养较高的

---

① 《元典章》卷13《吏部七·公规一·掌印·印信长官收掌》，第505页。
② 《元典章》卷13《吏部七·公规一·掌印·司吏知印信事》，第506页。
③ 塔拉等主编《中国藏黑水城汉文文献》第4册，第675页。
④ 杨维桢：《东维子文集》卷4《送旌德县监亦怜真公秩满序》，《四部丛刊初编》。
⑤ 《元典章》卷54《刑部十六·杂犯一·违错·刑名枉错断例》，第1820—1825页。

蒙古人和色目人任职达鲁花赤后，积极参与狱讼。如也先脱因于后至元间任休宁县达鲁花赤，颇善听讼，"遇有骨肉之讼，语以人心天理，无不感悟悦服"。① 赫斯至正中监县旌德，"凡讼于庭者，辨其曲直，审其是非"。② 新乐县达鲁花赤马合末，出身进士，"听讼辨民曲直，必以理胜"。③

县尹，"专判署，临决可否，于一邑无不当问"，④与达鲁花赤并为长官。按照元制，"诸公事应议者，皆由下而上，长官择其所长，从正与决"，⑤县尹在司法中应该有很大的决断权。同时，县尹在司法中所承担的责任亦重。胡祗遹言："细民之所争，若无异事，不过婚姻、良贱、钱债、土田、户口、斗殴、奸盗而已，此皆县令之职。"⑥据前文所述，元代对地方司法进行全面监察，若有一切违错过犯，负责审问的正官皆要面临处罚，而县尹即首当其冲。因此，许多县尹积极理冤平反，防止冤假错案发生。永嘉县尹王安桢就曾说："理冤，令职也。"⑦不过相比前代，元代县尹地位又有些尴尬。危素言："上官制之，奸胥欺之，民之稍富强者得以把握之。"⑧邵亨贞言："今乃共坐一署，上又设长以兼领其事，丞、簿、尉无分职，复得以参裁可否，专制之令益不行矣。"⑨质言之，元代县尹上有达鲁花赤，下有诸员正官，在圆署制下其实很难专断。如太湖县尹李圭卿，因同僚与其有隙，"所决狱，同官皆异议"，李镇安因

---

① 郑玉：《师山先生文集》卷9《休宁县达鲁花赤也先脱因公去思碑》，《中华再造善本丛书》。
② 舒頔：《贞素斋集》卷7《送旌德县达鲁花赤赫斯公秩满序》，《景印文渊阁四库全书》第1217册，第574页上。
③ 张乐善：《达鲁花赤马合末去思碑》，民国《新乐县志》卷5，《中国方志丛书》，台北：成文出版社，1983，第406页上。
④ 朱晞颜：《瓢泉吟稿》卷4《送归安县丞沙德润序》，《景印文渊阁四库全书》第1213册，第409页上。
⑤ 《元典章》卷13《吏部七·公规一·公事·公事从正与决》，第510页。
⑥ 胡祗遹：《紫山大全集》卷23《折狱杂条》，《景印文渊阁四库全书》第1196册，第426页上。
⑦ 许有壬：《至正集》卷57《故朝列大夫饶州路治中王公碑铭》，《元人文集珍本丛刊》第7册，第267页。
⑧ 危素：《危太朴集》卷6《送史县尹诗序》，《元人文集珍本丛刊》第7册，第436页下。
⑨ 邵亨贞：《野处集》卷2《送张令尹序》，《景印文渊阁四库全书》第1215册，第199页。

虑"因有久系者","独自署决遣",被同僚告发至宪司。① 尤其相比多由蒙古人出任的达鲁花赤,县尹在权力、地位上都有所不如,"才者弛于承宣,庸者甘为所压"。② 如王构所言,县尹从容理政的前提,"必其监县之贤,必其佐贰之贤"。③

元代之丞、簿、尉为一县佐贰,在元代的圆署制下似乎很大程度上获得了比前代更大的施政空间。元人言:"内外百司有长有贰,长曰可,贰曰否,事不得行","令虽尊,亦有所不得专"。④ 其中,县丞只设置于上县,其上有达鲁花赤、县尹,下有簿、尉,虽作为正官参与圆坐审判,但相对来说权、责都不重。故朱晞颜曰:"夫以一邑之政,居其位而任其责者,或四人焉、五人焉。簿、尉位卑,且有分职,凡狱讼、赋役、簿书期会,文牒所移,必先由是而达乎上,因得市权钓吏,以规一己之私。令长秩尊,专判署,临决可否,于一邑无不当问。丞居其间,似不相涉者,士大夫处此,率压于上逼于下,泄沓怯恶,益相訾謷而数怠其事。"⑤ 概言之,县丞处中层,事务清闲,任职者大多亦往往不积极参与政事。从现有材料来看,县丞分管事务多为赋税,很少负责狱讼。如徐士良任嘉兴县丞,时习之任歙县县丞,皆主要负责征税。⑥ 虽然也有县丞主动参与司法,如建昌路南城县丞许晋孙就破获了天灯寺僧人凶杀案,⑦

---

① 赵㴖:《东山存稿》卷7《芝山老人李君生墓志铭》,《景印文渊阁四库全书》第1221册,第361页下。
② 张养浩:《归田类稿》卷3《送堂邑和克齐宣差序》,《景印文渊阁四库全书》第1192册,第501页上。
③ 王构:《平原县尹纥石烈君新政碑》,乾隆《平原县志》卷10《艺文志上》,《中国方志丛书》,台北:成文出版社,1983,第554页。
④ 朱德润:《存复斋集》卷5《送顾定之如京师序》,《续修四库全书》第1324册,上海古籍出版社,2002,第298页上。
⑤ 朱晞颜:《瓢泉吟稿》卷4《送归安县丞沙德润序》,《景印文渊阁四库全书》第1213册,第409页上。
⑥ 殷奎:《强斋集》卷2《送嘉兴县丞徐侯序》,《景印文渊阁四库全书》第1232册,第402页下;唐桂芳:《白云集》卷5《送时县丞序》,《景印文渊阁四库全书》第1226册,第841页上。
⑦ 黄溍:《金华黄先生文集》卷33《茶陵州判官许君墓志铭》,《四部丛刊初编》。

但并不多见。

对于主簿的角色，元人评价并不一致。一方面，如郑玉所言，相比前代"分掌簿书"，元代主簿拥有与长官共同议事之权，"今之制，长令与簿共坐一堂之上，遇有狱讼，公议完署，而后决遣之。矧一县之事，自下而上，必始于簿，簿苟可否失其宜，政不平矣。故今簿之职，视古为尤难，而责为尤重也"。① 揭傒斯曰："得与令丞列坐联署，相可否，关决事，其职乃与令等。令曰可，主簿曰不可，不行也；主簿曰可，令曰不可，不行也。凡狱讼期会，署文书又必自主簿始，以次至于丞若令。主簿不可，即尼不行，令虽尊，亦有所不得专者。"② 相比县丞，主簿在司法运作中往往更加活跃，发挥着重要作用。如马贵为分宁县主簿，"有讼久不决，一讯立辨"。③ 吕栗任饶阳县主簿，"凡民有讼曲直，君濯手摘爪径决于前"。④ 另一方面，主簿职位较低，"压于为监为令与丞"。⑤ 在中、下县不设县丞，县尉又专司捕盗的情况下，主簿要承担繁重的公务，有些下县以簿兼尉，更是如此。闽县主簿曹仲坚不无忧虑地感叹道："吾之身一而已，职又最下且繁，彼居吾上者，若是众也，又若是尊也，吾惧吾志之不得遂也。"⑥ 主簿在司法审理中固然对上司官员有一定制约，但作为下属，实际上能多大程度与县尹等制衡，又是值得怀疑的。元人程渊言："簿佐令者也，簿所欲为，令或不从，非积诚以动之，则不可以有为。"⑦ 因此，主簿在参与狱讼圆议时须十分注意方式与分寸，如禹城县

---

① 郑玉：《师山先生文集》卷3《送鲍国良之官巢县诗序》，《中华再造善本丛书》。
② 揭傒斯：《揭文安公全集》卷8《送族子时益赴南康主簿序》，《四部丛刊初编》。
③ 徐明善：《芳谷集》卷上《送马贵权江州德化主簿序》，《景印文渊阁四库全书》第1202册，第563页上。
④ 王沂：《伊滨集》卷23《真定路饶阳县主簿吕君遗爱碑颂》，《景印文渊阁四库全书》第1208册，第586页下。
⑤ 姚燧：《牧庵集》卷26《国子司业滕君墓碣》，《四部丛刊初编》。
⑥ 程钜夫：《程雪楼文集》卷14《送曹仲坚主闽县簿序》，《元代珍本文集汇刊》，第556页。
⑦ 程渊：《主簿刘公遗爱碑记》，乾隆《行唐县新志》卷14《艺文志》，《中国地方志集成·河北府县志辑》第4册，上海书店出版社，2006，第469页下。

主簿滕安上与县尹等讨论刑狱"必揆以义,驯驯上说"。①

县尉在县司法运作中角色比较特殊。②县尉虽处一县正官之末位,却是唯一有独立衙署的官员,成宗大德四年后还为其专设一名请俸司吏。③至元八年规定,县尉"专一巡捕","不须署押县事",④"尉于县僚,以察奸捕盗为责任"。⑤但在案件审理中,其实县尉多有参与,"作奸犯科之民,尉职捕而听其初辞,初辞而情,则其刑也不冤"。⑥在抓获嫌犯后,县尉首先要对其进行预审,"听其初辞","依理亲问得实"⑦,这对其后的案件审判无疑有着重要意义。不过,县尉虽负责核实案情,但无权单独审理,预审完毕后须"牒发本县一同审问"。⑧由于县尉位居正官最低,时常"曲意附县官吏"。但由于县尉负责捕盗,若主动参与,在司法中往往起到很大作用。如苏泽任新昌县尉,"县有舛令谬事,或民有冤坐,召吏切责,皆顿首服实,即理改。县有狱弗理,即委尉平决"。⑨

元代首领官品秩虽低,但其统领群吏,负责簿书案牍,又有参与群议,乃至与长官争衡的权利,很大程度上成为长官之外的又一权力中枢,作用不言而喻。⑩在司法运作中,首领官虽然无权审断词讼,但圆议前之议札、最终判决之文书,皆由其审定。首领官虽不参与最终的签署,但按照元制,首领官有权对长官的裁决提出异议,"长官处决不公,首领

---

① 姚燧:《牧庵集》卷26《国子司业滕君墓碣》,《四部丛刊初编》。
② 有关元代县尉相关研究,可参见薛磊《元代县尉述论》,《史学月刊》2011年第12期。
③ 《元典章》卷12《吏部六·吏制·司吏·县尉设司吏例》,第488页。
④ 《元典章》卷9《吏部三·职制·捕盗官·县尉专一巡捕》,第359页。
⑤ 胡祗遹:《紫山大全集》卷8《送刘舜钦县尉之官广宗序》,《景印文渊阁四库全书》第1196册,第162页上。
⑥ 李存:《鄱阳仲公李先生文集》卷20《送朱元善序》,《北京图书馆古籍珍本丛刊》第92册,书目文献出版社,1988,第623页上。
⑦ 《元典章》卷6《台纲二·体察·察司体察等例》,第156页。
⑧ 《元典章》卷6《台纲二·体察·察司体察等例》,第156页。
⑨ 姚申伯:《县尉厅记》,《新昌县志》卷21《艺文志》,《稀见中国地方志汇刊》第27册,中国书店,1992,第849页下。
⑩ 参见许凡《元代的首领官》,《西北师大学报》(社会科学版)1983年第2期。

官执覆不从，许直申上司"。① 正因如此，元代州县首领官对司法运作实有很大的影响力。如宋春卿任职暨阳州吏目，精于狱讼，"两造在前，君一览辄曰：甲某直，乙某当罪"。甚至当长官持异议时，亦敢于与长官相争曰"事如是如是，不如是不得行"，以至于同僚有"州事一由幕府"之叹。② 典史作为县中唯一首领官，仅从九品，但作为"一县府史之总"，"持案牍之权，与官吏相可否"。③ 元人郑玉评价说："典史，县幕官也，其受省檄，秩从九品下，其事则检举勾销簿书、拟断决，禄薄位卑，务繁任重，一县之得失，百里之利害，常必由之。官所以治其民，民所以治于官，而位乎官民之间者，典史也。"④ 由此可见典史作用之重要。典史往往能够在案件判决中起到关键作用，如徐泰亨在任职归安县典史时，就平反诸多疑狱冤案。⑤

总的来说，在元代县级司法运作中，形成了一定程度的权力制衡。尤其是县尹，在双长官制及圆署制下，不再有专决之权。理论上来说，这种权力制衡对防止专断造成的司法违错有积极意义，但同时又对司法效率产生不利影响。在圆署制下，案件的判决必须得到群官一致同意，很容易造成相互掣肘。危素就曾指出："无问事大小，必同堂论之，故人自为说，而政多旷废。"⑥ 同时，当官员之间观点不一，也很容易出现"吏缘为奸，上下其中"的现象。实际上，在元代县级司法运作中，官员之间形成权力制衡的同时吏权却大大提升，甚至出现"判笔一从乎胥吏"的现象。⑦

---

① 《元史》卷102《刑法志一》，第2614页。
② 陆文圭:《墙东类稿》卷6《送宋春卿序》，《元人文集珍本丛刊》第4册，第546页上。
③ 王礼:《麟原文集》卷5《录事司典史谢宏用美解序》，《景印文渊阁四库全书》第1220册，第405页下。
④ 郑玉:《师山先生文集》卷4《送赵典史序》，《中华再造善本丛书》。
⑤ 黄溍:《金华黄先生文集》卷34《青阳县尹徐君墓志铭》，《四部丛刊初编》。
⑥ 危素:《危太朴文集》卷8《送方推官赴嘉兴序》，《元人文集珍本丛刊》第7册，第454页下。
⑦ 胡祗遹:《紫山大全集》卷8《送胡县令之任序》，《景印文渊阁四库全书》第1196册，第161页上。

2. 吏的角色：从"职簿书"到"舞文法"

"今夫一县之务，领持大概者官也，办集一切者吏也"，① 元代县级官府中，吏员是远比官员更为庞大的群体。元代县衙中吏员主要有司吏、书状、典吏、贴书等。其中司吏分管各房案牍，地位最高，为有俸吏员。按照至元二十一年定额，上、中、下县分别设司吏六名、五名和四名，② 后县尉司又专设司吏一名。不过据《至顺镇江志》，镇江路所属丹徒、丹阳、金坛作为中县，各设司吏七名、尉吏一名，后来员额很可能有所增加。③ 书状吏设于大德五年（1301），每县一名，由待缺吏员内选充，专管书写诉状。④ 典吏负责文书收发、保管等工作，丹徒、丹阳、金坛三县各设有典吏两名，分管承发、架阁。⑤ 贴书是尚未取得正式吏员资格的见习吏员，大德六年规定每名额设吏员可以保选贴书两名，⑥ 后至元二年（1336）又规定任务繁重的司房可以选充四名。⑦ 大致来说，一县有额设吏员二三十名，但许多地方额外滥设之贴书、主案、写发等往往远超于此，如永丰县贴书曾达百余人之多。⑧

"吏人之职，专主簿书案牍之首尾"，⑨ 吏员在司法运作中的职责主要为"职簿书"，包括各种司法文书的攒造、管理、收发等。据前文，诉状进入县衙伊始，即由吏员负责登记、递送。特别在大德五年以待缺吏充书铺以后，书状亦由吏员负责。诉讼被受理以后，视其性质分配给刑

---

① 王恽：《秋涧先生大全文集》卷46《吏解》，《四部丛刊初编》。
② 《元典章》卷12《吏部六·吏制·司吏·额设司吏》，第476页。
③ 脱因修，俞希鲁纂《至顺镇江志》卷13《廩禄》，《宋元方志丛刊》第3册，第2808页下。
④ 《元典章》卷12《吏部六·吏制·司吏·待缺吏充书铺》，第489页。
⑤ 脱因修，俞希鲁纂《至顺镇江志》卷13《公役》，《宋元方志丛刊》第3册，第2809页下。
⑥ 《元典章》卷12《吏部六·吏制·司吏·革去滥设贴书》，第490页。
⑦ 《至正条格》（校注本），《断例·职制·关防吏弊》，第186页。
⑧ 刘岳申：《申斋集》卷7《永丰县令王侯新庙碑》，《景印文渊阁四库全书》第1204册，第271页上。
⑨ 胡祗遹：《紫山大全集》卷23《民间疾苦状》，《景印文渊阁四库全书》第1196册，第421页下。

房或户房,由司吏"承行",负责本案一应案牍。承行司吏在案件审理过程中主要负责记录供词,案件审理完成后,还要拟定判决草案,经首领官签署后即成为供官员圆议的议札。下面黑水城文书中的 M.0671（F116·W78）号文书即亦集乃路刑房草拟的议札:

（一）
　　　　（前缺）
1. 刑房
2. 呈:承奉
3. 判在前,今蒙
4. 总府官议得,妇人失林等各各▢
5. 一对款开坐,合行具呈者:
6. 　　犯人二名
　　　　（后缺）

（二）
　　　　（前缺）
1. 呈
2. 　　　　至正廿二年十二月　　吏　　贾
　　　　　　　　　　　　　　　　　　　侯
3. 阿兀告妾妻失林
4. 　　　提控案牍赵▢
5. 　　　知　　　事▢
6. 　　　经　　　历▢
7. 　　　初▢日 [①]

---

① 塔拉等主编《中国藏黑水城汉文文献》第 4 册,第 886 页。

总的来说，在元代司法运作体系中，吏员虽不可或缺，但并没有决策权。案件的判决方案虽由承行司吏草拟，但从上引议拟文书可见，其本身也是在群官"议得"的基础上拟就的，且最终还要经群官圆议商定。就制度角色而言，吏员只是"官之臂指"而已。①

"身耽受公私利害，笔尖注生死存亡"，②现实司法运作中，吏员的职责绝非仅仅"职簿书"。一些吏员在查明案情、平反冤狱方面发挥了巨大作用。如天台人朱敏任吏于仙居、瑞安等地时，"前后所全活者四十余人"。③但更常见的情况是，吏员在司法运作中"扭曲作直，舞文弄法"。④一些吏员常常趁他人纠纷之机教唆词讼，甚至教人诬告，借以从中渔利。如在宁都，有吏员一日之间接受词讼十余起，"皆架虚诋讦渔猎，餍所欲则火其牍"。⑤在湘乡，胥吏往往"嗾无赖之徒诬人以非罪"。⑥在案件审判过程中，有的吏员因收受贿赂，设法颠倒曲直、出入人罪。如在婺州路金华县一例案件中，吏员在受贿后，将被害人死因由殴打致死改为病死。⑦兴国县茶商吴宁七杀人，受害人之子诉官，吏员故意拖延，以致尸体腐坏无法检验。⑧胡祗遹亦批评道："奸吏之不奉法，是其所非，非其所是，助强挫弱，见贿屈理，巧讦佞辞，把持官府，虚文诡案，愚弄判笔。"⑨"吏弊"成为元代司法运作中一个极为突出的问题。

---

① 徐明善：《芳谷集》卷上《送董仲缜序》，《景印文渊阁四库全书》第 1202 册，第 567 页下。
② 孟汉卿：《张孔目智勘魔合罗》，王季思主编《全元戏曲》第 3 卷，人民文学出版社，1999，第 691 页。
③ 吴师道：《礼部集》卷 13《朱敏平反狱事记》，《景印文渊阁四库全书》第 1212 册，第 171 页下。
④ 孟汉卿：《张孔目智勘魔合罗》，王季思主编《全元戏曲》第 3 卷，第 691 页。
⑤ 吴澄：《吴文正公集》卷 40《元承事郎同知宁郡州事计府君墓志铭》，《元人文集珍本丛刊》第 3 册，第 644 页上。
⑥ 王祎：《王忠文公文集》卷 22《元中宪大夫金庸田司事致仕王公行状》，《北京图书馆古籍珍本丛刊》第 98 册，书目文献出版社，1988，第 397 页下。
⑦ 黄溍：《金华黄先生文集》卷 31《正奉大夫江浙等处行中书省参知政事王公墓志铭》，《四部丛刊初编》。
⑧ 虞集：《道园类稿》卷 43《湖南宪副赵公神道碑》，《元人文集珍本丛刊》第 6 册，第 302 页上。
⑨ 胡祗遹：《紫山大全集》卷 9《林州廨公生明堂记》，《景印文渊阁四库全书》第 1196 册，第 179 页下。

元人认为胥吏之所以舞文弄法，源自其出身、素养和待遇，乃"势使然尔"，①但"吏弊"本身又反映出司法运作中的"吏权"。元人李存言："州县之胥，谙练乎民俗之情伪，惯尝乎官长之巧拙……其所掌者分，而官长之务总；彼其所资谋者众，而官长之党寡。而又有同僚之暗谬者，则托以为腹心；编民之豪黠者，则援之以为党与。"②吏员为何能够操纵司法，大致可从以下三点加以分析。

其一，吏员对文书运作的操控。张养浩言："天下之事无有巨细，皆资案牍以行焉，少不经心，则奸伪随出。"③在元代诉讼审判中，每一个环节都与案牍文书密不可分，从诉状、拦状，到尸、伤检验文状，再到识认状、取状、准付文状、服辩文状，构成复杂的司法文书体系。这些文书不仅是信息的载体，更是司法运作的结果，决定着案件的最终走向。吏员操纵司法，一个重要途径即是伪造、替换、篡改司法文书。如前述刘提领打死廉酉保一案，归善县司吏徐礼和博罗县吏人萧仲壬，分别替换初、复尸检文解，掩盖了廉酉保的真正死因。④许有壬认为，吏人之所以能够"高下其手，舞智作奸"，缘于为官者无法做到"熟于案牍，精于事情"，他批评道："其有高坐堂上，大小事务一切付之于吏，可否施行，漫不省录，事权之重，欲不归之于吏，不可得也，为吏者虽欲避之，亦不可得也。"⑤然而从元代县级司法体制来看，长贰正官本身并不参与具体的文书运作。且如元人所言，即使正官与首领官"尽通案牍"，由于案牍烦冗，根本不可能"一一亲行检视"，而只能"处事皆凭口覆"。⑥

---

① 苏天爵：《滋溪文稿》卷28《题金宪张侯异政记》，第480页。
② 李存：《鄱阳仲公李先生文集》卷17《送刘县尉荣甫序》，《北京图书馆古籍珍本丛刊》第92册，第608页上。
③ 张养浩：《三事忠告》卷1《牧民忠告上·御下·御吏》，《景印文渊阁四库全书》第602册，第737页上。
④ 《元典章》卷54《刑部十六·杂犯一·违错·刑名枉错断例》，第1824—1825页。
⑤ 许有壬：《至正集》卷74《风宪十事·文案稽迟》，《元人文集珍本丛刊》第7册，第335页上。
⑥ 《元典章》卷12《吏部六·吏制·司吏·迁转人吏》，第476页。

在这种情况下,吏员无疑很容易在司法文书中高下其手,"笔尖上斟量一个轻重,案款内除减了增加"。①

其二,官、吏之间的信息不对称。在诉讼审判中,司法者不仅要详察案情,还要通晓律例,甚至熟知民俗,但在这几方面吏员相对判署官员皆有巨大优势。首先,所谓"吏所掌者分,而官长之务总",相对于总揽庶务的官员,具体承行某一案件的司吏无疑更熟悉案情。而司吏相对于贴书亦如此,"问东而不知西,问首而不知尾,一听于主案贴书之所可否"。②其次,就社情民俗来说,官员踵足瓜代,"民情之幽隐,不能周知而悉",③而吏员久在衙署,则"谙练乎民俗之情伪"。如赵偕对慈溪县尹陈文昭所言:"苟不别求耳目以广视听,则无所见闻,何以行事?"④大德七年(1303)起,元政府对司吏进行定期迁调,但贴书仍盘踞衙门,"他处迁来吏员不知本土事情,凡有施为,多系听从旧存贴书。贴书之久占衙门者,愈得以肆其调弄之奸,蠹官害民,莫此为甚"。⑤最后,就法律知识来说,元代州县官员的选任机制中没有相应的要求,其本身亦多没有系统的法律训练。元杂剧中州县官员的形象多是"虽则居官,律令不晓,但要白银,官事便了",⑥这种艺术化的描写是有其现实背景的。尤其在元代"断狱用例不用律"的大背景下,⑦司法实践中很多时候都要依判例审断。虽然官员熟稔刑名,但很难通晓层出不穷的判例,而只能依靠职掌案牍的吏员。在这种信息不对称的情况下,官员很容易"为吏

---

① 无名氏:《海门张仲村乐堂》,王季思主编《全元戏曲》第7卷,第38页。
② 胡祗遹:《紫山大全集》卷23《民间疾苦状》,《景印文渊阁四库全书》第1196册,第421页下。
③ 危素:《危太朴集》卷6《送陈子嘉序》,《元人文集珍本丛刊》第7册,第437页上。
④ 赵偕:《赵宝峰先生文集》卷1《治县权宜为邑宰陈文昭设》,《续修四库全书》第1321册,第137页上。
⑤ 《元典章》卷12《吏部六·吏制·司吏·革去滥设贴书》,第490页。
⑥ 李行道:《包待制智勘灰阑记》,王季思主编《全元戏曲》第3卷,第578页。
⑦ 吴澄:《吴文正公集》卷2《丁巳乡试策问三首》,《元人文集珍本丛刊》第4册,第90页上。

所蔽",①对吏员所书写的议札亦很难有所更改,只是判署而已。

其三,吏员在案件审理中的不当介入。元政府至元五年(1268)设立御史台以及至元十四年设立江南行台时皆规定,不得委派司吏、典吏、弓手人等负责审讯,②然而现实中吏员鞫狱却比比皆是。如至元二年(1265)成武县一例案件,祗候人李松见张宝童强奸其妻子,愤而将张宝童打死,司吏在鞫问中勒令李松在供词中掩盖强奸这一关键案情,致使李松被判处死刑,后断事官重审才得以改判。③又如至大四年(1311)番禺县一例案件,因田土相争,梁伶奴用木棍打死蔡敬祖,番禺县尹马廷杰在检尸后却不亲自审问,转令司吏、贴书私下推问,并在推问过程中教唆梁伶奴虚捏案情、掩盖事实。④张养浩建议"在狱之囚,吏案虽成,犹当详谳",⑤也侧面反映出当时吏员鞫狱是十分常见的现象。委派吏员负责审讯,无疑给予其趁机渔利的机会,即使后面还有形式上的群官圆审,恐怕亦只是过场而已。而吏员既负责审讯,又草拟判决,集鞫、谳之权于一身,左右司法也就不足为奇了。

此外,吏员由于长年居于官府,往往结成党羽,进而交结权豪、把持官府,"上下交通,表里为奸",官员贪鄙者很容易与其同流合污,进而为其所挟持。由于此种种因素,吏员得以由"职簿书"而"舞文法"。在官员之间形成权力制衡的同时,吏权却难以约束,司吏架空长官,进而贴书架空司吏,成为元代县级司法中的普遍现象。许多官员尝试通过检查案牍、躬亲理讼、广开言路以及禁止吏员结交豪民等方式,抑制吏权。如江宁县主簿陈遘,时常"检饬吏牍",使吏员"无间隙可入";⑥慈

---

① 吴澄:《吴文正公集》卷15《送常宁州判官熊昶之序》,《元人文集珍本丛刊》第3册,第280页下。
② 《元典章》卷5《台纲一·内台·设立台宪格例》,第144页。
③ 《元典章》卷42《刑部四·诛杀一·因奸杀人·打死强奸未成奸夫》,第1464页。
④ 《元典章》卷54《刑部十六·杂犯一·违错·官典刑名违错》,第1831页。
⑤ 张养浩:《三事忠告》卷2《牧民忠告下·慎狱·详谳》,《景印文渊阁四库全书》第602册,第741页上。
⑥ 黄溍:《金华黄先生文集》卷38《江浙行中书省左右司员外郎致仕陈君墓志铭》,《四部丛刊初编》。

溪县尹陈文昭，通过询问耆老以及民众封书言事，"县大小事无不周知"，吏"噤不敢出一语，惟抱文书呈署而已"；①胡祗遹建议"钤束吏人"，令其"非事故，白昼不得出离各房"，同时对诉状及时登记、处理，使其"毋落吏手"；②张养浩建议"诸吏曹勿使纵游民间，纳交富室，以泄官事，以来讼端，以启幸门"。③然而吏权的膨胀很大程度上与元代县级司法体制息息相关，吏弊也就很难从根本上予以杜绝。

二 独专刑名：推官与路级司法运作

在元代地方司法体系中，路级司法处于关键一环，诸州、县、司之疑狱、重案皆汇集于此，由路予以判决。作为亲民官府中的最高一级，路本身所承担的政务十分繁重，在元代正官分头提调诸政务的制度背景下，面对纷繁的狱讼，州县不设专门司法官员或可勉强运转，统辖一郡的路级衙署则实难应付。故元代在路总管府以及散府设推官负责刑狱，路级司法运作因此呈现出李治安先生所言之"推官专掌与长贰正官圆署相结合"的模式。④对于元代推官，前人在有关路总管府以及元代地方司法机构的研究中已有所讨论，⑤近来韩清友又就其制度层面的相关问题进行了初步探讨，⑥然未尽之义尚多。下文拟从长时段的视角考察元代推官的沿革与设置，分析其选任途径与标准，重点就"专刑"之内涵与运作方式展开探讨。

---

① 戴良：《九灵山房集》卷23《元中顺大夫秘书监丞陈君墓志铭并序》，《四部丛刊初编》。
② 胡祗遹：《紫山大全集》卷23《吏治杂条》，《景印文渊阁四库全书》第1196册，第423页。
③ 张养浩：《三事忠告》卷1《牧民忠告上·御下·约束》，《景印文渊阁四库全书》第602册，第737页上。
④ 李治安：《元代政治制度研究》，第141页。
⑤ 主要可参见李治安《元代政治制度研究》，第104—174页；张金铣《元代地方行政制度研究》，第209页；陈高华《元朝的审判机构和审判程序》，《陈高华文集》，第127—128页。
⑥ 韩清友：《元朝路总管府推官初探》，《元史及民族与边疆研究集刊》第35辑，上海古籍出版社，2018，第132—150页。

(一)从幕职官到牧民官：推官的沿革与设置

元人刘耕孙在瑞州路《推官厅题名记》中曾言："推官，古士师也，在唐虞时实兼兵刑之任，周人始岐而二之。"① 实际上，推官始于唐代藩镇幕府之属官。中唐后，广置节度使、观察使、防御使、团练使、采访处置使，皆开幕府，自置属吏。据《新唐书·百官志》，唐节度使、观察使、防御使、团练使、采访处置使下皆设推官一员，位次于判官。② 这时的推官为藩镇长官自辟，经中央颁发敕书后才能成为国家正式官员，未经授敕书者为"摄职"。这一制度在五代被延续。

至宋、金时期，推官始转变为正式地方官员。宋代州、府属官同时承袭了唐之司佐诸曹官与藩镇幕职官两个体系。由于宋州、府有大都督、节度、防御、团练、军事等格，其下所置之推官又以州格系衔，有节推、察推之称。不过，宋代州、府属官根据政务需要而定，并不定员，如宋邵武军即无推官设置，至元代改建为邵武路后始置。③ 更与元代不同的是，宋代州、府推官虽有刑狱之责，但又不限于司法，同时宋州、府司法官员亦非推官一人，除幕职中的判官、推官，更有诸曹官中的司理、司法诸参军。④

金代之推官大致承袭自宋，但又有所不同。金代在府级官府，包括京府、总管府、散府，皆置推官一员或二员，位在判官下，秩从六或正七。金代推官之职责与其所在官府级别相关，如诸京留守司之推官"分判刑案之事"，总管府推官"分判工、刑案事"，散府推官"分判兵、刑、工案事"。⑤ 换言之，府之级别越低，由于所置官员额数少，推官职

---

① 刘耕孙：《推官厅题名记》，正德《瑞州府志》卷13《词翰志》，《天一阁藏明代方志选刊续编》第42册，上海书店出版社，1990，第1195页。
② 《新唐书》卷49《百官志四》，中华书局，1975，第1309—1310页。
③ 黄仲昭：《八闽通志》卷29《秩官》，《四库全书存目丛书》史部第177册，齐鲁书社，1996，第743页下。
④ 相关研究参见苗书梅《宋代州级属官体制初探》，《中国史研究》2002年第3期。
⑤ 《金史》卷57《百官志三》，第1305—1311页。

责范围也就越广，但掌刑狱为其核心。此外，相比宋代，金代推官开始有定额。

金元之际，官无定制，但推官在很多路府应该得到了保留。太祖时，真定五路万户邸琮就曾选充总管府推官。① 至元二十年（1283）二月中书省规定"所据各处推官、司狱以至押狱、禁子人等，皆常选用循良人，庶得刑平政理"，② 亦似乎表明当时推官应该是广泛存在的。不过，根据地方志的记载，江南地区归附后，推官一职似乎不久就与诸曹官等一起被废除了。《至顺镇江志》载："前代设判官、推官、知录、司理、司法、司户，谓之六曹官，盖以书拟群事也，归附后悉罢之。"③ 又据《延祐四明志》，张贤至元十五年（1278）六月任庆元路推官，当年十二月即"例减"。④

元代推官正式定制要到世祖至元二十三年（1286），这年正月，元政府规定"设诸路推官以审刑狱，上路二员，下路一员"。⑤ 事情的经过在延祐七年（1320）的中书省咨文中曾有提及：

"上路里达鲁花赤、总管、同知、治中、府判，各五员有。下路里无治中，各四员官有。差发、税粮、造作人匠并奥鲁等勾当大有，监禁的罪人不得空便问有。专一问罪囚的上头，上路里设两员推官，中路里设一员推官，委付呵，怎生？"安童官人坐着省时，奏过。"那般者，委付。"么道，世祖皇帝圣旨有来。⑥

---

① 《元史》卷151《邸琮传》，第3571页。
② 《元典章》卷40《刑部二·刑狱·狱具·禁断王侍郎绳索》，第1352页。
③ 脱因修，俞希鲁纂《至顺镇江志》卷15《参佐》，《宋元方志丛刊》第3册，第2818页上。
④ 马泽修，袁桷纂《延祐四明志》卷2《职官考》，《宋元方志丛刊》第6册，第6164页下。
⑤ 《元史》卷14《世祖纪一》，第286页。
⑥ 《元典章》新集《刑部·刑狱·详谳·推官不许独员遍历断囚》，第2159页。

制度颁布后，许多路分开始设置推官。如至元二十四年绍兴路添设推官一员，"到任以来，专管刑狱，一同署押刑名行移文字，不管其余府事"。[①]前述庆元路在至元十五年裁撤推官后，至元二十七年迎来新任推官张荣祖。[②]同年，大都路总管府升为都总管府，设置推官二员，与达鲁花赤、都总管专治路政。[③]

不过，元代推官从定制到广泛设置并非一蹴而就。从至元二十三年到大德二年，"几处上路里委付来，其余去处不曾委付"，许多地方官员反映"各路里管民官每掌的勾当多，罪囚每根底不得空便问有，监禁的人每生受。合委付推官"，[④]中书省又依照世祖时定制，"增置各路推官"。[⑤]此后，各路分，甚至偏远路分，也陆续设置推官。《至顺镇江志》载本路最早的一位推官李介，于大德四年之任。[⑥]至治二年（1322），置中庆、大理二路推官。[⑦]泰定四年（1327），增置肃州、沙州、亦集乃三路推官。[⑧]后至元四年（1338）十二月，四川廉访司建言："广元等五路，广安等三府，永宁等两宣抚司，请依内郡设置推官一员。"[⑨]直到元朝灭亡退出中原后，北元控制下的亦集乃路依然可以看到推官的身影，如黑水城文书中M1·0543（T9：W3）号宣光元年驱口案圆署文书中，就出现了"亦集乃路推官闫"的署押。[⑩]

根据《元史·百官志》《元典章》，元路、府推官员数、品级、禄钱、职田等情况如表2-2所示。

[①]《元典章》卷40《刑部二·刑狱·鞫狱·推官专管刑狱》，第1374页。
[②] 马泽修，袁桷纂《延祐四明志》卷2《职官考》，《宋元方志丛刊》第6册，第6164页上。
[③]《元史》卷90《百官志六》，第2300页。
[④]《元典章》新集《刑部·刑狱·详谳·推官不许独员遍历断囚》，第2159页。
[⑤]《元史》卷19《成宗纪二》，第421页。
[⑥] 脱因修，俞希鲁纂《至顺镇江志》卷15《参佐》，《宋元方志丛刊》第3册，第2821页上。
[⑦]《元史》卷28《英宗纪二》，第623页。
[⑧]《元史》卷53《泰定帝纪二》，第683页。
[⑨]《元史》卷41《顺帝纪四》，第871页。
[⑩] 塔拉等主编《中国藏黑水城汉文文献》第4册，第675页。

表 2-2　元代推官建置

官署		员数	品级	禄钱	职田
路	上	2 员	从六	19 贯 *	4 顷
	下	1 员	从六	19 贯	4 顷
府		1 员	/	18 贯	/

* 需要指出的是，元大都路都总管府推官虽品级同于上路，但其禄钱为 50 贯，远超普通路府推官。据王月研究，元代俸禄体系其实分为内任官、外任官以及介于内任与外任之间官员等三个，大都路官员即属于最后一类。见氏著《元代俸禄制度新考》，《中国史研究》2018 年第 4 期。

按，散府推官品级、职田史载不详。许有壬言"推官，从六品职"，[1] 但散府判官低路判官一级，推官或应为正七，职田亦应与俸钱一样，稍少于路。另外，元江南地区职田例少腹里一半，故《至顺镇江志》所载推官职田仅二顷六分七厘。[2] 可以说，推官职位不高，俸给不厚。胡祗遹云："职事官则六品而下，不过二十贯，一身之费，亦不赡给。倘过官府勾唤，送往迎来，杯酒饮饭，必不能免者，又何从而出？"[3] 潭州路推官马忠信更是陷入"官满，贫不能归"的窘境，最终逝于潭州。[4]

总的来说，中唐到宋、金，推官渐由藩镇幕职转变为国家设立的正式地方官员。元代推官主要继承自金，但与金代推官常兼管兵、刑、工事务不同，元代推官是专职司法官员。元代推官虽然品级不高，待遇亦不算优厚，但在地方司法运作中有着独特的作用和地位。

（二）混于常流：推官选任的标准与途径

延祐元年（1314）湖广行省乡试，策问以冗官、铨选、殿最、法律

---

[1] 许有壬：《至正集》卷 75《吏员》，《元人文集珍本丛刊》第 7 册，第 339 页上。
[2] 脱因修，俞希鲁纂《至顺镇江志》卷 13《职田》，《宋元方志丛刊》第 3 册，第 2809 页上。
[3] 胡祗遹：《紫山大全集》卷 12《寄子方郎中书》，《景印文渊阁四库全书》第 1196 册，第 227 页下。
[4] 刘岳申：《申斋集》卷 11《承德郎武昌路推官马君墓志铭》，《景印文渊阁四库全书》第 1204 册，第 328 页下。

四事为题,其中关于法律,乡试夺魁的欧阳玄认为当时其实处于"推谳混于常流,条令衰于书肆"的状态。①所谓"推谳混于常流",概指司法官员与其他行政官员混同,缺乏合理的选拔机制,"法吏无优选"。那么,作为路、府专设的司法官员,推官又是怎样选任的呢?

1. 推官选任的标准

王恽诗云:"历试诸难贵远期,休言为吏莫为推。"②很大程度上表明时人将推官视为畏途,也从侧面反映了推官职责之繁重、难为。作为担负一郡刑狱的官员,推官"委任尤不可轻",选举得人才要使"民无滥刑之苦",③可见元政府对推官的选任审慎且要求较高。元荐举推官的圣旨中曰:"监察御史、廉访司,依保守令例,每岁各举谙练刑名者一人,注充推官。"④可见政府层面最重视的是推官的法律知识水平,而这一点是由推官的专业性决定的。从元代一些推官情况来看,许多人确实在这方面有所长。潭州路推官马百福"通经史,熟唐律"。⑤建德路推官刘廷干"博览经史,善书明律"。⑥大都路总管府推官李威卿,幼时便习"城旦书",甚至采集经史子集、百家之说中有关法律的部分,"先之以历代法令轻重沿革,著明其体,继之以听断节目之详,彰施其用",写成《嘉善录》一书。⑦实际上,由于元代大兴由吏入仕,宋、金以来许多世袭刀笔的吏学世家子弟得以出任地方官,也大量充实到推官行列中。如台州路推官陆绍闻即"刀笔承先业",⑧这在元代是非常普遍的现象。

---

① 刘贞:《新刊类编历举三场文选·壬集》卷1《第一科·湖广乡试》,日本内阁文库藏朝鲜刊本。
② 王恽:《秋涧先生大全文集》卷33《送韩推官之任广固》,《四部丛刊初编》。
③ 同恕:《榘庵集》卷12《送刘民望并序》,《景印文渊阁四库全书》第1206册,第773页下。
④ 许有壬:《至正集》卷75《吏员》,《元人文集珍本丛刊》第7册,第339页上。
⑤ 刘岳申:《申斋集》卷11《承德郎武昌路推官马君墓志铭》,《景印文渊阁四库全书》第1204册,第328页下。
⑥ 贡师泰:《玩斋集》卷10《故中奉大夫江南诸道行御史台治书侍御史刘公圹志铭》,《景印文渊阁四库全书》第1215册,第705页下。
⑦ 王恽:《秋涧先生大全文集》卷43《嘉善录序》,《四部丛刊初编》。
⑧ 胡祗遹:《紫山大全集》卷8《送陆绍闻之任序》,《景印文渊阁四库全书》第1196册,第151页上。

不过，元人对推官的要求并不仅限于此，还有其他方面的期待。同恕在《送刘民望并序》中言，"朝廷重慎刑官，必择廉正明悉、忠厚慈良者职之"，[①]即希望推官能廉洁、忠厚。许有壬认为，推官"必精晓刑名、洞达事理、慈祥恺弟、历练老成之人方可任"。[②]戴表元送夹谷子括赴庆元路推官，希望他"临民要儒术，非但用三尺"。[③]而苏天爵针对当时年六十五以上者优先铨注的规定，认为推官专掌刑名，"夫案牍之冗，全藉乎精神；审谳之详，悉资乎耳目。案牍不差，则吏无所欺；推审既详，则囚无冤抑"，提议"今后各处推官有阙，当选吏通儒术，儒习吏事，材力明敏，别无过举，方许为之。其年六十五以上者，铨注别职"。[④]所谓吏通儒术、儒习吏事，即既通晓刑名之术，又有儒学素养，这大概是元人心目中推官需具备的全面素质。

2. 推官选任的途径

由于司法官员的特殊性，唐宋时期曾开辟专门的考选途径。特别是宋代，不仅继承了唐代的明法科，选其中优良者授诸州司理参军、司法参军等职，又对现任官员实行"试刑法"，补充司法队伍。[⑤]元代由于推官的"法吏"性质，早期一度实行监察机关举荐制度，"台宪岁举守令、推官二人，有罪连坐"。但到泰定元年（1324）二月，这一制度被废除，"复命中书于常选择人用之"。[⑥]所谓"常选"，即由中书省、吏部按照迁转法，于选人中铨选。按照元制，从七品以下部授，正七品以上省除，推官属于中书省除授范围，在考满待选者中任命。我们不妨将史籍中所见元推官信息加以汇总，然后分析其选任特点（见表2-3）。

---

① 同恕:《榘庵集》卷12《送刘民望并序》,《景印文渊阁四库全书》第1206册,第773页下。
② 许有壬:《至正集》卷75《吏员》,《元人文集珍本丛刊》第7册,第339页上。
③ 戴表元:《剡源戴先生文集》卷27《以羔裘如濡洵美且侯韵为八诗送夹谷子括赴明州推官》,《四部丛刊初编》。
④ 苏天爵:《滋溪文稿》卷27《建言刑狱五事疏》,第449—450页。
⑤ 参见徐道邻《宋朝的法律考试》,《中国法制史论集》,台北:志文出版社,1975,第188—229页。
⑥ 《元史》卷29《泰定帝一》,第644页。

表 2-3　元代推官任职情况统计

姓名	籍贯	族群	任职地	前职	出处
方某	徽州路	南人	嘉兴路	翰林院编修	危素《危太朴文集》卷8《送方推官赴嘉兴序》
薛某	济宁路	汉人	杭州路	宁晋县尹	杨维桢《东维子集》卷29《送薛推官诗有序》
郑大中	真定路	汉人	东平路 嘉兴路	吏部主事	苏天爵《元文类》卷55《吏部员外郎郑君墓碣铭》
王昕	归德府	汉人	杭州路	晋陵县尹	吴澄《吴文正公集》卷18《睢阳王氏家谱引》
李璋	汴梁路	汉人	抚州路	龙泉县尹	吴澄《吴文正公集》卷33《有元朝列大夫抚州路总管府治中致仕李侯墓碑》
蔡裔	归德路	汉人	抚州路	不详	吴澄《吴文正公集》卷34《元赠承务郎山东东西道宣慰司经历蔡君墓表》
于深	般阳路	汉人	绍兴路	相因仓支纳	吴澄《赠朝列大夫同知济南路总管府事骑都卫尉河南伯于公墓铭》，《莱阳县志》卷3
曹伯启	济宁路	汉人	常州路	不详	《元史》卷176《曹伯启传》
申屠致远	汴梁路	汉人	杭州路	临安府安抚司经历	《元史》卷170《申屠致远传》
汪泽民	徽州路	南人	南安路 平江路	平江洲同知	《元史》卷176《汪泽民传》
乌古孙良桢	北京路	汉人	漳州路	武义县尹	《元史》卷187《乌古孙良桢传》
贡师泰	宁国路	南人	绍兴路	应奉翰林文字	《元史》卷187《贡师泰传》
杨载	建德路	南人	宁国路	浮梁州同知	《元史》卷190《儒学二》
宇文公谅	成都路	汉人	高邮府	会稽县尹	《元史》卷190《儒学二》
杨景行	吉安路	南人	抚州路	宜黄县尹	《元史》卷192《良史二》
刘耕孙	茶陵州	南人	建德路	临武县尹	《元史》卷195《忠义三》
聂炳	武昌路	南人	宝庆路	平昌州同知	《元史》卷195《忠义三》
周仪之	龙兴路	南人	泉州路	光泽县尹	刘岳申《申斋集》卷11《奉议大夫泉州路总管府推官周君墓志铭》
严庆	滕州	汉人	临江路	清池县尹	刘岳申《申斋集》卷10《元封济南路同知滨州事严府君墓志铭》
马忠信	大都路	汉人	潭州路	蕲水县尹	刘岳申《申斋集》卷11《承德郎武昌路推官马君墓志铭》
林泉生	兴化路	南人	漳州路	永嘉县尹	吴海《闻过斋计集》卷5《故翰林直学士奉议大夫知制诰同修国史林公行状》
徐敏夫	东平路	汉人	徽州路	江浙行省都事	郑玉《师山先生文集》卷3《送徐推官序》

续表

姓名	籍贯	族群	任职地	前职	出处
焦荣	济南路	汉人	袁州路	不详	元明善《大中大夫中山郡焦侯世德碑》，咸丰《武定县志》卷35
王巴延	滨棣路	汉人	信州路	乌程县尹	陈高《不系舟渔集》卷13《王巴延传》
田思温	保定路	汉人	庆元路	不详	程端礼《畏斋集》卷3《送田推官代归序》
王明之	不详	不详	杭州路	晋陵县尹	邓文原《巴西集》卷上《送王明之推官北上序》
赵亨	不详	不详	广德路	安仁县尹	邓文原《巴西集》卷下《故温州宣课都提举赵公墓志铭》
刘贞	归德路	汉人	平江路	江浙行省检校官	贡师泰《玩斋集》卷10《故中奉大夫江南诸道行御史台治书侍御史刘公圹志铭》
陆绍闻	彰德路	汉人	台州路	不详	胡祗遹《紫山大全集》卷8《送陆绍闻之任序》
杜德弘	大都路	汉人	河南府	不详	陈旅《安雅堂集》卷5《杜德明同知唐州序》
胡润祖	广平路	汉人	庆元路	温州路经历	程端礼《畏斋集》卷6《庆元路推官胡公去思碑》
栾之昂	河南府	汉人	中平路	定陶县尹	程钜夫《雪楼集》卷25《栾之昂传》
赵继清	平阳路	汉人	潮州路	不详	黄溍《金华黄先生文集》卷5《送赵继清潮州推官》
方道叡	杭州路	南人	嘉兴路	不详	黄溍《金华黄先生文集》卷30《蛟峰先生阡表》
曹敏中	衢州路	南人	宁国路	定海县尹	黄溍《金华黄先生文集》卷33《承德郎中兴路石首县尹曹公墓志铭》
王艮	绍兴路	南人	扬州路	海道漕运都万户府经历	黄溍《金华黄先生文集》卷34《中宪大夫淮东道宣慰副使致仕王公墓志铭》
王大有	大名路	汉人	平江路	不详	黄溍《金华黄先生文集》卷35《赠奉议大夫大名路滑州知州骁骑尉追封白马县子王府君墓志铭》
孙毅臣	赣州路	南人	肇庆路	不详	黄溍《金华黄先生文集》卷37《嘉议大夫佥宣徽院事致仕孙公墓志铭》
范景文	真定路	汉人	平江路	江西行省提控案牍	黄溍《金华黄先生文集》卷38《朝列大夫杭州路总管府治中致仕范府君墓志铭》
黄得礼	龙兴路	汉人	柳州路	不详	揭傒斯《揭文安公文集》卷9《沆溪先生文集序》

续表

姓名	籍贯	族群	任职地	前职	出处
王文羽	益都路	汉人	平江路	益都路经历	刘敏中《中庵集》卷8《故金宫使王公墓碑》
曹温	滨棣路	汉人	河间路	章佩监经历	刘敏中《中庵集》卷9《林棠曹氏先德碑铭》
刘震	济南路	汉人	建德路	静安县尹	张养浩《归田类稿》卷11《济南刘氏先茔碑铭》
杨允	济南路	汉人	平江路	台州路总管府经历	张养浩《归田类稿》卷11《章丘杨氏先茔碑铭》
聂以道	吉安路	南人	武昌路	江华县尹	刘岳申《申斋集》卷8《元故中顺大夫广东道宣慰副使聂以道墓志铭》
刘天爵	河间路	汉人	河南府	不详	刘岳申《申斋集》卷5《真乐堂记》
王著	东平路	汉人	信州路	遂安县尹	刘埙《水云村稿》卷8《奉议大夫南丰州知州王公墓志铭》
周伸	卫辉路	汉人	建德路	兵部主事	柳贯《待制集》卷11《元故太中大夫海道都漕运万户周公墓志铭并序》
张克忠	中山府	汉人	信州路	永年县尹	苏天爵《滋溪文稿》卷15《亚中大夫山东道宣慰副使致仕张公墓志铭》
周之翰	大都路	汉人	淮安路	武备寺经历	苏天爵《滋溪文稿》卷17《元故奉训大夫冠州知州周府君墓碑铭》
马百福	奉元路	汉人	奉元路	临潼县尹	同恕《榘庵集》卷10《临潼县尹马君去思颂》
蔡廷秀	松江府	南人	袁州路	江浙行省理问所知事	王逢《梧溪集》卷5《检校蔡公挽词有序》
郭民则	吉安路	南人	德庆路	兴国路总管府经历	王礼《麟原文集》前集卷3《德庆路郭推官行状》
赵岳甫	台州路	南人	温州路	不详	王沂《伊滨集》卷24《天台赵公哀辞》
蔡裔	济宁路	汉人	抚州路	不详	吴澄《吴文正集》卷67《元赠承务郎山东东西道宣慰司经历蔡君墓表》
韩准	归德路	汉人	德安府	河南路儒学副提举	吴海《闻过斋集》卷5《元故资政大夫江南诸道行御史台侍御史韩公权厝志》
林泉生	兴化路	南人	漳州路	永嘉县尹	吴海《闻过斋集》卷5《元故翰林直学士林公墓志铭》
王景福	奉元路	汉人	池州路	不详	吴师道《礼部集》卷15《王推官母夫人寿诗序》

续表

姓名	籍贯	族群	任职地	前职	出处
赵良辅	彰德路	汉人	平江路	金坛县尹	许有壬《至正集》卷52《故中顺大夫同知潭州路总管府事致仕赵公墓志铭》
李希颜	滕州	汉人	建宁路	铅山州判官	许有壬《至正集》卷61《元故中大夫同知吉州路总管府事李公神道碑铭》
庄浦	彰德路	汉人	怀庆路	集贤院令史	许有壬《至正集》卷58《赠朝列大夫秘书少监骑都尉安阳郡伯庄公墓》
宋崇禄	滑州	汉人	处州路	乐平州同知	许有壬《至正集》卷63《有元故中奉大夫陕西诸道行御史台侍御史宋公墓志铭》
李节	巩昌都总帅府	汉人	巩昌都总帅府	巩昌都总帅府经历	姚燧《牧庵集》卷21《巩昌路同知总管府事李公神道碑》
孟庆祥	淮安路	南人	镇江路	不详	《至顺镇江志》卷15《参佐》
李介	东平路	汉人	镇江路	不详	《至顺镇江志》卷15《参佐》
许好义	真定路	汉人	镇江路	不详	《至顺镇江志》卷15《参佐》
程良佐	顺德路	汉人	镇江路	不详	《至顺镇江志》卷15《参佐》
姚英	汝宁府	汉人	镇江路	不详	《至顺镇江志》卷15《参佐》
庞谦	广平路	汉人	镇江路	不详	《至顺镇江志》卷15《参佐》
王恪	无为州	南人	镇江路	不详	《至顺镇江志》卷15《参佐》
杜良臣	东平路	汉人	镇江路	不详	《至顺镇江志》卷15《参佐》
李谦	益都路	汉人	镇江路	不详	《至顺镇江志》卷15《参佐》
赵允恭	晋宁路	汉人	镇江路	不详	《至顺镇江志》卷15《参佐》
李恕	益都路	汉人	镇江路	不详	《至顺镇江志》卷15《参佐》
孔世英	东平路	汉人	镇江路	不详	《至顺镇江志》卷15《参佐》
王昌	东平路	汉人	徽州路	不详	《至顺镇江志》卷15《参佐》

先来看推官的前职任官。如图2-2所示，在笔者搜集到的48名前职任官可考的推官中，前职为州县正官者共28名，以58.3%的比例占据绝对优势。而在这28人中，县尹又占了绝大多数。其中颇具名望者，如

乌古孙良桢曾以武义县尹改漳州路推官,^①宇文公谅以会稽县尹转高邮府推官。^②其次是首领官,以 14 名占了 29.2%。其余翰林院官、行省检校官、学官、吏员、仓库官,寥寥无几。之所以出现这种情况,不仅是因为这些州县官民正官、首领官根据迁转法,在品级上与推官正好相衔接,更重要的是其作为牧民官所积累的经验,符合推官职能的要求,这也反映出元代铨选官员时的重要标准。翰林官员出为推官是延祐开科后才出现的,数量很少,仅见方道叡以翰林编修转嘉兴路推官,^③贡师泰以应奉翰林文字转绍兴路推官。^④以吏员出职虽是元代官员的重要升迁之路,但直接出任从六的推官也是罕见的,仅见庄浦以集贤院令史出任怀庆路推官。^⑤按元制,中书省掾"三考从六",其余院、台令史三考升正七,各部及宣徽院等三考只能升从七。^⑥集贤院作为从二品衙门,庄浦以集贤院令史出任推官,散官阶为正六品的承直郎,似有躐等。

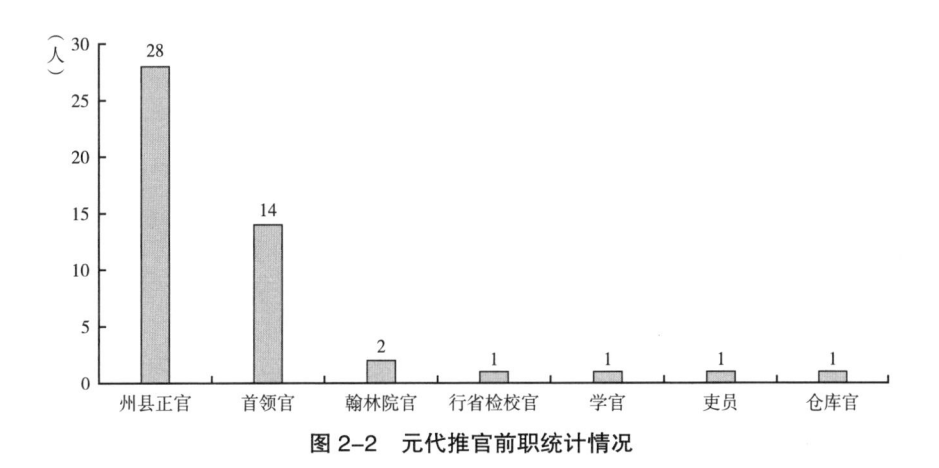

图 2-2 元代推官前职统计情况

---

① 《元史》卷 187《乌古孙良桢传》,第 4287 页。
② 《元史》卷 190《儒学二》,第 4349 页。
③ 危素:《危太朴文集》卷 8《送方推官赴嘉兴序》,《元人文集珍本丛刊》第 7 册,第 454 页下。
④ 《元史》卷 187《贡师泰传》,第 4294 页。
⑤ 许有壬:《至正集》卷 58《赠朝列大夫秘书少监骑都尉安阳郡伯庄公墓志铭》,《元人文集珍本丛刊》第 7 册,第 271 页下。
⑥ 《元典章》卷 8《吏部二·官制二·选格·吏员宣使奏差迁转》,第 239 页。

此外，从族群来看，笔者寓目的74名已知族群的推官全部是汉人、南人，且汉人以54名的绝对优势大幅超过南人的20名。之所以出现这种情况，主要是由于蒙古人、色目人不熟悉汉地法律和地方社会状况，以汉人、南人任专业性极强的推官无疑是合理的。同时，汉人任职比例远远超过南人，也反映出元代北方汉人在仕途上优于南人的大背景。这一点，洪丽珠在对镇江路官员族群的考察中已有讨论。[①]

概而言之，对于司法官员推官，元代首重其法律知识，同时又对其经验、阅历以及儒学水平有相应要求。推官的选任早期一度实行监察机关荐举，但最终"混于常流"。从推官的来源来看，元代主要从相对熟悉法律的汉人、南人中择选，且重视其地方理政经验。同时元代实行吏员出职，许多推官起身刀笔世家，这在一定程度上弥补了没有专门选拔机制的缺憾。但与宋代发达的法律考试制度相比，元代的推官选任机制颇显简陋。

（三）推官"独专刑名"的内涵与运作

前文已经说明，宋、金时期的推官虽为司法官员，但司法又非其唯一职能。《元史·刑法志》中言"诸各路推官，专掌推鞫刑狱"，[②]刘敏中《送王伯仪之官平江序》中亦言"推之为职，独专刑名"，[③]这就与前代推官有着很大区别。对此，下文将对三大问题展开探讨：一为元代推官"独专刑名"的内涵，即其司法权、责的具体内容与边界；二为推官审刑的运作方式；三是推官审刑的成效。

1. 推官"独专刑名"的内涵

先来看推官的职责范畴。很明显，推官作为"鞫勘之官""推劾之

---

① 洪丽珠：《元代镇江路官员族群分析》，《元史论丛》第10辑，中国广播电视出版社，2005，第260页。
② 《元史》卷103《刑法志二》，第2632页。
③ 刘敏中：《中庵先生刘文简公文集》卷12《送王伯仪之官平江序》，《北京图书馆古籍珍本丛刊》第92册，第370页下。

官"，专掌的是刑名案件，而非所有诉讼。元代虽无现代意义上的刑事、民事的明确划分，但婚姻、田产、钱债等民事纠纷，与命、盗等案件，在司法中也是予以区别的。婚姻、田产、钱债等案件，若不涉及重罪，通常在州县即可得到判决。若案件疑不可决，有时会被申送到路，但这类案件会由总管府圆议，非推官所专掌。实际上，在金代府之判官分判六案之吏、户、礼，推官分判兵、刑、工，同样是负责刑名案件。[①]正因为推官职掌刑名，元人杨维桢才言"狱者，天下之大命也，推官，又命死生决也"。[②]

推官负责的刑名案件，根据来源主要有两类。其一，下属州县申报的案件，其中有超出州县审判权限的案件，也有州县有疑申禀的案件。对于这些案件，推官要在州县"略问"的基础上审理明白，作为总管府圆议的基础，此即刘耕孙所言之"我国家明慎用刑，哀敬折狱，凡要囚自州司县至者，必先命推官详谳狱成，然后府公参署"。[③]有些案件，"司县问定的实情款，卒急追会未完"，为了推进审理进度，会解付路总管府后由总管府"行移追会相应"，[④]这自然也是推官分内之事。其二，直接接收民众的告诉。元代允许民众有冤抑时向上级官府告诉，而有些路分下没有州、县的设置，推官也就成为刑狱的直接负责人。如亦集乃路，其下就没有所属州县。在黑水城出土的诉讼文书中，案件往往直接诉至路总管府，其中刑名案件应属推官所掌。当然，推官审谳的案件又不止这些，实际上一郡所有刑名案件都在推官职权范围内，推官可以通过各种方式进行勘核，"凡所属去处，察狱有不平、系狱有不当，即听推问明白"。[⑤]推官甚至可以详谳经廉访司审录过的"已具"刑狱。如汴梁路推官葛云卿遇廉访使审覆过

---

① 《金史》卷57《百官志三》，第1305—1311页。
② 杨维桢：《东维子文集》卷4《送平江路推官冯君序》，《四部丛刊初编》。
③ 刘耕孙：《推官厅题名记》，正德《瑞州府志》卷13《词翰志》，《天一阁藏明代方志选刊续编》第42册，第1195页。
④ 《元典章》卷40《刑部二·刑狱·察狱·病囚考证医药》，第1370页。
⑤ 《元典章》卷40《刑部二·刑狱·察狱·罪囚淹滞举行》，第1360页。

的马某被杀,诬告仇家案,经诘问得实,为之平反。①

除直接负责案件的审理外,推官还要兼顾相关的刑狱事务,主要有二。一是检尸。根据检尸条例,路要设立文簿,由推官收掌,专门记录下属官府申报的人命公事,监督检尸的进行,"但有违犯,依上究问。若因循不行驳问者,罪及推官"。②二是牢狱的管理。元代诸路、府皆置牢狱,由直属监察系统的司狱司和路、府佐贰官共同管理。同时,推官要对狱卒进行督责,每三日一次去牢狱巡视汤药、枷杻、匣具是否洁净,同时审察冤狱。③

大德七年中书省咨文中立推官之意曰:

> 诸囚事发之源,起自巡尉。司县官吏,公明廉政者固亦有之,然推问之术少得其要。况杂进之人十常八九,不能洞察事情,专尚捶楚,期于狱成而已。甚至受赂枉法,变乱是非,颠倒轻重。欲使狱无枉滥,其可得乎?兼囚徒所犯,小则决刺徒流,大则人命所系,不加详审,害政实深。④

质言之,元代州、县、录事司官府人少位卑,普通诉讼纠纷尚可应付,但没有能力对刑名重事进行审判。推官的主要职责,就是在州县审理的基础上进行审覆,即"推鞫刑狱,平反冤滞,董理州县刑名之事"。⑤相应的,推官也要因为部内案件审理的事务承担相应罪责,"若推问已成,他司审理或有不尽不实,却取推官招伏议罪"。⑥某种程度上,推官实际成为一路刑名案件的真正负责人。那么,元人所谓推官"不欲

---

① 张养浩:《归田类稿》卷3《葛推官平反诗序》,《景印文渊阁四库全书》第1192册,第499页下。
② 《元典章》卷43《刑部五·诸杀二·检验·检尸法式》,第1483页。
③ 《元典章》卷40《刑部二·刑狱·提牢·牢狱分轮提点》,第1382页。
④ 《元典章》卷40《刑部二·刑狱·鞫狱·推官专管刑狱》,第1375页。
⑤ 《元史》卷103《刑法志二》,第2632页。
⑥ 《元典章》卷40《刑部二·刑狱·察狱·罪囚淹滞举行》,第1360页。

他事，俾专职焉"，①其"专职"有怎样的体现呢？

一方面，推官除推鞫刑狱外不参与其他政务。根据上文所引，早在至元二十三年置推官时，元政府就规定推官"专一问罪囚"，但这一原则一开始并没有很好地被落实，此后经历了多次重申。至元二十五年（1288），益都路推官王某指出，当时"随路推官，与府官一体通管府事，凡遇鞫问罪囚，必须完问。同署之人或有他故不齐，未敢独员鞫问，罪囚盈狱，淹禁不决"，提议"今后委令随路推官专管刑狱，其余一切府事并不签押，亦无余事差占"，得到尚书省批准。②大德七年，中书省又申文，规定"路府推官仍旧专管刑狱，通署刑名追会文字，其余事务并不签押，诸官府亦不差占"。③元贞元年（1295），浙东道廉访司在给绍兴路的牒文中，要求绍兴路推官须与其他总管府官员一起，在吴祥等取受公事的呈文中签署。这一要求显然违反了此前的相关规定，故绍兴路向江浙行省提出异议。④

当然，作为地方官府中的一员，推官要做到完全不参与其他事务是很难的。因此，推官参与刑狱以外事务，特别是被上级差占的情形屡见不鲜。如至正十二年（1352），绍兴路推官钱德诚就受命参与绍兴新城的营建。⑤曹敏忠任宁国路推官时，遇宁国路大旱，路总管闻其任职定海时的救荒政绩，委任其赈济灾民。⑥同样被委任救荒的，还有东平路推官郑大中。到元末红巾军起义，许多推官与其他官员一样参与平叛作战，宁国路推官刘耕孙就死于守城中。⑦

另一方面，推官是路、府唯一专门司法官员，且享有特殊待遇。推

---

① 张养浩：《归田类稿》卷11《葛推官平反诗序》，《景印文渊阁四库全书》第1192册，第499页上。
② 《元典章》卷40《刑部二·刑狱·鞫狱·推官专管刑狱》，第1374页。
③ 《元典章》卷40《刑部二·刑狱·鞫狱·推官专管刑狱》，第1375页。
④ 《元典章》卷40《刑部二·刑狱·鞫狱·推官专管刑狱》，第1374页。
⑤ 黄溍：《金华黄先生文集》卷9《绍兴路新城记》，《四部丛刊初编》。
⑥ 黄溍：《金华黄先生文集》卷33《承德郎中兴路石首县尹曹公墓志铭》，《四部丛刊初编》。
⑦ 《元史》卷195《忠义三》，第4415—4416页。

官虽俸秩不甚优渥,但由于其特殊性,亦有特殊待遇。一是设立独立的厅,"府治之旁,推官别有厅事,以为详谳之所,谨其职、严其体也"。①从地方志记载来看,推官厅多在路、府治所大堂西侧,与另一侧的经历司相对,如镇江路、庆元路皆是。②二是推官有独立的人事权。根据元贞二年(1296)规定,推官有权在现有吏员中自主选择刑名司吏,只需将吏员姓名申廉访司,且"同僚官不得阻当移换"。③

不过,推官的"专职"亦有其边界。在某种意义上,元代推官有"专责"而无"专权",这主要表现在推官掌刑与长贰正官圆坐联署的关系中。州县所申报重刑案件,经推官审覆达到"狱成"后,须"其余府官再行审责,完签案牍文字。或有淹禁,责在推官",④即正式判决依然要圆审后联署,但案件淹滞的责任却要由推官承担。《儒吏考试程式》中所记载的审判程序更是表明,刑名案件在取到犯人招状后,即须"府司官公座,对众将犯重刑人某至徒人某同行引审,取讫服辩文状"。⑤若推官在审案过程中需要进行刑讯,要"与同职官圆问"。⑥对于推官发现的州县审理失当案件,推官虽有权推问,但也要"咨申本路,依理改正"。⑦正因如此,学者把推官的审谳定位为"预审",不无道理。在这种情况下,一些推官十分注意与其他官员协调、配合,以便于司法事务的顺利推进。比如田思温,他虽勉力于刑狱,但"一归美于长贰僚属,而不自专",遇到长贰僚属意见不一的时候,"恳恳言之,不直不止"。⑧

---

① 吴澄:《吴文正公集》卷8《婺州路总管府推官厅记》,《元人文集珍本丛刊》第3册,第358页下。
② 脱因修,俞希鲁纂《至顺镇江志》卷13《公廨》,《宋元方志丛刊》第3册,第2794页上;王元恭修,王厚孙、徐亮纂《至正四明续志》卷3《城邑》,《宋元方志丛刊》第7册,第6470页上。
③ 《元典章》卷40《刑部二·刑狱·鞫狱·推官专管刑狱》,第1375页。
④ 《元典章》卷40《刑部二·刑狱·鞫狱·推官专管刑狱》,第1375页。
⑤ 《元典章》卷12《吏部六·吏制·儒吏·儒吏考试程式》,第427页。
⑥ 《元典章》卷40《刑部二·刑狱·鞫狱·推官专管刑狱》,第1375页。
⑦ 《元典章》卷40《刑部二·刑狱·察狱·罪囚淹滞举行》,第1360页。
⑧ 程端礼:《畏斋集》卷3《送田推官代归序》,《景印文渊阁四库全书》第1199册,第663—664页。

2. 推官审刑的运作方式

"一府有廉吏，千里无冤民"，①元代推官董理一郡刑名，最核心的任务就是通过各种方式审谳刑案，从而防止冤案以及案件淹滞的发生。具体来说，推官审谳刑案又有两种主要方式：审录州县上报案件和下州县巡行审囚。

审覆州县上报案件是推官日常司法的重中之重。按照规定，重刑案件在州县查明基本案情后，"将正犯人某人枷项纽手，事主某、捉事人某散行，同赃仗一就差人牢固监押前去"，②至路、府司狱司收管，推官须在州县审理的基础上，将案情重新审覆，彻底查明。推官一方面要仔细审核送上来的文案，"参照研究，务尽词理"；另一方面也要亲自审问囚徒，"辨验赃仗"，若有不完备之处，要"并合催督"，若发现有冤屈，要随即举问改正。③审问囚徒时要参用"五听"之法，"审其辞理，参其证佐，辨验是非，理有可疑，然后考掠"。④审理后，要"取到干连人某指证词因，及捉事人某、被伤人某、苦主某、事主某准伏文状，追会一切完备"。⑤在审刑过程中，推官若遇到疑难不定时，通常会向上司申禀，甚至直达省部。如顺德路推官朱某在盗贼吴九儿、董大秃儿将王德义瓦房后墙剜开窟穴并盗窃一案中，就案件审判中断例的适用问题向刑部申问。⑥

赴所属州县录囚也是推官审刑经常采用的方式。如抚州路推官于公说、杨景行就"岁以祁寒盛暑行县"，⑦晋宁府司吏常元亨曾跟随推官刘谋录囚稷山。⑧不过具体运作前后有所变化。延祐七年以前，推官常"独

---

① 程钜夫：《程雪楼文集》卷25《跋徐长卿推官事迹》，《元代珍本文集汇刊》，第948页。
② 《元典章》卷12《吏部六·吏制·儒吏·儒吏考试程式》，第427—428页。
③ 《元典章》新集《刑部·刑狱·详谳·推官不许独员遍历断囚》，第2158页。
④ 《元典章》卷54《刑部十六·杂犯一·违枉·枉禁平民身死》，第1803页。
⑤ 《元典章》卷12《吏部六·吏制·儒吏·儒吏考试程式》，第426页。
⑥ 《元典章》卷49《刑部十一·诸盗一·强窃盗·剜豁土居人物依常盗论》，第1641页。
⑦ 虞集：《道园学古录》卷37《抚州路总管府推官厅壁题名记》，《四部丛刊初编》。
⑧ 黄溍：《金华黄先生文集》卷22《跋常掾平反序》，《四部丛刊初编》。

员遍历所属,审断罪囚",即独自巡行州县,对在禁罪囚一一审问,但这与廉访司官员定期分巡产生冲突。为解决这一问题,同时又考虑到廉访司分巡有时难以兼顾所有地区,延祐七年规定:"今后州县凡有轻重罪囚,开写各起所犯略节情由、到禁月日,每月申报本管上司,推官先须参考,提调官并首领官公同详议。中间果有系囚数多、淹延悬远、情犯疑似,许委推官诣彼审理明白,依例疏断。如有冤滞,申路究问,不许似前一概遍历。仍具审断过起数、略节情犯、归结缘由,咨申本路,关牒廉访司照详。其或理断未当,罪及推官。"① 概言之,推官只有在有特殊需要的时候才赴州县录囚。

除这两种方式外,有些推官还常被上司委派,专门负责或参与审理一些疑难案件。南安路推官汪泽民以治狱著称,当时潮州府判官钱珍以奸淫事杀推官梁楫,事连广东廉访副使刘珍,因此案被囚系者二百余人,行省先后派遣六位官员审理都无法结案,后委任汪泽民审谳,"狱立具,人服其明"。② 徐长卿任淮安路推官时,由于熟悉当地民情,十分受行省和台宪的器重,"凡难决易墨者,悉以诿君"。③《元典章》中也载有相关案例,如诸城县赵德、徐成踢死秦二一案,检尸官吏将伤处隐去,检作病死,经差委龙兴路推官李某与益都路官一同审谳,最终案件得以纠正。④

需要指出的是,在已发现的黑水城文书的取状中,署名官员往往是首领官、吏员而无推官,有学者认为这说明推官并没有具体参与案件的审理,而是只参与最后的圆署,案件的审讯由首领官和刑房司吏完成。⑤ 笔者认为,虽然案件的具体审讯常由首领官带领吏员具体执行,但推官完全不参与则非实情。之所以取状等文书中只有首领官及吏员署押,更

---

① 《元典章》新集《刑狱·详谳·推官不许独员遍历断囚》,第 2158 页。
② 《元史》卷 72《汪泽民传》,第 4251 页。
③ 程钜夫:《程雪楼文集》卷 25《跋徐长卿推官事迹》,《元代珍本文集汇刊》,第 948 页。
④ 《元典章》新集《刑部·诸杀·检验·初复检验官吏违错》,第 2202 页。
⑤ 侯爱梅:《黑水城所出元代词讼文书研究》,博士学位论文,中央民族大学,2013,第 89 页。

大的可能是与元代的公文制度有关。

3. 推官审刑的成效

危素言："国朝之命官，无问事大小，必同堂论之，故人自为说而政多旷废。独刑名之事，至郡专责于推官。"① 很大程度上，推官的设置提高了路、府之司法效率。更重要的是，推官审刑可以发现州县审断的失误，纠正判决，平反冤狱。这类事例在元代史料中屡见不鲜。如郑大中为东平路推官时，平反属县东阿民被诬为盗者，寿张童子因过失杀人，县以杀人之罪判决，为郑大中纠正；② 焦荣任袁州路推官，平反胡氏诬告人为贼盗案；③ 宋崇禄任处州路推官，甫阅月，决囚数百，平反陈明六、曾崇三之冤；④ 等等。

更可贵的是，有些推官甚至敢于与权贵争衡。金溪有豪僧云住暴横为民害，与中书省、行省、廉访司皆相交，故"莫敢谁何"。后云住掘人坟墓取财事发，正值杨景行任抚州路推官，将云住下狱。当时行省、廉访司皆遣人劝杨景行放过云住，景行不为所动。其后行省、廉访司竟公然行文驳斥，并上闻中书。杨景行通过南台将此案直报御史台，得到御史台的支持。最终中书省调杨景行为归安县尹，云住也没有逃过刑罚。⑤

为激励推官平反冤狱，元代将其审刑成绩作为考课的重要标准，"按治官岁录其殿最，秩满则上其事而黜陟之"。⑥ 皇庆二年（1313），由于潘允先后在泉州路推官、南剑路推官任上平反案件多起，受到"减一资

---

① 危素：《危太朴集》卷8《送方推官赴嘉兴序》，《元人文集珍本丛刊》第7册，第454页下。
② 虞集：《吏部员外郎郑君墓碣铭》，苏天爵编《国朝文类》卷55，《四部丛刊初编》。
③ 元明善：《大中大夫中山郡焦侯碑》，咸丰《武定府志》卷35《艺文》，《中国地方志集成·山东府县志辑》第22册，凤凰出版社，2005，第152页下。
④ 许有壬：《至正集》卷63《有元故中奉大夫陕西诸道行御史台侍御史宋公墓志铭》，《元人文集珍本丛刊》第7册，第289页下。
⑤ 杨士奇：《东里集》卷21《先待制抚州推官厅记后》，《景印文渊阁四库全书》第1238册，第650页下—651页上。
⑥ 《元史》卷103《刑法志二》，第2632页。

历"的奖励。①

同时，推官在司法实践过程中，还就许多法制问题提出建议，推动司法制度的改进和完善。如至元三十一年（1294），袁州路推官石某针对当时江南地区乡都、里正、社长、巡尉、弓手人等干扰民众词讼的弊端，建议"今后除地面啸聚强窃盗贼、杀人、伪造宝钞、私宰牛马许令飞申，其余一切公事，听令百姓赴有司从实陈告，乡都、里正、主首、社长、巡尉、弓手人等不许干预"，得到江西廉访司批准。②延祐七年，婺州路推官李某认为现行条例中强窃盗贼、斗殴、杀伤俱以首从定罪，"私宰马牛，正犯人决杖一百，为从干犯之人不分首、从，一体定罪，似涉不伦"，经刑部议定，改为"扶头把脚、添力下手干犯人等，拟合比依前例，减等杖断八十七下。其有元不知情、临时雇倩者，拟合量情断罪相应"。③

当然，元代的推官制度在运作中也暴露出许多弊病。有的推官依仗自身专管刑狱的权力，干涉正常司法运作，颠倒是非。如苏天爵在河北录囚时所断过的卫推官，在印社子诬告杨惠孙谋杀一案中，竟教杨惠孙自诬。又，郡人朱德饮酒病死，录事及武陵县官验尸已定，卫推官因曾与录事有嫌隙，欲假定其验尸不实从而治罪，命龙阳知州聚检，改作中毒死，牵连三十余人。④有的推官虽非有意，但也有失察等导致案件的错判以及其他严重后果。如在婺州路一个案件中，阿老瓦丁被劫，兰溪县尉在未捉拿正犯的情况下，将三十九名嫌疑人解送总管府。婺州路推官在审覆此案时，在无元劫正赃、行使器杖等证据，亦未仔细审问的情况下，信从包舍等妄指平人徐再五等九十六家受寄赃物，不经当面对质便追赃。其后正贼被抓获，但包舍等二十一名被羁押的嫌疑人已经身死。⑤

---

① 方龄贵校注《通制条格校注》卷20《赏令·平反冤狱》，第583—584页。
② 《元典章》卷53《刑部十五·诉讼·听讼·词讼不许里正备申》，第1749—1750页。
③ 《元典章》新集《刑部·头匹·禁宰杀·宰杀马牛首从断罪》，第2243—2244页。
④ 黄溍：《金华黄先生文集》卷15《苏御史治狱记》，《四部丛刊初编》。
⑤ 《元典章》卷54《刑部十六·杂犯一·违枉·枉禁平民身死》，第1802—1803页。

推官专掌刑狱，但其品级本身并不高，有时面对上级官员干扰，无法对案件进行正常审判。如东平路推官栾之昂，起初因民众的交相称赞受到巡行使臣的赞许。后因他人谗言，使臣欲更改其已经审判过的案件，栾之昂据理力争，但最终无济于事，愤恚发病而死。①

此外，有的推官个人素质不高，不通刑狱。至正年间，松江一推官提牢，见重囚问之曰："汝是正身替头？"为狱卒所讥笑。②

综上所述，路级政务的繁重使得路级司法无法再完全依靠圆署制，宋、金时期的推官在一度废除后，重新被元代启用，不过推官完全推广开来也经历了不短的时间。作为最具专业性的官员，元政府在选任推官时将法律知识与刑狱经验作为首要标准。在经历一段时间的监察官员举荐后，推官的选任最终"混于常流"。作为路级唯一专任司法官员，推官负责一郡所有刑名案件的审覆，但这与圆署制又不相冲突，一定意义上是圆署制的补充。

本章小结

在元代地方司法体系中，路、县两级扮演着最为关键的角色，其司法运作机制各有特色。

自秦以降，县作为最为稳定的基层政区，在国家治理体系中具有独特地位。尤其是中唐以后，国家对基层社会的支配由设置乡官直接管理转为间接支配，"拉开了'县令之职，犹不下侵'的序幕"，③县成为国家正式行政权力的末端，亦是国家和民众接触最为集中的地方。而对于县级官府来说，制度角色与制度能力之间的矛盾则愈演愈烈：作为亲民官府，县级官府面临着越来越大的治理压力，然而受财政和技术限制，又

---

① 程钜夫：《程雪楼文集》卷 25《栾之昂传》，《元代珍本文集汇刊》，第 976 页。
② 杨瑀：《山居新语》，余大钧点校，中华书局，2006，第 202 页。
③ 李治安：《宋元明清基层社会秩序的新构建》，《南开学报》2008 年第 3 期，第 44 页。

只能维持简约的建制。具体到司法来说，由于混同于日常政务之中，县级司法呈现出明显的"行政化"色彩。一方面，司法运行要服从于地方治理的整体需求，因而经常表现出"非法律"的逻辑；另一方面，受其他繁杂政务影响，官员面对层出不穷的狱讼往往难以招架。在民风"好讼"越来越普遍的情况下，司法效率很难予以保证。元代县级司法中的"滞讼"现象，很大程度上正是这一制度困境的反映。

在延续"简约治理"的同时，元代县级司法运作又有一些新变化。在元代县衙中，厅事—典史幕—吏舍构成了核心政务空间，这正是元代县级官府正官—首领官—吏员三级结构的体现。元代县级官府没有专门的司法官员，在圆署制下，其基本运作模式为群官集体决策，首领官总领案牍，吏员具体执行。元代圆署制度虽很大程度上源自草原集体议事习俗，但在中原亦早有渊源。如唐代就有"四等官"审判制度，司法官员按权限和职掌分为长官、通判官、判官、主典四等，各司其职，联署文案。[①] 宋代在州、县日常政务运作中建立集议制，"诸州通判、幕职官，县吏丞、簿、尉，并日赴长官厅议事"，州之通判、幕职官还要于长官厅或都厅"签书当日文书"。[②] 宋代还特别规定重刑案件必须经过"聚录引问"，其中就县级官府而言，"其徒罪以上，令、佐聚问，无异，方得结解赴州"。[③] 正如宫崎市定所指出的，元代圆署制至少在宋代就已经开始萌芽。[④] 不过相比元代，唐、宋时期的集议联署制度尚有许多局限性。唐、宋时期聚问基本局限于徒以上重刑案件，而元代则推广至"一切大小公事"。宋代虽规定州、县皆须实行集议制，但其中县一级不仅相关制度建立晚于州，其实施状况亦不理想，尤其对县一级是否实行"通签连书"亦没有明确规定。[⑤]

---

① 童光政：《唐宋"四等官"审判制度初探》，《法学研究》2001年第1期。
② 李焘：《续资治通鉴长编》卷499，元符元年六月乙丑，第11880页。
③ 徐松辑《宋会要辑稿》职官五之四八，第3144页。
④ 宫崎市定：《宋元时代的法制和审判机构》，刘俊文主编《日本学者研究中国史论著选译》第8卷，第276页。
⑤ 余蔚：《宋代地方行政制度研究》，博士学位论文，复旦大学，2004，第94—95页。

概而言之，元代圆署制相比前代，无论适用范围、执行力度，皆大大扩展了。

在圆署制下，元代县级司法中形成了官员之间的权力制衡，特别是由于实行双长官制度和首领官制度，县尹的专决权受到很大限制。这一机制有利于防止专断造成司法失误，但互相掣肘造成的效率低下在所难免。与此同时，吏员却由"职簿书"得以"舞文法"。在元代县级司法运作体系中，虽由群官圆议做最后决策，但拟决之权却在吏员。借助对文书运作的操控、官吏之间的信息失衡、在案件审理中的不当介入以及与地方社会的特殊关系，吏员很大程度上左右司法运作，官员被架空，圆议联署也形同虚设。从宋代起，吏权便有明显膨胀的趋势，而元代圆署制下吏员的制度角色为其提供了更大的空间。至明代，朱元璋将"谋由吏出"视为"胡元之弊"，要求官员"所任之事，各必躬亲理之"。①而随着双长官制的取消和首领官第二中枢地位的丧失，主官负责制再次建立起来。

元代路级官府因设置有专门的司法官员——推官，其运作机制与县级司法相比又有所不同。《至顺镇江志》评论元代路级官制时曰：

> 元稽古建官，军民之职不相统属，而列郡参佐之权益重，率以户口多寡，分路之上下，上路设同知、治中、判官，下路则省治中而不置。虽曰参佐，然皆圜坐府上，事无大小，必由判官而上，一一署押，然后施行，非若前代刺守得专其任也。其次又有推官专掌刑狱之务，别设厅事于府堂之西，狱成则告之府，与守贰同坐而加审谳焉，又非若前代司理参军之比也。②

---

① 《大诰初编·官亲起稿》，张德信、毛佩琦主编《洪武御制全书》，黄山书社，1995，第750页。
② 脱因修，俞希鲁纂《至顺镇江志》卷15《参佐》，《宋元方志丛刊》第3册，第2818页上。

圆坐联署是元代政务运行的一般机制和原则，这种机制有蒙古忽里勒台国俗的遗意，也是制衡汉人、南人官僚，维护蒙古统治的需要。那么为什么在路、府专设推官呢？根据前文所述，推官这一制度在最初并没有实行，甚至平南宋后还将江南地区的推官进行裁撤。其最终设立的原因是"差发、税粮、造作、人匠并奥鲁等勾当大有，监禁的罪人不得空便问有"的现实状况。①推官专掌刑狱，有利于提高司法效率，一定程度上避免了圆署制下权责分散的弊病。但应注意的是，所谓推官"独专刑名"，更多的是"专责"而非"专权"，与圆署制并不冲突，一定意义上是圆署制的补充。不过，作为最具专业性的官员，元政府在选任推官时虽注意将法律知识与刑狱经验作为首要标准，但始终未能建立起类似于宋代的选任机制，推官的选任最终"混于常流"。虽然元代推官不少起身刀笔世家，素习刑名，但选拔机制的缺陷仍使得整个推官群体的法律素养存在巨大隐忧，"法吏无优选"成为终元一代始终没有解决的问题。

---

① 《元典章》新集《刑部·刑狱·详谳·推官不许独员遍历断囚》，第2159页。

第三章
诉讼社会的"相"与"实"

若视角仅停留在制度层面,司法主要呈现为国家权力的运作,作为司法权力行使客体的民众很容易被忽视,但在实践场域,民众实际扮演着十分重要的角色。在元代,除涉及官吏的案件常由监察机关纠举,一般情况下诉讼的发生首先源自民众向官府提起告诉。从某种意义上说,司法审判其实是国家对民众诉求的一种回应。

宋代以降,尤其自南宋开始,关于民风"好讼"的记载开始屡屡见诸史籍,并延续到元代。所谓"好讼""善讼""健讼""嚣讼",意义相近,大致有两层含义:一是民众喜讼好争的主观倾向,二是民众积极从事于争讼活动的现实状况。元人胡祗遹曰:"近岁以来,奴讦主,妻妾告夫,子弟讼父兄,编民化执,诟辱官吏,舆台皂隶,谤讦大臣。"[1]从这一描述来看,元代几乎已是一派"诉讼社会"的景象。[2]现有关于"好

---

[1] 胡祗遹:《礼论》,解缙等编《永乐大典》卷10458,第4348页下。
[2] 有关中国古代"诉讼社会"的研究,参见夫马进《中国诉讼社会史概论》,范愉译,《中国古代法律文献研究》第6辑,社会科学文献出版社,2012,第1—74页。

讼"问题的讨论主要集中于宋代以及明清。[①]其研究路径，早期多将"好讼"视为与"无讼"理想相对的诉讼现实，从各个角度探讨诉讼与社会之间的关系。近年来，一些学者开始认识到表达与实践之间的距离，对这一问题进行了更为深入的研究。本章将对元代诉讼社会的"史相"与"史实"进行多层次的考察，尽可能勾勒出元代民众诉讼活动的真实图景。

一 "江南好讼"：一个话语的考察

元代有关"好讼"的记载主要集中于江南地区。江西行省申呈中书省的公文中曰"江南地薄，顽民好讼"，[②]郑介夫《太平策》中亦有"江

[①] 关于宋代"好讼"问题的研究成果，主要有赤城隆治「南宋期の訴訟について——"健讼"と地方官」『史潮』第16号、1985；雷家宏《从民间争讼看宋朝社会》，《贵州师范大学学报》2001年第3期；刘馨珺《南宋狱讼判决文书中的"健讼之徒"》，宋史座谈会主编《宋史研究集》第31辑，兰台出版社，2001；牛杰《宋代好讼之风产生原因再思考——以乡村司法机制为中心》，《保定师范专科学校学报》2006年第1期；翁育瑄「北宋の"健讼"——墓誌を利用して」『高知大學學術研究報告（人文科學編）』第56冊、2007；朱文慧《现实与观念：南宋社会"民风好讼"现象再认识》，《中山大学学报》（社会科学版）2014年第6期。关于明清时期"好讼"的研究尤为丰富，主要成果可参见卞利《明清徽州民俗健讼初探》，《江淮论坛》1993年第5期；张小也《健讼之人与地方公共事务——以清代漕讼为中心》，《清史研究》2004年第2期；侯欣一《清代江南地区民间的健讼问题——以地方志为中心的考察》，《法学研究》2006年第4期；徐忠明、杜金《清代诉讼风气的实证分析与文化解释——以地方志为中心的考察》，《清华法学》2007年第1期；王日根、江涛《清代安徽士人健讼与社会风气——徐士林〈守皖谳词〉的解读》，《中国社会经济史研究》2009年第2期；陈宝良《从"无讼"到"好讼"：明清时期的法律观念及其司法实践》，《安徽史学》2011年第4期；赵晓耕、沈玮玮《健讼与惧讼：清代州县司法的一个悖论解释》，《江苏大学学报》（社会科学版）2011年第6期；尤陈俊《清代简约型司法体制下的"健讼"问题研究——从财政制约的角度切入》，《法商研究》2012年第2期；尤陈俊《"厌讼"幻象之下的"健讼"实相？重思明清中国的诉讼与社会》，《中外法学》2012年第4期；山本英史《健讼的认识和实态——以清初江西吉安府为例》，阿风译，《日本学者中国法论著选译》，第576—601页；吴佩林《清代地方社会的诉讼实态》，《清史研究》2013年第4期。

[②] 《元典章》卷19《户部五·田宅·房屋·多年宅院难令赎回》，第681页。

北少嚚讼之风，江南多豪猾之俗"之语。① 在元人笔下，江南地区的"好讼"与其他地区的"少讼"形成鲜明对比，这也成为时人批评江南"俗薄"的一个重要佐证。有关元代江南社会中的"好讼"之风，相关论述中虽偶有涉及，但尚无专门研究。② 所谓"江南好讼"究竟应如何在元代的历史情境下予以解读，文本背后的现实又是如何？下文将对这一问题展开探讨。

（一）"江南好讼"的书写与实质

与更为晚近的明清不同，元代江南迄今尚未发现成规模的官方诉讼档案，地方志亦不丰富，有关江南"好讼"的记载主要出自私人著述，材料的丰富性与客观性皆有所欠缺。在这种情况下，对文本本身的深入分析无疑显得尤为重要。③ 具体来说，元人对于江南地区的"好讼"现象是如何书写的，对于这种书写又该如何认识呢？

1. 有关江南地区"好讼"的描述

元代有关江南地区"好讼"的描述十分分散，为便于分析，笔者尽可能地搜集了相关文本，将其整理为表 3-1。

表 3-1　元代有关江南地区"好讼"的描述

地域		描述	出处
江浙行省	平江路	吴俗轻生多诡，故听狱为独难	张养浩：《归田类稿》卷 11《章丘杨氏先茔碑铭》
	平江路	吴民善构诡词齮齕人，传不法以给吏，至儿妇人亦然	杨维桢：《杨铁崖文集全录》卷 2《平江路总管吴侯遗爱碑》
	长兴州	其土俗浮嚣，好盘游，大家喜气势，多评争	杨维桢：《东维子文集》卷 23《长兴知州韩侯去思碑》

---

① 郑介夫：《上奏一纲二十目》，邱树森、何兆吉辑点《元代奏议集录》下册，第 87 页。
② 参见苏力《元代地方精英与基层社会——以江南地区为中心》，第 51—53 页。
③ 实际上，即使通过档案材料来推测案件数量以及诉讼状态，亦存在很大缺陷，近来学者对此已有所警觉。参见尤陈俊《"厌讼"幻象之下的"健讼"实相？——重思明清中国的诉讼与社会》，《中外法学》2012 年第 4 期；吴佩林《清代地方社会的诉讼实态》，《清史研究》2013 年第 4 期。

续表

地域		描述	出处
江浙行省	诸暨州	诸暨故为剧□，俗尚气而喜争，牒诉纠纷	黄溍：《金华黄先生文集》卷23《元故中奉大夫湖南道宣慰使于公行状》
	无锡县	民素醇璞，向以宋之垂亡，习渐浇薄。或斗起乡邻，好胜忘理；或讼兴同室，败度越常。义利反植，告讦□□，□风遗则难变	杨蔚：《常州路无锡县题名记》，《江苏金石志》卷24《江苏通志稿·艺文志三》
	仙居县	俗多讼讦，或杀其子指仇家，累岁不能结其案	张翥：《大元赠银青荣禄大夫江浙等处行中书省平章政事上柱国追封越国公谥荣愍方公神道碑铭》，黄瑞：《台州金石录》卷13
	富阳县	（邑士民冯某言）民劳而贫，俗讦而浇	杨维桢：《东维子文集》卷23《富阳县尹曹侯惠政碑》
	浮梁州	升州以来，民日偷薄，富交势而横，贱凌贵而哗	姚燧：《知州郭侯德政序》，《编类运使复斋郭公敏行录》
湖广行省	湖北道	湖北所统，地大以远，其西南诸郡，民獠错居，俗素犷悍，喜斗争狱，事为最繁	黄溍：《金华黄先生文集》卷15《苏御史治狱记》
	湖南道	湘俗富饶，轻悍善讼	王构：《广东按察副使王纲墓神道碑铭》，同治《畿辅通志》卷174
江西行省	江西道	江西号多士，可资以益学，而其流俗以健讼闻	许有壬：《至正集》卷32《送刘光远赴江西省掾序》
		江西俗颇哗讦，狱讼滋章	苏天爵：《滋溪文稿》卷9《元故太史院使赠翰林学士齐文懿公神道碑铭》
	吉安路、赣州路	健讼无如吉赣民	潘必大：《德安县学儒生潘必大书》，《编类运使复斋郭公敏行录》
	赣州路	赣所属二州八县，其民好斗而健讼	王祎：《王忠文公文集》卷22《元中宪大夫金庸田司事致仕王公行状》
	瑞金县	其俗习负固忨征呼，其奸民尝以死事及伪币事诬构善良，而上下相缘为奸，文牒如雨	刘崧：《槎翁文集》卷16《故承直郎赣州路总管府推官陈公行状》

需要说明的是，由于不同地域间史料的丰富程度存在极大差异，笔者的搜集亦有疏漏，这些记载并不能反映全部情况。仅就上述材料而言，可以得到三点最直观的信息。

第一，"好讼"是一种"薄俗"。"吴俗轻生多诡""（仙居）俗多讼讦"，提到"好讼"，作者不约而同地以"俗"称之。换言之，"好讼"不

第三章 诉讼社会的"相"与"实"

是个别人的行为,而是一种群体性的惯习,甚至"儿妇人亦然"。①"好讼"之人为了诉讼取胜会不择手段,采取种种既违背法律又违背道德的行为,如吴民"构诡词齮龁人,传不法以绐吏",②仙居民"杀其子指仇家",③瑞金民"以死事及伪币事诬构善良"。④因此杨蔚称这种风俗为"浇薄"之俗,刘崧又称这些"好讼"之徒为"奸民"。所谓"好讼",其本身明显是带有批判意味的。

第二,"好讼"之风有地域性特征。作者提及某地"好讼",所针对的区域范围各不相同,小者一县,大者数路,涵盖了江浙、江西、湖广等江南三省。以路为单位,这些记载主要涉及江浙行省之平江、常州、杭州、绍兴、台州、饶州等路,江西行省之江西道所辖诸路,湖广行省之湖北道、湖南道所辖诸路。当然,由于材料本身的局限,所谓"好讼"区域并不具有严格的统计学意义,只是在一定程度上反映出江南地区"好讼"风习的大体分布。此外,江南有些地区又有"少讼"的记载,即使同一区域的不同路之间,甚至同一路的不同州县之间,在诉讼风气方面也有巨大差异。如建阳以"儒雅"著称,蒋易称其民风淳朴,"俗无嚣讼"。⑤江西被称为"词讼之渊薮",但抚州路却有"少讼"之名,"江右诸郡,惟临川狱讼号为清简",⑥"政令易行,苟无深伤重害,畏法以自保,终不敢轻易嚣讼"。⑦江西之袁州路在宋元两代皆是有名的"好讼"之地,而其万载县之风俗却"质直近道"。⑧

---

① 杨维桢:《杨铁崖文集全录》卷2《平江路总管吴侯遗爱碑》,清抄本。
② 杨维桢:《杨铁崖文集全录》卷2《平江路总管吴侯遗爱碑》。
③ 张翥:《大元赠银青荣禄大夫江浙等处行中书省平章政事上柱国追封越国公谥荣愍方公神道碑铭》,国家图书馆善本金石组编《辽金元石刻文献全编》,北京图书馆出版社,2003,第791页。
④ 刘崧:《槎翁文集》卷16《故承直郎赣州路总管府推官陈公行状》,《四库全书存目丛书》集部第24册,齐鲁书社,1997,第576页。
⑤ 蒋易:《鹤田蒋先生文集》卷上《送秦书吏诗序》,北京图书馆藏京师图书馆抄本。
⑥ 虞集:《道园学古录》卷37《抚州路总管府推官厅壁题名记》,《四部丛刊初编》。
⑦ 虞集:《道园类稿》卷26《抚州路总管题名记》,《元人文集珍本丛刊》第6册,第9页。
⑧ 赵文:《青山集》卷5《重修万载县学碑记》,《景印文渊阁四库全书》第1195册,第61页上。

第三,"好讼"之风有继承也有变迁,总体上呈逐渐蔓延之势。论者多称江南"好讼"之风为素来之俗,根据学者研究,南宋时期的"好讼"区域主要集中在江南、两浙以及两湖诸路,[1]元代的"好讼"区域与此基本吻合。当然,元人也认识到,民风并非一成不变。苏天爵就曾指出,"好讼"并非"民之本性、俗之素然",[2]"顾长民者导之何如尔"。[3]但总的来说,相比宋代,元代江南的"好讼"之风呈蔓延之势。如杨蔚言,常州路的无锡县在宋亡以前"民素醇璞",宋末以降风俗大变,好讼之风渐起。[4]又姚畴言,饶州路的浮梁州"风气清激人心",自元初升格为州后"民日偷薄","好讼"之风逐渐兴盛。[5]概言之,在元人笔下,江南地区普遍呈现出喜讼好争的民风,甚至相比前代蔓延之势更盛。

这种描述是不是现实的真实写照呢?从作者的身份来说,他们对自己所描写地区的风俗是否真正了解,其实是颇有疑点的。就姚畴而言,其本身为浮梁人,熟稔浮梁之俗当在情理之中。又如杨蔚,《常州路无锡县题名记》为其无锡县丞任上所写,言无锡民"好讼"很可能是出于自己的为官经验。但张养浩既非平江人,又不曾任职平江,[6]所谓"吴俗轻生多诡"则非其所亲历。正如许有壬所言,江西"流俗以健讼闻",多数人对某地"好讼"只是耳闻,他们以旁观者的身份予以评判,至多反映了一种认知,并非全都是事实。此外,对于某地是否"好讼",不同人的描述亦不完全一致。如江西之瑞州路,曾任江州路总管的李黼引宋人之说,称其"独不嚣于讼"。[7]但在苏天爵的描述中,瑞州路与袁州路、

---

[1] 朱文慧:《现实与观念:南宋社会"民风好讼"现象再认识》,《中山大学学报》(社会科学版)2014年第6期。
[2] 苏天爵:《滋溪文稿》卷6《江西金宪张侯分司杂诗序》,第91页。
[3] 苏天爵:《滋溪文稿》卷3《镇江路新修庙学记》,第44页。
[4] 杨蔚:《常州路无锡县题名记》,缪荃孙等编《江苏金石志》卷19,《石刻史料新编》第1辑第13册,台北:新文丰出版公司,1977,第9912页。
[5] 姚畴:《知州郭侯德政序》,《编类运使复斋郭公敏行录》,《宛委别藏》第42册,江苏古籍出版社,1988,第13页。
[6] 《元史》卷175《张养浩传》,第4090—4092页。
[7] 李黼:《瑞州路重修郡学记》,正德《瑞州府志》卷13《词翰志》,《天一阁藏明代方志选刊续编》第42册,第1109页。

赣州路、吉安路一样，皆"俗之尤健讼者"。①实际上，细绎史料可以发现，当作者提及某地"好讼"时，多数情况下目的并非将其作为一种社会现象进行客观描述，真正的书写意图，以及"好讼"背后的深层意涵，很大程度上取决于其所处语境。

2. 书写语境与内在表达

参照表 3-1 中所列材料出处，元代有关江南地区"好讼"的描述大致出自四种文类：一是官员的神道碑铭、墓志铭、行状等传记文类；二是颂扬官员政绩的遗爱碑、去思碑、政绩记、言行录等文类；三是官府衙署的题名记；四是士人之间的赠序。不同文类适用于不同的场景，遵循一定的书写模式，从而形成不同的"典型语境"。我们不妨对不同"典型语境"下有关江南"好讼"的书写与内在表达予以分析。

传记文类。这类文体主要是记录官员的生平事迹，但其书写方式绝不仅仅是对客观事实的简单叙述，很大程度上是对官员的形象进行塑造。有学者曾对"飞蝗出境"与"猛虎渡河"这两种中古史籍中常见的良吏书写模式进行研究，认为这种书写模式渗入史籍，使得史事记载趋于类型化、程序化，很大程度上削弱了史书的真实性。②实际上，狱讼事迹亦是一种十分重要的良吏书写模式。所谓"为政之难，莫难于治狱"，③由于狱讼事务的重要性，在元代地方官员的传记资料中，"弭讼""平冤"等事迹十分常见。在这种情况下强调民风好讼，正是为了凸显官员在狱讼方面的政绩。如黄溍言诸暨州"俗尚气而喜争，牒诉纠纷"，而于景任知州后"嚚哗之风为之寝衰"。④又王祎言，"赣所属二州八县，其民好斗而健讼"，王文彪任赣州路总管府推官后，"风俗丕变"。⑤官员任职前

---

① 苏天爵：《滋溪文稿》卷6《江西金宪张侯分司杂诗序》，第91页。
② 参见孙正军《中古良吏书写的两种模式》，《历史研究》2014年第3期。
③ 程端礼：《畏斋集》卷3《送田推官代归序》，《景印文渊阁四库全书》第1199册，第663—664页。
④ 黄溍：《金华黄先生文集》卷23《元故中奉大夫湖南道宣慰使于公行状》，《四部丛刊初编》。
⑤ 王祎：《王忠文公文集》卷22《元中宪大夫金庸田司事致仕王公行状》，《北京图书馆古籍珍本丛刊》第98册，第397页下。

后的诉讼情形形成鲜明对比,其良吏形象也就更为丰满。

颂扬文类。各类颂扬文字的盛行是元代一大特色,一个重要原因是国家管制的松弛。尤其是去思碑等碑刻,数量远超前代。[①] 从民众的角度来说,这类碑记重在赞颂官员的善政,"其内容不仅是对事迹的'如实陈述',更重在褒扬或感戴之情的表达"。[②] 从国家或者官员自身来说,这类碑记源于汉代以降的"循吏"传统,其核心价值亦在于赋予官员"循吏"的声望。因此相比传记而言,遗爱碑、去思碑、政绩记、言行录等文类更加需要对官员的"循吏""良吏"形象进行塑造。正如前文所提到的,民风"好讼"与官员"息讼""平冤"正是彰显官员良吏形象的一种书写模式。以杨维桢《长兴知州韩侯去思碑》为例,其文曰"其土俗浮皆,好盘游,大家喜气势,多讦争,素号难理,虽老财察者病弗遑",极言长兴州之难以治理。后又言韩侯任长兴知州后"尽刮去旧时积蠹",[③] 凸显出其治绩。

题名记。题名记又称厅壁记,其内容是历任职官的姓名及事状,多载于衙署厅壁或木石之上。其作者通常为本地在任官员,与其他文类中作者的"旁观者"身份有所不同。表3-1中题名记仅有一例,即杨蔚之《常州路无锡县题名记》。杨蔚本身为无锡县丞,自叙作此题名记的原因为"圣元平宋之后十有余载,莅官于此,历举数人,意皆德才兼备,优于为政者,谩无壁记可考,良为缺典","庶使□来者鉴前政之贤否,有所激励,承承继继,传芳名于永久"。[④] 质言之,此题名记的作用大致有两个:一是褒扬前贤,二是激励来者。在这种语境下,无锡的"好讼"

---

① 参见陈雯怡《从朝廷到地方——元代去思碑的盛行与应用场域的转移》,《台大历史学报》第54期,2014年;《从去思碑到言行录——元代士人的政绩颂扬、交游文化与身分形塑》,《中央研究院历史语言研究所集刊》第86本第1分,2014。
② 陈雯怡:《从去思碑到言行录——元代士人的政绩颂扬、交游文化与身分形塑》,《中央研究院历史语言研究所集刊》第86本第1分,2014。
③ 杨维桢:《东维子文集》卷23《长兴知州韩侯去思碑》,《四部丛刊初编》。
④ 杨蔚:《常州路无锡县题名记》,缪荃孙等编《江苏金石志》卷19,《石刻史料新编》第1辑第13册,第9912页。

之风无非是为证明"治之者不易",一方面凸显前人治理之功,另一方面对后任者予以警示,很大程度上依然有塑造历任官员形象的意味。此外,作者本身为在任官员,其切身经历似乎比旁观者的认知更有说服力,但从另一个角度来说,其主观色彩亦更加浓厚。

赠序。序在元代亦是一种十分重要的文类,根据应用场景不同,又分为书序和赠序。其中赠序多写于官员上任或者离任之际。根据陈雯怡的研究,赠序在元代是一种"社会化的书写",是构建士人之间社会网络的媒介。① 表 3-1 中所列的《送刘光远赴江西省掾序》是许有壬为刘光远即将赴任江西省掾而作。刘光远早年任教授于汉阳时便结识了许有壬,后在湖广行省掾任上考满,"贫不能赴调",得许有壬帮助,任职湖广行省理问所知事,而师事许有壬。此次再任江西省掾,刘光远实际上是"由官而吏"。许有壬言"江西号多士,可资以益学,而其流俗以健讼闻,仕其地者,益不可忽",② 既勉励其不要因任职吏员而荒废学问,亦提醒其注意江西狱讼之重、为政之难。

综合各种语境,元代文本中有关江南地区"好讼"的书写,表面上虽是描述民风好讼喜争,真正要强调的实是民众好讼带来的狱讼压力。这些文本多出自旁观者之手,其主要是论证为政之难,很多时候其实是一种"模式化的书写"。至于民风是否真的好讼,或许并非文本作者真正关心的问题。

3."好讼"背后的话语转换

元代文献中有关江南"好讼"的书写中通常包含这样的逻辑链条,民风好讼→狱讼烦滋→治理不易,但这一逻辑本身是有很大问题的。

诚然,元代江南地区狱讼繁多是客观事实,相关的文献记载十分常

---

① Wenyi Chen, *Network, Communities, and Identities: In the Discursive Practices of Yuan Literati*, Ph.D.diss., Harvard University, 2007, pp.324-403.
② 许有壬:《至正集》卷 32《送刘光远赴江西省掾序》,《北京图书馆古籍珍本丛刊》第 95 册,第 167 页下。

见。如江浙行省之平江路"狱讼素剧",①长洲县"地广人稠,牒诉缪轕";②湖广行省之潭州路"为湖南大郡,讼牒填委";③江西行省之江西诸路"为词讼之渊薮,十三府之牒诉,亦甚繁且冗",④庐陵县为"西江最壮县,亦最剧处,讼牒文牍山积"。⑤对比前文,这些地区正是所谓"好讼"之地。但若因此将"好讼"与"讼繁"等同起来,则失之偏颇。元人张友谅曰:"地大民必夥,其为讼也繁。"⑥自宋以降,中国人口分布形成南多北少的新格局,而元代尤甚。⑦根据《元史·地理志》载至元二十七年户口抄数,江浙、江西、湖广三省户数在全国总户数中占比达到惊人的85%,其中江浙一省占比达48%。⑧江南一路,动辄数十万户,与其说民风"好讼",不如说是人口繁多造成案件量相应增多。实际上,北方诸大郡同样往往因户口繁多、狱讼烦紊而有"好讼"之名。如曹州之定陶县,"土沃而民庶","俗颇健讼";⑨新乡县"俗尚慕兴讼,猾民挟奸欺好,持吏之短长,颇称猾诘"。⑩将诉讼之繁等同于民众"好讼",甚或统称"江南好讼",无疑忽视了民众通过诉讼解决纷争的合理需求。

另一方面,诉讼压力亦不能完全归咎于诉讼繁多。从根本上来说,所

---

① 许有壬:《至正集》卷52《故中顺大夫同知潭州路总管府事致仕赵公墓志铭》,《北京图书馆古籍珍本丛刊》第95册,第270页下。
② 黄溍:《金华黄先生文集》卷27《嘉议大夫礼部尚书致仕于公神道碑》,《四部丛刊初编》。
③ 苏天爵:《滋溪文稿》卷11《元故赠推诚效节秉义佐理功臣光禄大夫河南行省平章政事追封魏国公谥文贞高公神道碑铭》,第167页。
④ 朱善:《朱一斋先生文集后卷》卷3《送南昌府推官吕侯秩满朝京诗序》,《四库全书存目丛书》集部第25册,第242页上。
⑤ 刘将孙:《养吾斋集》卷12《送镇阳王廷秀庐陵县尹序》,《景印文渊阁四库全书》第1199册,第104页下。
⑥ 张友谅:《章邱县尹李彦表德政碑》,道光《章邱县志》卷14《金石录》,《中国地方志集成·山东府县志辑》第68册,凤凰出版社,2004,第418页下。
⑦ 吴松弟:《中国人口史》第3卷,复旦大学出版社,2000,第625—626页。
⑧ 全国总户数见《元史》卷58《地理志一》(第1346页),江浙行省、江西行省户数见《元史》卷64《地理志五》(第1491—1519页),湖广行省户数见《元史》卷65《地理志六》(第1523—1563页)。
⑨ 苏天爵:《滋溪文稿》卷18《故曹州定陶县尹赵君墓碣铭》,第290页。
⑩ 乾隆《新乡县志》卷29《循吏传》,《中国方志丛书》,台北:成文出版社,1966,第1084页。

第三章 诉讼社会的"相"与"实"

谓"难治"或者"易治",并不完全取决于案件数量的多寡,而是地方官府的理讼能力能否应对民众的诉讼需求。换言之,所谓"难治",其本质实是地方官府在处理民众诉讼方面力不从心。而之所以出现这种状况,固然与诉讼案件的增多有关,但地方官府理讼能力不足也是一个重要原因。地方官府的理讼能力首先与官员的个人素养密切相关。江南地区地大民众,狱讼任务繁重,对官员的个人能力是一个极大的考验。如高明在《丽水县尹梁君政绩记》中言,丽水县"狱讼烦滋",即使是"长才敏识"之人,也只是"期不旷事而已"。[1] 若地方官像元杂剧中描写的那样"虽则居官,律令不晓,但要白银,官事便了",[2] 理讼自然成为不可能完成的任务。苏天爵在《大元赠中顺大夫兵部侍郎靳公神道碑铭》中说道:"当江南内附之初,户籍繁衍,时科目又废,所除官多贪污杂进之流,狱讼既不克理,而哗讦之风日兴。不知者悉以病民。"[3] 他显然认识到,江南地区的狱讼困境很大程度上是由于地方官员的司法素质低下,而不仅仅是民众之"哗讦"。同时,地方司法体制是影响地方官府理讼能力的更深层因素。元代继承了中国传统的"简约型"司法体制,同时在司法体系的权力结构上向多级与多元化演进,地方司法权力进一步上移和分散,严密的司法监察亦使地方官府的司法活动受到全方位的监督。这种制度设计一定程度上可以对地方司法官员的行为进行规范,但对司法运作的效率却颇为不利。以这种司法体制应对江南繁杂的狱讼,难免捉襟见肘。

文本书写所展现的首先是话语世界而非现实世界,元人有关江南"好讼"的描述在很大程度上亦是经过主观建构的话语,而非对诉讼状况完全"客观"的记录。在这些话语中,现实司法压力几乎完全转为对民众"好讼"之风的批判,至于民众之诉讼是否有其合理性,司法体制本身是否有所不足,皆被排除在外。

---

[1] 高明:《丽水县尹梁君政绩记》,成化《处州府志》卷4,成化二十二年刻本。
[2] 李行道:《包待制智勘灰阑记》,王季思主编《全元戏曲》第3卷,第578页。
[3] 苏天爵:《滋溪文稿》卷7《大元赠中顺大夫兵部侍郎靳公神道碑铭》,第98页。

（二）"江南好讼"话语盛行的原因

不可否认，元代江南"好讼"话语的盛行一定程度上反映了当时江南地区的诉讼状况，但作为一种并非完全"客观"的描述，从言说者——官员及士人的角度审视其生成无疑更为重要。

1."无讼"理想下的"贱讼"倾向

早在先秦时期，"无讼"即为儒、道、法诸家所共同崇尚的秩序状态，而其实现途径各异。① 道家提倡"无为而治"以使民"不争"，"我无为，而民自化；我好静，而民自正；我无事，而民自福；我无欲，而民自朴"。② 法家提倡"以刑去刑"，"行刑重其轻者，轻者不至，重者不来，此谓以刑去刑"，③ "重刑，连其罪，则民不敢试。民不敢试，故无刑也"。④ 儒家致力于恢复礼制秩序，认为诉讼应适可而止，否则即为凶事。《周易》言："讼，有孚，窒惕。中吉，终凶。"⑤ 孔子明确提出"必也使无讼"的理想，⑥ 同时指出实现"无讼"的方法是以德去刑，"道之以政，齐

---

① 关于中国古代的"无讼"思想，先行研究已多有论述。参见范忠信《贱讼：中国古代法观念中的一个有趣逻辑》，《比较法研究》1989 年第 2 期；胡旭晟《无讼："法"的失落——兼与西方比较》，《比较法研究》1991 年第 1 期；于语和《试论"无讼"法律传统产生的历史根源和消极影响》，《法学家》2000 年第 1 期；任志安《无讼：中国传统法律文化的价值取向》，《政治与法律》2001 年第 1 期；邓建鹏《健讼与贱讼：两宋以降民事诉讼中的矛盾》，《中外法学》2003 年第 6 期；郑玉敏《无讼与中国法律文化》，《东北师大学报》2004 年第 3 期；顾元、李元《无讼的价值理想与和谐的现实追求——中国传统司法基本特质的再认识》，《中国人民公安大学学报》（社会科学版）2008 年第 1 期；严音莉《"天人合一"理念下的无讼与和解思想及其影响》，《政治与法律》2008 年第 6 期；方潇《孔子"无讼"思想的变异及其原因分析——兼论对我国当前司法调解的启示》，《法商研究》2013 年第 1 期；郭星华《无讼、厌讼与抑讼——对中国传统诉讼文化的法社会学分析》，《学术月刊》2014 年第 9 期；龙大轩《道与中国"无讼"法律传统》，《现代法学》2015 年第 1 期。
② 朱谦之：《老子校释·五十七章》，中华书局，1963，第 179 页。
③ 王先慎：《韩非子集解》卷 20《饬令第五十三》，中华书局，1954，第 365 页。
④ 商鞅：《商子》卷 4《赏刑第十七》，《丛书集成初编》，中华书局，1963，第 30 页。
⑤ 《周易正义》卷 2《讼》，阮元校刻《十三经注疏》，中华书局，1980，第 24 页。
⑥ 《论语注疏》卷 12《颜渊》，阮元校刻《十三经注疏》，第 2504 页。

之以刑，民免而无耻；道之以德，齐之以礼，有耻且格"。①自汉以降，儒家伦理取得主导地位，其"无讼"的主张亦成为中国传统法律文化的核心思想之一。

值得注意的是，儒家伦理演进初期虽以"无讼"为目标，但尚称诉讼为"中吉"，并不绝对排斥。"无讼"的实质，与其说是消除诉讼，毋宁说是消除纷争。有学者指出，孔子所提倡的"无讼"主要针对统治者而非民众，这一目标的实现主要依靠统治者的仁政。②然而经过后世儒者之阐发，这一思想产生了很大变化。一方面，听讼本身不再受重视，"无讼"转向对民众诉讼的全面否定。朱熹《四书章句集注》言"听讼者，治其末，塞其流也。正其本，清其源，则无讼矣"，又言"圣人不以听讼为难，而以使民无讼为贵"。③另一方面，将"无讼"的实现寄托于对民众的道德教化，诉讼受到贬抑，力图使民众以诉讼为耻。宋人彭仲刚《谕俗续》曰："斯民之生，未尝无良心也，其所以陷溺其良心，不好德而好讼者，盖亦刀笔之习相帅成风而不自觉耳。"④在这里，"好讼"成为"好德"的对立面，"无讼"最终转为"贱讼""耻讼"。至少在观念上，中国传统乡土社会确如林端所说是"反诉讼社会"："无论活生生法律（与礼息息相关）还是国家制定法，都深深受到儒家伦理重礼教、讲人情的制约。所以礼法并行，其实是礼重于法；情理法，法居最末（国法不外人情），人情关系的维系重于是非曲直的伸张，人伦意义的'公平'重于客观意义的'公平'。"⑤

这种"无讼""贱讼"的观念在元代得到继承。《经世大典·宪典总

---

① 《论语注疏》卷2《为政》，阮元校刻《十三经注疏》，第2461页。
② 方潇：《孔子"无讼"思想的变异及其原因分析——兼论对我国当前司法调解的启示》，《法商研究》2013年第1期。
③ 朱熹：《四书章句集注·论语集注》卷6《颜渊第十二》，中华书局，2012，第133页。
④ 应俊辑补《琴堂谕俗编·原序》，《景印文渊阁四库全书》第865册，第222页下。
⑤ 林端：《儒家伦理与法律文化：社会学观点的探索》，中国政法大学出版社，2002，第113—114页。

序》载：

> 《易》著讼卦，《书》称嚚讼，则虽五帝三王之世，不能无讼。人有不平，形之于讼，情也。然至于诬人以讼，谓之情，可乎？孔子曰："听讼，吾犹人也，必也使无讼乎？"夫无讼，圣人所难也。然郡县得一贤守宰，苟能行之以道，虽无讼可也。①

作为一部官修政书，《经世大典》将先秦以降的"无讼"理想写入序言，鲜明地表达了国家的态度和期待。实际上，早在世祖中统五年（1264）定"五事考较"时，便已将"词讼简"作为地方官员考课的重要标准。②同时，地方官员与士人也常常倡导和践行"无讼"的理念。福建转运使郭郁是元代有名的循吏，《编类运使复斋郭公敏行录》中集结了许多士人赞扬他的诗文，其中虞尧臣有诗曰："决狱不冤行素学，使民无讼本初心。"③胡祇遹《又巡按即事口号》一诗中"听讼谁能使无讼，圣师愿学鲁东家"一句，表达了其希望在巡按的过程中实践孔子的"无讼"理念。④

与"无讼"的理念相对应，元人亦在道德上对诉讼予以贬抑。行诸话语，无论诉讼是否合理皆为"好讼"，诉讼之民则为"狡猾凶顽、好讼之徒"。⑤在元杂剧《救孝子贤母不认尸》中，令史多次称杨谢祖母为"惯打官司刁狡不良的人"，⑥这恐怕是元代许多官员心目中诉讼民众的真实形象。

---

① 《经世大典·宪典总序》，苏天爵编《国朝文类》卷42，《四部丛刊初编》。
② 《元典章》卷2《圣政一·饬官吏》，第39页。
③ 《编类运使复斋郭公敏行录·虞尧臣》，《宛委别藏》第42册，第138页。
④ 胡祇遹：《紫山大全集》卷7《又巡按即事口号》，《景印文渊阁四库全书》第1196册，第113页下。
⑤ 王结：《文忠集》卷6《善俗要义》，《景印文渊阁四库全书》第1206册，第259页下。
⑥ 王仲文：《救孝子贤母不认尸》，王季思主编《全元戏曲》第3卷，第23页。

2. 元人对江南风俗的负面印象

古人很早就认识到风俗文化的地域差异。[①]《荀子》曰："居楚而楚，居越而越，居夏而夏，是非天性也，积靡使然也！"[②]《史记·乐书》曰："州异国殊，情习不同。"[③] 至于出现这种差异的原因，《礼记·王制》载，"凡居民材，必因天地寒暖燥湿，广谷大川异制，民生其间者异俗，刚柔轻重，迟速异齐，五味异和，器械异制，衣服异宜"，[④] 将地域文化差异归因于地理环境的不同。班固在《汉书·地理志》中提出："凡民函五常之性，而其刚柔缓急，音声不同，系水土之风气，故谓之风；好恶取舍，动静亡常，随君上之情欲，故谓之俗。"[⑤] 他清楚地认识到，文化风俗之地域性格的形成，既与地理环境密不可分，亦有复杂的人文因素。自汉以降，历代典籍中多有对不同地域风俗文化的概括性描述。如司马迁在《史记·货殖列传》中就评论道，齐"俗宽缓阔达而足智，好议论，地重，难动摇，怯于众斗，勇于持刺"，邹、鲁"俗好儒，备于礼，故其民龊龊"，西楚"俗剽轻，易发怒，地薄，寡于积聚"，南楚"好辞，巧说少信"。[⑥] 这表明人们对于某一地区的风俗文化已经有较为固定和普遍的认知，这种认知通常会成为一种"前见"，影响人们对具体问题的理解和话语表达。

元代疆域远迈汉唐，风俗文化的地域性差异尤为突出。梁寅曾在《送余县丞序》中说："五方民俗有不同，由山川为之限隔，而风气殊焉。"[⑦] 林景熙《王氏家谱序》则曰："夫论人者，必论其风土之素，齐多

[①] 有关这一问题的讨论，参见韩养民《中国风俗文化与地域视野》，《历史研究》1991年第5期。
[②] 王先谦：《荀子集解》卷4《儒效》，《诸子集成》第2册，中华书局，1954，第92页。
[③] 《史记》卷24《乐书》，中华书局，1959，1175页。
[④] 《礼记正义》卷12《王制》，阮元校刻《十三经注疏》，第1338页。
[⑤] 《汉书》卷28下《地理志下》，第1640页。
[⑥] 《史记》卷129《货殖列传》，第3265—3268页。
[⑦] 梁寅：《新喻梁石门先生集》卷2《送余县丞序》，《北京图书馆古籍珍本丛刊》第96册，第356页上。

诈、赵多侠、鲁多儒。"[1] 可见，元人对不同地域风俗文化的理解与前代基本一致，倾向于将风俗文化与地理环境相联系。就江南地区来说，一方面，元人因其是国家赋税重地而十分重视，特别是江浙行省，由于"土地广，人民众，政务繁，而钱谷之数多"，故"视诸省为尤重"。[2] 另一方面，元人又普遍对江南地区的风俗抱有较为负面的印象和评价，认为江南"俗薄"而江北"淳质"。如戴表元就认为"中原风俗则非江南可比"，[3] 梁寅亦曰"北俗之淳质异南土"。[4] 在有些场合，江南之人甚至因此而受到区别对待。如据吴澄言，当时御史台选拔掾属，"必不产于荆杨者始与其选"，"盖疑荆杨之人轻狡险黠，未易制御，故摈斥不用"。[5] 可见时人对江南风俗成见之深。

江南地区地域广袤，"其言语风俗、起居饮食之异，邈不相近"，[6] 为何元人会对江南产生如此成见呢？首先须注意的是，这种对江南风俗的负面评价在前代就已经十分常见。北宋宋祁言："（东南）土薄而水浅，其生物滋，其财富，其为人剽而不重，靡食而偷生，士懦脆而少刚，笞之则服。"[7] 南宋周南仲上书中又曰："东南之地，其土脆，其民怯，其风俗薄而不厚，非帝王必争之地，亦非帝王万世之业也。"[8] 其次，江南风俗多有与儒家伦理相背之处，成为其"俗薄"之佐证。元明之际，梁寅曾对比南、北俗说：

---

[1] 林景熙：《霁山文集》卷4《王氏家谱序》，《景印文渊阁四库全书》第1188册，第739页。
[2] 吴澄：《吴文正公集》卷14《送宋子章郎中序》，《元人文集珍本丛刊》第3册，第276页下。
[3] 戴表元：《剡源戴先生文集》卷6《邢州秀野堂记》，《四部丛刊初编》。
[4] 梁寅：《新喻梁石门先生集》卷2《送余县丞序》，《北京图书馆古籍珍本丛刊》第96册，第356页下。
[5] 吴澄：《吴文正公集》卷16《送邵文度仕广东宪府序》，《元人文集珍本丛刊》第3册，第308页上—下。
[6] 袁桷：《清容居士集》卷21《曹邦衡教授诗文序》，《四部丛刊初编》。
[7] 宋祁：《宋景文笔记》卷下《杂说》，《景印文渊阁四库全书》第862册，第550页上。
[8] 徐梦莘：《三朝北盟会编》卷193《吉州布衣周南仲上书》，上海古籍出版社，1987，第1393页上。

> 尝闻乎北俗：其一家之幼少必听命乎父，至严也，至敬也。凡齿德之尊于一乡，乡之民必率以听其教，斯为乡之父；县之令丞治一县，县之民必率以听其教，斯为县之父；州之守佐治一州，州之民必率以听其教，斯为州之父。而南之俗或愧焉：其为一家之子者，或乃不知敬其父，矧为乡、县、州之民，而能教其乡、县、州之父亦几何人哉？大率豪陵其善，贪讥其廉，文嗤其质，巧侮其拙，伪欺其诚，忮疾其仁。若是者，固自谓之贤也，而莫以为耻也。[1]

从儒家伦理的立场出发，敬事其父、敬事官长自为"淳质"，相反则为"俗薄"。另一个典型例子是元代江南的典雇妻妾之习。至元二十九年（1292）浙东道廉访司的申文中曰："中原至贫之民，虽遇大饥，宁与妻子同弃于沟壑，安得典卖于他人？江淮混一十有五年，薄俗尚且仍旧，有所不忍闻者。"[2] 元贞元年（1295）户部公文中又言："吴越之风，典妻雇子，成俗久矣，前代未尝禁止。况遇饥馑之年，骨肉安能相保？实与中原礼教不同。"[3] 在元人看来，典雇妻妾实是严重违背礼教的"旧弊"，江南与中原在这一问题上的巨大差异更凸显出其"俗薄"的一面。最后，元人对江南的成见与南北方长期分裂造成的隔膜亦有密切关系。张之翰《书吴帝弼饯行诗册后》中曰："江南士人，曩尝谓淮以北便不识字，间有一诗一文自中州来者，又多为之雌黄。盖南北分裂，耳目褊狭故也。"[4] 此语道出当时南北偏见之深。实际上，由于当时南北政治地位的差异，北方士大夫对江南又缺乏了解，偏见更甚。据程钜夫《吏治五

---

[1] 梁寅：《新喻梁石门先生集》卷2《送余县丞序》，《北京图书馆古籍珍本丛刊》第96册，第356页上。
[2] 《元典章》卷57《刑部十九·诸禁·禁典雇·禁典雇有夫妇人》，第1889页。
[3] 《元典章》卷57《刑部十九·诸禁·禁典雇·典雇妻妾》，第1891页。
[4] 张之翰：《西岩集》卷18《书吴帝弼饯行诗册后》，《景印文渊阁四库全书》第1204册，第506页下。

事》，元初"北方之贤者，间有视江南为孤远，而有不屑就之意"。[①] 陈基在《夷白斋稿》中亦有相似的记载。[②]

如前文所述，"好讼"本身就蕴含着负面的道德评价，在江南"俗薄"的"前见"之下，类似"江南好讼"的评价话语极易为人们所接受，同时又进一步加深了人们对于江南"俗薄"的印象。即使如苏天爵，他虽不同意将"好讼"归于江南民众之本性，但也认为这种"好讼"之风与江南特殊的风土人情有着密切关系。他在《镇江路新修庙学记》中指出，江南"好讼"的一个重要原因是"盖大江之南，土壤肥饶，其人喜夸而尚气，少有所讼，则百计以求直"。[③] 其《江西金宪张侯分司杂诗序》一文中亦有相似的言论："江右之人何独哗讦至于斯耶？盖大江之南，山水清丽，人生其间多轻俊而喜文，平昔负气不肯相下。"[④]

3. "滞讼"困境下的话语策略

"江南好讼"这一话语根植于元人对诉讼以及江南风俗的成见，同时需要注意的是，这一话语之所以在元代如此盛行，与当时广泛存在的"滞讼"困境亦有直接关系。郑介夫曰：

> 《至元新格》该常事五日程，中事七日程，大事十日程，并要限内发遣。违者量事大小，计日远近，随时决罚。今小事动是半年，大事动是数岁。婚田钱债有十年、十五年不决之事。讼婚则先娶者且为夫妇，至儿女满前而终无结绝；讼田宅则先成交者且主业，至财力俱弊，而两词自息；讼钱债则负钱者求而迁延，而索欠者困于听候。况刑名之事，疑狱固难立决，其对词明白者，可折以片言也。有司徒以人命为重，牵连岁月，干犯人等，大半禁死。但知一已死

---

① 程钜夫：《程雪楼文集》卷10《吏治五事》，《元代珍本文集汇刊》，第390页。
② 陈基：《夷白斋稿补遗·王处士墓志铭》，《四部丛刊三编》，商务印书馆，1936年。
③ 苏天爵：《滋溪文稿》卷3《镇江路新修庙学记》，第44页。
④ 苏天爵：《滋溪文稿》卷6《江西金宪张侯分司杂诗序》，第91页。

者当重，不知囚禁以至死者十倍其数，尤为不轻也。更无一事依程发遣，而违者亦无一人依格决罚，岂非虚文议狱乎？[①]

郑介夫这段话很好地描述了元代的"滞讼"现象。检视相关史料，当时诸路、府、州、县的确有大量刑民案件不能及时审理而长时间积压，案犯淹滞于狱，其中以江南地区尤为严重。至元二十九年，有官员上奏称："随路江南罪囚每，哏迟慢着有。"[②] 至正八年（1348）十二月，江浙行省"共计见禁轻重罪囚一千三百一十五起三千九百三十六名"，而罪囚之被禁月日，"有十五年者，有二十年者"。[③] 胡润祖于后至元三年（1337）初任庆元路推官，"当积弊之极，系囚满狱，至淹十年或四三年"。[④] 元代规定"诸疑狱，在禁五年之上不能明者，遇赦释免"，[⑤] 狱讼五年以上即为淹滞。可见"滞讼"情况之严重。《元史·世祖纪》载有世祖中统二年（1261）以降历年所断死罪数，其最少者为中统四年之7人，[⑥] 最多者亦不过至元二十年之278人。[⑦] 而在宋代，仁宗天圣三年（1025）"断大辟二千四百三十六"，[⑧] 哲宗元祐元年（1086）"断大辟五千七百八十七人"，[⑨] 与元代相比不啻霄壤之别。以元代疆域之广，每年所断死罪却如此之少，除刑法宽缓这个因素外，[⑩]案件的大量淹滞恐怕亦是重要原因。

胡祇遹曾多次强调狱讼淹滞之危害，他在《官吏稽迟情弊》

---

① 郑介夫：《上奏一纲二十目》，邱树森、何兆吉辑点《元代奏议集录》下册，第100页。
② 《元典章》卷40《刑部二·刑狱·断狱·随路决断罪囚》，第1377页。
③ 苏天爵：《滋溪文稿》卷27《乞差官录囚疏》，第462页。
④ 程端礼：《畏斋集》卷5《庆元路推官胡公去思碑》，《景印文渊阁四库全书》第1199册，第693页上。
⑤ 《元史》卷105《刑法志四》，第2690页。
⑥ 《元史》卷5《世祖纪二》，第95页。
⑦ 《元史》卷12《世祖纪九》，第259页。
⑧ 李焘：《续资治通鉴长编》卷104，仁宗天圣四年五月乙卯，第2407页。
⑨ 李焘：《续资治通鉴长编》卷393，哲宗元祐元年，第9583页。
⑩ 有关元代刑法轻重的相关讨论可参见赵文坦《元代刑法轻重考辨》，《中国史研究》1999年第2期。

中言：

> 稽迟害民，甚于违错。若词讼到官，立便决断，案牍之间，虽欲文过饰非，错失自见，小民衔冤，随即别有赴诉。司县违错，州府辨明改正；州府违错，按察司辨明改正。小民无淹滞枉屈之冤，官吏当违背错失之罪。近年奸贪官吏恐负罪责，事事不为断决，至于两词屈直显然明白，故为稽迟，轻则数月，甚则一年二年，以至本官任终，本司吏更换数人而不决断。元告、被论两家，公共贿赂，又不决断，岁月既久，随衙困苦，破家坏产，废失农务、岁计，不免商和。商和之心，本非得已，皆出于奸吏掯勒延迟之计。两家贿赂，钱多者胜，以屈为直，以直为屈，不胜偏倍。①

胡祗遹之意，概以"违错之奸易见，稽违之奸难明"，②认为"滞讼"之害甚至超过审断有冤。有冤尚且可以上诉平反，长期为狱讼所累却足以败家，甚至瘐死于狱。苏天爵曰："今县未尝申解于州，州未尝申解于路，或畏刑名之错，或因结解之难，不问罪之轻重，尽皆死于囹圄。断遣者既未曾有，平反者盖所绝无。夫庙堂宰辅惟恐一人失所，而州县官吏辄敢恣意杀人，感伤天地之和，盖亦莫重于此。"③元贞三年，监察御史又向江南行台呈文："江南府州司县罪囚，比江北为多。重刑往往追会不完，未经结案而死，明正典刑者少，轻因亦有监系致死者，官司视以为常。"④在江阴一个案例中，饥民欲称贷于富家而不得，故则持火往取谷，却失手焚毁其屋，十三人所分谷皆不满五升，有司却以强盗论罪，

---

① 胡祗遹：《紫山大全集》卷21《官吏稽迟情弊》，《景印文渊阁四库全书》第1196册，第378页下—379页上。
② 胡祗遹：《紫山大全集》卷21《又稽迟违错之弊》，《景印文渊阁四库全书》第1196册，第379页上。
③ 苏天爵：《滋溪文稿》卷27《禁治死损罪囚疏》，第457页。
④ 《元典章》卷40《刑部二·刑狱·断狱·究治死损罪囚》，第1381页。

至邓文原重断此案,"时瘐死者已半"。① 至正八年之内,仅江浙一省罪囚死损就达五百余人。②

根据前文所述,出现这种"滞讼"困境的根本原因是地方理讼能力与现实诉讼需要之间的矛盾,特别是在人多事繁的江南显得尤为突出。在元代固有的地方司法体制下,这一矛盾很难得到根本解决。在这种情况下,话语实践中的"好讼"对于元代国家以及江南地方官员来说有着十分现实的意义。从地方官员的角度来说,"难治""好讼"是掩饰其治理不力的一种说辞,即所谓"己不职而诬其民"。③ 如庆元路之鄞县,本有"易治"之名,文风甚盛,方志中称其"君子尚礼,庸庶淳庞,衣冠文物,甲于东南"。由于尉司不得人,"一切苟且,不臧厥职,民弗讼弗直",遂称"鄞俗薄"。④ 又如茶陵州,亦以"易治"著称,由于为政者扰民,"怨仇日滋,名誉日损",地方官员遂诿过于民,称民"难治"。⑤ 从国家的角度来说,"好讼"话语掩盖了国家治理能力的不足和制度设计的缺陷,将司法困境诿过于民风的同时,也将司法困境的解决导向对民众的道德教化。胡祗遹曰:

> 冗官俗吏,以礼乐之不如法令,教化之不如刑罚,视庠序学校,为迂阔不急之务。临一州,字一邑,弊精疲神,头会箕敛,问囚未竟,捕寇来闻。风俗薄恶,父子兄弟相仇虐,故旧朋友相告讦,邻里乡党相窃攘,案牍盈前,狱犴填满。胥吏持权,庐舍纷扰,鞭挞怒詈,略不暇给。使民顽嚚无耻,视官长如路人,怨胥吏如仇雠,

---

① 黄溍:《金华黄先生文集》卷26《岭北湖南道肃政廉访使赠中奉大夫江浙等处行中书省参知政事护军追封南阳郡公谥文肃邓公神道碑铭》,《四部丛刊初编》。
② 苏天爵:《滋溪文稿》卷27《乞差官录囚疏》,第462页。
③ 刘敏中:《中庵先生刘文简公文集》卷2《邹平县普颜君去思记》,《北京图书馆古籍珍本丛刊》第92册,第276页下。
④ 程端礼:《鄞县尉司题名记》,王元恭修、王厚孙、徐亮纂《至正四明续志》卷2《职官》,《宋元方志丛刊》第7册,第6459页上。
⑤ 李祁:《云阳集》卷4《茶陵州达噜噶齐托音善政诗序》,《景印文渊阁四库全书》第1219册,第675页上。

是盖教化不素，理义不明故也。[1]

胡祗遹将民众"好讼"归因于"教化不素""理义不明"，倡导通过教化来息讼。这一措施有利于在不明显增加行政成本的情况下缓解诉讼压力，进而维持统治秩序。

综上所述，文本书写所展现出的首先是话语世界而非现实世界，元代有关江南"好讼"的描述亦是如此。有关江南"好讼"的话语在元代被官员、士人反复言说，但其与现实之间其实有着不小的差距。而这一话语之所以在元代盛行，既有观念上的根源，亦是元代国家与地方官员在司法资源不足的情况下应对"滞讼"困境的一种话语策略。

概而言之，虽然儒家伦理主张"无讼"，但随着中唐以后江南地区的人口增长和经济发展，各种纠纷越来越多，诉讼的增多是必然趋势。然而中唐以降地方司法体制并没有产生变革性的进步，在"集权的简约治理"模式下，地方官府的理讼能力与民众现实需求之间的差距也就不断扩大。元代的地方司法体制相比前代虽有变化，但这种变化并没有带来司法效率的提高和治理能力的进步，甚至在某些方面还有所倒退。平定江南后，元政府将在北方发展成熟的地方司法体制向江南推广，但由于江南人多事繁远超北方，地方官府理讼能力的不足也就显得尤为突出。话语实践中越来越常见的"好讼"，很大程度上正是这一历史现实的反映。

二 现实中的诉讼：诉冤与告奸

无论"好讼"抑或"无讼"，其实都是对诉讼形态的概括性描述，其意义更多停留在话语层面，现实中的诉讼问题要复杂得多。要考察元代民众诉讼的实际状况，首先须厘清的问题是，民众通常在何种情况下

---

[1] 胡祗遹：《潞州增修庙学记》，马暾：《潞州志》卷4《词翰志》，中华书局，1995，第173页。

选择告诉，其中包含了怎样的诉求？要回答这一问题，有赖于对大量具体案例进行观察，进而从中把握民众的诉讼惯习（habitus），[①]《元典章》中保存的大量案例使其成为可能。作为一部由书商、吏胥合作编纂的文书汇编，《元典章》中的案例虽经过了不同程度的缩约，已非公文原貌，不过相比《大元通制》《至正条格》等国家正式编纂的法典，其保留的信息毕竟丰富得多，[②]只是在以往的研究中学者很少从告诉者的角度对其予以解读。在这些案例中，除极少数为犯罪人自告外，绝大多数告诉为诉冤与告奸两类，此即元代民众告诉的两种基本模式。在这两种告诉模式中，告诉者的身份、告诉的内容以及动机皆有所不同，下文将分别对其予以考察。

（一）诉冤

在《元典章》所载案例中，绝大多数由当事人及其家属告诉官府，其告诉内容多种多样。表3-2为不同告诉内容的典型案例。

表3-2 元代诉冤典型案例

序号	类别	地点	原告	被告	告诉内容	出处
1	人命	漳州路	郑阿李	郑贵等	郑贵与房弟郑子进同谋，将侄郑昭举谋杀，并令其子郑福德奸占郑昭举妻阿李	《元典章·刑部三·诸恶·不睦·郑贵谋故杀侄》
2		袁州路	郑祥叟	小刘	小刘至宋季可酒店内搜酒，将郑祥叟表叔彭信之喝骂，因而惊吓，跌倒在地身死	《元典章·刑部四·诸杀一·误杀·惊死年老》

---

① 在布迪厄的实践理论中，惯习被称作一种"持久的、可转换的潜在行为倾向系统"。质言之，惯习基本可理解为行动者的行为倾向，它生成于特定的社会环境、历史经验而内化于行动者的心里，决定了行动者基本的实践"图式"。见皮埃尔·布迪厄《实践感》，蒋梓骅译，译林出版社，2003，第80页。
② 有关《元典章》中文书的"原始性"，张帆在《读〈至正条格·断例〉婚姻条文札记——与〈元典章·户部·婚姻〉相关条文的比较》（王天有、徐凯主编《纪念许大龄教授诞辰八十五周年学术论文集》，北京大学出版社，2007，第56—57页）一文中有所讨论。岩井茂树《元代行政诉讼与审判文书——以〈元典章〉附钞案牍"都省通例"为材料》（《中国古代法律文献研究》第5辑，第306页）一文则对《元典章》中文书的缩约进行了讨论。

续表

序号	类别	地点	原告	被告	告诉内容	出处
3	人命	饶州路	李杞三等	李高三等	李高三等作戏，致李杞一身死	《元典章》新集《刑部·诸杀·戏杀·李杞一身死》
4	人命	建宁路	杨正三	无	杨正三告，男杨缘与侄杨安采草喂牛，荒草地内，踢着药箭，射伤身死	《元典章》新集《刑部·诸杀·误杀·误踏药箭射死》
5	斗殴	袁州路	彭阿许	许辛五	彭阿许招许天祥为婿，许天祥先犯抵触，亲戚劝化不曾告官，后又将彭阿许殴打咬伤	《元典章·刑部三·诸恶·不义·斗殴伤妻母》
6	斗殴	松江府	曹辛四	曹辛一、曹辛三	曹辛一用手将曹庆二右眼睛剜出，曹辛三用右手将曹庆二左眼掐擗，并用锆子将其左脚后跟筋脉割断	《元典章》新集《刑部·诸殴·毁伤眼目·控损两眼成废疾》
7	盗贼	建康路	华祖仁	无	被盗讫绵线三十两、红绢一匹、苎布一匹、中统钞四定	《元典章·刑部十一·诸盗一·刺字·僧盗师叔物刺字》
8	盗贼	南安路	梁贤十	无	梁贤十至大四年四月初五日夜被贼打伤，劫讫银钗、衣服等物	《元典章·刑部十一·诸盗一·免刺·从贼不得财免刺》
9	奸非	吉州路	潘万三	李百一	李百一与潘万三元有仇嫌，用膏药诱讫潘万三九岁幼女茂娘，用右手第二指插入潘茂娘阴门内，剜破血出	《元典章·刑部七·诸奸·强奸·年老奸污幼女》
10	奸非	兴国路	尹廷桂	张德六娘	尹廷桂于大德三年二月娉定张阿陶女张德六娘为妻，为父服制，不曾成亲，张德六娘与陶重二叔姐夫李昇通奸，身怀有孕	《元典章·刑部七·诸奸·指奸·指奸有孕例》
11	诈伪	袁州路	朱惠孙	侯一之等	豪强安主侯一之等将朱惠孙元供养亡母苏氏魂牌装捏大言，恐骗银钞	《元典章·礼部三·礼制三·葬礼·祖先牌座事理》
12	婚姻	建康路	俺必用	姜三娘	俺必用弟俺贵三因病亡殁，孝服未满，弟妇姜三娘嫁与唐二官	《元典章》新集《户部·婚姻·服内成亲·夫亡服内成亲断离与男同居》
13	婚姻	平江路	陆细一	杨千六	长州县人户杨千六将女杨福一娘许嫁陆细一男陆千五为妻，二次受讫财礼，各因贫难，未曾成就，后杨千六迁居去溧阳州，隐下受讫陆细一定礼事情，将女杨福一娘改嫁与陈千十二为妻	《元典章·户部四·婚姻·嫁娶·领讫财礼改嫁事理》
14	婚姻	桂阳路	谭八十一	陈四	谭八十一被陈四诱说，将妻阿孟转嫁与谭四十三为妻	《元典章·户部四·婚姻·休弃·离异买休妻例》

续表

序号	类别	地点	原告	被告	告诉内容	出处
15	继承	袁州路	张元俊	阿褚	袁州路人张元俊伯妾阿褚立元俊次男益孙为亲男，安老后将田土房屋分作两分，一分与乞养男张元平，一分与益孙，承管抄户纳粮，后袁道判说合阿褚将益孙分到祖居立为崇明观	《元典章·户部三·户计·承继·妻侄承继以籍为定》
16		鄂州路	万永年	姜仲一	万琪身故，没有子嗣，其本宗止存万永年，为其亲侄，其买到人口姜仲一将应有家私拘收为主	《元典章·户部三·户计·承继·异姓承继立户》
17		湖广行省	赵若震	阿里海牙	阿里海牙平章占住赵若震柑橘园地	《元典章·户部五·田宅·典卖·赵若震争柑园》
18	田宅	雷州路	吴粪	唐政	至元二十四年，吴秋来将田四亩五分卖与唐政为主，价钱三十两。至元三十年，唐政添价一百两卖与王冯孙为主。大德元年，王冯孙添价一百二十五两卖与韩二十为主。本人因为无钞，吴粪却令唐政出钞赎回元田，为唐政使讫钞两，不肯交田，告发到官	《元典章·户部五·田宅·典卖·格前私卖田土》
19	钱债	常德路	石应庚	李县丞	李县丞借中统钞一十定不肯归还	《元典章·户部十三·钱债·私债·部下不得借债》
20		龙兴路	熊瑞	诚德库	熊瑞于诚德库内典卖珍珠、玳瑁梳子等物，后两次将本息钞两前去本库，不肯放赎	《元典章·户部十三·钱债·解典·解典金银诸物并二周年下架》
21		南剑路	涂仲十	忻都	南剑路达鲁花赤忻都称涂仲十交贼，收五十定钞，涂仲十向廉访司告发	《元典章·刑部四·诸杀一·故杀·挟仇故杀部民》
22	职务犯罪	袁州路	龚士高	县吏	祗候人王成起夫，索要钞两，将龚士高男龚仲一行打，在县安告，被县吏抑勒虚招，用粗杖子将男断决，回家身死	《元典章·刑部十六·杂犯一·违枉·重杖打人致死》
23		芦沥场	张浩	阿里等	张浩兑佃崇德州濮八提领等元佃系官围田，其子张一于新城务投税，纳讫税钱七十九定，淘庄官阿里与黄千八以不税田约为由，越经廉访司陈告，委嘉兴路徐总管追问，本路不即行移约问，辄拿监禁	《元典章》新集《户部·课程·契本·买卖契券赴本管务司投税》

· 141 ·

胡祗遹在《折狱杂条》中指出，诉讼所争有人命、盗、奸、钱债、婚姻、良贱、斗殴种种情由，又言"细民之所争，若无异事，不过婚姻、良贱、钱债、土田、户口、斗殴、奸盗而已"。①从表3-2中案例来看，胡祗遹所言与实际情况大体相符，不过有时告诉人所告之事非只一端。如案例1中，先是郑贵违例请所管人户集敛米谷，为郑昭举所阻止，郑贵与房弟郑子进同谋杀死郑昭举，又纵令其子郑福德将郑昭举妻阿李奸占，令郑福德反告阿李别欲改嫁，被阿李告发到官。②阿李所告即涉及人命、奸非、诬告等情由。概括来说，当事人告诉的内容有以下三类。

第一，严重的人身或财产伤害，主要包括人命、斗殴、盗贼、奸非、诈伪。其中致伤人命毫无疑问是人身伤害最为极端的情形，而造成非正常死亡的原因又有很多种，如案例1为谋杀，案例2为误杀。如案例所示，通常情况下，无论因何种原因出现非正常死亡，被害人亲属都会告诉于官府。斗殴会造成程度不同的人身伤害，在日常生活中尤为普遍，如案例5与案例6皆发生于亲族之间。在案例6中，曹庆二双眼及脚皆受重伤，虽未造成死亡，但受害人所遭受的伤害同样十分严重。盗贼有"强盗"与"窃盗"，不仅会造成财产的损失，有时还会有人身伤害。案例7中华祖仁因钱财被偷而告诉，案例8中梁贤十则因路遇劫匪而人财两伤。在瑞州路袁德善所告的案例中，云南军人罗八等一千余人，手执刀刃棍棒，打伤老小，抢劫钱物，为害甚剧。③奸非有"强奸"与"和奸"之别，在强奸类案件中被害人为女性，告诉人多是本人或者亲属，如案例9。但在有夫之妇和奸案件中，夫家由于血统被玷污而成为受害方，进而向官府告诉，如案例10。针对普通民众的诈伪类案件，其目的多为诈取钱财。如在案例11中，侯一之以违制恐吓朱惠孙，企图以此骗取银钞。

第二，由人身关系或财产关系引起的纠纷，主要涉及婚姻、继承、

---

① 胡祗遹：《紫山大全集》卷23《折狱杂条》，《景印文渊阁四库全书》第1196册，第424页下。
② 《元典章》卷41《刑部三·诸恶·不睦·郑贵谋故杀侄》，第1398—1399页。
③ 《元典章》卷50《刑部十二·诸盗二·抢夺·出征军人抢夺比同强盗杖断》，第1682页。

田宅、钱债。婚姻是传统中国社会伦理秩序的基石,有"人伦之道,莫大乎夫妇"之说,①但无论在婚姻缔结过程中还是夫妻日常生活中,纠纷都是不可避免的。案例12与案例13皆由女方改嫁引起,其中案例12中由于女方悔婚别嫁引发夫家告诉,案例13则由于寡妇再嫁而引起夫家告诉。案例14为一例买休卖休案例,在元代十分常见,如袁州路段万十四将妻阿潘嫁卖与谭小十一案,②以及郭季二将妻彭明四姑转嫁与军人王二一案。③在案例14中,谭八十一因为生活艰难,为钱财而将妻阿孟转嫁与谭四十三,在阿孟与谭四十三已生育子嗣后又提起告诉,欲重新夺回阿孟。继承纠纷的核心是家产的归属,元代江南无嗣者"乞养过房为子者多",④纠纷多由此而生。在案例15中,阿褚将原本分给过继子益孙的祖居改立道观,引发益孙之父告诉,属于被继承人更改原约而引起的纠纷。在案例16中,万琪身故而无子嗣,其侄告诉其养子占据万琪家产,为过房子与被继承人族属间的纠纷。田土、房屋是民众最为重要的不动产,田宅纠纷首先是交易纠纷。特别是田土,由于宋代以降国家坚持"不抑兼并"的政策,"千年田换八百主",⑤交易纷繁,田讼屡兴。案例18由私卖田土引起,吴秋来于至元二十四年(1287)以三十两将田四亩五分私卖与唐政,后吴粪令唐政赎回元田,而土地数年之间数易其主。⑥此外,对田宅的非法侵占所引起的纠纷同样十分普遍。如案例17中赵若震因平章阿里海牙占住柑橘园地而兴讼。⑦在另一件发生于杭州路的案例中,沈麟孙亦因沈寿四侵占檐地而告诉。⑧钱债纠纷多由一方不能

---

① 《周易正义》卷9《序卦》,阮元校刻《十三经注疏》,第96页上。
② 《元典章》卷18《户部四·婚姻·嫁娶·嫁妻听离改嫁》,第635页。
③ 《元典章》卷18《户部四·婚姻·嫁娶·夫嫁妻财钱革拨》,第635—636页。
④ 《元典章》卷17《户部三·户计·承继·异姓承继立户》,第607页。
⑤ 胡祗遹:《紫山大全集》卷23《折狱杂条》,《景印文渊阁四库全书》第1196册,第427页上。
⑥ 《元典章》卷19《户部五·田宅·典卖·格前私卖田土》,第702—703页。
⑦ 《元典章》卷19《户部五·田宅·典卖·赵若震争柑园》,第707页。
⑧ 《元典章》卷53《刑部十五·诉讼·问事·儒人词讼有司问》,第1757页。

· 143 ·

履约而引发，案例 19 属于借贷引起的纠纷，案例 20 中龙兴路熊瑞则因解典库不肯放赎而告诉。

第三，官吏职务犯罪，主要有两种情形。一种是官吏在司法或者日常行政中的各种枉法行为，如索取贿赂、出入人罪、违例刑讯或监禁。在案例 21 中，永福县主簿即因取受贿赂被诉。在案例 22 中，龚士高因其子龚仲一被县吏枉断，又用粗杖行刑致其子身死，告至官府。另一种是官吏虽非故意枉法，但其失职等不当行为使民众利益遭受侵害。在案例 23 中，张浩兑佃官田，其子张一依法于新城务投税，纳讫税钱，但淘庄务官阿里与黄千八以不税田约为由，越过廉访司陈告，委嘉兴路徐总管追问，嘉兴路不经约会而将张一监禁，被张浩告诉。①

元人李察言"讼起乎不平"。②所谓"不平"即愤懑、不满之意，而其根源在于遭受"冤抑"，即"无过而受罪"。③上文所述各类告诉内容，无论是严重的人身伤害、财产损失、日常生活中的纠纷抑或官吏的各种职务犯罪，都是导致冤抑的原因。在这类告诉中，告诉人在话语中往往强调自己的冤抑与不平，希望通过官府的判决得到公力救济。概而言之，这种告诉行为其实就是"诉冤"。但需要指出的是，在不同案件中，冤抑的具体内容并不一致，告诉者的动机以及现实表现也有所差异。

在受到严重的人身或财产侵害时，被害者之不平感极为强烈，但受自身能力以及国家法律的限制，无法进行私力救济，必须通过国家的刑罚来"复仇"，进而获得补偿。下面为元代公案剧中的两段唱词：

> 虽然是输赢、输赢无定，也须知报应、报应分明。难道紫金锤就好活打杀人性命？我便死在幽冥，决不忘情，待告神灵，拿到阶庭，取下招承，偿俺残生，苦恨才平。若不沙，则我这双儿鹳鸰也

---

① 《元典章》新集《户部·课程·契本·买卖契券赴本管务司投税》，第 2109—2110 页。
② 李察：《利州长寿山玉京观地产传后弭讼记跋》，光绪《承德府志》卷 17《山川三》，《中国方志丛书》，台北：成文出版社，1968，第 620 页上。
③ 黄晖：《论衡校释》卷 23《谰时篇》，中华书局，1990，第 982 页。

第三章 诉讼社会的"相"与"实"

似眼中睛，应不瞑！①

相公可怜见，这个是我嫂嫂，背地里有奸夫，这老子他尽知情。气杀了我哥哥，所算了我侄儿，都是这妇人。告大人与小的做主咱。②

第一段为《包待制陈州粜米》中张撇古嘱其子上告时的唱词，其所表达的正是民众在遭受侵害后的不平，必须对犯罪人进行惩罚"苦恨才平"。第二段为《神奴儿大闹开封府》中李德义上告时所言，展现了告诉者对司法者的角色期待——为民"做主"。实际上，不仅民众有通过司法途径申冤的诉求，国家法律亦规定被害人在一些案例中必须进行告诉。如元代法律规定，在盗贼案件中，"事主及盗私相休和者，同罪"。③从告诉实践来看，在命、盗等案件中，即使没有明确的被告人，民众依然会选择告诉。如赣州路罗四二告诉被盗牛只，④建宁路杨正三告诉其男杨缘与侄杨安被药箭射伤身死，⑤都是在犯罪人未知的情况下告诉的。

在婚姻、家财、田宅、钱债引起的纠纷中，告诉者所遭受的侵害相对轻微，甚至有时诉讼两造之间的责任很难分辨。元代法律对于这些纠纷有时并没有明确规定，从国家的立场来说，更希望通过社长等人的调解"以塞起讼之原"。⑥很多时候，纠纷双方之间的权责本依赖契约予以确立和保障，下文为泰定三年（1326）的一件典山契约：

1. 十五都胡日和今有山一段，在本都二保
2. 土名板枥培，系量字号。东至坑心，南至大
3. 降，北至大坑，西至麦园坞心上至尖，下出大坑抵

---

① 无名氏：《包待制陈州粜米》，王季思主编《全元戏曲》第6卷，第97页。
② 无名氏：《神奴儿大闹开封府》，王季思主编《全元戏曲》第6卷，第305页。
③ 《元史》卷104《刑法志三》，第2660页。
④ 《元典章》卷49《刑部十一·诸盗一·偷头口·盗牛革后为坐》，第1645页。
⑤ 《元典章》新集《刑部·诸杀·误杀·误踏药箭射死》，第2200页。
⑥ 《元典章》卷53《刑部十五·听讼·至元新格》，第1748页。

· 145 ·

4. 胡兴进山。今将前项四至内山本应伍分内得一
5. 分，尽数出典与同都人汪茏二官人
6. 名下为主，面议典去中统钞四十五贯
7. 前去足讫。未典已前，即不曾与家外人交易。
8. 如有乙切不明，并是出典人自行理直。今恐人心
9. 无信，故立文契为照者。其山断典收苗折利。
10. 泰定三年十月二十二日
11. 　　　　胡日和（押）
12. 　　　　奉书人胡德龙（押）①

从契约内容来看，胡日和将山地典与汪茏二，契约中明确说明了典卖的价格以及赎回时以苗木作为利息，典卖人还保证没有其他纠纷。从民众的立场来说，订立契约的时候未必希望受到官府的干预。如在唐宋以降的借贷契约中，往往有"后有恩赦，不在免限"等语，抗拒国家大赦时对私债的减免。②当一方提起诉讼，盖由于对方没有履行承诺或者其他行为使自己利益受损，而自身又无法使自己的利益得到保护，故而选择国家并不提倡的诉讼方式。正如有学者指出的，在这种情况下民众虽然使用的是申冤的话语，但真正的诉求乃是"权利"。③

若冤抑来源于官吏，受害者则处于极为弱势的地位，在这种情况下，告诉与否其实进退两难。《包待制陈州粜米》中小撒古对父亲说："你看他这般权势，只怕告他不得么。"④这恐怕是许多受害者的真实心理。从实际情况来看，民众在告诉官吏的时候的确困难重重，有时甚至会受到

---

① 张传玺主编《中国历代契约会编考释》（上），北京大学出版社，1995，第638页。
② 参见霍存福《敦煌吐鲁番借贷契约的抵赦条款与国家对民间债负的赦免——唐宋时期民间高利贷与国家控制的博弈》，《甘肃政法学院学报》2007年第2期；韩森《传统中国日常生活中的协商：中古契约研究》，鲁西奇译，凤凰出版社，2008，第54—59页。
③ 徐忠明：《权利与伸冤：传统中国诉讼意识的解释》，《中山大学学报》（社会科学版）2004年第6期。
④ 无名氏：《包待制陈州粜米》，王季思主编《全元戏曲》第6卷，第97页。

官吏的报复。如前述涂仲十告诉忻都索贿一案，忻都对其怀恨在心，竟然将其骗至家中杀死。① 又如宜山县谢克勤告庆远安抚司金事朱国宣枉勘一案，朱国宣因谢彻广告发其受贿，令伪钞贼人蒙五攀指谢彻广男谢二六，谢二六赴广西宣慰司陈告，正值朱国宣侄宋元帅徇情不予受理，终被朱国宣捉回身死，谢彻广向安抚司告诉，安抚使韩文焞亦坐视其淹禁于狱中九个月而不受理。② 考虑到这一点，元代对"民告官"要宽容得多，某种程度上甚至可以说是积极鼓励。按元制，凡告诉须自下而上言告，不许越诉，但若告诉对象为官吏，则不受此限制。至元二十六年规定，若有告论官吏者，按察司须"依例追问"。③

（二）告奸

除受侵害一方告诉外，元代许多案件是由他人向官府举告的，表3-3 中所列为其中典型案例。

表 3-3　元代告奸典型案例

序号	类别	地点	原告	被告	告诉内容	出处	《至正条格·断例》对应条目
1	谋反	福建路	木八剌	马三等	本村住坐人马三等谋反	《元典章·刑部三·诸恶·谋反·乱言平民作歹》	《贼盗·谋反》
2	不孝	吉州路	刘浩然	臧荣	臧荣不依父姓，改作庄荣，伊父庄觉显母陈氏病故后，受吉州路知事，不候服阕，匿丧之任	《元典章·刑部三·诸恶·不孝·臧荣不丁父忧》	《职制·不丁父母忧》
3	人命	建宁路	张次十	张烨、阿黄	张次十族人张烨同妻阿黄将男张朴妻阿詹产下男子于桶中溺死	《元典章·刑部四·诸杀一·杀卑幼·溺子依故杀子孙论罪》	《贼盗·谋故杀人》

---

① 《元典章》卷42《刑部四·诸杀一·故杀·挟仇故杀部民》，第1436页。
② 《元典章》卷54《刑部十六·杂犯一·违枉·枉勘死平民》，第1809页。
③ 《元典章》卷53《刑部十五·诉讼·越诉·告论官吏不论越诉》，第1773页。

· 147 ·

续表

序号	类别	地点	原告	被告	告诉内容	出处	《至正条格·断例》对应条目
4	斗殴	萍乡州	周普沾	黄妙敬	南源寺长老黄妙敬主使贺志杭将佃户杨万三两眼针锥，用石灰盐醋擦入，双目不能视物，已成废疾	《元典章》新集《刑部·诸殴·毁伤眼目·针擦人眼均征养赡钞》	《斗讼·毁伤支体》
5	盗贼	杭州路	谢阿徐	谢寿三	谢阿徐夫谢寿三节次偷盗谢八七嫂等家物件	《元典章·刑部十一·诸盗一·杂例·妻告夫作贼不离异》	《贼盗·盗贼通例》
6	奸非	杭州路	崇圭	信寺主	信寺主奸占良妇非违不法	《元典章·刑部十五·诉讼·问事·僧人互告违法及过钞》	《杂律·僧道犯奸》
7	诈伪	袁州路	甘元亨	戴荣一	戴荣一说合甘元亨前去伊家刊板抄造伪钞	《元典章·户部六·钞法·伪钞·印造伪钞未完》	《诈伪·伪钞》
8	赌博	雷州路	龚亮	袁金事等	袁金事等赌扑钱物	《元典章·刑部十九·诸禁·禁赌博·职官赌博断罢见任》	《杂律·赌博钱物》
9	婚姻	漳州路	陈良	蔡福	邻人蔡福娶蔡大女广娘为妻，系同姓为婚	《元典章》新集《户部·婚姻·嫁娶·年幼过房难比同姓为婚》	《婚姻·同姓为婚》
10	田宅	靖安县	程潜	舒仁仲	舒仁仲于元贞二年内，不曾经官给据，尽问亲邻，将田卖与程潜为业，别无官降契本，系违例成交	《元典章·户部五·田宅·典卖·违法成交田土》	《户婚·典卖田宅》
11	职务犯罪	龙兴路	梁寿二	古县官吏	何福庆因欠军人王买驴、杨聚竹席，被各人将木棍决打身死。古县不将行凶人王买驴归问，却将何福庆妻何阿卢扣换元供，作伊夫与王买驴相扯跌倒，被竹根磕着阴囊身死，将王买驴疏放	《元典章·刑部十六·杂犯一·违枉·打死换作磕死》	《断狱·出入人罪》

与受害人告诉相比，他人举告的内容更为多样且具有显著特征：皆为受到国家法律明确禁止的犯罪行为，并有相应的罪名和刑罚。

如表 3-3 所示，这些案例在《至正条格》中的"断例"部分皆有对应的条目，而《至正条格》中的"断例"与《大元通制》中的"断例"相似，作用基本等同于"律"，即刑法。① 换言之，如果说受害人告诉的出发点在于冤抑、不平，那么他人举告的缘由在于这些行为都是违律的，此即"告奸"。需要追问的是，与诉冤者不同，这里的告发者与案件本身并没有直接利害关系，是什么原因促使其向官府首告呢？不可否认，民众在知悉犯罪情形后，很可能会由于正义感而向官府告发，甚至有时其实是由于私怨而告诉。如案例 1 中，木八剌之所以首告同村人马三等谋反，一个很重要的原因是平日马三等常指攀其应当一切杂泛差役，故起意诬指。② 案例 5 中，谢阿徐首告夫谢寿三偷盗，很可能是夫妻之间有矛盾。实际上元代法律规定，"凡夫有罪，非恶逆重事，妻得相容隐，而辄告讦其夫者，笞四十七"，③ 并不鼓励妻讦夫罪。但总的来说，元代民众之所以举告他人犯罪，普遍出于以下两点原因。

第一，强制举告的义务。为督促民众告发犯罪行为，早在秦商鞅变法时便制定了严格的举告制度，什伍之间、亲属之间皆负有告发犯罪的义务，不告则连坐。④ 汉承秦制，"里有里魁，民有什伍，善恶以告"。⑤ 但受儒家伦理的影响，宣帝时令："子首匿父母，妻匿夫，孙匿大父母，皆勿坐。其父母匿子，夫匿妻，大父母匿孙，罪殊死，皆上请廷尉以闻。"⑥ 亲属容隐代替了亲属相告。至《唐律》，对民众举告犯罪的规制更加

---

① 相关讨论参见安部健夫《〈大元通制〉解说》，《蒙古史研究参考资料》新编第18辑，内蒙古大学蒙古史研究室，1981；黄时鉴《〈大元通制〉考辨》，《中国社会科学》1987年第2期；方龄贵《〈通制条格〉新探》，《历史研究》1993年第3期；殷啸虎《论〈大元通制〉"断例"的性质及其影响》，《华东政法学院学报》1999年第1期；刘晓《〈大元通制〉到〈至正条格〉：论元代的法典编纂体系》，《文史哲》2012年第1期。
② 《元典章》卷41《刑部三·诸恶·谋反·乱言平民作歹》，第1401—1402页。
③ 《元史》卷105《刑法志四》，第2671页。
④ 相关研究参见刘凡镇《秦汉告奸法初探》，硕士学位论文，郑州大学，2002；张万《秦汉时期刑事连坐责任制度研究》，硕士学位论文，西南政法大学，2006；黄奕玮《秦代告奸制度研究》，硕士学位论文，西南政法大学，2012。
⑤ 《后汉书·百官志五》，中华书局，1965，第3625页。
⑥ 《汉书》卷8《宣帝纪》，第251页。

完善，知罪不告者，视罪行轻重处不同刑罚："同伍保内，在家有犯，知而不纠者，死罪，徒一年；流罪，杖一百；徒罪，杖七十。"[1] 此条在《宋刑统》中被完全继承下来。[2] 就笔者掌握的材料来看，未见元代有针对知罪不举的统一的法律规定，但针对特定犯罪行为的仍有不少，如表3-4所示。

表3-4 元代惩罚知罪不举的法律规定

罪行	首告责任人	惩罚措施	出处
盗杀官兽	知见不首者	笞四十七	《元史·刑法志一》
伪造盐引	邻佑	杖一百	《元史·刑法志三》
潜谋反乱	安主*及两邻	同罪	《元史·刑法志三》
恶逆	邻佑、社长	罪之	《元史·刑法志三》
伪造省府印信文字、札付	知情不首者	杖八十七	《元史·刑法志四》
私宰牛马	两邻	笞二十七	《元史·刑法志四》
奴婢背主而逃	邻人、社长、坊里正	笞三十七	《元史·刑法志四》
采生肢解人	邻佑、主首、社长	杖八十七	《元典章·刑部三·诸恶·不道·禁治采生蛊毒》
溺子	邻佑、社长、里正	治罪	《元典章·刑部四·诸杀一·杀卑幼·溺子依故杀子孙论罪》
隐藏不兰奚**人口、头匹	坊里正、乡头、社长、主首	断罪	《元典章·刑部十八·阑遗·孛兰奚·拘收孛兰奚人口》
赌博	两邻	笞四十七	《元典章·刑部十九·诸禁·禁赌博·赌博钱物》
习学枪棒	两邻	减犯人罪一等	《元典章·刑部十九·诸禁·杂禁·禁习学枪棒》
	社长	减犯人罪二等	
伪造宝钞	坊正、主首、社长	笞四十七	《元史·刑法志四》
隐藏符牌	两邻	同罪	《元典章·礼部二·礼制二·牌面·拘收员牌》
逃军	安主	减犯人罪二等	《元典章·兵部一·军役·新附军·拘刷军人弟男》
	两邻	减安主罪二等	
隐藏逃驱	两邻、主首、社长	杖六十七，家产断没四分之一	《元典章·兵部一·军役·军驱·拘刷在逃军驱》

* 所谓"安主"，概指留宿以及隐藏犯罪者的人。

** "不兰奚"，为蒙语 buralqi 之音译，又译作"不阑奚""孛阑奚""孛兰奚""卜兰奚"，意思是离开原主、原地而散落他处的人或物。相关研究可参见郑鹏《从草原到中原：蒙元历史变迁中的不兰奚制度》，《兰州学刊》2013年第9期。

---

[1] 长孙无忌等：《唐律疏议》卷24《斗讼·监临知犯法不举劾》，刘俊文点校，中华书局，1983，第450页。

[2] 窦仪等：《宋刑统》卷24《斗讼律·部内犯罪不纠举》，第381页。

从表 3-4 来看，元代强制民众举告的多是对国家与社会有重大危害的犯罪行为，大致有这样几类：一是威胁国家统治的行为，如谋反叛乱；二是严重违背社会伦理道德的行为，如恶逆、采生肢解人、溺子；三是危害正常政治与经济秩序的行为，如伪造盐引、伪造省府印信文字与札付、伪造宝钞、隐藏符牌、逃军；四是危害社会治安的行为，如赌博、习学枪棒；五是损害统治阶层利益的其他行为，如盗杀官兽、隐藏逃驱以及隐藏不兰奚人口、头匹。负有举告责任的主要为两邻及坊里正、社长、主首等基层管理人员，通常限于知情者。需要指出的是，元代虽允许亲属容隐，但仅限于"非恶逆重事"，①对于一些重大犯罪行为亲属仍有首告的义务。从处罚措施来看，对于知罪不告者通常处以笞、杖刑，或者在犯罪人量刑基础上减等处罚；但对于谋反这样严重威胁国家统治的罪行则刑罚极重，与犯罪人同罪。

对于民众来说，强制举告制度以及相应的连带责任，使其往往会及时向官府告诉身边的犯罪行为。如表 3-3 中的案例 3，张次十告发族人张烨溺子，很大程度上应是害怕担负连带的罪责。当然，有时民众发现身边的犯罪行为，又未知犯罪人时，很可能出于避祸的心态并不举告。关于此，史料中虽然没有相关案例，但在元杂剧中却有形象的描写。《杨氏女杀狗劝夫》中有这样一段对白：

孙大云：大嫂，我吃酒回来，到后门前，不知是谁杀下一个人。大嫂，我是好人家的孩儿，到来日地方邻里送我到官，我怎生吃的过这刑法。我不如寻个自缢死罢。

旦云：员外，你不要慌，则咱两口儿知道。你有那两个兄弟，平日吃的穿的都是你的，与你结做死生交，对天盟誓。兄弟有难哥哥救，哥哥有难兄弟救。今日你有难，正用的着他。如今悄悄的教

---

① 《元史》卷 105《刑法志四》，第 2671 页。

两个兄弟，将死尸背出丢在别处，可不好那。①

这段对白发生于孙大误认门前死狗为人的尸体时，孙大言"到来日地方邻里送我到官"，正是民众举告他人犯罪的情形，其妻子提议移尸避祸，则是民众的另一种行为倾向。

第二，告赏制度的激励。在建立强制举告制度的同时，旨在以奖赏激劝民众告发犯罪的告赏制度也很早发展成熟。如秦"告奸者与斩敌首同赏"，②汉武帝时则推行"告缗"之法。③中国古代举告制度的整体发展趋势是，强制举告的范围随着容隐制度的施行在缩小，国家更加重视通过奖赏鼓励举告。至宋代，"其立法之目，常汲汲于货利，而重募告讦之人"，④告赏的范围大大扩展。⑤在元代法律中，许多罪行皆言"许人告"，并有相应的奖告人的措施，笔者将其汇集为表3-5。

表3-5 元代奖励首告的法律规定

罪行	奖励措施	出处
权豪势要及有禄之家，籴买官米	追中统钞二十五贯，付告人充赏	《元史·刑法志二》
非法典卖田宅	于买主名下验元价追征，以半没官，半付告者	《元史·刑法志二》
卖买良人为倡	价钱半没官，半付告者	《元史·刑法志二》
犯私盐	于没物内一半付告人充赏	《元史·刑法志三》
伪造盐引	家产付告人充赏	《元史·刑法志三》
犯私茶	茶一半没官，一半付告人充赏	《元史·刑法志三》
伪造茶引	家产付告人充赏	《元史·刑法志三》
无引私贩铁	铁没官，内一半折价付告人充赏	《元史·刑法志三》
伪造铁引	官给赏钞二锭付告人	《元史·刑法志三》

---

① 萧德祥：《杨氏女杀狗劝夫》，王季思主编《全元戏曲》第5卷，第169页。
② 《史记》卷68《商君列传》，第2230页。
③ 《汉书》卷6《武帝本纪》，第183页。
④ 李邦直：《议刑策下》，《宋文选》卷20，《景印文渊阁四库全书》第1346册，第298页上。
⑤ 参见郭东旭《立赏告奸：宋代一个广泛的法域》，《宋史研究论丛》第9辑，河北大学出版社，2008。

续表

罪行	奖励措施	出处
贩卖私竹	于没官物约量给赏	《元史·刑法志三》
私造咬鲁麻酒	没官物内一半给赏	《元史·刑法志三》
匿税	于没官物内一半付告人充赏	《元史·刑法志三》
私贩下海	没官物内一半充赏	《元史·刑法志三》
市舶有验无凭，及数外夹带	船物并没官，内一半告人充赏	《元史·刑法志三》
潜谋反乱	官之	《元史·刑法志三》
略卖良人为奴婢	每人给赏三十贯	《元史·刑法志三》
伪造税物杂印，私熬颜色，伪税物货	征中统钞一百贯充赏	《元史·刑法志四》
私造历日	赏银一百两	《元史·刑法志四》
服色僭越	违禁之物，付告捉人充赏	《元史·刑法志四》
私宰牛马	征钞二十五两，付告人充赏	《元史·刑法志四》
牛马驴骡死，而筋角不尽实输官	征所犯物价，付告人充赏	《元史·刑法志四》
有毒之药，非医人辄相卖买	追至元钞一百两，与告人充赏	《元史·刑法志四》
奴婢背主而逃	于所将财物内，三分取一，付告获人充赏	《元史·刑法志四》
写匿名文书	没其妻、子，与捕获人充赏	《元史·刑法志四》
采生肢解人	犯人家产全行给付	《元典章·刑部三·诸恶·不道·禁治采生蛊毒》
盗贼	强盗每名官给赏钱至元钞五十贯，窃盗二十五贯，亲获者倍之，获强盗至五人与一官	《元史·刑法志二》
隐藏不兰奚人口、头匹	约量给赏，驱口首告者断为良	《元典章·刑部十八·阑遗·孛兰奚·拘收孛兰奚人口》
赌博	摊场钱物尽付告人充赏	《元典章·刑部十九·诸禁·禁赌博·赌博钱物》
习学枪棒	拜师钱物给告人充赏	《元典章·刑部十九·诸禁·杂禁·禁习学枪棒》
私造斛斗秤尺	于犯人名下征至元钞一定给付告人充赏	《元典章·刑部十九·诸禁·杂禁·斛斗秤尺牙人》
任官伪冒	赏中统钞一百定	《元典章·吏部二·官制二·承荫·禁治骤升品级》
影占官田	于征到子粒内一半付告人充赏	《元典章·户部五·田宅·官田·影占系官田土》
转佃官田	黜降其田，付告人并佃人种佃	《元典章·户部五·田宅·官田·转佃官田》
漏报田土	其地一半没官，于没官地内一半付告人充赏	《元典章·户部五·田宅·民田·漏报自己田土》

续表

罪行	奖励措施	出处
诡名避差	于犯人名下量征宝钞付告人充赏	《元典章·户部五·田宅·民田·民多诡名避差》
田宅私下成交	所该田粮,一半付告人充赏	《元典章·户部五·田宅·典卖·田宅不得私下成交》
私下买卖金银	金银价钞内一半付告捉人充赏	《元典章·户部六·钞法·整治钞法》
伪造宝钞	赏银五定仍给犯人家产	《元典章·户部六·钞法·伪钞·行用至元钞法》
买卖蛮会	赏中统钞二十定	《元典章·户部六·钞法·伪钞·买卖蛮会断例》
招收私投亡宋军人	约量给赏	《元典章·兵部一·军役·新附军·招收私投亡宋军人》
隐藏逃驱	隐藏者家私内三分中断没一分与首告的人,两邻、主首、社长明知道不肯告的,家私四分中断没一分与首告的人充赏	《元典章·兵部一·军役·军驱·拘刷在逃军驱》
盗粜官粮	赏与名分	《元典章·工部二·造作二·船只·海道运粮船户免杂泛差役》
回回抹杀羊	若奴仆首告呵,从本使处取出为良,家缘财物不拣有的甚么,都与那人,若有他人首告呵,依这体例断与	《元典章·刑部十九·诸禁·杂禁·禁回回抹杀羊做速纳》
禁地围猎鹅鹐并私下卖	卖的人底媳妇孩儿每,便与拿住的人	《元典章·兵部四·递铺·打捕·禁捕鹅鹐》

可以看到,元代奖励首告的范围要远超强制举告。除对一些严重的犯罪行为在强制举告的同时予以告赏外,元代尤其注重对涉及经济犯罪的告赏。经济犯罪主要有三类:一是交易物品违反国家禁令,如私自制造或交易盐、茶、铁、酒、竹、日历等专卖物品,非医人买卖毒药,私下买卖金银,围猎并私卖禁地鹅鹐等;二是在商品交易中违反相关法律规定,如匿税、私造斛斗秤尺、私下成交田宅等;三是违反国家赋役制度,如漏报田土、诡名避差等。其奖励措施与前代相同,绝大多数都是金钱及其他物质奖励,多来自没官的涉案财物或籍没的犯人家产,少数情况下由官府出给。不过元代有些奖励措施也是前代没有的。一是对告发写匿名文书等罪行者赏给犯罪人之妻、子,这种籍没犯罪人家属的情

况在南宋本已完全废弃，辽、金、元等草原民族建立的王朝却广泛施行。[①]二是针对隐藏不兰奚、回回抹杀羊等罪行，奴婢举告者予以放良。学者研究认为，元政府鼓励"奴告主"的目的在于限制诸王贵族的权力，不过随着元代中期以后容隐制度的实行，"奴告主"最终被禁止，这种奖励奴婢首告的措施可能也不再施行。[②]

在元代民众的告诉实践中，官府奖赏的确是举告的重要动机之一。如表3-3案例1中，木八剌诬告马三等谋反，除平时积怨外，还有一个重要原因是知悉当时官府捉获帖里等谋反后给予了首告人官赏。[③]又如案例10，舒仁仲私下将田卖与程潽，程潽作为买田者却向官府告发，极可能是由于元代有私卖田宅"所该田粮一半付告人充赏"的法律规定。

综上所述，从现实情况来看，元代民众告诉主要有两种情形。一种为"诉冤"，告诉者由于遭受各种侵害或利益纠纷而产生冤抑，从而需要外部力量予以救济。另一种为"告奸"，其所针对的是各种违法行为，其中一部分严重侵害国家统治和社会秩序的罪行，国家规定民众有举告的义务，更多的则是以奖赏鼓励举告。在鼓励举告和对"好讼"进行道德贬抑之间，体现了元代国家对民众诉讼的复杂心态，即希望通过民众举告打击犯罪，同时减少因婚姻、田土等纠纷产生的诉讼。这其实是与元代国家"集权的简约治理"模式相适应的，即在保证统治秩序的情况下，尽量节省行政成本。但从民众的角度来说，婚姻、田土等纠纷在日常生活中最为常见，必然出现"民讼之繁，婚田为甚"的结果。[④]官与民在诉讼中的立场差异和逻辑错位，源自诉讼对双方的不同意义。从国家的角度来说，法律的主要功能是进行社会控制、构建社会秩序，司法审

---

① 参见戴建国《"主仆名分"与宋代奴婢的法律地位——唐宋变革时期阶级结构研究之一》，《历史研究》2004年第4期；王善军《辽代籍没法考述》，《民族研究》2002年第2期；武波《元代法律问题研究》，第79页。
② 关于元代的"奴告主"，参见武波《试析元代法律中特殊的"奴告主"现象》，《云南师范大学学报》（社会科学版）2009年第4期。
③ 《元典章》卷41《刑部三·诸恶·谋反·乱言平民作歹》，第1401页。
④ 《元典章》卷53《刑部十五·诉讼·听讼·至元新格》，第1748页。

判则是实现法律这一功能的重要途径。通过司法审判,司法官员根据法律解决纠纷、惩罚犯罪,从而对社会秩序进行维护和巩固。从民众的角度来说,无论其在诉讼中采取的是"诉冤"的话语还是"权利"的表达,其核心目的都是寻求公力救济,司法审判是维护其自身利益的一种手段。

三 "见官去"与"怕见官司":民众的矛盾心态

在元人的话语表达中,民众的诉讼状态或为"好讼""健讼",或为"厌讼""惧讼",然而无论何种描述,都包含了太多的道德评价与主观意图,话语背后的现实状况远比此复杂得多。对于元代普通民众来说,诉讼是获得公力救济的渠道,当发生纷争或自身利益受到侵犯时告诉于官府本身是一种很自然的行为,但诉讼可能带来的代价又使其难免有所顾虑。在现实中,诉讼并不一定意味着"好讼",更多的是两难之下的权衡。

(一)"见官去":民众的诉讼倾向

《元典章》等文献中虽然保留了许多元代案例,但这些案例多是官方视角下的记载,民众在其中的形象十分模糊。相反,戏曲中的故事情节虽是艺术创作而非真实案例,却在很大程度上反映出当时民众在诉讼中的行为模式与心理状态。下面三段材料皆摘自元杂剧或南戏中的宾白:

> 材料一:(卜儿云)还说个甚么!我女孩儿现今没了,明有清官,我和你见官去来。①
>
> 材料二:(生)先生且不要行,前面就是荒垄了。你看那两个人,手持大斧,偷砍我山上树木,故此不要近前去。(外)差了,倘

---

① 王仲文:《救孝子贤母不认尸》,王季思主编《全元戏曲》第3卷,第15页。

若砍坏了你的冢树,致伤风水,正该拿他到官惩治才是。①

材料三:(外旦引二俠上云)妾身是林员外的浑家是也,俺那员外近来养着一个弟子,唤做刘行首。俺员外一个月不来家,我如今往刘行首家寻员外去。寻不着,万事罢论;若寻着呵,我不道饶了他也。(做见旦闹科云)员外,你不回家来,原来在这里,做个"停妻再娶妻",我和你见官去!②

材料一出自王仲文《救孝子贤母不认尸》,春香回娘家路上失踪,其母王婆婆疑被小叔杨谢祖杀害,故而告官。材料二出自无名氏《冯京三元记》,徐晓山受邀为冯商看风水,遇人偷伐冯商祖坟上的树木,建议他告官。材料三出自杨景贤《马丹阳度脱刘行首》,林员外之妻因丈夫迷恋娼妓刘倩娇,故假装欲以"停妻再娶"的罪名告发林员外。这三段材料的背景,或是人命官司,或是民事纠纷,但当事人皆将"告官"作为主要的应对措施。这其实反映出元代民众在产生纠纷或受到侵害时,有着较为强烈的诉讼意识。那么,是什么引发了民众的这种诉讼意识呢?笔者认为,大致可以从以下三个方面予以解释。

1. 社会经济发展下纠纷的广泛存在与非正式司法力量的不足

前文已经指出,元代的社会经济并不像早期学者认为的那样出现了倒退,尤其是江南地区,在宋代的基础上继续发展。商品经济发展的必然结果是,人与人之间的利益纠纷日益增多。比如田产交易纠纷即是元代一个突出的社会问题,"千年田换八百主,交易若是之烦,因地推收税石之冗,官吏奸蔽,出入挑撩,狱讼万端,繁文伪案,动若牛腰"。③纠纷产生后,很难通过道德教化完全消除,必须依赖外部权威予以裁决。

---

① 无名氏:《冯京三元记》,王季思主编《全元戏曲》第11卷,第11页。
② 杨景贤:《马丹阳度脱刘行首》,王季思主编《全元戏曲》第5卷,第338页。
③ 胡祗遹:《紫山大全集》卷23《折狱杂条》,《景印文渊阁四库全书》第1196册,第427页上。

《乡土中国》中开弦弓村的经验表明，在一个"理想型"的乡土社会中要做到"无讼"，十分关键的一点是要有地方长老的调解，大量纠纷不必进入司法程序。[①]地方长老这一地方权威扮演了非正式司法力量的角色，代替地方官府承担了部分司法职责。然而在元代，这种非正式司法力量明显不足。

一方面，明清时期那种能够承担多种社会角色的士绅阶层在元代尚未完全形成。中唐以降，基层社会秩序发生了明显变化，国家对基层社会的支配从依靠乡官直接支配到"县令之职，犹不下侵"，士人的地方性格逐渐形塑起来，元代基本沿着这一历史脉络继续发展。但正如李治安先生指出的，这一基层社会新秩序的构建并非一蹴而就，元代以及明前期尚处于过渡发展阶段，直到明代中期以后才得以成熟定型。[②]韩国学者吴金成曾指出，明代士绅的社会作用是宋代士大夫无法想象的。[③]元代地方精英在司法中的作用，与明清时期的士绅相比恐怕亦有不小的距离。

另一方面，元代基层职事人员的司法参与受到政府的严格限制，作用有限。社是元代广泛建立的基层社会组织，每一社中皆以一位"年高通晓农事"者为社长。在至元二十八年（1291）的《至元新格》中，社长被赋予调解婚姻、家财、田宅、债负等纠纷的权力，希望借此"免使妨废农务，烦紊官司"。[④]但同时须注意的是，至元三十一年六月，根据袁州路推官石承务的建议，元廷规定除强窃盗贼、杀人、伪造宝钞、私宰牛马等犯罪行为外，"其余一切公事，听令百姓赴有司从实陈告，乡都里正、主首、社长、巡尉、弓手人等不许干预"。[⑤]质言之，社长虽可参与民事纠纷的调解，但无权独立受理民众陈告。这一制度设计的出发点

[①] 参见费孝通《乡土中国》，生活·读书·新知三联书店，1985，第54—59页。
[②] 参见李治安《宋元明清基层社会秩序的新构建》，《南开学报》2008年第3期。
[③] 参见吴金成著、渡昌弘訳『明代社会経済史研究：紳士層の形成とその社会経済的役割』汲古書院、1990、110頁。
[④] 《元典章》卷53《刑部十五·诉讼·听讼·至元新格》，第1748页。
[⑤] 《元典章》卷53《刑部十五·诉讼·听讼·词讼不许里正备申》，第1749—1750页。

虽然是保障民众的权益，但也在很大程度上限制了社长的司法参与。从历史资料来看，元代社长参与地方司法的记载并不多，其职能更多是维护治安。

由于非正式司法力量的不足，民众在发生纠纷或遭遇侵害时诉诸官府成为必然的选择。所谓"明有清官""明有王法"，很大程度上反映出在社会性权威尚不成熟的情况下，政治性权威——地方官府在维护社会秩序方面的重要意义，以及民众对于官府主持公道的期待。

2. 法律知识的传播与诉讼意识的提高

杂剧《救孝子贤母不认尸》中，判案令史对杨谢祖母亲说："兀那老婆子，你是个乡里村妇，省的甚么法度！"杨谢祖母亲则对曰："你休小觑我这无主的穷村妇。"[①] 在大多数官员眼中，普通民众是缺乏法律知识的，正如苏天爵在《乞详定斗殴杀人罪疏》中所言："村野人民，素无教养。"[②] 然而元代民众其实有多种途径可以获得法律知识。

向民众宣传国家法律是中国古代国家的传统，[③] 元代对此亦十分重视。每当有法令颁布，则"开读于京师，降示于外路，流布于司县，张挂于市井"，[④] 利用粉壁和榜文向民众晓谕。如大德九年（1305）定"贼人配役出军体例"，即命"遍行出榜，粉壁晓谕相应"。[⑤] 同时，地方亲民官司以及社长亦有向民众宣谕国家法令的职责。至元二十八年规定，对于假托灵异、妄作妖言、佯修善事、夜聚明散等"官司已行明降事理"，社长"每季须一戒谕，使民知恐，毋致刑宪"。[⑥] 至大元年（1308）

---

① 王仲文：《救孝子贤母不认尸》，王季思主编《全元戏曲》第3卷，第22页。
② 苏天爵：《滋溪文稿》卷27《乞详定斗殴杀人罪疏》，第459页。
③ 参见卓泽渊《中国古代的法律宣传》，《河北法学》1985年第1期；徐忠明《明清国家的法律宣传：路径与意图》，《法制与社会发展》2010年第1期。
④ 赵天麟：《太平金镜策》卷7《明制条》，《四库全书存目丛书》集部第21册，第684页上。
⑤ 《元典章》卷49《刑部十一·诸盗一·强窃盗·断贼徒例粉壁晓谕》，第1629页。
⑥ 《至正条格》（校注本），《条格·田令·理民》，第43页。

又规定，亲民官司应"照依累降圣旨条画，宣明教导"。[①]许多地方官员常常举行一些读法活动，向民众宣传国家法律。如也先脱因任休宁县达鲁花赤，甫下车即"召父老，宣布朝廷德意，示以法令所禁，使民有所趋避"。[②]赵千顷任归安县丞，"宣化于公堂，读法于闾阎"。[③]

书籍是法律知识传播的重要渠道，元代不仅有前代留存的大量法律图书，其本身图书出版亦十分发达。[④]据美国学者卡特估计，元代刻书数量甚至超过宋代。[⑤]元代出版与流通的法律类图书中，一部分是前代图书再版，如《唐律疏议》，在元代一再刻印，仅据《中国古籍善本书目》所录，就有余志安勤友堂刻本等4个版本。[⑥]更多的是元代新著，笔者寓目者有30种，统计如表3-6所示。

表3-6 元代成书的法律类图书

类别	书名
官修法典	《大元通制》《至正条格》
格例汇编	《大元圣政国朝典章》《至元杂令》《大元通制条例纲目》《官民准用》《官民须用》《社长须知》
律学著作	《别本刑统赋解》《刑统赋疏》《粗解刑统赋》《刑统赋释义》《无冤录》《五服图解》《刑平编》《折狱比事》《唐律删要》《唐律疏议释文》《政刑类要》《唐律文明法会要录》《审听class要诀》《刑统一览》《刑统》《永徽法经》《唐律类要》《金玉新书》《吏学指南》《平冤录》
日用类书	《事林广记》《新编事文类聚启札青钱》

资料来源：钱大昕《补元史艺文志》，中华书局，1985；倪灿《补辽金元艺文志》，中华书局，1985；雒竹筠编著，李新乾编补《元史艺文志辑本》，北京燕山出版社，1999。

[①] 《至正条格》（校注本），《条格·田令·立社》，第44页。
[②] 郑玉：《师山先生文集》卷6《休宁县达鲁花赤也先脱因公去思碑》，《中华再造善本丛书》。
[③] 沈梦麟：《花溪集》卷1《送归安县丞赵千顷序并诗》，《元人文集珍本丛刊》第8册，第159页上。
[④] 有关元代图书出版概况可参见陈高华《元代出版史概述》，《历史教学》2004年第11期。
[⑤] 卡特：《中国印刷术的发明和它的西传》，吴泽炎译，商务印书馆，1957，第71页。
[⑥] 中国古籍善本书目编辑委员会编《中国古籍善本书目·史部》，上海古籍出版社，1993，第1336页。

如表 3-6 所示，这些书大致分为四类。

第一，官修法典。元代正式颁布的法典主要有《大元通制》与《至正条格》两部，有关这两部法典在当时的流通情况，现在已不甚明了。但据《至正条格序》，《至正条格》中的条格、断例两部分皆"申命锓梓，示万方"，① 应是在地方有广泛流布的。近年来在黑水城文书中发现的《大元通制》《至正条格》的残页，② 以及在韩国发现的元刊本《至正条格》残卷，③ 也证明了此点。

第二，格例汇编。自至元八年（1271）禁用《泰和律》后，元代长期没有制定出新的法典，故而令"内外衙门，编类置簿检举"，④ 即将累次颁降的诏旨条画汇编，以作为日常行政和司法审判的依据。元代重要政书《元典章》正是产生于这一背景下，编于江西吏胥之手，而刻印于建阳书坊。⑤ 对于民间私自编著国家格例条画的行为，元政府本是禁止的，"诸但降诏旨条画，民间辄刻小本卖于市者，禁之"。⑥ 然而实际情况是，"民间自以耳目所得之敕旨条令，杂采类编，刊行成帙，曰《断例条章》，曰《仕民要览》，各家收置一本，以为准绳"。⑦ 这种格例汇编流布之广，以至于有"条令衰于书肆"之说。⑧ 这类书多为书商商业运作的产

---

① 欧阳玄：《圭斋文集》卷 7《至正条格序》，《四部丛刊初编》。
② 黑水城文书中的《大元通制》残页有 3 片，为 F14:W6、F14:W7、F207:W1；《至正条格》残页有 8 片，为 F19:W16、F209:W1、F210:W5、F20:W8、F20:W9、F20:W7、F20:W6、F247:W6。相关情况可参见杨晓春《〈大元通制〉、〈至正条格〉札记三则》，《元史及民族与边疆研究集刊》第 24 辑，上海古籍出版社，2012。
③ 关于《至正条格》残卷在韩国的发现情况，可参见张帆《重现于世的元代法律典籍——残本〈至正条格〉》，《文史知识》2008 年第 2 期。
④ 纪昀总纂《四库全书总目提要》卷 84《史部·政书类存目二·官民准用》，河北人民出版社，2000，第 2209 页。
⑤ 对于《元典章》的性质，学者有不同看法。沈家本认为"此书当日乃奉官刊布，以资遵守，非仅为吏胥之钞记"。见氏著《钞本〈元典章〉跋》，《元典章·附录三》，第 2462 页。昌彼得则否认其官修性质。见昌彼得《跋元坊刊本〈大元圣政国朝典章〉》，《元典章·附录三》，第 2476 页。
⑥ 《元史》卷 105《刑法志四》，第 2680 页。
⑦ 郑介夫：《上奏一纲二十目》，邱树森、何兆吉辑点《元代奏议集录》下册，第 82 页。
⑧ 刘贞：《类编历举三场文选·壬集》卷 1《第一科·湖广乡试》，韩国奎章阁藏本。

物，相比官修法典，普通民众更易获得。

第三，律学著作。元代官方没有设立律学，但相关的私人著述并不少见，其内容主要是对已有法律典籍的注疏和改编，特别是关于《唐律疏议》和《刑统赋》研究尤为丰富。存世的尚有王元亮之《唐律疏议释文》、沈仲伟之《刑统赋疏》、孟奎解之《粗解刑统赋》、王亮增注之《刑统赋解增注》、《别本刑统赋解》、郄□韵释之《刑统赋》等。①

第四，日用类书。日用类书是在抄录其他书的基础上汇编而成，内容十分庞杂，包含了民众日常生活所需要的各种知识。元代日用类书中的法律知识主要有两种：律例与状式。其中，律例剪裁自官修法典和格例汇编，如《事林广记》中有《大元通制》的节文，②泰定本《事林广记·壬集》中则收录了《至元杂令》。③状式包含民众在法律活动中所需要的各种书状的模板，泰定本《事林广记》以及至顺本《事林广记》分别收录了17种和14种诉状体式，《新编事文类聚启札青钱》则收录了共16种契约体式。④这些都是民众诉讼活动中必需的知识。

对于普通民众而言，无论从经济负担还是文化水平来说，阅读法律书都有一定困难，⑤更多是在日常生活场景中接触一些法律知识。如元代戏曲盛行，无论在城市还是乡村，都常有戏曲表演。其中城市中演出戏曲的固定场所为"梁园"，乡村则有流动艺人——"歧路"的演出场地"科地"。高安道套曲《哨遍·嗓淡行院》中曰："梁园中可惯经，桑园里串的熟，似兀的武光头、刘色长、曹娥秀，则索赶科地沿村

---

① 雒竹筠编著，李新乾编补《元史艺文志辑本》，第123—124页。
② 陈元靓：《事林广记》别集卷3《刑法类·大元通制》，中华书局，1963。
③ 参见黄时鉴辑点《元代法律资料辑存》，浙江古籍出版社，1988，第35—49页。
④ 黄时鉴辑点《元代法律资料辑存》，第214—252页。
⑤ 包伟民在《中国九到十三世纪社会识字率提高的几个问题》（《杭州大学学报》1992年第4期）一文中指出，宋代以降，社会各阶层的识字率有明显提高的趋势。不过在整个帝制时期，普通民众的文化水平应是十分有限的。如马宗荣指出，直到民国时期，整个社会的识字率不足20%。见马宗荣编《识字运动 民众学校经营的理论与实际》，商务印书馆，1935，第2页。

转瞳走。"①可见戏曲演出的频繁。元代戏曲中有许多涉及诉讼及审判的情节，尤其围绕司法案件展开的公案剧在元代戏曲中占了很大比重。这些剧目通常情况下并非元代的真实案例，多在长期流传的民间故事的基础上创作而成，其所展现的诉讼和审判场景与元代的真实情况亦有很大差异。但演出中塑造的虚拟法律场景却能以一种十分直观的形式，使观剧的民众对诉讼和审判产生一些基本的认知。同时，戏曲中有时也会提及一些律例知识。如《包龙图智赚合同文字》中，包拯曰："律上说：殴打平人因而致死者抵命。"②这与《唐律疏议》及《元史·刑法志》中的相关条文基本相符。③更重要的是，正如前文所提及的，戏曲中所展现出的以诉讼申冤抑的行为模式对培养观者的诉讼意识有着十分重要的影响。

在杂剧《杨氏女杀狗劝夫》中，孙大云："小人是个知法度的。"④考虑到元代有多种法律知识传播渠道，元代民众对国家法律有一定程度上的了解其实是可以理解的。从一些实际案例来看，亦的确如此。如大德四年（1300）龙兴路新喻州的一个案例，胡千七将其小女元七娘嫁予养子胡元一为妻，事先告知其兄胡元三，胡元三认为兄妹为婚"道理恐过不得"，害怕事发后会连累自己，遂向社长揭发，申告官府。⑤在这一案例中，胡元三明显是知晓同姓不得为婚的禁令的。从国家的角度来说，民众知法可以避免违法行为的发生。正如姚燧所言："不有所垂示，何以使人知避其犯。"⑥民众在熟悉法律知识的同时，也会逐渐培养出诉讼意识。在有需要的情况下，自然会将诉讼作为一个重要选项。

---

① 高安道：《哨遍·嗓淡行院》，杨朝英选《朝野新声太平乐府》卷9，隋树森校订，中华书局，1958，第347页。
② 无名氏：《包龙图智赚合同文字》，王季思主编《全元戏曲》第6卷，第239页。
③ 长孙无忌等：《唐律疏议》卷21《斗讼》，第387页；《元史》卷105《刑法志四》，第2675页。
④ 萧德祥：《杨氏女杀狗劝夫》，王季思主编《全元戏曲》第5卷，第177页。
⑤ 《元典章》卷18《户部四·婚姻·嫁娶·胡元一兄妹为婚》，第630页。
⑥ 姚燧：《牧庵集》卷9《斯得斋记》，《四部丛刊初编》。

3. "教唆词讼"者的推波助澜

从宋代开始，以专门教人诉讼为职业的人——讼师便十分兴盛，甚至还出现了专门的讼学。[①]元代文献中罕有关于"讼师"的记载，相关研究亦很少涉及，[②]但"教唆词讼"者十分常见。如虞集在《户部尚书马公墓碑》中记载了马煦任职湖州时的两个案例：

> 案例一：富商有佣舟师至他郡者，溺死，或嗾舟师妻讼商杀其夫，冀得贿。商不与，又不贿吏，吏诬商成狱。
>
> 案例二：二人同市饮者，后三日，其一人死。既葬，或诔死者子讼同饮者，同饮者不贿吏，吏亦诬之成狱。[③]

这两个案例中都出现了教唆事主兴讼者，欲以词讼获利。官府对这种行为十分警惕，杂剧《包龙图智赚合同文字》中，李社长替刘安住诉说情由后说，"刘可怜刘安住负屈衔冤，须不是李社长教唆为务"，[④]反映的正是"教唆词讼"现象的广泛存在和官府的忌惮。

从现有史料来看，元代的"教唆词讼"者大致有以下四类。

第一，讼师。从南宋开始就盛行讼学，其中又以江西（江南西路）为最盛。周密《癸辛杂识》中言，江西"往往有开讼学以教人者"，"从

[①] 参见郭东旭《宋代的诉讼之学》，《河北学刊》1988年第2期；陈智超《宋代的书铺与讼师》，《陈智超自选集》，安徽大学出版社，2003，第345—357页；陈景良《讼学与讼师：宋代司法传统的诠释》，《中西法律传统》第1卷，中国政法大学出版社，2001；陈景良《讼学、讼师与士大夫——宋代司法传统的转型及其意义》，《河南省政法管理干部学院学报》2002年第1期；朴永哲《从讼师的出现看宋代中国的法与社会》，《宋史研究论丛》第9辑，河北大学出版社，2008；张本顺《无讼理想下的宋代讼师》，《社会科学战线》2009年第5期。

[②] 就笔者所见，有关元代讼师的专门研究仅有郭蕊之《元代讼师研究》（硕士学位论文，内蒙古大学，2010）。党江舟《中国讼师文化——古代律师现象解读》（北京大学出版社，2005）一书中亦对元代讼师的情况有所涉及。

[③] 虞集：《道园学古录》卷15《户部尚书马公墓碑》，《四部丛刊初编》。

[④] 无名氏：《包龙图智赚合同文字》，王季思主编《全元戏曲》第6卷，第235页。

之者常数百人"。① 当时江西还流行《邓思贤》等专门教人为讼的书,直到陶宗仪所在的元末,时人尚以"邓思贤"称呼好讼之人。② 入元后,科举长期未行,即使延祐开科后,每科也不过举寥寥百数十人,大量士人无法获得入仕门径,转投别业谋生。③ 这些人中就有一部分成为讼师。为杜绝这种情形,大德元年(1297)江南行台特别规定:"在籍儒生,务要读书明理,洁己修身,毋作浮辞以为讼师。"④

第二,书状人。元代诉讼首先需写就诉状,而诉状通常是由书铺的写状人书写的。⑤ 书铺与写状人由官府设立,并受到官府的监督。《至元新格》中规定:"写词状人使知应告不应告言之例,仍取管不违〔犯〕甘结文状,以塞起讼之原。"⑥ 盖试图通过写状人对诉讼者"开之以枉直,而晓之以利害",⑦ 从而"庶革泛滥陈词之弊,亦使官府词讼静简,易于杜绝"。⑧ 然而事实是,书状人往往"百般调弄,起灭讼词。由是讼庭日见繁冗"。⑨

第三,吏胥。吏胥为地方官府中的执事人员,这些人"谙练乎民俗之情伪,惯尝乎官长之巧拙",由于"禄不足以仰事俯育,名未足以取青拾紫",往往借职务之便舞文弄法、教唆词讼,借以获利。⑩ 如在赣州路宁都州,"一吏日揽民词十余,皆架虚诋讦渔猎,餍所欲则火其牍"。⑪

---

① 周密:《癸辛杂识》续集下《讼学业觜社》,吴企明点校,中华书局,1988,第159页。
② 陶宗仪:《南村辍耕录》卷15《邓思贤》,中华书局,1980,第188页。
③ 有关元代士人的职业转变,参见申万里《元初江南儒士的处境及社会角色的转变》,《史学月刊》2003年第9期;于磊「元代江南知識人的職能化」『集刊東洋學』第109冊、2013;周鑫《治生与行道:元初科举停废与南方儒士之易业》,《广东社会科学》2014年第4期。
④ 《庙学典礼》卷5《行台坐下宪司讲究学校便宜》,第105页。
⑤ 有关元代书铺以及写状人的研究,可参见陈高华《元代的审判机构和审判程序》,《陈高华文集》,第110—113页。
⑥ 《元典章》卷53《刑部十五·诉讼·听讼·至元新格》,第1748页。
⑦ 张养浩:《三事忠告》卷1《牧民忠告上·听讼·弭讼》,《景印文渊阁四库全书》第602册,第736页上。
⑧ 《元典章》卷53《刑部十五·诉讼·书状·籍记吏书状》,第1745页。
⑨ 《元典章》卷53《刑部十五·诉讼·书状·籍记吏书状》,第1745页。
⑩ 李存:《鄱阳仲公李先生文集》卷17《送刘县尉荣甫序》,《北京图书馆古籍珍本丛刊》第92册,第608页上。
⑪ 吴澄:《吴文正公集》卷40《元承事郎同知宁郡州事计府君墓志铭》,《元人文集珍本丛刊》第3册,第644页上。

在天临路湘乡州，吏胥往往"嗾无赖之徒诬人以非罪"。① 尤其是一些罢居乡里的吏胥，更是以兴讼为业。入元之初年，江南吉水州的原南宋吏胥常"挟文为奸"。② 绩溪县吏程汝辑因贪贿罢居乡里，无以为生，"侦民有少不平，嗾其讼，佐之请谒，已旁缘自资，且既饵临政者，因持其短长，以蠹民梗政，莫敢何问"。③

第四，豪强、无赖。豪强、无赖是地方社会中的强势力量，他们结交官府、横行乡里，亦常常窥人之争、教唆词讼。如永嘉豪强之孟某，"贿上下，肆毒邻里，煽民讼，因为居间，持吏长短，不敢问，必从其所向"。④ 万载县民黄鼎曾两次因"起灭词讼"被断罪，延祐元年再次因教唆萧瑀诬告本县官吏被以红泥粉壁惩戒。⑤ 南戏《周羽教子寻亲记》中的张员外亦是一个"专一抗帮教唆"的地方豪强。⑥

"盗生乎不足，讼起乎不平"，⑦ 诉讼源于纷争，而纷争很难通过道德教化完全消除，必须依赖于外部权威予以裁决。元代民众本身有多种途径接触一些基本的法律知识，法律意识亦在不断增强。同时，地方社会中又多有"教唆词讼"者推波助澜。民众在发生纠纷或受到侵害时诉诸诉讼，其实是很自然的一种选择。

（二）"怕见官司"：诉讼的代价与顾虑

虽然有诉讼的必要和可能，但这并不意味着民众在主观上乐于兴讼。恰恰相反，大多数普通民众对于诉讼其实有着深深的顾虑，甚至在某种

---

① 王祎：《王忠文公文集》卷22《元中宪大夫金庸田司事致仕王公行状》，《北京图书馆古籍珍本丛刊》第98册，第397页下。
② 欧阳玄：《圭斋文集》卷10《元赠从仕郎吉安路吉水州判官周君潜心墓》。
③ 宋本：《绩溪县尹张公旧政记》，苏天爵编《国朝文类》卷31，《四部丛刊初编》。
④ 吴海：《闻过斋集》卷5《故翰林直学士奉议大夫知制诰同修国史林公行状》，《元人文集珍本丛刊》第8册，第274页下。
⑤ 《元典章》新集《刑部·诸禁·禁奸恶》，第2250—2252页。
⑥ 无名氏：《周羽教子寻亲记》，王季思主编《全元戏曲》第11卷，第356页。
⑦ 李察：《利州长寿山玉京观地产传后弭讼记跋》，光绪《承德府志》卷17《山川三》，第620页上。

第三章　诉讼社会的"相"与"实"

程度上有一种"惧讼"心理，即杂剧中所谓的"怕见官司"。①元代戏曲中对于衙门中的审判场景通常是这样描写的："咚咚锣鼓响，公吏两边排，阎王生死殿，东岳吓魂台。"②这种森严可怖的景象是民众对衙门的想象，亦是民众畏惧心理的一种表现。反映在行动上，民众通常尽量避免兴讼，一些地方宗族还将此写入家规族训。如永丰王氏族训中就告诫子弟曰："不可起无益之争、兴无故之讼。"③前文已经指出，在元人的观念与话语实践中诉讼是受到贬抑的，民众不轻易涉讼的心态与此不无关系。但从根本上来说，元代民众之所以有这样一种诉讼心态，主要还是基于现实的考量——付出与所得之间的权衡。

对于民众来说，一旦兴讼很可能会付出不菲的代价，首先一点就是钱财的花费。在杂剧《包待制三勘蝴蝶梦》中，王氏兄弟失手打死葛彪，云："这事少不的要吃官司。只是咱家没有钱钞，使些甚么？"④诉讼与钱钞的关系可见一斑。在元代，民众在整个诉讼过程中有各种费用支出，仅购买诉状便是一笔不小的支出。《元典章》记载：

> 比年以来，所在官司设立书状人，多是各官梯己人等于内勾当，或计会行求充应。所任之人，既不谙晓吏事，反以为营利之所。凡有告小事，不问贫富，须费钞四五两而后得状一纸，大事一定、半定者有之。两家争告一事，甲状先至，佯称已有乙状，却观其所与之多寡，而后与之书写。若所与厌其所欲，方与书写。稍或悭吝，故行留难，暗行报与被论之人使作先告，甚至争一先费钞数定者。又有一等有钱告状者，自与装饰词语，虚捏情节，理虽曲而〔亦〕直。无钱告状者，虽有情理，或与之削去紧关事意，或与之减除明

---

① 萧德祥：《杨氏女杀狗劝夫》，王季思主编《全元戏曲》第 5 卷，第 175 页。
② 曾瑞卿：《王月英元夜留鞋》，王季思主编《全元戏曲》第 4 卷，第 696 页。
③ 危素：《危太朴集》卷 10《永丰王氏族谱序》，《元人文集珍本丛刊》第 7 册，第 475 页下。
④ 关汉卿：《包待制三勘蝴蝶梦》，王季思主编《全元戏曲》第 1 卷，第 33 页。

· 167 ·

白字样。①

这段材料产生于大德五年（1301），从材料中的叙述来看，根据所告事由的轻重，元代民众在诉状上需花费中统钞四两、五两至一锭不等，若两家争告，所费更多。这是什么概念呢？在大德十年以前，江浙的米价一般为中统钞 10 两 / 石。②同在大德五年，衢州路龙游县马户李尚之以中统钞 13 锭典田 47 亩，大概 13.8 两 / 亩。③也就是说，如果一个龙游县人在大德五年有重情案件需要告诉，他很可能需要典卖三亩多地才能得到他需要的诉状。相比之下，一道契本仅 0.3 两。④而这仅仅是诉讼的开始，诉状写就后经过祗候才能"得通于官长"，⑤这些人巧立各种名目以肥己。"贪官喜民讼之繁，则其需贿之路广"，⑥正式进入诉讼程序后，遇司法官员贪贿，诉讼者又需要通过贿赂才能获得公正的判决。诉讼两造为了获胜，往往竞相贿赂，"讼人、讼于人者，资费不相上下"。⑦刘敏中曰："又如讼，有不免也，一朝投牒，如堕阱擭，两造兼噬，动连岁时，曲直未明，而生业以索矣。"⑧

在诉讼过程中，不仅被告会被勾唤监禁，原、被两造及其家属以及四邻等干连人皆常随衙待审。一旦案件淹滞，长期困顿于衙署，其害又甚于单纯的钱财耗损。胡祗遹曰：

---

① 《元典章》卷 53《刑部十五·诉讼·书状·籍记吏书状》，第 1745 页。
② 刘埙：《水云村稿》卷 14《呈州转申廉访分司救荒状》，《景印文渊阁四库全书》第 1195 册，第 498 页下。
③ 《元典章》卷 53《刑部十五·诉讼·书状·站官不得接受词状》，第 1753 页。
④ 《元史》卷 13《世祖纪十》，第 275 页。
⑤ 郑介夫：《上奏一纲二十目》，邱树森、何兆吉辑点《元代奏议集录》下册，第 106 页。
⑥ 吴澄：《吴文正公集》卷 19《廉吏前金溪县尹李侯生祠记》，《元人文集珍本丛刊》第 3 册，第 358 页上。
⑦ 王毅：《木讷斋文集》卷 1《送九住主簿之浙省传序》，《续修四库全书》1324 册，第 227 页上。
⑧ 刘敏中：《中庵先生刘文简公文集》卷 2《邹平县普颜君去思记》，《北京图书馆古籍珍本丛刊》第 92 册，第 276 页上。

> 或争地一亩，价钱不直数贯，上下前后官吏行求，费钞数百贯，逗遛七年十年不能杜绝。中间两家随衙，诸干连人随衙，妨废农功生业不可计数。随衙之间呼唤不着，小吏、狱卒百端凌辱。小心畏法者以致饥饱劳役，轻则因而成疾，重则致命者往往有之，家有疾病死亡之忧而不敢离衙门者有之。①

可见，长期随衙不仅妨害正常的生产生活，更可能有身心之辱，甚至疾病、性命之忧。

实际上，即使民众已经准备好付出这样的代价，最终的结果也不一定能够如意。正如前文所指出的，元代的司法效率不高，大量案件长期无法得到审断。特别是涉及婚姻、钱粮、田宅、债负等民事纠纷，头绪繁复，而每年官府除去停务、禁刑、节庆以及种种行政杂务的干扰，"得问民诉者不过五六十日"，故而常常"一语抵官，十年不绝"。②"讼婚则先娶者且为夫妇，至儿女满前而终无结绝；讼田宅则先成交者且主业，至财力俱弊，而两词自息；讼钱债则负钱者求而迁延，而索欠者困于听候。"③ 这样即使最后得到当初希望的判决，也已毫无意义。更何况，官府的判决本身亦不能确保公正，若发生错判、枉断的情况，更是得不偿失。

综上所述，对于元代的普通民众来说，诉讼是获得公力救济的渠道，当发生纷争或自身利益受到侵害时告诉于官府本身是一种很自然的行为，然而，诉讼可能带来的代价又使其很难将诉讼视为乐途。在现实中，诉讼并不一定意味着"好讼"，通常是两难下的权衡。

---

① 胡祗遹：《紫山大全集》卷23《县政要式》，《景印文渊阁四库全书》第1196册，第412页下。
② 胡祗遹：《紫山大全集》卷23《折狱杂条》，《景印文渊阁四库全书》第1196册，第426页下。
③ 郑介夫：《上奏一纲二十目》，邱树森、何兆吉辑点《元代奏议集录》下册，第100页。

本章小结

从宋代开始，史籍中有关民风"好讼"的记载就层出不穷，元人所谓的"江南好讼"正是宋代的延续。这种"好讼"的现象与中唐以降江南地区的社会经济发展状况密切相关。人口的增长自然使诉讼的绝对数量相应增加，商品经济的发展更使人与人之间的利益纠纷日益增多。尤其突出的一点是，由于江南地区人多地狭以及国家"不抑兼并"的政策，田讼成为宋元时期江南十分突出的社会问题。元人胡祗遹对此评论说：

> 三代经野有法，不惟务本，地著而民和，至于一切纷乱词讼，皆无自而起。自经野无法，田不隶官，豪强者得以兼并，游手者得自货卖。是以离乡轻家，无父母之邦，无坟庐之恋，日且一日。千年田换八百主，交易若是之烦，因地推收税石之冗，官吏奸蔽，出入挑搅，狱讼万端，繁文伪案，动若牛腰。①

近来学者研究指出，宋元易代并没有改变江南地区社会经济的走向，唐宋变革的成果在元代江南基本得以保留。循着这一思路，元代江南的"好讼"似乎可以从社会经济状况得到解释。然而，文本书写本质上是一种话语实践，对于话语我们应有足够的警惕。②进入具体语境可以看到，元代文献中对江南"好讼"的描述多是一种模式化的书写，其真正要表达的是司法压力和治理之难。司法压力本质上是官府理讼能力无法满足民众诉讼需求的一种表现，但在元人的话语实践中，现实的司法压

---

① 胡祗遹：《紫山大全集》卷23《折狱杂条》，《景印文渊阁四库全书》第1196册，第427页上。
② 对话语表达持审慎态度是近来法律史学者的共同主张，参见黄宗智《中国法律的实践历史研究》，《开放时代》2008年第4期；汪雄涛《迈向生活的法律史》，《中外法学》2014年第2期。

力几乎完全转为对民众"好讼"之风的批判,诉讼的合理性以及造成司法压力的根本原因皆被排除在话语之外。这种话语之所以在元代如此盛行,不仅因为元代江南诉讼数量本身确实繁多以及社会上有少量"好讼之徒",更与元人的观念世界与主观动机密切相关:一方面,元人本身就有"贱讼"倾向以及对江南风俗的成见;另一方面,由于普遍存在的"滞讼"困境,元代国家和江南地方官员需要这样一种话语策略,希望在不明显增加行政成本的情况下缓解诉讼压力,进而维持统治秩序。

从现实情况来看,诉讼主要有两种情形。一种为"诉冤",告诉者由于自身利益受到不同程度的侵害,从而需要外部力量予以救济。另一种为"告奸",对于各种违法行为,元代不仅有强制举告的要求,亦有奖赏告发的激励。元代朝廷希望通过民众举告打击犯罪,同时减少因婚姻、田土等纠纷产生的诉讼,维持"集权的简约治理"。但在社会纷争越来越频繁的情况下,诉讼的增多其实是不可避免的。不过,这并不代表告诉的民众普遍具有"好讼"的心态。对于普通民众来说,诉讼更多是两难之下的权衡:一方面,由于民众法律意识的增强以及"教唆词讼"者的推波助澜,在发生纠纷或遭受侵害时,的确容易产生诉讼的倾向;另一方面,诉讼的代价与结果的不确定又往往使民众对诉讼有着深深的忧虑。

第四章

地方治理中的息讼机制

虽然"好讼"本身很大程度上是一种话语,但元代地方社会亦非费孝通笔下无讼的"乡土社会",[①]更多是呈现出"诉讼社会与非诉讼社会并存的局面"。[②]客观来说,中唐以降随着社会经济的发展,地方社会确实出现了不同程度的诉讼激增现象,江南等地区尤甚。与此同时,地方官员在司法实践中则强调"息讼""弭讼",力求诉讼不经正式审判而由两造和解予以解决。从宋代开始,"和息呈现出制度化的趋势"。[③]至元代,又出现告拦制度以及社长调解纠纷等新动向。

在以往研究中,学者主要围绕息讼理念的产生以及息讼的途径进行讨论,有不少颇具启发性的成果。[④]不过现有研究多从司法运作的层面

---

① 参见费孝通《乡土社会》,第51—55页。
② 夫马进:《中国诉讼社会史概论》,《中国古代法律文献研究》第6辑,第1—74页。
③ 张晋藩:《中国法律的传统与近代转型》,法律出版社,1997,第283页。
④ 参见马作武《古代息讼之术探讨》,《武汉大学学报》(哲学社会科学版)1998年第2期;邓建鹏《健讼与息讼——中国传统诉讼文化的矛盾解析》,《清华法学》第4辑,清华大学出版社,2004;郭东旭《宋代法律与社会》,人民出版社,2008,第137—154页;徐忠明《情感、循吏与明清时期司法实践》,第119—138页;高玉玲《论宋代的民事息讼——以〈名公书判清明集〉为考察中心》,《安徽师范大学学报》(人文社会科学版)2012年第6期;陈丽蓉《息讼、健讼以及惩治唆讼》,《中西法律传统》第10卷,中国政法大学出版社,2014;王旭杰《中国古代官箴书中的息讼思想探析》,《宁夏社会

理解息讼，主要关注诉讼发生后的调解平息之术，而现实中的息讼其实广泛存在于诉讼发生前后的不同阶段。换言之，息讼不仅仅是地方官员处理具体诉讼案件的司法实践，更是面对诉讼增多的现实状况，力求防止和减少诉讼的综合治理策略，有必要将其置于地方治理的视角下予以更深入和全面的检视。同时，从研究时段来看，现有研究或在中国传统法文化视阈下对息讼进行整体性考察，或集中于宋代与明清。有关元代息讼问题，学者虽然已围绕民事纠纷的调解机制展开讨论，[①]并对告拦制度、社长调解纠纷职能等具体问题给予了一定关注，[②]但系统且深入的研究尚付之阙如。正如史乐民（Paul.Smith）所指出的，中国史叙述往往因对元代相关情况的未知而被人为隔断。[③]作为中国古代息讼机制建立和完善的关键时期，元代相关问题研究的不足极大阻碍了我们对中国近世以降息讼的长时段理解。本章将综合利用传世文献与碑刻、黑水城文书等资料，系统论述元代地方治理中的息讼机制及其运作。

一　从"无讼"到"息讼"：基于地方治理的审视

前文已述，随着儒家思想在汉代以降成为中国古代国家的主流意识形态，"无讼"思想在整个帝制时代皆极受推崇，而作为中国古代普遍的司法理念，息讼与儒家"无讼"思想则有着密切联系。孔子言："听讼，

科学》2014 年第 6 期；张丽霞《明代息讼制度探究——以判牍为中心的考察》，《郑州大学学报》（哲学社会科学版）2017 年第 4 期；柴荣、李竹《传统中国民事诉讼的价值取向与实现路径："息讼"与"教化"》，《政法论丛》2018 年第 2 期。

① 参见陈高华《元朝的审判机构和审判程序》，《陈高华文集》，第 118 页；胡兴东《元代民事审判制度研究》，《民族研究》2003 年第 1 期；王盼《由黑水城文书看亦集乃路民事纠纷的调解机制》，《西夏研究》2010 年第 2 期；张斌《从黑城汉文书看元代地方社会民事纠纷的解决机制》，《青海社会科学》2012 年第 1 期。

② 参见苏力《黑城出土 F116：W98 号元代文书研究》，《古代文明》2011 年第 4 期；杨讷《元代农村社制研究》，《历史研究》1965 年第 4 期；鲁西奇《元代乡里制度及其实行的北南方差异》，《思想战线》2019 年第 5 期。

③ 史乐民：《宋、元、明的过渡问题》，张祎等译，单国钺主编《当代西方汉学研究集萃·中古史卷》，第 252 页。

吾犹人也。必也使无讼乎！"①元人对这句话的理解大致如许衡所言："若论判断词讼，使曲直分明，我与人也一般相似。必是能使那百姓每自然无有词讼，不待判断，方才是好。"②在很大程度上，"无讼"所指向的是一种"无需法律的社会秩序"：在儒家伦理的支配下，整个社会井然有序，民众没有纷争，自然无需诉讼。

在元代，"无讼"是人们品评官员为良吏的重要标准，继而成为他人对官员的普遍期待和官员的自我期待。虞集则称陈俨"论礼则欲修一代之经，司刑则知先无讼之本"，③王沂在送友人汪臣良赴余姚为官时曰"但使民无讼，何烦里有讴"，④谢应芳在给新任知府的贺信中曰"省刑驯致于无刑，听讼当期于无讼"。⑤不过，元人也认识到虽然"无讼"是一种理想的社会目标，但纠纷和争讼是民众同居共处的必然产物，现实中无时不有。张养浩指出："惟民之生，狗安狙逸，乌能无疾？林林而居，恶能无讼？"⑥又言："人不能独处，必资众以遂其生，众以相资，此讼之所从起也。"⑦《经世大典·宪典总序》中亦称："《易》著讼卦，《书》称嚚讼，则虽五帝三王之世，不能无讼。人有不平，形之于讼，情也。"⑧既然诉讼有其必然性，欲臻至"无讼"则要求牧民者平息诉讼。"郡县得一贤守宰，苟能行之以道，虽无讼可也"，⑨在元人看来，通过地方官员的努力，"无讼"并非遥不可及。

孔子虽强调"无讼"，但并没有因此否定"听讼"。严格来说，高效、

---

① 《论语注疏》卷12《颜渊》，阮元校刻《十三经注疏》，第2504页上。
② 许衡：《鲁斋遗书》卷4《大学直解》，《景印文渊阁四库全书》第1198册，第324页下。
③ 虞集：《道园学古录》卷12《陈文靖公谥议》，《四部丛刊初编》。
④ 王沂：《伊滨集》卷9《送汪臣良余姚守十韵》，《景印文渊阁四库全书》第1208册，第467页下。
⑤ 谢应芳：《龟巢稿》卷17《贺傁知府到任启》，《四部丛刊三编》。
⑥ 张养浩：《归田类稿》卷4《棣州重修夫子庙记》，《景印文渊阁四库全书》第1192册，第512页上。
⑦ 张养浩：《三事忠告》卷1《牧民忠告上·听讼·察情》，《景印文渊阁四库全书》第602册，第735页下。
⑧ 《经世大典·宪典总序》，苏天爵编《国朝文类》卷42，《四部丛刊初编》。
⑨ 《经世大典·宪典总序》，苏天爵编《国朝文类》卷42，《四部丛刊初编》。

第四章 地方治理中的息讼机制

公正地审理诉讼恰恰是解决纷争、平息诉讼的重要途径。然而元人接受宋儒的阐发，贵"无讼"的同时轻"听讼"，并没有把听讼视为息讼的题中之义。许衡曰："听讼非难，使民无讼然后为难。"①许谦曰："听讼是新民之末节。"②张养浩甚至在《牧民忠告》中告诫牧民者"勿恃能听讼为得"。③这种思想在术数之书中也有所体现，陆森《玉灵聚义·词讼胜负章》中曰："圣人不以听讼为难，而以使民无讼为贵，乃刑期于无刑之意。故曰：'以讼受服，不足敬。'"④

从实践来看，元代地方官员息讼表现出尽量减少进入正式司法程序的案件数量的强烈倾向，有些官员甚至不顾案情一概息讼，影响到正常的司法运作。按元制，调解息讼一般适用于婚姻、田产、钱粮、债负等民事纠纷，刑名案件通常不允许私下和息。如元代规定，在盗窃案件中，"诸事主及盗私相休和者，同罪"。⑤在命案中，如果有司已经抓获案犯却不检尸，纵令两造休和，并将案犯释放，则"正官杖六十七，解见任，降先职一等叙；首领官及承吏各笞五十七，罢役，通记过名"。⑥然而在现实中，常有司法官员违例准许刑名案件中两造"私自休和"，甚至"强令休和"。如至元五年（1268），赵仲谦于中都左巡院告王四打死妹赵喜莲，左巡院郝警使、马警判等故意迁延，不予审判，赵仲谦又告至右巡院，巡院官吏依然不进行审问，却令原告和被告两日内休和。⑦至元六年（1269）彰德路薛天祐与宁氏通奸一案，路总管府准告休和，被按察

---

① 许衡：《鲁斋遗书》卷4《大学直解》，《景印文渊阁四库全书》第1198册，第324页下。
② 许谦：《读四书丛说》卷1《读大学丛说·传四章》，《四部丛刊续编》，商务印书馆，1934。
③ 张养浩：《三事忠告》卷1《牧民忠告上·听讼·察情》，《景印文渊阁四库全书》第602册，第735页下。
④ 陆森：《玉灵聚义》卷5《词讼胜负章》，《四库全书存目丛书》子部第66册，第77页下。
⑤ 《元史》卷104《刑法志三》，第2660页。
⑥ 黄时鉴辑点《元代法律资料辑存》，第103页。
⑦ 王恽：《秋涧先生大全文集》卷87《乌台笔补·弹左巡院官休和赵仲谦事》，《四部丛刊初编》。

司刷卷时发现,定为"违错"。①大德六年(1302),定襄县张仲恩告禁山官速剌浑男忻都伯用弓梢将其侄男桃儿推落崖下致死,县尹杜行简等不检验尸伤,纵令休和,将忻都伯释放。②在这些案件中,司法官员违例允许或强制诉讼两造和解,一方面因畏惧被告人权势或收受贿赂,另一方面亦不乏以此达到息讼目的。

概而言之,如果说儒家"无讼"所追求的是背后"无争"的理想社会秩序,元代地方官员息讼则往往转向否定和避免诉讼本身。这种息讼倾向一方面源自其对儒家"无讼"理想的片面追求,更多则是出自现实需求的治理策略。

元人称路、府、诸州长官为"牧民官","牧者,能守养之意";司、县长官为"字民官","字者,抚也,表司县抚育养民也";临民官为"亲民官","亲者,爱也,取爱养兆民之义"。③无论"牧民官""字民官"还是"亲民官",皆为"抚安百姓"之官,④即所谓"父母官"。所谓"既为民父母,当作子孙看",⑤地方官员当然有义务受理民众的"冤抑",但职责广泛的地方治理者,其司法实践又不仅仅依循法律逻辑,而是基于地方治理的综合考量。在元代,地方官员始终面对理讼能力不足与民众诉讼需求旺盛之间的矛盾。一方面,许多州郡人口繁夥,诉讼数量巨大。元代文献中屡见不鲜的有关江南"好讼"的言论正是对这种诉讼状况的一种话语呈现。另一方面,"集约型"的地方官府根本无力应对如此繁多的诉讼案件。元政府规定诉讼、赋税等公务皆须正官提调,但各级官府正官不过数员,正所谓"正官有限,公务无穷",以至于"簿书堆积,狱犴填满,民讼冤滞"。⑥从司法者自身来说,大多并没有受过系统的法律

---

① 《元典章》卷45《刑部七·诸奸·凡奸·犯奸休和理断》,第1533页。
② 黄时鉴辑点《元代法律资料辑存》,第103页。
③ 徐元瑞:《吏学指南》(外三种),第23页。
④ 《元典章》新集《朝纲·中书省·政务·官吏冤抑明白分拣》,第2031页。
⑤ 王恽:《秋涧先生大全文集》卷62《谕平阳路官吏文》,《四部丛刊初编》。
⑥ 胡祗遹:《紫山大全集》卷21《论臣道》,《景印文渊阁四库全书》第1196册,第370页下。

训练，其法律素养往往难以满足实践需要。如县令为亲民之官，"十分为率，大半不识文墨，不通案牍，署衔书名题日落笔，一出于文吏之手。事至物来，是非缓急，闭口不能裁断，袖手不能指画，颠倒错缪，莫知其非"。[1]地方"狱讼烦滋"，即使是"长才敏识"之人，也只是"期不旷事而已"。[2]一般任州县者，则"匪朝伊夕，惴惴焉奔命共事"，"往往翘足瓜代，知幸免责而去"。[3]对于听讼，官员即使有心为之，亦力有不足。

除开理讼能力的不足，听讼的风险与成效亦使地方官员产生顾虑。根据前文所述，在元代的司法监察制度下，地方官员在司法中同时面对来自上级官府和地方监察机关的严密监督，特别是由行台与道肃政廉访司构成的监察网络，对地方官员的司法监察尤为有力。《行台体察等例》中规定："刑名词讼，若审听不明及拟断不当，释其有罪，刑及无辜，或官吏受财，故有出入，一切违枉者，纠察。"[4]从案件受理、审断到最后判决，无论官员故意枉法还是失误违错，皆会受到监察官员的纠察，进而受到相应惩罚。轻者受笞杖、记过、罚俸，重者黜降乃至解职。在现实中，由于审断失误而获罪者十分常见。对于官员来说，听讼其实是充满风险的，如若能使民息讼而免于刑名违错之忧，不失为上上之策。

与此同时，官府听讼的现实效果往往并不尽如人意，许多案件虽经审结，但两造之间的纠纷并没有解决，仍反复争讼。以湖州路胡瑗坟地案为例，安定先生胡瑗为北宋理学大家，墓地在湖州路乌程县三碑乡七都何山，南宋时曾专门建安定书院负责祭祀。元代至元至泰定间，安定书院与何山寺围绕胡瑗坟地归属进行了长达四十余年的争讼。先是至元二十二年（1285），何山寺侵占胡瑗坟地并进行破坏，书院儒生告至湖州路总管府，经总管府与江南释教总统所约会审问，"将胡安定先生坟

---

[1] 胡祗遹：《紫山大全集》卷23《精选县令》，《景印文渊阁四库全书》第1196册，第413页上。
[2] 高明：《丽水县尹梁君政绩记》，成化《处州府志》卷4，成化二十二年刻本。
[3] 王恽：《秋涧先生大全文集》卷38《重修录事司厅壁记》，《四部丛刊初编》。
[4] 赵承禧等编撰《宪台通纪·行台体察等例》，第21页。

墓、山地、书堂、房屋归还秀才依旧管业"。然而此判决并没有消弭争端,何山寺僧人依然阻挠书院儒生祭祀,书院"连年陈诉不绝"。延祐二年(1315),安定书院再次提起诉讼,湖州路总管郝鉴在委托归安县尹李承直审断效果不佳后亲诣何山寺,双方遂和解。然而至泰定初,安定书院儒生在修缮因大雨损坏的胡瑗墓时又遭到僧众阻挠,不得不再次兴讼,最终在乌程县尹于承德"亲诣地所,从实相视"后,何山寺与安定书院达成和议,"两下拦和,永远息讼"。① 在这一案件中,在胡瑗坟地产权清晰的情况下,官府多次做出判决却没有做到定纷止争,背后固然有元代释教势力强大等因素,但也在很大程度上展现出听讼本身的局限性。② 案件的最终解决则是通过僧、儒双方和解息讼实现,而非由官府再次判决。

此外,息讼本身亦是元代考课地方守令的重要内容。在大蒙古国时期以及中统初年,法度粗疏,官员多世袭,僚属听自置,无考课、铨注之法,世祖建元后考课制度逐渐建立并完善。③ 至元元年(1264)定地方官考课之标准为:"以五事考较而为升殿:户口增、田野辟、词讼简、盗贼息、赋役平,五事备者为上选,内三事成者为中选,五事俱不举者黜。"④ 这一考课标准直接继承自金代,金兴定元年(1217)定考课"六事":"一曰田野辟,二曰户口增,三曰赋役平,四曰盗贼息,五曰军民和,六曰词讼简。"⑤ 元代除省去"军民和"外,余相同。其中对狱讼的要求是"词讼简",《吏学指南》释曰:"谓治事之最,听断详明,讼无停留,狱无冤滞者。"⑥《吏学指南》这一解释与唐宋时期的考课标准颇为

---

① 陆心源:《吴兴金石记》卷14《胡文昭公墓据碑》,《历代石刻史料汇编》第12册,北京图书馆出版社,2000,第258—263页。
② 关于本案的相关讨论,详见沈伏琼《元代江南寺院侵占儒学田产现象探析——以胡文昭公墓据碑为中心》,《史学集刊》2017年第1期。
③ 有关元代考课制度的发展过程,可参见武波《元代考课制度》,《史学月刊》2013年第8期。
④ 《元典章》卷2《圣政一·饬官吏》,第39页。
⑤ 《金史》卷55《百官志一》,第1228页。
⑥ 徐元瑞:《吏学指南》(外三种),第30页。

接近，唐代考课"四善二十七罪"中有"决断不滞，与夺合理，为判事之最"，[①] 宋代州县考核"四善三最"有"狱讼无冤、催科不扰为治事之最"，[②] 皆是以公正、高效作为处理狱讼的标准。而更多材料显示，元代所谓"词讼简"更强调的是案件数量减少。《元史·立智理威传》中言，至元十八年（1281）立智理威任嘉定路达鲁花赤，"时方以辟田、均赋、弭盗、息讼诸事课守令"，[③] 即将"词讼简"理解为"息讼"。顺帝时期考课标准由"五事"变为"六事"，明言狱讼的标准为"词讼简少"。[④] 相对唐宋时期，元代对狱讼的考课重心由"狱讼无冤"转向"词讼简少"，这一考课标准必然会对地方官员的日常息讼实践产生导向作用。

简而言之，元代地方官员之所以致力于息讼：一方面，与儒家崇尚"无讼"的司法理念有着直接关系，在这种法律文化语境下，无论外界的期待抑或自身的理想，都促使官员将息讼甚至无讼作为一种追求；另一方面，息讼与地方官员的制度角色及其背后的治理目标和治理资源亦密不可分。息讼本身就是元代国家考课官员的重要内容，而地方官员面临案多人少、法律素养缺乏等不利条件，其理讼能力根本无法应对过多的听讼任务，特别是听讼中潜在的风险更使其望而却步。息讼不仅是对"无讼"理想的身体力行，更是地方官员在充分衡量成本与风险后所选择的最为有利的治理策略。同时，由于元代地方官员扮演"牧民官"而非"司法官"的本质角色，他们在司法资源方面有着先天缺陷，但也因此拥有司法之外的其他资本：他们不仅因代表国家治理地方而拥有政治权威，同时还以士大夫的身份拥有文化权威。这些资本虽然与听讼无太大关联，却可以转换为息讼的资本。因此，元代地方官员在实践中往往利用各种资源，在诉讼的各个阶段进行息讼的努力。

---

① 《新唐书》卷46《百官志一》，第1190页。
② 《宋史》卷163《职官三》，第3839页。
③ 《元史》卷120《立智理威传》，第2958页。
④ 梁寅：《新喻梁石门先生集》卷10《策略二·考课》，《北京图书馆古籍珍本丛刊》第96册，第509页下。

二 息讼源："无争"社会秩序的构建

正如前文所言，"无讼"的本质是"无争"，因而"百姓每自然无有词讼"，那么构建"无争"的社会秩序也就成为息讼的根本途径。

（一）厚风俗：息词讼之源

元人孙以忠在为温州路学撰写的记文中寄语曰："校官者，当厚风俗，息词讼之源。"①其意概以将教化作为息讼之本，此亦《经世大典·宪典总序》中载："化行俗美，无讼而狱空者，上也。"②元人对以教化息讼的思想多有表述。陈天祥曰："使民无讼，非教化不能，教化乃新民之事也。"③张养浩曰："无讼者救过于未然，非以德化民，何由及此？"④皆是主张通过道德教化以息讼。出身宋宗室的学者赵偕隐居慈溪，他在给慈溪县令陈文昭所撰的《治县权宜》中建议"明人伦兴古学校"，认为如此不仅"有父子兄弟者无不悦"，"且有使无讼之妙"。他还建议"彰善良以弭邪恶"，"果能使善良之风渐兴，邪恶之风渐消，各乡争讼，必不至如今日之多"。⑤元历代皇帝亦屡屡颁降诏旨，敦促地方官"宣明教化，肃清风俗"。⑥

同时，元人还将诉讼烦冗归因于教化不行，认为"有民不教，则五品不逊而有讼"。⑦胡祗遹指出，文、武、周、孔、颜、孟以下之为君者

---

① 孙以忠：《温州路儒学记》，弘治《温州府志》卷19，《天一阁藏明代方志选刊续编》第32册，上海书店出版社，1990，第926页。
② 《经世大典·宪典总序》，苏天爵编《国朝文类》卷42，《四部丛刊初编》。
③ 陈天祥：《四书辨疑》卷1《大学》，《景印文渊阁四库全书》第202册，第353页上。
④ 张养浩：《三事忠告》卷1《牧民忠告上·听讼·察情》，《景印文渊阁四库全书》第602册，第735页下。
⑤ 赵偕：《赵宝峰先生文集》卷1《治县权宜为邑宰陈文昭设》，《续修四库全书》第1321册，第140页下。
⑥ 王结：《文忠集》卷6《善俗要义》，《景印文渊阁四库全书》第1206册，第250页上。
⑦ 程端学：《积斋集》卷4《瑞州路推厅记》，《景印文渊阁四库全书》第1212册，第351页上。

不能正本清源，却以法令刑罚督责，法令虽严，"民不兴行，放僻邪侈，奸伪烂漫而不可遏"，刑罚虽苛，"凶顽嚚滋，炽而不可止"。① 陈栎也认为："珥笔当禁，哗讦当惩，今禁权豪亦严矣，然或上下相蒙，而嚚讦未可变，毋乃徒为其事，而未修教化之道，以生其逊悌之心欤？"② 针对时人对江南"好讼"的非议，苏天爵亦从教化与民俗的关系出发对此进行了批驳，其言曰：

> 或谓江淮民俗浇漓，喜相告讦，奈何纯任德教治之乎？呜呼！颍川，中国之地也，赵广汉治之，俗易以暴，韩延寿、黄霸治之，俗易以善。岂颍川之俗异乎？顾长民者导之何如尔。盖大江之南，土壤肥饶，其人喜夸而尚气，少有所讼，则百计以求直，贪者舞文以挠政，纵欲以求获，是以民被哗讦之名，吏少清白之誉。夫好善而恶恶，人之常情。在上者，因民富庶，训之以诗书，迪之以礼让，则俗何以不古若哉？矧镇江名郡，江山之高深，习尚之朴野，又遇李侯修治学（官）〔宫〕，敦尚名教，将见风俗与化移易，仰称圣天子养民图治之意乎？③

很显然，苏天爵认为江淮之民之所以有"好讼"之称，一个很重要的原因是官员没有真正重视道德教化，而要变江淮之俗，则需要"训之以诗书，迪之以礼让"，只要崇尚名教，自然民风淳厚而无嚚讼之习。

吴师道作邑建德时建崇化堂，其好友柳贯在记文中言："夫讲道修政，仕者均有责焉。然其所施有缓急，所就有厚薄，要未可以概论之也。故令之去民为最近，而其教民为最切。朝发一言于堂序之上，而夕可以

---

① 胡祗遹：《紫山大全集》卷20《原教》，《景印文渊阁四库全书》第1196册，第330页上。
② 陈栎：《定宇集》卷13《经史实务策一道》，《景印文渊阁四库全书》第1205册，第371页下。
③ 苏天爵：《滋溪文稿》卷3《镇江路新修庙学记》，第44页。

达之荒村陋落之陬。所教者不一二,而所感以化者已十百,其效简且易致如此。"① 究其意,概以地方官员亲临治民,故其不仅肩负教化职责,且有教化之便。正如学者研究中所提出的,广义上来说,兴学校、教育吏员、兴修或修复先贤遗迹、纠正不良风俗、表彰人物、施行乡约、劝农等皆为"循吏"推广教化的内容。② 除此之外,地方官主持和参加的一些仪式,如乡饮酒礼以及祭祀岳镇海渎的活动,同样具有教化的性质。③ 毋庸赘言,这些多样化的教化措施对于化民成俗、息讼止争皆有直接或间接的作用。而着眼于劝善诫讼,地方官员亦有许多有针对性的教化措施。

元代地方官员十分重视利用各种公共场合宣扬教化,其中庙学讲书是一种重要的制度性教化实践。所谓"庙学"即儒学学校,包括中央之国学与地方之官学、社学。④ 元代在路、府、州、县皆建有官学,社学更是广布天下。至元六年制定官吏诣庙学烧香讲书之制:

> 如遇朔望,自长次以下正官、首领官,率领僚属吏员,俱诣文庙烧香。礼毕,从学官、主善诣讲堂,同诸生并民家子弟愿从学者,讲议经史,更相授受。日就月将,教化可明,人材可冀外……礼让既行,风俗自厚,政清民化,止盗息奸,不为小补。⑤

从这段材料可见,庙学每月朔、望两次讲学,参加者不仅有学官、

---

① 柳贯:《柳待制文集》卷15《崇化堂记》,《四部丛刊初编》。
② 张延昭:《下沉与渗透:多元文化背景下的元代教化研究》,博士学位论文,华东师范大学,2010,第78—91页。
③ 申万里在有关元代乡饮酒礼的研究中指出,乡饮酒礼最主要的功能就是形成尊贤、礼让、敬老的社会风气。见氏著《宋元乡饮酒礼考》,《史学月刊》2005年第2期。马晓林在有关元代岳镇海渎祭祀的研究中指出,祭祀仪式勾画出一幅以蒙古为中心、各民族协调建立秩序的图景,这无疑也是一种对民众宣传统治秩序的教化方式。见氏著《元代国家祭祀研究》,博士学位论文,南开大学,2012,第366页。
④ 有关元代庙学的研究,参见申万里《元代庙学考辨》,《内蒙古大学学报》(人文社会科学版)2002年第2期。
⑤ 《庙学典礼》卷1《官吏诣庙学烧香讲书》,第13页。

诸生，亦有地方行政官吏与民家子弟，这时的庙学成为一个公众广泛参与的空间，亦成为一个很好的宣传场所。申万里认为，庙学本身空间并不足以容纳过多人员，朔望讲书其实并不是面向社会民众的教育活动。又由于大部分官员学问有限，亦很少亲自讲学。这应是实情。不过也有一部分贤能者能够积极参与，甚至不拘于朔望讲学，利用庙学宣扬教化。大德元年（1297），于九思任诸暨州知州，其地"俗尚气而喜争，牒诉纠纷，为长吏者，恒患其不易治"。为培育民俗，于九思暇日则召集民人子弟于州学，劝以"孝弟忠信之说"，"嚣哗之风，为之浸衰"。①

春月劝农亦是一种制度性的教化实践，且相比庙学讲书更具仪式性和公众性。春月劝农之制源自先秦，其典载于《礼记·月令》。②秦汉以降，劝农之制日趋完善，劝农成为地方官员日常行政的重要职责之一。特别到了宋代，州县长官皆兼劝农使，每年春季二月出郊劝农，成为定制。③元代对劝农尤为重视，不仅中央以司农司总领农事，而且地方官员以及路、府、州、县长官皆"以劝农事三字系之职衔之下"。④黄溍感慨说："我朝参稽故典，郡邑守令悉以劝农入衔，事莫重焉"。⑤与宋代一样，元代地方长官每年春季二月出郊，"率其属以延见父老"。⑥有时正官缺员，则以他官代行，如东莞县缺正官，郭应木就曾"摄其事"。⑦劝谕

---

① 黄溍：《金华黄先生文集》卷23《元故中奉大夫湖南道宣慰使于公行状》，《四部丛刊初编》。
② 《礼记·月令》载："（孟春之月）王命布农事，命田舍东郊，皆修封疆，审端经术，善相丘陵、阪险、原隰土地所宜，五谷所殖，以教道民，必躬亲之。田事既伤，先定准直，农乃不惑。"见《礼记正义》卷14《月令》，阮元校刻《十三经注疏》，第1356页下—1357页上。
③ 参见包伟民、吴铮强《形式的背后：两宋劝农制度的历史分析》，《浙江大学学报》（人文社会科学版）2004年第1期。
④ 陆文圭：《墙东类稿》卷10《劝农文二首》，《元人文集珍本丛刊》第4册，第581页上。另，有关元代劝农机构的设置，可参见汪兴和《元代劝农机构研究》，硕士学位论文，暨南大学，2004；吴超《元代劝农机构初探——以黑水城出土文书为中心》，《西夏研究》2011年第3期。
⑤ 黄溍：《金华黄先生文集》卷20《诸暨州劝农文》，《四部丛刊初编》。
⑥ 陆文圭：《墙东类稿》卷10《劝农文二首》，《元人文集珍本丛刊》第4册，第581页上。
⑦ 郭应木：《劝农文》，民国《东莞县志》卷49《宦迹略一》，《中国方志丛书》，台北：成文出版社，1966，第1852页。

的目的不仅是促进农业生产,同时也是以此为机进行道德教化,有的官员将此视为虚文,有的官员则将此视为深入民众的良机,颇为重视。如李天佑于大德间任象山县尹时就曾言,"劝农兴学,王政之始,朝廷屡降德音,而郡县视为虚文,夫我则不敢",逢春秋则"亲行乡社,谕民孝弟忠信,察其勤惰而赏责之"。① 陆文圭、叶岘则一再强调,劝农并非"文具""应故事"。② 地方官员劝农时多写就劝农文,而为便于民众理解,一些官员还十分注意行文表述,力图浅显易懂。如王毅作劝农文以四字为句,"浅近明白"。③ 叶岘劝农青田县,鉴于民众"生长阡陌","知书不深",选择诵读《孝经》之《庶人》一篇,系以四字韵语,使其"易为解晓"。④

除亲行宣谕外,各式各样的劝谕性文字亦是地方官劝诫百姓的重要途径,而元代版刻的发达使低成本的批量印刷成为可能,更大大增强了这一措施的可行性。元代有名的官箴《善俗要义》就是王结在任顺德路总管时撰写,然后颁给下属各正官、社长人等,让他们"以时训诲社众"。⑤ 许多地方官员同样将自己撰写或前贤所作的劝谕性文字予以刊刻或抄写,广加传播。如宋儒陈古灵的《谕俗文》是一篇有名的劝谕文章,朱熹守漳州时就曾刊刻此文训谕民众。迈珠任信州路总管时同样刊刻此文以教民,徐明善称其"匹休朱夫子"。⑥ 丁成之任镇江路录事司达鲁花赤,亦手抄陈古灵之《谕俗文》,然后"刻施民间"。⑦

官员劝诫民众的主要内容是什么呢?关于此,在官员所作的劝农文

---

① 苏天爵:《滋溪文稿》卷18《故承事郎象山县尹李侯墓碑》,第299页。
② 陆文圭:《墙东类稿》卷10《劝农文二首》,《元人文集珍本丛刊》第4册,第581页;叶岘:《劝农文》,雍正《处州府志》卷17,《中国方志丛书》,台北:成文出版社,1983,第2216页。
③ 王毅:《木讷斋文集》卷2《劝农文》,《续修四库全书》第1324册,第231页下。
④ 叶岘:《劝农文》,雍正《处州府志》卷17,《中国方志丛书》,第2216页。
⑤ 王结:《文忠集》卷6《善俗要义》,《景印文渊阁四库全书》第1206册,第250页上。
⑥ 徐明善:《芳谷集》卷上《信州路迈珠总管刊陈古灵谕俗文序》,《景印文渊阁四库全书》第1202册,第581页下。
⑦ 朱德润:《存复斋续集·善政诗序》,《续修四库全书》第1324册,第356页上。

第四章　地方治理中的息讼机制

中有比较全面的体现，①现将地方官员所作劝农文中除农事以外的劝诫内容抄录于下：

材料一：尚气嚚讼，毁家求直之害于耕者，倘不惩其忿，则俯伏于讼庭者，其能安居于田里乎？好勇斗狠，背理伤道之害于耕者，倘不革其非，则桎梏于囹圄之间者，其能未耜于田畴乎？出理入法，逃刑遁身之害于耕者，倘不悔其祸，则（漂）〔飘〕泊于异乡者，其能回顾于田庐乎？②

材料二：尔父老率乡之子弟惟勤惟谨，勿惰勿游，勿好勇斗（很）〔狠〕，勿饮博争讼，惟耕蚕是务。③

材料三：继自今父训其子，兄诏其弟，妨农之事，一切不为，毋游手好闲，毋沉酗于酒，毋好勇犯上，毋不孝不友，有一于此，官有常刑。④

材料四：又须孝养父母，弟逊兄长，毋淫于逸、于游……其或好勇斗（很）〔狠〕，博弈饮酒，聚其淫祀，驱诱良民，邦有常刑，罪及尔身，弗可悔。⑤

材料五：且衣食足然后知礼义，今天下郡县有学，乡社有学，门塾有学，皆立教法，使人趋善而避恶也。尔父老重告子弟曰：父慈子孝，兄友弟恭，则家道肥；男耕女织，不事游荡，则衣食裕。毋赌博纵酒食以破家，毋犯上讦阴私以败俗。斗狠违法者伤身，欺诈反覆者致祸。皆尔农所当戒也。⑥

材料六：先行孝道，奉养双亲，睦乃宗族，和彼乡邻。劝尔农

---

① 有关元代劝农文的内容，苏力曾有专门研究，但其收集的劝农文多有遗漏，分析亦有未尽之处。参见氏著《元代劝农文对农民的劝化》，《农业考古》2006年第4期。
② 郭应木：《劝农文》，民国《东莞县志》卷49《宦迹略一》，《中国方志丛书》，第1852页。
③ 陆文圭：《墙东类稿》卷10《劝农文二首》，《元人文集珍本丛刊》第4册，第581页上。
④ 陆文圭：《墙东类稿》卷10《劝农文二首》，《元人文集珍本丛刊》第4册，第581页上。
⑤ 陆文圭：《墙东类稿》卷10《戊辰劝农文》，《元人文集珍本丛刊》第4册，第581页下。
⑥ 唐元：《筠轩集》卷13《本路劝农文》，《景印文渊阁四库全书》第1213册，第589页上。

· 185 ·

人，莫学赌博，博奕之人，家必萧索。劝尔农人，莫去奸媱，他人之妻，莫起邪心。劝尔农人，莫从贼侣，他人之物，一毫莫取。劝尔农人，莫杀牛畜，耕田得力，莫食其肉。劝尔农人，妇勤丝麻，贞洁节俭，助夫起家。莫好酒食，莫贪妆束，布衣菜粥，易于饱足。人不读书，梦无所觉，日事于农，夜当向学。言温气和，恭敬田主，租课早还，粮差官府。休学无藉，莫待催取，推己及人，事无妄语。莫强人佃，自然无事，能依此言，风移俗易。男务耕耘，女勤纺织，勿使斯文，徒挂墙壁。不遵劝谕，是谓愚痴，刑责及身，虽悔何追。①

材料七：谨身节用，循理畏法，常务谨饬。省费啬用，常思爱惜。莫斗莫狠，斗狠罹灾。莫饮莫博，饮博坏材。尔身克谨，善名所归。尔能用节，起家之基。以养父母，五常百行。爱义父母，必敬必虔。昆季宗族，兄弟同气。常务和睦，勿生乖异。周有典贤，汉有举孝。归语子弟，尔训尔教！②

从上述材料来看，元代地方官员对民众的劝谕不外乎三方面内容。一为"劝善"，主要是和睦乡土社会中的人伦关系，包括父子之间、夫妻之间、兄弟之间乃至同族之间的关系。良好的人伦秩序是儒家伦理的核心要求，亲族之间相讼则是牧民者最为痛心疾首的。赵偕多次向慈溪县的地方官建言："若待其父子兄弟夫妇有讼于官，然后听之，纵断之不失，则已乖和气，何以感动人心。"③二为"诫恶"。好勇斗狠、酗酒赌博等，这些行为皆是常见的不良行为，很多还是国家法律明确禁止的。这些行为不仅不利于社会秩序的稳定，更是纠纷的源头，极易引发诉讼。

---

① 王毅：《木讷斋文集》卷2《劝农文》，《续修四库全书》第1324册，第231页下。
② 叶岘：《劝农文》，雍正《处州府志》卷17，《中国方志丛书》，第2217页。
③ 赵偕：《赵宝峰先生文集》卷1《治县权宜为邑宰陈文昭设》，《续修四库全书》第1321册，第140页下。

杜绝这些恶习,很大程度上也就会减少诉讼发生的可能。三为"止讼",即直接告诫民众勿争讼。其告诫话语中除纯粹的道德说辞外,更多的是现实的"利"与"害"。前者既包括"善名",也有更为现实的经济利益;后者一方面是"害于耕""破家"等经济损失,另一方面是违法后受刑之苦。概而言之,官员在告诫中不仅晓以利害劝民众勿讼,亦着眼于"止争",以堵塞诉讼之源。

"化"者,"教行也","教行于上,则化成于下"。[①]所谓"教化",即统治者通过各种非强制的宣传、教育手段,将官方的意识形态与价值观念灌输给民众,从而规范民众的认知、思维与行动,其核心是使民众发生"极其深刻的精神转变"。[②]质言之,教化其实是"大传统"向"小传统"渗透的过程,亦是国家构建统治秩序的重要措施。"道之以政,齐之以刑,民免而无耻;道之以德,齐之以礼,有耻且格。"[③]教化则意味着民众的日常行为皆遵循儒家伦理,自然可"绝起讼之源"。而从现实来说,以教化息讼耗费的行政成本最少,故而尤其受到元代地方官员的重视。

(二)法律的宣传与普及

在元代官方语境里,教化以儒家伦理——或者说宋代以来重新阐发的理学为本,元代的教化其实就是"儒学教化"。[④]"鞭笞斧钺,礼乐教化,相为表里",[⑤]现实社会秩序的构建不仅需要道德与伦理,法律亦是重要一环。元代地方官员在敦厚人伦的同时,还非常重视宣传和普及国

---

① 许慎撰,段玉裁注《说文解字注》,第384页下。
② 汉斯-格奥尔格·加达默尔:《真理与方法——哲学诠释学的基本特征》,洪汉鼎译,上海译文出版社,1999,第14页。
③ 《论语注疏》卷2《为政》,阮元校刻《十三经注疏》,第2461页下。
④ 如张延昭认为:"元代教化就是理学经过一定途径的传播,分别被不同阶层的受众接受,从而导致其精神和行为产生变化的过程。"见氏著《下沉与渗透:多元文化背景下的元代教化研究》,博士学位论文,华东师范大学,2010,第22页。
⑤ 字术鲁翀:《大元通制序》,苏天爵编《国朝文类》卷36,《四部丛刊初编》。

家法律。徐忠明指出:"法律的公布和宣传乃是一种非常古老的传统,不但为儒家所崇尚,而且也被法家所重视,因此它才能一直延续到帝制时代的结束。"[1] 而之所以重视宣传法律,其原因亦不难理解。法律由秘密走向公开是世界各民族法律的共同趋向。[2] 法律的制定本为实现社会控制、构建统治秩序,而欲使法律起作用就必须让民众知晓法律。苏天爵在《乞续编通制》中言:

> 法者,天下之公,所以辅乎治也;律者,历代之典,所以行乎法也。故自昔国家为治者,必立一代之法,立法者,必制一定之律。盖礼乐教化,固为治之本,而法制禁令,实辅治之具。故设律学以教人,置律科以试吏,其所以辅乎治者,岂不详且密欤?我国家自太祖皇帝戡定中夏,法尚宽简;世祖皇帝混一海宇,肇立制度;列圣相承,日图政治。虽律令之未行,皆因事以立法。岁月既久,条例滋多。英宗皇帝始命中书定为《通制》,颁行多方,官吏遵守。然自延祐至今,又几二十年矣,夫人情有万状,岂一例之能拘?加以一时官曹,材识有高下之异,以致诸人罪状,议拟有轻重之殊。是以烦条碎目,与日俱增,每罚一辜,或断一事,有司引用,不能遍举。若不类编,颁示中外,诚恐远方之民,或不识而误犯,奸贪之吏,独习知而舞文,事至于斯,深为未便。宜从都省,早为奏闻,精选文臣,学通经术,明于治体、练达民政者,圆坐听读,定拟去取,续为通制,刻板颁行。中间或有与先行《通制》参差抵牾,本末不应,悉当会同,斠若画一。要在详书情犯,显言法意,通融不滞于一偏,明白可行于久远。庶几列圣之制度,合为一代之宪章,

---

[1] 徐忠明:《明清国家的法律宣传:路径与意图》,《法制与社会发展》2010年第1期,第6页。
[2] 梅因:《古代法》,沈景一译,商务印书馆,1959,第1—12页。

第四章 地方治理中的息讼机制

民知所避,吏有所守,刑政肃清,治化熙洽矣。①

这道奏章是顺帝初年苏天爵为请求续编《大元通制》而上,其中鲜明地表达了这样的观点:法律与礼教同样是治国工具,国家必须适时向民众宣示法律的内容,如此才能防止民众误犯。换言之,宣传法律的初衷就是希望民众能够知法而后守法。如延祐六年(1319)颁布《盗贼通例》,首先便明言"明示宪章使民易避"之意。②从地方官员的角度来说,虽然不能使民众完全达到明德循礼的理想境界,但若民众能够守法,同样能够减少诉讼的发生。当然,法律知识水平与好讼与否并非呈单向关联,民众知法守法自然会使诉讼减少。但另一方面,由于对法律的熟悉,民众在遇到纷争时反而会倾向于诉讼,遑论少数讼师本就是倚仗对法律的熟悉而起灭词讼。对于治理者来说,民众法律知识的培育或许本身就是一把双刃剑。

通过榜文、粉壁等渠道颁布法令是元代国家宣传法律最为重要的方式。其中粉壁是经过简单粉刷用以书写和绘画的墙壁,广泛设置于各种场所,其中最重要的是挨家挨户设立的"排门粉壁"。③榜文主要为纸质,以手写或印刷的方式制作,张贴于衙署、城门、市曹、通衢、津度、驿铺、邸店等人群聚集之处,有时亦制成"手榜"散发与民众。此外还有石刻榜文,多颁发给寺观、学校等机构。④每当有新的法令颁降,往往要求"所在官司多出文榜,排门粉壁,明白晓谕",⑤这当然是地方官员的分内之事。而除按照省部要求将下行文书张榜公告外,地方官府亦经常

---

① 苏天爵:《滋溪文稿》卷26《乞续编通制》,第434—435页。
② 《元典章》新集《刑部·诸盗·总例·盗贼通例》,第2166页。
③ 有关元代的粉壁,参见申万里《元代的粉壁及其社会职能》,《中国史研究》2008年第1期;徐忠明《〈老乞大〉与〈朴通事〉:蒙元时期庶民的日常法律生活》,第107—108页;李漫《元代传播考——概貌、问题及限度》,北京大学出版社,2013,第111—115页。
④ 元代榜文相关研究,可参见易瞬《元代榜文研究》,硕士学位论文,武汉大学,2015。
⑤ 《元典章》新集《刑部·诸盗·总例·盗贼通例》,第2166页。

根据需要发布大量文告。当然，无论榜文还是粉壁，作为官民之间的信息传播渠道，其内容本身是十分丰富的，而就律例内容来说，往往有以下两种。

一为有针对性的政令，如大德五年（1301），江浙行省曾据福建盐运司的申请，发下九道有关禁治砂盐的榜文，命各官司"收管张挂，更为出榜禁治"。①《元典章》较为完整地保存了江西行省至元三十一年（1294）的一道榜文，从中可窥见这类法律榜文之一斑：

> 至元三十一年□月，江西行省榜文内一款：今后凡雇乘船之人，须要经由管船、饭头人等，三面说合，明白写立雇船文约。船户端的籍贯、姓名，不得书写"无籍贯"并"长河船户"等不明字样。及保结（如）揽载已后，倘有疏失，元保饭头人等与贼人一体断罪。仍将保载讫船户并客旅姓名、前往何处勾当，置立文簿，明白开写，上下半月于所属官司呈押，以凭稽考。②

这段文字并非完全是当时榜文的原貌，而是编纂《元典章》的吏胥所抄录的原榜文中一部分内容。其主要内容是对雇船文约的规定，本意在于通过规范文约来保证旅客的安全。在元代，类似这种榜文或粉壁应是十分常见的。由于榜文多张贴于市曹、通衢、官署门首等"人烟辏集去处"，③而排门粉壁更是将法令宣布到每家每户，其宣传作用是显而易见的。从实际效果来看，民众确实通过榜文、粉壁知晓国家法律，进而规范自己的行为。如永州路站户唐子讃等以自家粮米买到茶货若干，前往潭州路发卖，本来已在永州路按例纳税，但在永州路看到当地榜文中

---

① 《元典章》卷22《户部八·课程·盐课·禁治砂盐》，第854—855页。
② 《元典章》卷59《工部二·造作·船只·船户揽载立约》，第1984—1985页。
③ 易瞬：《元代榜文研究》，第42—45页。

· 190 ·

禁卖私茶后仍然不敢买卖，而向官府申告。①

二为法律摘要，即选取国家法律中与民众息息相关的内容张榜公布。高陵县张崟的事迹可备一观。高陵为大县，前任官员贪贿引起民讼，最后经宪司审断，贪官污吏被罢免，却使高陵留下"俗喜告讦"的污名。张崟赴任前高陵滞讼之弊甚重，特别是户婚案件，"至有十余年不杜绝者"。张崟仿《周礼》"悬法象魏"之法，②"悬示法例"，"既灼见情实，出判不摇，旬时之间，吏民厌服，惟所命是听。是后县厅寂然，无复斗讼声"。③

除张挂榜文、排门粉壁外，口头宣谕亦是一个很好的普法方式，此亦即《周礼》中"读法"之典。④元代许多地方官员皆以这种方式进行法律宣传实践，如乌古孙泽任岭北海南道肃正廉访使时的事迹：

> 又患愚民无知，狱讼烦多，印摹格例三千余本，犯某事者抵某罪，名曰《社长须知》，月集老幼以听之，仿《周礼》月吉读书之意。于是人知自重，犯刑者寡。⑤

这里有两点需要注意。一是读法的内容。乌古孙泽倡导读法的动机很明确，即使民众知法而能守法，减少诉讼。故而其所编制的读法教材——《社长须知》的内容虽来自格例，但主要是提取其中规范民众行

---

① 《元典章》卷22《户部八·课程·茶课·茶法》，第810—811页。
② 《周礼》中载大宰"县（通"悬"——引者注）治象之法于象魏，使万民观治象"，即在宫外立柱——"阙"上悬挂法令来宣传法律。参见《周礼注疏》卷2《周官·天官·大宰》，阮元校刻《十三经注疏》，第648页下。
③ 郭松年：《县令张崟去思碑》，嘉靖《高陵县志》卷4《官师传》，《中国地方志集成·陕西府县志辑》第6册，凤凰出版社，2007，第428页下。
④ 《周礼·地官·州长》载："州长各掌其州之教治政令之法。正月之吉，各属其州之民而读法，以考其德行道艺而劝之，以纠其过恶而戒之。……若以岁时祭祀州社，则属其民而读法，亦如之。"见《周礼注疏》卷12《地官·州长》，阮元校刻《十三经注疏》，第717页中—下。
⑤ 陆文圭：《墙东类稿》卷12《中大夫江东肃政廉访使孙公墓志铭》，《元人文集珍本丛刊》第4册，第590页下。

· 191 ·

为的部分,即所谓"犯某事者抵某罪"。这其实应是地方官员普法的共通之处,普法并非要使民众获得高深的法律知识,亦不是让民众知晓法律在哪些方面保障了他们的"权利",而是使民众不违反法律所禁之事,从而维护统治秩序。二是读法的方式。元政府设立社长,本身就寄予其教化民众的厚望,"劝课农桑,使民知务本,兴举学校,申明孝悌,使彝伦攸叙,纠斥凶顽,检察非违,使风俗归厚,皆非细务"。[①]以社长组织读法当然再适合不过,这种方式为明代所继承,成为宣讲法律的一项制度性措施。[②]可以想见,通过读法的方式宣传法律不仅弥补了文字传播的现实局限,其仪式性和感染力也是民众自行从文告上习知法律所不能比拟的。

(三)作为"公共景观"的耻辱刑

耻辱刑是中国古代重要的刑罚类型,其特点是通过毁损犯罪人的人格,从而使其感受精神上的痛苦,对此学者有系统研究,不再赘述。[③]《元史·刑法志》载:"盖古者以墨、劓、剕、宫、大辟为五刑,后世除肉刑,乃以笞、杖、徒、流、死备五刑之数。元因之,更用轻典,盖亦仁矣。"[④]这里对元代刑罚体系的说明并不包括耻辱刑,而在史料中有关元代耻辱刑的记载并不少见,其中有明确法律规定的主要有四种:刺字、劓刑、红泥粉壁、枷号刑。为便于分析,笔者将各种刑罚的具体适用情况统计为表4-1,然后分别予以分析。

---

① 《元典章》卷23《户部九·农桑·立社·更替社长》,第925页。
② 《明会典》载:"嘉靖八年题准,每州县村落为会,每月朔日,社首社正率一会之人,捧读圣祖《教民榜文》,申致警戒,有抗拒者,重则告官,轻则罚米入义仓,以备赈济。"参见申时行等《明会典》卷20《户部七·户口二·读法》,中华书局,1989,第135页。
③ 大致来说,中国古代的耻辱刑有三类:一是象刑、明刑、髡刑、耐刑、枷号刑等纯粹的耻辱刑;二是墨刑、劓刑等耻辱刑性质的肉刑;三是兼具耻辱刑性质的死刑,即弃市。参见杨鸿雁《中国古代耻辱刑考略》,《法学研究》2005年第1期。
④ 《元史》卷102《刑法志一》,第2604页。

表 4-1　元代的耻辱刑及其适用对象

刑罚	适用对象	出处
刺字	辄入禁苑，盗杀官兽	《元史·刑法志一》
	仓庾官吏与府州司县官吏人等，以百姓合纳税粮，通同揽纳，接受折价飞钞者，十石以上	《元史·刑法志二》
	海道运粮船户，盗粜官粮，诈称遭风覆没	
	窃盗	《元史·刑法志三》
	强盗	
	买卖他人敕牒，及收买转卖	《元史·刑法志四》
劓刑	盗牛马者	《元史·顺帝纪二》
	盗驴骡再犯	
	盗羊豕三犯	
红泥粉壁	不务本业，游手好闲，不尊父母、兄长教令，凶徒恶党	《元典章·户部九·农桑·立社·劝农立社事理》
	奸豪猾吏把持官府者	《元典章·刑部十·杂例·罗织清廉官吏》
	警迹人	《元典章·刑部十一·诸盗一·警迹人·警迹人转发元籍》
	豪霸、茶食、安保人	《通制条格·杂令·豪霸迁徙》
	造谋以已卖田宅，诬买主占夺，胁取钱物	《元史·刑法志二》
	哗强之人，辄为人伪增籍面	《元史·刑法志四》
	无赖军人，辄受财殴人，因夺取钱物	《元史·刑法志四》
	撒卷贼徒	《事林广记·法律类·赌博》
枷号刑	遗火者	《元典章·刑部十九·诸禁·禁遗漏·禁治遗火》
	行铺之家私造斛斗秤尺，及于米麦内伪滥插和粜卖	《元典章·刑部十九·诸禁·杂禁·斛斗秤尺牙人》
	行用宝钞私相准折	《元典章·户部六·钞法·杂例·行用宝钞不得私准折》
	短少或拖欠不纳钱粮者	《元典章》新集《至治条例·吏部·官制·职官·长官首领官提调钱粮造作》
	把持公事并妄告官吏者	《元典章·刑部十九·诸禁·禁豪霸·札忽儿歹陈言三件》
	田宅私下成交者	《元典章·户部五·田宅·典卖·田宅不得私下成交》
	乘火抢夺者	《元典章·刑部十九·诸禁·禁遗漏·遗火抢夺》
	干扰检尸者	《元典章》新集《至治条例·检验不许闲杂人登场》
	官船不插旗号，违例非法取要船钱，及小船私渡者	《至顺镇江志·地理·津渡》

刺字与劓刑在汉文帝刑制改革以前一直是重要的肉刑和耻辱刑，汉文帝改革后失去了法定刑的地位，在元代又被恢复（或短时间恢复）。其中刺字自墨刑发展而来，是元代最具制度性的耻辱刑。从表 4-1 可见，元代刺字刑主要适用于盗窃犯罪和部分官吏职务犯罪，不同罪行的刺字方式有具体规定。盗窃是适用刺字最为普遍的罪行，包括强盗和窃盗在内的各种涉盗犯罪者皆予以刺字。盗贼刺字有两臂和颈项等位置，其具体施行方法和适用范围在大德六年颁布的《强切盗贼通例》中有明确规定："诸切盗，初犯刺左臂（谓已得财者），再犯刺右臂，三犯刺项。强盗，初犯刺项。并充警迹人，官司拘检关防……其蒙古人有犯及妇人犯者，不在刺字之例。"[①] 盗贼以外罪行刺字者多刺于面部，如据《元史·刑法志》，官吏揽收百姓纳粮时接受折价飞钞者"刺面"，[②] 买卖他人敕牒亦"刺面发元籍"。[③] 刺字作为一种耻辱刑，在许多情况下，即使遇赦亦不能免除。至大元年（1308）规定："诸强切盗贼，若已得财，其虽不得财而曾奸伤事主，及因而故烧房舍并损坏财物、产畜、田场积聚之物者，罪遇原免，拟合刺字。"[④]

相比刺字，劓刑在元代的恢复要曲折得多，对此刘晓曾有专门研究。[⑤]《元朝秘史》中记载，窝阔台规定，若驿站的车辆缺少车辐，则将马夫的鼻子"劈破"。[⑥]《至元辨伪录》中亦载，至元十七年（1280）全真道长春宫诸人诬告奉福寺僧录广渊纵火，"劓刖流窜者几十人"。[⑦] 岩村忍曾据此认为元代存在劓刑等肉刑。[⑧] 不过在整个元代前期，除零星记载外并没有相关通例。一直到顺帝伯颜当政时期，劓刑被恢复。表 4-1 中所据材料为

---

① 《元典章》卷 49《刑部十一·诸盗一·强窃盗·强切盗贼通例》，第 1625 页。
② 《元史》卷 103《刑法志二》，第 2626 页。
③ 《元史》卷 105《刑法志四》，第 2668 页。
④ 《元典章》卷 49《刑部十一·诸盗一·刺字·遇赦依例刺字》，第 1653 页。
⑤ 刘晓：《元代劓刑小考》，《中国古代法律文献研究》第 6 辑。
⑥ 《元朝秘史》续集卷 2，《四部丛刊三编》。
⑦ 释祥迈：《至元辨伪录》卷 5，《北京图书馆古籍珍本丛刊》第 77 册，第 529 页上。
⑧ 岩村忍「元時代の肉刑について」『東方學報』第 36 号、1964。

后至元二年（1336）之规定，可见，恢复的劓刑主要适用于盗窃牲畜者。刘晓研究指出，劓刑虽恢复，但其实在廷议之时便引起许有壬等人的反对，在后来的实践中更没有被贯彻。地方官吏在具体司法中往往以刺字代替劓刑，"劓刑在经昙花一现后，又恢复到以前刺字的传统"。①

粉壁在古代主要是官府用以发布政令的信息传播渠道，以红泥粉壁用作耻辱刑则是元代首创，且后世亦少见沿用。其大致施行方式为，在受惩罚人的门口置以用红泥装饰的粉壁，同时将其罪行用大字书写。申万里指出，这种刑罚可"使犯过错之人受到社会谴责，感到耻辱，以达到惩戒的目的"。②从适用对象来看，主要是针对破坏社会治安的豪强与奸猾之人。在元代前期，地方官员施行红泥粉壁不需申报，有些官员一遇民有小过即立红泥粉壁。故至治二年（1322）规定：

> 今后果有例应红泥粉壁之人，开具本犯罪名，在外路分申禀行省，腹里去处申达省部，可否须候许准明文，然后置立。③

从元代地方官员的司法实践来看，红泥粉壁尤其被广泛用于以下两种情况。一是地方豪民恃强凌弱。如建宁路建安县一件富强残害良善的案例，土豪魏智夫、魏畴一家平日即倚恃富强行恶，犯下诸般罪行，幸而遇赦免罪，后又凌虐魏子十妻阿张，被魏子十告发到官后，建宁路除将魏智夫本人断罪外，还判红泥粉壁，"以彰过恶"。④二是把持官府，起灭词讼。如袁州路万载县萧瑀诬告万载县官吏取受一案中，黄鼎此前两度因起灭词讼而被断以红泥粉壁，后又教唆萧瑀诬告本县官吏，虽经遇赦免罪，仍被断"门首红泥粉壁，标示过名"。⑤

---

① 刘晓：《元代劓刑小考》，《中国古代法律文献研究》第6辑，第373页。
② 申万里：《元代的粉壁及其社会职能》，《中国史研究》2008年第1期，第101页。
③ 《至正条格》（校注本），《条格·狱官·红泥粉壁申禀》，第146页。
④ 《元典章》新集《刑部·诸殴·毁伤肢体·富强残害良善》，第2209页。
⑤ 《元典章》新集《刑部·刑禁·禁奸恶·把持人再犯禀例迁徙》，第2250—2252页。

枷号刑是以强制犯罪人戴枷示众为主要形式的耻辱刑，有时还枷项游街，相比刺字和劓刑更具仪式性。首先需要说明的是，关于枷号刑的产生时间，学术界多采用沈家本的观点定为明初。[①]但笔者认为尚有可商榷之处。就笔者所掌握的材料，作为耻辱刑的枷号刑，最早的记载见于北宋王溥之《唐会要》。据其记载，元和十一年（816）京兆府的一道奏文中言："辄合集钱买成匹段代纳者，所由决十五，枷项令众。"[②]所谓"枷项令众"，即戴枷示众，显然是一种耻辱刑。到宋代，枷号刑的使用已经十分普遍。[③]如北宋大中祥符二年（1009）的一道旨在禁止随意砍伐茅山树木的指挥中规定：

> 诸色人并本寺观祠宇主首已下，自今后不得辄有樵采斫伐及放野火烧爇，常令地分巡检官吏、耆生、壮丁觉察检校。如有违犯，便仰收捉押送所属州县，勘断讫，枷项令众半月，满日疏放。如斫伐数多，情理难恕，即仰收禁，奏候指挥，当行决配。[④]

这段材料清晰地展现了宋代枷号刑的常见执行方式：戴枷示众一定

[①] 沈家本言："枷号之制，历代未见。周世嘉石桎梏而坐，乃其权舆也，然至多以旬有三日为限，少者三日而已。明祖《大诰峻令》始有枷号名目，其常枷号令盖即今日之永远枷号矣。然明祖虽用之，而未尝著为常法，故《明史·刑法志》不详其制，惟《问刑条例》问拟枷号者凡五十三条，有一月、两月、三月、半年之别，皆不在常法之内。"见氏著《历代刑法考》，第327页。此外，任姝欣认为枷号刑在北周时被确立为明确的刑种。见氏著《枷号刑历史流变考究——以明清时期为考察重心》，《政法学刊》2014年第4期。其主要依据为《隋书》中有关北周《大律》的一段材料："凡死罪枷而拲，流罪枷而梏，徒罪枷，鞭罪桎，杖罪散以待断。"见《隋书》卷25《刑法志》，中华书局，1973，第708页。而这里的枷应是监禁罪犯时的禁锢措施，与后来作为耻辱刑的枷号刑并不一致。

[②] 王溥：《唐会要》卷83《租税上》，中华书局，1955，第1539页。另，前引任姝欣文中亦言唐代开始出现"戴颈枷示众"的记载，但并未给出材料出处，是否与笔者所见为同一条材料，不得而知。

[③] 有关宋代的枷号刑，可参见刘馨珺《明镜高悬：南宋县衙的狱讼》，北京大学出版社，2007，第302—305页。

[④] 马光祖修，周应合纂《景定建康志》卷17《山川志一》，《宋元方志丛刊》第2册，第1572页上。

时间，然后释放。元代有关"枷项令众""枷令示众"的记载远远多于前代，其适用范围亦比前代更为广泛。如表4-1所示，有明确法律规定的就有近十种罪行。而就地方官员的实践来看，枷号刑的使用又不拘于上述法律规定。如郑元祐《遂昌杂录》中载，赵全仕杭州时，曾将镇守的宗室大臣之家奴"枷项以示众"。① 尤其值得注意的是，赵偕在《治县权宜为邑宰陈文昭设》中建议，对妄告者"枷项严行令众"。② 很可能枷号刑也是当时惩治健讼者的常见措施。与宋代一样，元代枷号刑亦是令被罚者戴枷示众一定时日，通常是数天。示众的地点较为灵活，有市曹、自家门口乃至田间地头等。如失火者要"于市曹枷项号令三日"，③ 把持官府者则要"枷项于犯人门首示众"。④ 此外，元代还出现了枷项游街的做法。如张光大《救荒活民类要》中载，乐平饥荒，饥民外出买米时遇到贼盗，县尹并不立即刺断，而是将其"枷项行打以传都示众"，以警示他人。⑤ 在赞颂郭郁政绩的《昌江百咏诗》中有这样一句："主首屠儿共协谋，撰词脱判欲槌牛。色观词听知奸状，枷令谁能更效尤。"⑥ 从中可见元人对枷号刑警示作用的重视。

除这些刑罚外，元代有些刑罚本身虽非耻辱刑，但其以公开的形式处决，从而在一定意义上具有耻辱刑的性质。首先就死刑来说，如有学者指出的："中国古代死刑的执行以公开性与扩散性影响为其刻意追求的特征。"⑦ 这一传统早在先秦时期就已形成，即《礼记·王制》所言"刑人于市，与众弃之"，只是殷商"贵贱皆弃于市"，而周法则"有爵者刑

---

① 郑元祐：《遂昌杂录》，《景印文渊阁四库全书》第1040册，第381页下。
② 赵偕：《赵宝峰先生文集》卷1《治县权宜为邑宰陈文昭设》，《续修四库全书》第1321册，第142页上。
③ 《元典章》卷57《刑部十九·诸禁·禁遗漏·禁治遗火》，第1905页。
④ 《元典章》卷57《刑部十九·诸禁·禁豪霸·札忽儿歹陈言二件》，第1919页。
⑤ 张光大：《救荒活民类要·除盗贼》，《续修四库全书》第846册，第68页。
⑥ 《编类运使复斋郭公敏行录·昌江百咏诗并序》，《宛委别藏》第42册，第23页。
⑦ 陈伟：《回眸与启示：对中国古代死刑执行方式的省思》，《刑法论丛》2013年第3期。

于甸师氏"。① 后世基本延续这一做法，将常人戮于市曹，同时对品官及有爵者进行优待。唐制，"凡决大辟罪，皆于市"，②同时规定"五品以上罪论死，乘车就刑，大理正莅之，或赐死于家"。③北宋《天圣令》载："诸决大辟罪皆于市，量囚多少，给人防援至刑所，五品以上，听乘车，并官给酒食，听亲故辞决，宣告犯状，皆日未后乃行刑。即因身在外者，断报之日，马递行下。"④元代法定死刑有斩、凌迟两等。⑤就斩来说，《元史·刑法志》载："诸处断重囚，虽叛逆，必令台宪审录，而后斩于市曹。"⑥这里虽然不像前代对常人与官员有详细规定，但公开处决的原则显然仍沿袭不替。⑦元代凌迟处死的对象是"恶逆之极者"，⑧虽然并未言明具体处决方式，但在实践中多称"磔裂于市"，⑨与斩并无二致。《元典章》所载江西临江路的一个案例，记录了当时死刑处决的许多细节信息。其基本案情为：至元十四年（1277）五月二十六日夜，张狗仔与梢工黄子先、周子友、李子富、刘大等五人为图财，将孙千户、冷百户等八人杀死，又将七人淹死，刑部拟处以凌迟。中书省最后给江西行省的咨文

---

① 相关讨论可参见滋贺秀三《中国上古刑罚考》，刘俊文主编《日本学者研究中国史论著选译》第 8 卷，第 1—30 页。
② 李林甫等：《唐六典》卷 6，陈仲夫点校，中华书局，1992，第 189 页。
③ 《新唐书》卷 56《刑法志》，第 1410 页。
④ 参见《天一阁藏明钞本天圣令校证》，第 415 页。
⑤ 曾代伟认为，虽然斩、凌迟是元代法定死刑，但在司法实践中大多数死刑使用了这两种以外的方式，其中类似于前代杖杀的"敲"是常见的死刑执行方式，这应符合元代的现实情形。参见氏著《蒙元法定死刑考辨》，《法学家》2004 年第 5 期。
⑥ 《元史》卷 103《刑法志二》，第 2632 页。
⑦ 叶子奇在《草木子》中曾提及，元代中前期许多囚虽已判决死刑却并不执行，而"老死于囹圄"。顺帝时伯颜当政，恢复死刑的处决，"七八十年之中，老稚不曾睹斩戮，及见一死人头，辄相惊骇"。（第 64 页）叶子奇此言原本旨在说明元代之仁政，但参照前文所言元代之滞讼情形，虽然不能排除元代统治者有意示以宽厚，但可能也是出于节省行政成本的考量。无论如何，这与元代死刑公开执行的原则并不矛盾。
⑧ 《元史》卷 102《刑法志一》，第 2604 页。
⑨ 这种记载在《元史》中多有所见，如至元二十二年正月戊子条："西川赵和尚自称宋福王子广王以诳民，民有信者；真定民刘驴儿有三乳，自以为异，谋不轨；事觉，皆磔裂以徇。"（第 272 页）此外，杂剧《窦娥冤》中的描述更为形象，窦天章宣判张驴儿道："毒杀亲爷，奸占寡妇，合拟凌迟，押赴市曹中，钉上木驴，剐一百二十刀处死。"见关汉卿《感天动地窦娥冤》，王季思主编《全元戏曲》第 1 卷，第 210 页。

中，对行刑有如下规定：

>请差官赍元行文卷，前去本路参照，令不干碍狱卒人吏将犯人黄子先、周子友、李子富三人审问已招情犯，委无冤抑，与本路总管府一同将犯人防护至刑所，对众明示犯由，依上处断。①

从这段材料可以看到，元代处决死刑大致有这样几个程序：首先，中书省差使臣将案件文卷发回原发路分，令人再次审问，确认无冤；然后，使臣与路总管府官员将犯人押送至刑场；最后，向民众宣示犯人罪行，执行刑罚。整个过程可谓繁复。

有时犯人虽未犯死罪，但因罪行较为严重，影响恶劣，亦有可能被公开行刑。如《元史·刑法志》中规定："诸因争移怒，戕伤其兄者，于市曹杖一百七，流远。"②弟伤兄在元代是属于"不义"的十恶之罪，故而须当众明正典刑以为惩戒。又据《元典章》载至元二十三年（1286）南康路建昌县的一个案例，巡军张焦住于巷内殴打民户顾同祖并抢夺宝钞一百二十五两，其犯虽在分拣罪囚③之前，按例应释放，但因其所犯甚重，被判"市曹对众杖断一百七下刺面配役"。④此外，根据《至元新格》中的规定，社长有维护地方治安的职责，若有游荡好闲不务生业累劝不改者，社长亦可"对众举明，量行惩戒"。⑤

关于耻辱刑的意义，先前研究大多局限于受刑者的角度，强调其

---

① 《元典章》卷42《刑部四·诸杀一·谋杀·船上图财谋杀》，第1433页。
② 《元史》卷104《刑法志三》，中华书局，1976，第2652页。
③ 所谓"分拣罪囚"，在元代一般指皇帝下赦令后，须依照圣旨规定，将符合规定的罪囚释放，故需分拣。如延祐元年，御史台上奏称："各处为取受断罢了的官吏每，来这里头称冤的多有。这里头，赦前的也有，革后的也有。赦来的怎生分拣？"见《元典章》卷53《刑部十五·诉讼·称冤·称冤问虚（断例）好生断者》，第1770—1771页。
④ 《元典章》卷50《刑部十二·诸盗二·抢夺·巡军夺钞刺断》，第1682页。
⑤ 《元典章》卷23《户部九·农桑·立社·至元新格》，第923页。

对犯罪人的惩戒和教化作用。[①] 事实显然并不止于此。福柯在有关早期欧洲公开处决的讨论中指出：一方面，这是一种司法仪式，其目的在于向人们展示犯罪的真相；另一方面，这亦是一种政治仪式，其目的是展示和重建被损害的君权。[②] 他一再强调："公开处决并不是重建正义，而是重振权力。"[③] 很显然，福柯将公开处决视为一种仪式，认为其真正意义并非惩罚罪犯本身，而是仪式过程中的权力展演，展演的对象——民众才是仪式中最重要的角色。因此，这种公开处决的酷刑成为一种"公共景观"。就元代的耻辱刑来说，无论是在犯罪人身体上加以耻辱性的标识抑或将行刑过程示众，其刑罚的达成皆是通过向民众昭示犯罪人的罪犯身份实现的，这反过来也使刑罚本身成为福柯意义上的"公共景观"。这些充斥于民众日常生活世界的公共景观成为一种教化的工具：它们不仅使受刑者受到惩戒，使民众感受到切身的震慑而避免类似违法行为的发生，更象征着遭受破坏的秩序——包括"礼"与"法"——得以重振。尤其值得注意的是，类似红泥粉壁、枷号刑等耻辱刑皆将讼棍哗徒列为重点惩治对象，这对于息讼来说又有特别的意义。

概而言之，站在地方官的角度，从源头上杜绝诉讼的产生无疑是息讼的最理想状态，而这种"无争"社会的构建既有赖于伦理秩序，法律秩序亦不可或缺。因此，地方官员在治理实践中一方面重视道德教化，另一方面亦力图使民众知法、守法。作为一种具有"公共景观"意义的特殊刑罚，耻辱刑在构建和维护社会秩序中有着独特的作用。

[①] 如杨鸿雁认为，耻辱刑的目的是通过强制手段将犯罪人的罪犯身份公之于众，从而鼓励社会成员贬损其人格。见氏著《中国古代耻辱刑考略》，《法学研究》2005年第1期。朱琍对耻辱刑教化罪犯的功能进行了探讨。见氏著《耻辱刑的教化功能及其现实意义》，《学习与实践》2007年第6期。

[②] 米歇尔·福柯：《规训与惩罚：监狱的诞生》，刘北成、杨远婴译，生活·读书·新知三联书店，2003，第35—58页。

[③] 米歇尔·福柯：《规训与惩罚：监狱的诞生》，第53页。

三　弭讼端：讼争产生后的平息之术

许有壬言："词讼，群居之不能已，盗贼，隆古之不能无，化之使息，上也，简之屏之，次也。"①通过教化消除诉讼的源头固然是息讼的最佳路径，但正如"化行俗美"更多属于一种政治理想，完全杜绝诉讼的发生其实很难在现实中做到。实际上，元代地方官员面对的现实处境是，伦理秩序随着社会经济的发展日益被消解，不仅普通人之间的诉讼无法避免，甚至夫妻、父子、兄弟亦常对簿公堂。在这种情形下，更为实际的问题是如何通过合理的应对措施平息诉讼，最终做到"始不免讼而卒无讼"。②

（一）告诉的限制

元代诉讼制度本身对告诉有着多方面限制，正如大德十年（1306）宁国路军资库大使黄镒在牒文中所言，"事有合论不合论，罪有应告不应告"。③根据元代诉讼制度，所谓"不应告"无非两种情形。

1. 告诉者本身不具备告诉资格

至顺本《事林广记》所载《告状新式》文首有这样一段文字：

> 按条格，凡陈词年七十岁以上、十五岁以下、笃废疾，法度不合加刑，令以次少壮人丁代诉。若委无代替之人，许自告。妇人不得代替男子告诉词讼。若寡居无依，及有男子因故妨碍，事须告理者，不拘此例。若年老笃废残疾人等，如告谋反、叛逆及子孙不孝者，听。其余公事，合令同居亲属人代诉，若有诬告，合行抵

---

① 许有壬：《至正集》卷35《六事备要序》，《北京图书馆古籍珍本丛刊》第95册，第183页下。
② 程端学：《积斋集》卷4《瑞州路推厅记》，《景印文渊阁四库全书》第1212册，第351页上。
③ 《元典章》卷53《刑部十五·诉讼·禁例·禁搜草检簿籍事》，第1793页。

罪，反坐代告之人。子证父、奴讦主及妻妾弟侄干犯义犯者，一切禁止。①

所谓"按条格"，表明这段文字应摘自当时的法律条文，其内容为法律对告诉主体的相关规定。从中可见，以下群体的告诉资格受到严格限制。

老、幼、笃废残疾人等。在元代，七十岁以上为"老"，十五岁以下为"幼"，一目盲、双耳聋、手无两指、足无三指、手足无大拇指、久漏下、重大瘿肿为"残疾"，痴、哑、侏儒、腰脊折、一肢折为"废疾"，哑疾癫狂、二肢折、双目盲为"笃疾"。②这些人因年龄或身体健康方面的原因本身属于弱势群体，其向官府陈告时往往因此而受到哀悯，同时在刑罚方面亦有受到优待，③但他们实际上往往趁机"诬罔陈诉"。由于他们本身受到法律保护不任刑责，发生诬告时亦无法以反坐予以惩治。至元九年（1272）规定："年老、笃废残疾人等，如告谋反、叛逆、子孙不孝，及同居之内为人侵犯者，听。其余公事，若许陈告，诚恐诬枉，难以治罪，合令同居亲属人代诉。"④

妇人。对于女性参与告诉，元代以前并没有限制，但从元代中期开始，情况发生了变化。随着理学的浸润，士大夫越来越强调"男女之

---

① 黄时鉴辑点《元代法律资料辑存》，第228页。
② 徐元瑞：《吏学指南》（外三种），第86—87页。
③ 在现有材料中未见有关老、幼、笃废残疾人行刑的统一规定，大致来说，杖罪以下皆可收赎。按元贞元年（1295）规定："诸犯罪人，若年七十以上、十五以下，及笃废残疾不任杖责，理宜哀矜。每杖笞一下，拟罚赎钞中统钞一贯相应。"见《元典章》卷39《刑部一·刑法·赎刑·老疾赎罪钞数》，第1334—1335页。即使犯杀人死罪，亦可上请。如陕西延长县一个案例，道士刘志朴打死徒弟刘志昇放良驱口蒲氏，因其已年过八十，法司具状上请，最后判决"征赎罪钞一定，更征烧埋银五十两，给付苦主"。见《元典章》卷42《刑部四·诸杀一·老幼笃疾杀人·年老打死人赎罪》，第1472页。
④ 《元典章》卷53《刑部十五·诉讼·代诉·老疾合令代诉》，第1774页。这里没有提到年幼者，但据前引《事林广记·告状新式》，十五岁以下年幼者同样适用这一规定。

· 202 ·

防",认为妇人的角色为"主中馈",理应"不出闺门"。① 但事实上,女性在现实中的角色远比这丰富得多,特别在江南地区,很多女性婚后有着积极的社会活动。元末江南文人孔齐在《至正直记》中描写了大量女性不遵礼法的现象,浙西甚至有妇人"自理生计,直欲与夫相抗"。② 其中一些"好讼之妇","不离官府,甘受捶挞,绝无羞愧",③ 给地方官府带来很大困扰。皇庆二年(1313),彰德路判官田奉训牒文中言:

> 照得元告、被论人等,于内有一等不畏公法、素无惭耻妇人,自嗜斗争,妄生词讼,桩饰捏合,往往代替儿夫、子侄、叔伯、兄弟,赴官争理。及有一等对证明白、自知无理倚赖妇人,又行抗拒,起生侥幸,不肯供说实词,甚者别生事端。在后体知,复有一等年幼寡妇,意逞姿色,故延其事,日逐随衙,乐与人众杂言戏谑,勾引出入茶肆酒家,宿食寄止僧房道院,中间非理,无所不为,习以为常。④

鉴于以上原因,刑部认为"不加禁约,败俗弥深",规定禁止妇人代男子告诉,"若果寡居无依,及虽有子男,别因他故妨碍,事须论诉者,不拘此例"。⑤

卑幼告尊长。在儒家化的中国传统法律中,伦理秩序驾乎法律秩序

---

① 杜芳琴认为,元代是理学初渐并从士大夫阶层向民间普及的关键时期,理学所强调的治国、齐家、修身从而维护三纲五常的思想理论使家庭中的妇女失却了独立人格和人身自由。见杜芳琴《元代理学初渐对妇女的影响》,《山西师大学报》1996年第4期。一个典型例子是浦江郑氏家范中的规定:"诸妇必须安详恭敬,奉舅姑以孝,事丈夫以礼,待娣姒以和。无故不出中门,夜行以烛,无烛则止。"见郑太和《郑氏规范》,《丛书集成初编》第975册,中华书局,1985,第16页。
② 孔齐:《至正直记》卷3《浙西风俗》,上海古籍出版社,1987,第69页。
③ 王结:《文忠集》卷6《善俗要义·别男女》,《景印文渊阁四库全书》第1206册,第256页上。
④ 《元典章》卷53《刑部十五·诉讼·代诉·不许妇人诉》,第1776页。
⑤ 《元典章》卷53《刑部十五·诉讼·代诉·不许妇人诉》,第1777页。

之上，故而提倡"亲亲相隐"，除谋反、谋逆、谋叛等罪外，卑幼举告尊长皆以"干名犯义"予以禁止，唐代甚至对尊长举告卑幼亦予以处罚。① 元代至元八年（1271）以前依《泰和律》断案，容隐之制很可能亦得到继承。但至元八年废除《泰和律》后，元政府在相当长一段时间内没有就这一问题重新做出规定，司法实践中也就失去了相关依据。如大德九年（1305）一个案例中，李阿邓告夫李先强奸继男妇阿李，司法官认为"纲常之道，夫妇许相容隐"，但因没有妻告夫的相关法令，不得不专门向中书省申文。② 大德十年，刑部指出，"人伦之大，莫大于君臣、父子、夫妇、兄弟之叙。至如刑法之设，正为裨补教化，当以人伦为本"，但当时现实情况是"有罪者子证其父，弟证其兄，妇证其夫，奴证其主"。③ 武宗即位后，重立尚书省，变更旧制，其中之一便是重申前代容隐之制。至大二年（1309）九月圣旨曰："风化，王道之始。宜令所司表率敦劝，以复淳古。如有子证其父，奴讦其主，及妻妾弟侄干名犯义者，一切禁止。"④ 至大三年（1310）四月，根据福建廉访司提议，强调除反逆、谋故杀人等事外，以奴告主者皆予以禁止。⑤

2. 告诉内容不当

早在中统五年（1264），元政府便规定："诸告人罪者，皆须明注年月，指陈实事，不得称疑，诬告者抵罪反坐。"⑥ 质言之，告诉内容必须真实且确切无疑。相应的，若以传言告诉，则予以禁止。至元六年圣旨中曰："随处凶徒恶党，不务本业，以风闻公事妄构饰词，告论官吏，恐吓钱物，沮坏官府。此等之人并行究治。"⑦ 至大四年（1311）诏书中亦

---

① 有关这一问题，瞿同祖有系统论述，参见氏著《中国法律与中国社会》，商务印书馆，2010，第67—72页。
② 《元典章》卷41《刑部三·诸恶·内乱·妻告夫奸男妇断离》，第1420页。
③ 《元典章》卷53《刑部十五·诉讼·折证·词讼不指亲属干证》，第1779页。
④ 《元典章》卷53《刑部十五·诉讼·禁例·禁止干名犯义》，第1795页。
⑤ 《元典章》卷53《刑部十五·诉讼·禁例·禁止干名犯义》，第1795页。
⑥ 《元典章》卷53《刑部十五·诉讼·告事·告罪不得称疑》，第1754页。
⑦ 《元典章》卷53《刑部十五·诉讼·禁例·禁治风闻公事》，第1791页。

强调:"近年以来,哗讦成风,下陵上替。今后诸取受已之钱物者,许以实诉。其传闻取他人物者,不许言告。"①为了确保这一点,告诉人在诉状中必须写下"甘结",即担保告诉内容真实,如《事林广记》中所载之告殴伤状式:

告状人姓某

  右某年几岁,除在身被打有伤外,余无病,系某里某都籍民。伏为状告某年某月某日,出往某处干事,回归至某处,迎见甲人带酒不醉,手持棍棒,喝问某从何处去来,索要买酒请伊。当某回称正索钞未有,不谓甲恃酒发恶,用所执木棍将某身上行打数下。得乙人进前解劝,方免重伤。见有某在身并额上被伤痕可验。谨状上告某县。伏乞详状施行。所告如虚,甘罪不词执结是实。伏取 裁旨。

  年 月 日 告状人 姓 某 状②

同时,元政府多次颁降严令,禁止匿名告发。按照大德七年(1303)的规定:"若是写的重呵,将本人敲了,将他的媳妇、孩儿拿住的人根底断与,更他的赏钱与二十定的,与一百定。若写底轻呵,将本人流远,他的媳妇、孩儿拿住的人根底断与,更他的赏钱与十定的,与五十定。"③

除须确保告诉内容真实外,若所告事涉及以下两种情形,亦禁止告诉。一为赦前事。元代经常实行大赦,赦免相应罪行,对于发生在大赦以前的罪行,无论是否已经发觉,皆不再允许举告,违者严惩。对此,赦令中通常有明确说明,如至元三十一年四月成宗即位诏中曰:"自四月

---

① 《元典章》卷53《刑部十五·诉讼·禁例·传闻不许言告》,第1796页。
② 黄时鉴辑点《元代法律资料辑存》,第230—231页。
③ 《元典章》卷53《刑部十五·诉讼·禁例·禁撒无头文字》,第1792页。

十五日昧爽以前，除杀祖父母父母、妻妾杀夫、奴婢杀主不赦外，其余一切罪犯，已发觉未发觉，已结正未结正，罪无轻重，咸赦除之。敢以赦前事相告者，以其罪罪之。"①二为已告拦之事。"告拦"又称"拦告"，即原告人与被告人和解，自愿撤回诉状。元代允许婚姻、家财、田宅、债负等案件告拦，但告拦后一般不允许再就此告诉，违者治罪。②

如何避免不合理的告诉呢？写状人在其中起着不可忽视的作用。《至元新格》中规定，写状人应知晓"应告不应告之例"，"以塞起讼之原"。③即希望通过写状人将不合理的告诉阻止在衙门之外。张养浩在《牧民忠告》中极为重视写状人的作用，认为"蚩蚩之氓暗于刑宪，书讼者诚能开之以枉直，而晓之以利害，鲜有不愧服，两释而退者"。因此他建议选择"老成炼事者"负责书状，由官府按月、季对其考核，"酌其功过而加赏罚焉"。对于"不切之讼"，写状人有责任"从宜谕遣之"。④大德三年（1299），为防止书状人起灭词讼，元政府又制定了待缺吏员书状制度，"令有司于籍记吏员内，遴选行止谨慎、吏事熟闲者，轮差一名专管书状"。⑤

（二）受理的策略

从地方官府的角度来说，凡"不应告"即为"不应理"。虽然在制度设计上已有写状人对告诉合理与否予以审核，但实际上写状人很难做到这一点，遑论很多写状人本身就是通过起灭词讼牟取利益，对告诉本身是否合理并不关心。在这种情况下，作为司法者的地方官员在受状时就应仔细分辨所告事理是否应该受理。其中尤难辨别的是，告诉本身

---

① 《元典章》卷3《圣政二·需恩宥》，第117页。
② 《元典章》卷53《刑部十五·诉讼·告拦·田土告拦》，第1790页。
③ 《元典章》卷53《刑部十五·听讼·听讼·至元新格》，第1748页。
④ 张养浩：《三事忠告》卷1《牧民忠告上·听讼·弭讼》，《景印文渊阁四库全书》第602册，第735页下。
⑤ 《元典章》卷12《吏部六·吏制·司吏·待缺吏充书铺》，第489页。

不是妄告。要做到这一点，很大程度上依赖于诉状本身呈现的信息，故《至元新格》中规定，有司在接受诉状后应仔细审查诉状内容，"若指陈不明及无证验者，省会别具的实文状，以凭勾问"。① 在司法实践中，当告诉者不能提供足够证据时，地方官员往往拒绝受理。吉安路万安县一个案例，当地豪民刘仲一杀邹君瑞父子五人，邹妻向官府告诉，当地官员因惧无法发现尸体而"弗录妪辞"。② 有的官员经验相对丰富，能够察觉出告诉中的诬枉之辞，因而不予受理。林泉生是天历庚午（1330）科进士，他任福清知州时有这样一个案例：

> 俗喜杀孤幼诬人取财，公立追逮法，诬者罪及亲属邻保，由是民不敢犯。有妪与兄诉其子僧为人所毙，投之江中，公拒不受。妪诉大府取符下，又不受。僚属请曰："杀人重事，奈何？"公曰："以吾观其情，必自匿之，欲诬仇家，俟受牒即杀之。是我杀一人又祸一家也。"竟不受。数月，僧果出，众服其识。③

林泉生之所以认定此案为诬告，是基于对当地"喜杀孤幼诬人取财"习俗的认识，同时仔细斟酌案情得出的结论。

不过，仅凭主观判断便拒绝受状，其实是一种极为消极且有风险的应对方式，若判断失误无疑会使告诉者蒙受冤抑。相比之下，赵偕在给慈溪县令陈文昭的《治县权宜》中的建议更为合理：

> 今后凡有告诉，除所告至明至实者即与受状外，其余疑似者，宜不问虚实，悉令书状。当官用簿，附口抄下，令告人于上书名画

---

① 《元典章》卷53《刑部十五·诉讼·听讼·至元新格》，第1748页。
② 宋濂：《宋学士全集》卷10《书万安丞》，浙江古籍出版社，1999，第547页。
③ 吴海：《闻过斋集》卷5《故翰林直学士奉议大夫知制诰同修国史林公行状》，《元人文集珍本丛刊》第8册，第275页上。

字，召保听候。将所抄告词附入吾杜妄告簿内，以备吾静中参详。责令近上里正、主首正身多方体勘，必使有始有终，从实回报。仍潜委知识里正及各主社暗行体察。所告如虚，重治诳官之罪，必枷项严行令众，不易疏放。承该里正主首，须用近上正身。不行从实体勘者，必有罪责。自然妄告之风颇息。①

赵偕之意，地方官对于告状疑似者既不立即受状，亦不立即拒绝，而是通过里正、社长等基层人员对告诉内容进行调查。里正、社长等人居于乡里，更容易知晓民间实情，既弥补了官民之间信息不畅的缺陷，也大大节约了官府的治理成本。同时，按照赵偕的建议，对妄告者应治以重罪示众，从而对民众予以警示，避免妄告的发生，这是地方官员对妄告的常见做法。如吉安路永新州为一大郡，"讼牒山委"，杨贤可任判官时，凡民众告诉，"择其尤无情者，痛绳之，众知畏，讼乃简"。②

此外，有时告诉本身虽"应告""应理"，但并不意味着诉状会被立即受理。地方官员往往通过劝谕等措施，使诉讼两造和息。以下两段材料分别为龙泉县主簿九住以及江西道廉访使沙剌班理讼之事迹：

材料一：先是，牒诉甚繁，是非眩瞀。讼人、讼于人者，资费不相上下。君虽佐贰，专摄之日居多，择其不可不受者，问听数事，余悉抚谕，治以简静，民便安之。宗族乡鄙鲜相告讦，俗以浸厚。③

材料二：有司受讼牒甚繁，吏舞法，两造无与决，赀尽破家而止。公戒之曰："可喻以义理者喻之，为欺者力辩之，毋留讼。其必

---

① 赵偕：《赵宝峰先生文集》卷1《治县权宜为邑宰陈文昭设》，《续修四库全书》第1321册，第142页上。
② 欧阳玄：《元故翰林待制朝列大夫致事西昌杨公墓碑铭》，卞永誉：《式古堂书画汇考》卷18《书十八》，《景印文渊阁四库全书》第827册，第820页下。
③ 王毅：《木讷斋文集》卷1《送九住主簿之浙省传序》，《续修四库全书》第1324册，第227页上。

第四章　地方治理中的息讼机制

当辨者，书诸籍，给印纸与之，俾书其辞，期以月日，必竟其法乃已。"以南昌论之，日数十牒。此法行月余，当受者不及一二纸，诸郡仿而行之。①

从材料可见，九住与沙剌班面临的问题皆是讼牒繁多，为了减轻词讼压力，他们采取的策略是在民众告诉之时予以劝解，使其放弃告诉，从而减少官府实际处理的案件数量。

（三）诉讼的分流

正如前文所指出的，一个"理想型"的乡土社会之所以"无讼"，十分关键的一点是，由于有地方长老的调解，大量纠纷不必进入司法程序。地方长老这一地方权威扮演了非正式司法力量的角色，代替地方官府承担了部分司法职责。元代与明清相比，地方社会中缺乏足够的非正式司法力量，但一些地方官员也尝试通过在基层社会中建立一定的纠纷解决渠道，将诉讼"分流"，以此减轻地方官府的司法压力。

同时元代设立了乡都与社两套基层组织，其中乡都系统继承自前代，在乡村为乡、都，在城市为隅、坊，分别设里正、主首和隅正、坊正。与宋代一样，元代的里正、主首等"以民供事于官"，②为一种职役。与宋代以前的乡官不同，他们不再具有正式的"官"的身份，而是"民办官事"。③但由于他们承办官事，在民众眼中其实依然有代表国家权力的作用，故而地方官员亦常赋予他们解决民间纠纷的任务。如慈溪县令陈文昭之事迹：

---

① 虞集：《道园类稿》卷39《江西监宪刘公去思碑》，《元人文集珍本丛刊》第6册，第221页上。
② 《皇朝文献通考》卷21《职役考一》，《景印文渊阁四库全书》第632册，第441页下。
③ 李治安：《宋元明清基层社会秩序的新构建》，《南开学报》2008年第3期，第44页。

> 君以古者党正、族师、闾胥、比长皆辅成王化以教民。今民有小事,不能至公庭,则命乡正处决,上下相维,情不可隐。卒使乡之大小偷皆自首归其物,夺人婚姻田宅者皆吐实自新,及有父子、兄弟、夫妻、妇姑之不相能者,亦莫不交责改行。长老以为,自开国以来,治慈溪者莫能及。①

这里的"乡正"即里正。从材料可见,慈溪县的里正在事实上成为一种非正式的司法人员,代替地方官员承担了处决"小事"即轻微词讼的任务。李乐道任金溪县尹时亦采用了类似的做法,当有民众告诉而确实需要辩争时"责之乡都",使诉讼"罔有留滞"。②

社是元代新设的基层社会组织,大致以五十户为一社,各设社长一名。按照立社时的规定,社长应由社众推举"年高、通晓农事、有兼丁"者担任,③这与里正、主首以"资产之殷者"差充有着很大区别。④虽然在具体施行中社长逐渐成为一种变相的"役",⑤但元代设立社长的本意很大程度上有前代乡官之遗意。社长的职责除劝课农桑外,还负责劝善惩恶、维护风纪与治安,是国家进行地方控制的"末梢"。由于社长居于村社,对于社众之间的日常冲突熟知原委,其本身又有一定威望,由其调停纠纷是一种比较理想的结果。因此至元二十八年(1291)的《至元新格》中规定:"诸论诉婚姻、家财、田宅、债负,若不系违法重事,并听社长以理谕解,免使妨废农务,烦紊官司。"⑥社长被明确赋予调解民事纠纷、处理轻微违法案件的职权。王结在《善俗要义》中即指出,社长负有"谕解词

---

① 戴良:《九灵山房集》卷23《元中顺大夫秘书监丞陈君墓志铭并序》,《四部丛刊初编》。
② 吴澄:《吴文正公集》卷19《廉吏前金溪县尹李侯生祠记》,《元人文集珍本丛刊》第3册,第358页下。
③ 方龄贵校注《通制条格校注》卷16《农桑》,第457页。
④ 陈旅:《安雅堂集》卷12《刘程甫墓志铭》,《元代珍本文集汇刊》,第519页。
⑤ 参见高树林《元代赋役制度研究》,河北大学出版社,1997,第99页。
⑥ 《元典章》卷53《刑部十五·诉讼·听讼·至元新格》,第1748页。

讼"之责，社众应当"尊敬其人，听其教诲"。① 在司法实践中，社长是分流官府诉讼压力的重要臂助。如章丘县"素多词讼"，汴梁人李彦任县尹后每月两次"稽考讼之繁简"，将此作为考核社长的重要标准，于是社长"悉心谕解民讼"。② 香河人张辑皇庆、延祐中任柏乡县尹，遇有民讼不实者，即在讼牒中批言"送尔社长，毋使无情者再至"。③

除基层职事人员外，耆老（或称耆长、里老等）亦是元代地方社会中的一个重要群体。他们"年高德劭"，熟悉地方情况，为民众信服，本身具有相当的权威。正如柳田节子指出的，耆老不仅是深谙故实的老人，还是地方社会的领导层，他们"从社会基层支持地方官对农民的统治，起到了维持民间社会秩序的作用"。④ 苏力曾对元代耆老在基层社会控制中的作用进行专门研究，他认为耆老参与地方事务管理的主要内容是向地方官员提供咨询，以及向民众传达国家政令。⑤ 换言之，耆老主要是充当官府与民众的"中介"。而在元代某些地方，耆老的作用并不限于此。郑千龄任徽州路祁门县尉时告谕当地耆老说："为我约束乡间，勤固门户，谨守望，慎毋犯法。"⑥ 即希望通过耆老维护地方治安。有时，地方官员甚至会赋予耆老处理纠纷的权力。如李拱辰任绍兴路新昌县尹时，"有斗争，悉送耆长，使质其是非而戒谕焉"。⑦

虽然元代非正式司法力量尚无法与明清相提并论，社长等职事人员

---

① 王结：《文忠集》卷6《善俗要义·尊官长》，《景印文渊阁四库全书》第1206册，第256页上。
② 张友谅：《章邱县尹李彦表德政碑》，道光《章邱县志》卷14《金石录》，《中国地方志集成·山东府县志辑》第68册，凤凰出版社，2004，第418页下。
③ 元明善：《县尹张侯德政碑》，正德《赵州志》卷7，《天一阁藏明代方志选刊续编》第2册，第452页。
④ 柳田節子「宋代の父老：宋朝専制權力の農民支配に關連して」『東洋學報』第81号、1999。
⑤ 苏力：《耆老与元代基层社会的控制》，《民族史研究》第7辑，民族出版社，2007，第119页。
⑥ 程文：《贞白先生郑公（千龄）行状》，程敏政编《新安文献志》卷86，《景印文渊阁四库全书》第1376册，第410页下。
⑦ 黄溍：《金华黄先生文集》卷31《奉议大夫御史台都事李公墓志铭》，《四部丛刊初编》。

的司法参与亦受到诸多限制,但由其将一部分诉讼分流,无疑对减轻官府的司法压力大有裨益。这种纠纷的非正式解决机制影响深远,正如日本学者中岛乐章指出的,元代社长调解民间纠纷的职能与明代地方社会的里老一脉相承。①

(四)教谕与告拦

即使案件已经受理,也并不意味着息讼的结束,鉴于审理案件所要消耗的巨大行政成本,以及官府判决止争效果的不确定性,如若能使两造在官府判决前和解撤诉,亦不啻为理想的结果。概括来说,审理阶段案件的休和可分为两种情况:一是司法官员教谕调解,二是诉讼双方主动告拦。

1. 教谕调解

许多司法者在审断中并不进行真正的判决,而是予以"教谕式调停",以调代判。下面是笔者从元人文集中搜集的几则相关案例:

> 案例一:叠卜泰(字允恭,奉元蒲城人)……三转擢为乌江县监,为治以教先法,春行劝农,自裹粮以从。民之讼者,晓之以礼义法,人皆感服。有狄氏子兄弟九人,分异十余年,争讼至庭,谕之,九人感悟,复同居。②
>
> 案例二:大德四年,(李璋,字君用,汴梁杞县人)改授吉安龙泉尹,化民为善。有兄弟争田财,数年不决,侯闭门自责,累日不视事,其民羞愧,愿改过自息。③
>
> 案例三:在威州,民张氏兄弟讼家财,吏展转求赂,更数岁莫

---

① 参见中岛乐章《明代乡村纠纷与秩序:以徽州文书为中心》,第51—114页。
② 光绪《直隶和州志》卷12《职官志·名宦》,《中国地方志集成·安徽府县志辑》第7册,江苏古籍出版社,1998,第261页上。
③ 吴澄:《吴文正公集》卷33《有元朝列大夫抚州路总管府治中致仕李侯墓碑》,《元人文集珍本丛刊》第4册,第562页下。

能决，因亦致困匮。君（仇谔，字彦中，京兆人，此时任威州知州）召谕之曰："若兄弟孰与吏亲？"民曰："兄弟同气，吏涂人耳。"君曰："同气以资涂人，汝何不知之甚？"即大感悟，相抱持以哭，向君叩头曰："今不敢复有辞矣。"遂与俱归。①

案例四：吴郡有兄弟以财讼，久弗解。公（郭筠，字伯川，青州人，此时任江南浙西道提刑按察副使）谕之曰："兄弟同气，财外物，奈何以外物之啬，而忘同气之爱乎？若是，天伦丧矣。今以三日假汝，往归与汝所亲耆德者共议，以来，吾为汝决。"及期，二人与所亲拜堂下，泣涕惭悔，言曰："小人不识义理，为贪墨吏所误，微公教，几堕禽兽。愿自新，由今日始。"公慰遣之。二人旦夕炷香，祝公于庭，卒相睦为贤昆仲。②

案例五：都昌民叔侄争田，积年不决，逮者数十人，府檄复以属公（靳孟亨，自嘉夫，洛阳人，此时为星子县尹），公取《论语》一编语及彝伦，即使叔侄诵读，公申以孝弟亲睦之谊，仍令逮者与闻。顷之，逮者请曰：曩时官吏意有所私，此讼之不决也。今明府以善谕，民敢不首实？田本侄产，叔父因其幼孤夺之。于是叔父感泣，尽以田券与侄，遂相慈孝如初。③

从案情上看，这几个案例皆发生于亲族之间，且基本是家财之争，出现这种情形并非偶然。从制度上来说，国家法律准许婚姻、家财、田宅、债负等案件息和，对于这些案件，司法者在审断过程中本身有很大的自由度。从儒家伦理的角度来说，讲求"亲亲"之道，认为亲族之间应该和睦相处。亲族相讼，无疑是对伦理秩序的极大破坏。对于司法者

---

① 柳贯：《柳待制文集》卷10《有元故奉议大夫福建闽海道肃政廉访副使仇君墓碑铭并序》，《四部丛刊初编》。
② 刘敏中：《中庵先生刘文简公文集》卷7《昭文馆大学生资善大夫司农郭公神道碑铭》，《北京图书馆古籍珍本丛刊》第92册，第326页下。
③ 苏天爵：《滋溪文稿》卷7《大元赠中顺大夫兵部侍郎靳公神道碑铭》，第98页。

来说，即使能够按照国家法律公正裁决，也已伤"亲亲"之道，更何况亲族之间的利益之争本身很难审断，审断后诉讼两造亦不一定心服口服。胡祗遹曾评论说：

> 仆自改职户曹，天下词讼，郡县不能剖决者，聚至乎部，因以听断。而观四方之风，大抵析家赀而昆仲相怨仇、相诋訾，辱及其先世，而不可道者十居八九，诸侯之家为尤甚。更甚者，父母俱无恙，昆季求析居，父母不以为怪，六亲不以为非，守土有司不以为罪，抵官健讼，连月蔓岁，达部及省，公断弗服，必至唐突而后已。吁！于斯时也，不为风俗移而能怡怡同处者，良可尚已。①

质言之，胡祗遹不仅认为亲族相讼是乖离名教的薄俗，亦对这类案件判决后的效果提出了质疑。如若能劝解双方放弃争讼而复归和睦，则既能免伤"亲亲"之道，更可以避免诉讼再次发生。那么，应如何调解息讼呢？张养浩在《牧民忠告》中建议："亲族相讼，宜徐而不宜亟，宜宽而不宜猛。徐则或悟其非，猛则益滋其恶。第下其里中开谕之，斯得体矣。"②也就是说，对于亲族相讼首先不能速结，亦不可重判，最好能对其进行劝解，化解纠纷。从上述案例来看，司法官员的普遍做法是在听讼中对争讼者进行道德教化，教化的内容无非孝悌之道。正如李拱辰任归安县尹时所做的，"有争家财而骨肉相戕者，谕以天理"。③其目的是让争讼者知晓，无论争讼的起因为何，争讼行为本身都是不应当的，从而敦促其放弃争讼。还有许多地方官员常采取拖延策略，促使诉讼双方和解。赵素在《为政九要》中即建议，对于父子兄弟不和，应"封禁延

---

① 胡祗遹：《紫山大全集》卷10《郑千户棣花堂记》，《景印文渊阁四库全书》第1196册，第200页上。
② 张养浩：《三事忠告》卷1《牧民忠告上·听讼·亲族之讼宜缓》，《景印文渊阁四库全书》第602册，第736页上—下。
③ 黄溍：《金华黄先生文集》卷31《奉议大夫御史台都事李公墓志铭》，《四部丛刊初编》。

迟，日月勿断，日久自和，不伤亲义"。[1]据《明公书判清明集》，南宋时地方官员在调解后，诉讼双方须写具书面的"无争状"。元代虽尚未发现相关记载，但参考下文所要论述的"告拦状"，地方官员在调解中很可能也有类似做法。

2. 告拦休和

除由官府调解外，元代还允许诉讼两造在正式审结前私下休和，并向官府申请撤诉，元人称之为"拦告"或"告拦"。告拦在元代是一种重要的息讼机制，相比前代，其适用范围、运作程序和效力都得到进一步规范。

告拦的适用范围主要为婚姻、田产、钱财、债负等"民事纠纷"，关于此，大德十一年（1307）五月的中书省咨文中有明确规定："令后凡告婚姻、地土、家财、债负，若有愿告拦，详审别无违枉，准告。"[2]刑名案件绝大部分不在告拦之列，如至元八年，监察御史就针对大都左右警巡院受理殴詈告拦的现象进行纠察，指出"殴人、詈人，俱系刑名事理，旧来并无拦告体例"，[3]言外之意刑名案件不许告拦。不过据《元史·刑法志》，刑名案件中有两类特殊案件是允许休和的。一为蒙古人斫伤他人奴婢，"诸蒙古人斫伤他人奴，知罪愿休和者听"。[4]二为戏杀，"诸戏伤人命，自愿休和者听"。[5]如至元七年太原路一例案件，陈猪狗在与小舅赵羊头嬉戏时误伤其性命，赔偿赵羊头家人店舍、地基、牲畜以及其他财务，双方私和。后因争夺店舍，事发到官，中书省和兵刑部对双方此前的和解依然予以承认。[6]这两类案件既然允许休和，应当也在可告拦之列。

---

[1] 赵素：《为政九要·正婚第四》，徐元瑞：《吏学指南》（外三种），第147页。
[2] 《元典章》卷53《刑部十五·听讼·告拦·田土告拦》，第1790页。
[3] 《元典章》卷44《刑部六·诸殴·杂例·殴詈不准拦告》，第1514页。
[4] 《元史》卷105《刑法志四》，第2673页。
[5] 《元史》卷105《刑法志四》，第2678页。
[6] 《元典章》卷42《刑部四·诸杀一·戏杀·戏杀准和》，第1445—1446页。

若案件本身不在可告拦之列，即使当事人提出申请，亦不会得到官府允准。如太原路一例案件，谢英与刘谢五妻王丑哥通奸，二人合谋将刘谢五杀死。后苦主刘恩受谢英烧埋银六锭，告拦休和，地方官府断谢英七十七下，王丑哥三十七下，后法司仍改断二人死刑。① 若有司违律准许私和，甚至强迫告拦休和，则属于"违错"，由监察机关予以纠治并重新审断。如至元六年，河北道按察司在照刷彰德路文卷时发现，薛天祐与甯氏通奸一案被本路总管府"准告休和"，在申呈御史台后，由朝廷派遣官员，对案件本身以及彰德路总管府刑名违错事宜予以审理。②

有关告拦的运作程序，现有元代官方文献中并无详细记载。不过幸运的是，在碑刻以及出土文书中保存有不少告拦案例，从中可见元代告拦运作的基本图景。如《霍邑县杜庄碑》，其内容即为杜庄村与宋壁村水利纠纷告拦后官府出给的公据，其碑已佚，碑文收录于《山右石刻丛编》，为便于分析，现移录如下：

霍邑县　给

据杜庄村马□、高移、成贵、惠吉祥连名状告：伏为东城村东有淋浸水泉九十六眼，次下合流一处，其水自来止是本村食用，其余村庄人户并不得洗衣裳、淘菜、饮牛秽污等事。却为泉水微小，及渠道上下远窎，水流不到，以上本村众人户将宋壁村涧北古旧泊池一个淘开，足水逐旋，放流本村食用。至元十年四月十八日，有宋（圣）〔壁〕村任二妻、赵三妻圻讫上项泊池根底石埭，又被宋（圣）〔壁〕村赵一赶牛五只，赵大赶牛一只，相水渠内饮牛，抛粪秽污。以此情等具状经霍邑县衙陈告，蒙受理。施行间，有宋（圣）〔壁〕村赵一、赵大、任三、王林、贾琮、赵三，托令东城村靳荣北，杜壁村王玉等社长，石鼻村梁社长萁皋，靳（圣）〔壁〕村苏乡

---

① 《元典章》卷42《刑部四·诸杀一·谋杀·因奸谋杀本夫》，第1431页。
② 《元典章》卷45《刑部七·诸奸·凡奸·犯奸休和理断》，第1533页。

老劝和，写立私约：该今后除宋壁村人户食用外，□不敢相杜庄村古旧有倒食用水内及足水泊池，并上下渠内饮莩畜□匹、淘菜、洗衣裳秽污等事，及任二妻、赵三妻将元坏讫泊池根底石坡依旧修垒了当。如今后但有违犯之人，情愿准罚白米叁拾石，充本村祗应用度，及有依时耕种过往牛畜，及上秋后撒放大倒□□至在科罚之限。立讫。如此私约合同收执，及具一同拦状，抄连私约，赴官告拦了当。今事情等忖得在手□无系官勘信凭据，切恐已久□致昏昧，据此合行陈告，伏乞霍邑县详酌给据，各行事。县衙为此照勘得：此宗元行文案并取贵的本私约，并与所告相同。取据公凭，合行出给者。

右给付杜庄村马清等收执照用准此

至元十二年三月初七日给司吏马泽民、刘铎行

主簿兼尉李

将仕郎霍邑县尹高押

达鲁花赤斡兀鲁阿思兰押

本村人户　金田院

（以下人名略）[①]

碑文所载是一例典型的水权纠纷案件，这类案件在水资源紧张的山西非常常见，其中杜庄、宋壁、杜壁、石鼻诸村至今仍存在。案件起因为杜庄村水渠被宋壁村毁坏和污染，诉讼被霍邑县受理后，宋壁村请人劝和，双方遂和解，并向官府申请告拦。如碑文所示，诉讼双方达成和解是告拦的前提，其中劝和人发挥了关键作用。劝和人的身份一般要满足两个条件：一是具有一定的社会威望，二是与诉讼双方相熟。如本案的劝和人为诸村之社长、乡老。大德十一年王成与祈阿马相争地土一案

[①] 胡聘之：《山右石刻丛编》卷25《霍邑县杜庄碑》，《石刻史料新编》第1辑第20册，第15534页。

的劝和人则为"知识人"郑直。① 劝和发生在案件已被官府受理而未正式判决之前，常常是被告方主动请人说和，但要达成和解往往需要诉讼双方都有所让步。和解达成后，诉讼双方写立"私约合同"，其中既有对纠纷的具体处理方法，亦有遵守约定的承诺和违反约定的惩罚措施。其后，诉讼双方共同向官府递交"拦状"，同时附上所立私约，申请撤诉。黑水城出土的 M1·0603 号文书即为一通拦状：

（一）

1. 甘肃等处管军万□□□
2. 万户府委差镇□□□
3. 旧处，将各人劝说休□□□
4. 扰乱官司。李文通众人等商量告拦文状，以□□情愿当官告拦休和，将上项
5. 元争地土壹石均分叁分，内分与孙占住贰分，陈伴旧分与壹分，意愿将孙占住元种地小麦叁斗，陈伴旧收持，碾
6. 到市斗小麦壹石陆斗，就交付与孙占住了当。如蒙准告，于民相□□告拦休和之后，占住永无再行经官陈
7. 告争竞。如后不依告拦，却有二人争竞者，占住情愿当官罚骟马叁匹，白米壹拾石，充本管官司公
8. 用，更甘当重罪不词，执结是实。得此。
9. 告拦状人陈伴旧等：
10. 　　一名被告人陈伴旧，年四十三岁，无病。
11. 　　一名被人陈育狗，年三十八，无病。
12. 　　一名孙占住，年三十一岁，无病。
13. 告拦劝和人：

---

① 《元典章》卷53《刑部十五·听讼·告拦·田土告拦》，第1790页。

第四章　地方治理中的息讼机制

14.　　　　一名李文通，年五十五岁，无病。

15.　　　　一名闵用，年六十三岁，无病。

16.　　　　　　□岁，无病。

（后缺）

（二）

（前缺）

1. □年三月　日

（后缺）

（三）

（前缺）

1. 廿七日（签押）①

从上引文书可知，元代拦状大致包括四部分内容：一为案件原委，二为纠纷的处置，三为告拦后不再争告的承诺和相应惩罚措施，四为告拦人以及劝和人的个人情况。申请告拦后，官府须对案情予以"详审"，然后才能"准告"，一些重大案件的告拦往往还需要经过多级审核。如前述胡瑗墓地一案，安定书院与何山寺向乌程县申请告拦得到批准后又申覆湖州路总管府，涉案双方以及参与劝和的天宁等寺院住持一同至总管府"当官审问"，其重点为案件告拦是否"两相情愿，中间并无不尽不实事意"。总管府审问后，又牒呈廉访司分司，同时呈江浙行省照详。②

质言之，告拦制度提供了一种官—民互动下的纠纷解决方式：在社会力量的参与下，诉讼两造实现庭外和解，然后由官府"准告"，确认其司法效力。相比正式审判，诉讼双方在自愿的前提下达成和议，理论上更能达到止争的效果；相比官府调解，当事人主动告拦无疑更为节省

---

① 塔拉等主编《中国藏黑水城汉文文献》第4册，第745—747页。
② 陆心源：《吴兴金石记》卷14《胡文昭公墓据碑》，《历代石刻史料汇编》第12册，第262页上。

行政资源。不过从实际情况来看,告拦制度的运行也有不少弊端:一方面,民间词讼中"肯自休和者十无一二",能够主动告拦的并不多,许多案件中原告人虽同意休和,其实并非出于自愿,造成"冤抑";另一方面,诉讼双方虽然暂时达成和议,且约定违反和议的惩罚措施,但其约束力并没有足够保证,常有告拦之后"复兴讼端"的现象。有鉴于此,元大德十一年规定,告拦经官府审核批准后,"不许妄生词讼,违者治罪"。①

综上所述,真正做到"息诉讼之源",在现实中其实是很难的,但告诉最终是否能够成功进入司法程序则取决于官府,这就为地方官员寻求息讼提供了机会。从实践来看,元代地方官员通常采用"堵"与"疏"相结合的方式息讼:一方面限制告诉,防止不合理的告诉进入司法程序;另一方面对诉讼予以分流,建立非官方的纠纷解决渠道疏解官府的司法压力。其核心思想其实皆是减少官府需要正式进行审判的案件数量,节省本已十分有限的司法资源。

本章小结

按照日本学者滋贺秀三的观点,清代乃至整个帝制中国时期的民事审判为"教谕式的调停"——一种带有强烈调解色彩的审判,②这种审判"以特定争讼的平息为目的",③换言之,所谓"听讼"本身就是一种息讼实践。黄宗智虽然不同意滋贺秀三对清代民事审判性质的论断,但其有关"第三领域"中半官半民纠纷调解机制的研究,同样揭示了司法运作

---

① 《元典章》卷53《刑部十五·听讼·告拦·田土告拦》,第1790页。
② 滋贺秀三:《清代诉讼制度之民事法源的概括性考察——情、理、法》,滋贺秀三等著,王亚新、梁治平编《明清时期的民事审判与民间契约》,第21页。
③ 滋贺秀三:《中国法文化的考察——以诉讼的形态为素材》,滋贺秀三等著,王亚新、梁治平编《明清时期的民事审判与民间契约》,第15页。

中明显的息讼倾向。[①]

若纯粹从法律的立场出发，司法者无疑应关注审判的公平与公正，但元代的司法官员本质上是地方的治理者——"父母官"，故而其行动逻辑并不局限于司法本身。具体来说，元代地方官员致力于息讼主要有两方面原因。一是思想动因。儒家以"无讼"为理想的社会秩序，但诉讼本身是社会中的必然存在，这就导致了息讼理念的产生。无论是外界舆论，还是官员的自我期待，都将息讼作为一种追求。二是现实动因。元代自建立考课制度以后，"词讼简"一直是考核地方官员的重要标准，而要做到"词讼简"，息讼是重中之重。不仅如此，面对元代严苛的司法监督，息讼本身也是避免违错之责的上上之策。即使地方官员不惧诉讼之累，理讼能力与诉讼烦冗之间的矛盾亦使其疲于应对。无论出于何种考量，由息讼至"无讼"都是地方官员的最佳选择。

由于元代地方官员"牧民官"而非"司法官"的本质角色，其自身知识结构、法律素养以及处理地方诉讼案件的时间与精力等都有一定的缺陷。但同时，他们却拥有司法之外的政治与文化资源，这些都可以转换为息讼的资本。从实践来看，元代地方官员的息讼实践可分为两个阶段。第一个阶段，通过道德教化和法律宣传，构建"无争"的社会秩序，从源头上防止诉讼的产生。耻辱刑作为一种民众日常生活中常见的"公共景观"，既是一种教化手段，也是象征法律秩序的符号，警示民众遵礼守法。第二个阶段，即在诉讼的受理阶段，减少进入正式司法程序的案件数量。具体途径首先是"堵"，即对"不应告"的诉讼不予受理；其次是"疏"，通过建立社会性的纠纷解决渠道，分流官府的诉讼压力。即使已经进入正式审理环节，依然尽量予以调解，同时通过告拦制度，避免后续诉讼的发生。

息讼既是地方官员对"无讼"理想的实践，也是权衡利弊下的策

[①] 参见黄宗智《清代以来民事法律的表达与实践：历史、理论与现实》卷1，第91—111页。

略选择，对于减轻诉讼压力有着积极意义。但不可忽视的是，民众之所以告诉是希望获得官府对纠纷的权威解决，如拉德布鲁赫（Gustav Radbruch）所言，法律欲从一种用以评价的规范成为产生效果的力量，是通过司法者的审断得以实现。[①]过度强调息讼的结果意味着民众的正常需求受到漠视。更有甚者，有些地方官员求词讼之简而"将应理之事亦付不问"，[②]息讼变为"怠讼"，虽然官府的诉讼案件数量得以减少，但纠纷本身并没有得到解决。

[①] 拉德布鲁赫：《法学导论》，米健、朱林译，中国大百科全书出版社，1997，第100页。
[②] 许有壬：《至正集》卷74《风宪十事·荐举官员》，《北京图书馆古籍珍本丛刊》第95册，第377页上。

第五章

诉讼分类与审断策略

伴随中国古代有无民法的争论,[①] 对于中国古代有无刑事诉讼与民事诉讼的区分,历来亦聚讼不已。持否定说者如戴炎辉,他认为中国古代虽有田土、户婚、钱货案件与命盗案件之分,但不能截然分为民事诉讼和刑事诉讼,"刑事的诉讼与民事的争讼,非诉讼标的本质上之差异,只不过其所具有之犯罪的色彩有浓淡之差而已。在诉讼程序上,民事与刑事并无'质的差异',即其所依据的原则,并无二致"。[②] 持肯定说者如张晋藩,他认为中国古代"刑事诉讼与民事诉讼'实有本质上的差异'",虽然不能从现代的角度将二者进行严格意义上的区分,"但不能由此而漠视纯粹的民事诉讼的存在"。[③] 应注意到的是,虽然二者之间分歧甚大,但其实都是在现代西方法律概念体系下进行的讨论。近年来,越来越多的学者意识到法律史叙事中"超越西方,回归本土"的必要性,[④] 这提示

---

① 相关成果的评述可参见俞江《关于"中国古代有无民法"问题的再思考》,《现代法学》2001年第6期。
② 戴炎辉:《中国法制史》,第137页。
③ 张晋藩:《中国古代民事诉讼制度通论》,《法制与社会发展》1996年第3期。
④ 徐忠明:《中国法律史研究的可能前景:超越西方,回归本土?》,《政法论坛》2006年第1期。

我们对于中国古代的诉讼分类，亦应在其固有的概念体系下重新审视。在这方面，清代法律史学者已经有不少颇具启发性的成果。①

元代《经世大典》与《元典章》中的"诉讼篇"，很大程度上凸显了中国古代"重实体轻程序"的法律传统开始发生转变，更昭示着诉讼制度在元代所受之重视与显著进步。其主要表现之一，便是不同类别案件在诉讼中的进一步分离。关于这一问题，日本学者有高岩很早就指出："元代关于诉讼明显地区别民事与刑事，这的确是较唐、宋更进步的一个事实。"②这一观点为绝大多数研究元代法律史的学者所认同，甚至有学者认为元代是中国历史上"人们公认的民事与刑事诉讼分离最明显的时代"。③不过，先行研究依然是在现代民事诉讼、刑事诉讼概念下叙述元代的诉讼划分，对不同诉讼在制度上的差别缺乏系统分析，对其司法实践更少论及。本章拟在前人基础上，重新审视元代语境下的诉讼分类及其制度设计，进而考察司法者在不同诉讼中的立场与策略，从而展现元代诉讼分类下的司法秩序。

一　元代的诉讼分类制度

（一）诉讼分类方式

无论在中原王朝还是早期蒙古法律中，对诉讼进行区分皆有渊源。

---

① 主要可参见里赞《刑民之分与重情细故：清代法研究中的法及案件分类问题》，《西南民族大学学报》2008年第12期；张小也《从"自理"到"宪律"：对清代"民法"与"民事诉讼"的考察——以〈刑案汇览〉中的坟山争讼为中心》，《学术月刊》2006年第8期；邓建鹏《词讼与案件：清代的诉讼分类及其实践》，《法学家》2012年第5期；俞江《明清州县细故案件审理的法律史重构》，《历史研究》2014年第2期。
② 有高岩：《元代诉讼裁判制度研究》，潘世宪译，《蒙古史研究参考资料》新编第18辑，1981年，第25页。
③ 胡兴东：《元代民事审判制度研究》，《民族研究》2003年第1期。相关论述还可参见赵文坦、孙成状《元代司法制度的特点》，《东岳论丛》1995年第3期；白翠琴《略论元朝法律文化特色》，《民族研究》1998年第1期；舒炳麟《试析〈元典章〉的特色》，《法学》1995年第1期。

第五章　诉讼分类与审断策略

东汉郑玄为《周礼》所作注疏中便将诉讼分为"狱"和"讼"："争财曰讼，争罪曰狱。"①至唐宋时期，命盗重案与婚姻田土案件在审理机构、诉讼程序上已经开始有比较明显的区分。②而在大蒙古国建立伊始，成吉思汗在任命失吉忽秃忽为大断事官时说："如有盗贼诈伪的事，你惩戒着，可杀的杀，可罚的罚。百姓每分家财的事，你科断着。"③所谓"盗贼诈伪的事"和"百姓每分家财的事"，大致可对应"狱"和"讼"。由于史料所限，二者在诉讼程序中是否有所不同我们已无从得知，但在当时蒙古人的法律观念中明显对其有所区分。

在元代史料中，诉讼通常被统称为"词讼"，如元代考课地方官员的"五事"中就有"词讼简"，要求"听断详明，讼无停留，狱无冤滞"。④人们首先按照诉讼标的的不同将其归类，胡祗遹在《折狱杂条》中就提醒司法官员应"体认所争者何事"，并指出争讼大致有人命、盗、奸、钱债、婚姻、良贱、斗殴等类。⑤同时，元人又常将刑名词讼与其他诉讼区分开来。

所谓"刑名"，在元代文献中随所在语境不同有刑罚、刑律等不同含义，元人常以"刑名事理""事干刑名"或径以"刑名"指称涉及刑律的诉讼案件。如延祐五年（1318）刑部规定："僧、尼、道士、女冠，以焚修祝赞为心，以清净慈悲为本。敢有不持戒行，败乱天常，及犯致伤人命、放火、诈伪，事干刑名一切非违等罪，或已承伏，曾经杖断，或遇释免，既非良民，合依已拟，比犯奸盗例还俗，发付元籍为民相应。"⑥

---

① 《周礼注疏》卷10《大司徒》，阮元校刻《十三经注疏》，第708页上。
② 参见邓建鹏《词讼与案件：清代的诉讼分类及其实践》，《法学家》2012年第5期，第116—118页。
③ 《元朝秘史》卷8，《四部丛刊三编》。
④ 徐元瑞：《吏学指南》（外三种），第30页。
⑤ 胡祗遹：《紫山大全集》卷23《折狱杂条》，《景印文渊阁四库全书》第1196册，第424页上。
⑥ 《元典章》新集《礼部·僧道·僧道犯法·僧道犯罪经断遇免依奸盗例还俗》，第2138页。

其中"事干刑名一切非违等罪"即指所有触犯刑律的案件。其具体范围，大致可参考《元典章·刑部》所列之罪名，主要有诸恶、诸杀、诸殴、诸奸、诸盗、诸赃、诈伪等。

刑名之外，主要是民众日常生活中的人身或财产关系纠纷，包括婚姻、田土、家财、债负等类诉讼。王恽在奏疏中曰"天下之务，繁而词讼、钱谷，重而刑名、铨选"，[①]即将户婚田土等事归为狭义上的"词讼"，与"刑名"对举。类似的，胡祗遹在《县政要式》中亦将土田、婚姻、驱良、头匹、债负列入"一切词讼"的范畴。[②]

元人在话语表达中常以"刑名""户婚""田土""家财""债负"等并举，指称各种诉讼案件，如王恽任职风宪时在《谕平阳路官吏文》中指出，州县官"亲临民事"的主要职责为处理"赋税、课程、婚姻、良贱、债负、田宅、刑名等事"。[③]这种话语惯习，很大程度上反映出元人将刑名与婚田钱债等案件视作不同诉讼类别的法律观念。这种区分主要源自案件本身的内容与性质。刑名案件本身危害性大，更为国家所重视。元人言"刑名之制，本以防奸"，[④]将刑名视为"朝廷事"。[⑤]户婚田土案件则不同，多属于民众之间的日常纠纷，与国家统治秩序关系不大，在国家看来属于"细事"。

从案件内容来看，元代这种诉讼分类类似现代诉讼制度中的刑事诉讼与民事诉讼的区分，但若将二者等同则不免轻率。十分重要的一点是，与现代诉讼制度不同，刑法或刑罚并不构成元代刑名与户婚田债等诉讼相分离的界限。元代《大元通制》与《至正条格》中的"断例"部分大致相当于中国传统律令体系中的"律"，即刑法典，检视现存的《至正条

---

① 王恽：《秋涧先生大全文集》卷90《便民三十五事》，《四部丛刊初编》。
② 胡祗遹：《紫山大全集》卷23《县政要式》，《景印文渊阁四库全书》第1196册，第412页上。
③ 王恽：《秋涧先生大全文集》卷62《谕平阳路官吏文》，《四部丛刊初编》。
④ 《元典章》卷46《刑部八·诸赃一·取受·诸犯二罪俱发以重者论》，第1567页。
⑤ 陈旅：《安雅堂集》卷9《嘉兴路总管府架阁库记》，《元代珍本文集汇刊》，第388页。

格·断例》可以发现，其中《户婚》一篇规定了许多有关婚姻、田宅的罪行。举《至正条格》关于田宅典卖的断例为例，该断例规定：

> 今后军民诸色人户，凡典卖田宅，皆从尊长画字，给据立帐，取问有服房亲，次及邻人、典主。不愿者，限一十日批退。如违限不行批退者，决一十七下。愿者，限一十五日批价，依例立契成交。若违限不行酬价者，决二十七下，任便交易。其亲邻、典主，故行刁蹬，取要画字钱物，取问是实，决二十七下。如业主虚抬高价，不相由问成交者，决二十七下，听亲邻、典主百日内收赎，限外不得争告。欺昧亲邻、业主故不交业者，决四十七下。①

这条断例的主要内容是对田宅典卖程序的规制，对于典主、业主、亲邻之应为与不应为进行了明确规定。尤其值得注意的是，对交易双方行为的规范是通过刑罚实现的，尽管量刑很轻。当田宅交易中出现违限不批退、不酬价或业主私下成交等情况而引起诉讼时，公权力不是对双方权利与义务居中裁决，而是对违法行为进行惩罚。其中，司法者所扮演的角色与调整手段，与在刑名案件中并无本质区别。正如王伯琦所指出的，在户役、田宅、婚姻、钱债等案件中，"虽亦含有个人与个人间应遵循之规范，但其所以制裁者，仍为刑罚，究其目的，仍在以政府之政治力量，完成安定秩序之作用。其间之关系，仍为公权力与人民间之关系，仍属公法之范畴，与所谓民事法之趣旨，不可同日而语"。②换言之，与现代司法制度中诉讼分类所蕴含的公权、私权相分离不同，元代刑名与户婚钱债等诉讼中展现出以刑统罪、公权裁决的一致性。

世祖、成宗时有关军民之间诉讼的圣旨中规定："军民相犯的勾当有呵，贼情、人命等重罪过的，交管民官归问。其余家财、田土、斗打

---

① 《至正条格》（校注本），断例卷7《户婚·典卖田宅》，第239页。
② 王伯琦编著《民法总则》，台北："国立编译馆"，1963，第15页。

相争等轻罪过的，军民官约会着问者。"① 在这里，诉讼案件被分为两类：贼情、人命等"重罪过"，家财、田土、斗打相争等"轻罪过"。其划分范围与上文所言诉讼分类虽不完全一致，但显而易见的是，在官方的话语体系里，无论是贼情、人命案件还是家财、田土案件，皆为"罪过"，只是有轻重之别。类似的，《至元新格》中将刑名称为"重事"。胡祗遹则曰："小民所争讼，不过婚姻、债负、良贱、土田、房舍、牛畜、斗殴而已"，②"小民所争，不过土田、房舍、婚姻、良贱、钱债而已，是数者皆非难问难断可疑之大事"。③ 正如上文案例展现的，元代的诉讼分类与其说是刑、民之分，毋宁说是"轻罪过""重罪过"或"大事""小事"之别。

究其原因，现代诉讼制度中的民事、刑事之分与实体法中的刑、民之分紧密相连，本质上是公权与私权、国家与个人之间分离的产物。这一传统早在罗马时期便已形成，"罗马人对国家和个人进行了严格的区分，它们各自有其特定的权利和义务。国家是社会性存在的一种必须的和自然的框架，但是个人而不是国家，才是罗马法律思想的中心"。④ 在这种公权—私权结构下，法律被分为公法与私法，如同公元前3世纪的大法学家乌尔比安（Domitius Ulpianus）所解释的，"公法是有关罗马国家稳定的法，私法是涉及个人利益的法"，⑤ 刑法与民法即分别属于公法与私法。反映在司法中，在刑事领域，由于特定行为对国家统治或社会稳定有严重危害，故而由国家公权力对其进行惩处；在民事领域，私权被充分尊重，公权力只是居中裁决。

---

① 《元典章》卷53《刑部十五·诉讼·约会·军民词讼约会》，第1783页。
② 胡祗遹：《紫山大全集》卷23《县政要式》，《景印文渊阁四库全书》第1196册，第412页上。
③ 胡祗遹：《紫山大全集》卷23《又稽迟违错之弊》，《景印文渊阁四库全书》第1196册，第379页下。
④ R.G.Gettell, *History of Political Thought*（New York:Appleton-Century-Crofts, Inc., 1924），p.68.
⑤ 桑德罗·斯奇巴尼选编《正义和法》，黄风译，中国政法大学出版社，1992，第35页。

但在元代甚至整个中国古代,有着与西方完全不同的公权—私权结构。从文化观念来说,与西方以契约为手段、以保证个人权利和自由为目标的"公"不同,中国传统社会中的"公"强调公平与公正,而正因"公"被视为"公平""公正",其理论上的对立项——"私"的观念便在道德上处于劣势。在"天下为公"的理想中,"私利"受到摒弃。① 在现实的国家与社会关系中,虽然资源与成本的限制使得中国古代的国家权力很难深入基层,但在"集权的简约治理"下亦不存在公权与私权的界限。特别在元代,户计制度下的全民当差使得君民关系主奴化,专制权力对民众的控制在某种程度上比前代更严。② 正如梁治平指出的:"支配中国社会数千年之久的那种法,它本身并不包含何种权利的观念,亦不以个人权利的实现为立法的依据。"③ 在这种权力结构下,元代虽然已经形成类似于现代刑事诉讼、民事诉讼的诉讼分类体系,但其法理内核与后者依然相差甚远。

(二)诉讼分类的制度设计

依上文所述,元代的诉讼分类严格来说并非现代意义上的刑事诉讼与民事诉讼之分,而是统一在公权裁决下的轻重、大小之别。相应的,元代司法制度中亦没有对不同案件的诉讼程序进行严格区分,而是在某些环节有所差异。

其一,案件受理机构。根据《事林广记》所载,地方官府仿六部而有吏、户、礼、兵、刑、工六案,其中户案"掌户籍、土田、婚姻、族姓、禄廪、支用、权衡、度量、仓库、租税、差科、征役、米粟等事",刑案"掌鞫狱刑法、督捕盗贼、纠察非违、财估没入、奴婢死隶、门户管籥等

---

① 沟口雄三:《中国的公与私·公私》,郑静译,孙歌校,生活·读书·新知三联书店,2011,第44—88页。
② 李治安:《蒙元帝国与13—14世纪的中国社会秩序》,《文史哲》2013年第6期。
③ 梁治平:《法律史的视界》,广西师范大学出版社,2013,第393页。

事"。① 换言之，刑名案件与户婚田土等案件通常情况下分属刑案与户案。

其二，代诉的适用。元代年老笃疾、妇人以及官员涉诉讼时须由他人代诉。根据《元史·刑法志》："诸老废笃疾，事须争诉，止令同居亲属深知本末者代之。若谋反大逆，子孙不孝，为同居所侵侮，必须自陈者听。诸致仕得代官，不得已与齐民讼，许其亲属家人代诉，所司毋侵挠之。诸妇人辄代男子告辨争讼者，禁之。若果寡居，及虽有子男，为他故所妨，事须争讼者，不在禁例。"② 各群体代诉的适用案件范围有所不同，其中官员代诉限于"田土婚姻钱债等事"。③

其三，告拦的适用。按前文所述，元代允许告诉双方和解撤诉，谓之"拦告"或者"告拦"，但告拦并非适用于所有案件。早在至元八年（1271），监察御史就对大都左右警巡院受理殴詈告拦的现象进行纠察，指出"殴人、詈人，俱系刑名事理，旧来并无拦告体例"。④ 可见，刑名案件是不许告拦的。大德十一年（1307）更明确规定："令后凡告婚姻、地土、家财、债负，如元告、被论人等自愿告拦休和者，准告。"⑤

其四，务限法的适用。因户婚田土等案件妨碍农务，元代沿袭前代制度，设"务开务停之限"，至元二十四年（1287）规定："除公私债负外，婚姻、良贱、家财、田宅，三月初一日住接词状，十月初一日举行。若有文案者，不须追究。及不关农田户计，随即受理归问。"⑥ 但刑名诉讼并不受此限制。

其五，约会审问的适用。按前文，元代诸色户计的管理"不相统摄"，由此产生了司法上的多元管辖，不同户计间的诉讼案件，则常常适

---

① 黄时鉴辑点《元代法律资料辑存》，第214页。
② 《元史》卷105《刑法志四·诉讼》，第2668页。
③ 《元典章》卷53《刑部十五·听讼·代诉·闲居官与百姓争讼子侄代诉》，第1776页。
④ 《元典章》卷44《刑部六·诸殴·杂例·殴詈不准拦告》，第1514页。
⑤ 《元典章》卷53《刑部十五·听讼·告拦·田土告拦》，第1790页。
⑥ 《元典章》卷53《刑部十五·听讼·停务·年例停务月日》，第1787页。需要指出的是，此后为了保证婚姻案件尽快断决，元政府又专门规定："告争婚姻事理，如不妨农，随时归结。"见《元典章》新集《刑部·诉讼·停务》，第2220页。

用约会审问，即所涉各户计管理机构共同审理的方式。不过，约会审问并不适用于所有案件，如上文所引，其中贼情、人命等"重罪过"由管民官统一审理，其余家财、田土、斗打相争等"轻罪过"约会审问。

此外，由于元代"轻罪过"和"重罪过"与审级制度下的轻刑、重刑大致相合，形成了潜在的"自理"案件与"奏报"案件的区分。

元代刑制："凡七下至五十七，谓之笞刑；凡六十七至一百七，谓之杖刑；其徒法，年数杖数，相附丽为加减，盐徒盗贼既决而又镣之；流则南人迁于辽阳迤北之地，北人迁于南方湖广之乡；死刑，则有斩而无绞，恶逆之极者，又有凌迟处死之法焉。"[①] 其中，徒以上为重刑，杖以下为轻刑。《元典章》载至元八年三月二十一日圣旨中曰："听得您每如今断底公事也，疾忙断有。今后断底公事，合打底早打者，合重刑底早施行者。"[②] 所谓"合打底"即笞杖刑；相应的，"合重刑底"即徒、流、死。王与《无冤录》中又曰："勘责重刑犯状，必通服属、年甲、有无病疾，是岂为身自犯法者设哉？老者八十以上，例存侍丁一名，九十以上二名。今犯徒以上罪名，亲老无侍，往往不为申明。"[③] 明确指出徒刑为轻刑、重刑的界限。

按照刑罚轻重，元代设计了严格的审级制度，不同刑罚判决权的归属各不相同。按《至元杂令》："犯罪之人，五十七以下，令司县断决；八十七以下，令散府郡断决；一百七以下，各路总管府断遣。如县直隶总府者，五十七以上罪，各解府归断。外据重刑，依例归勘完备，引审是实，行移按察司审录无冤结案，申部待报。"[④] 根据这一制度，重刑须

---

① 《元史》卷102《刑法志一》，第2604页。
② 《元典章》卷39《刑部一·刑制·刑名·重刑不待秋分》，第1339页。
③ 王与:《无冤录》卷上《亲老无侍犯徒以上罪名》，《续修四库全书》第972册，第506页上。
④ 黄时鉴辑点《元代法律资料辑存》，第45页。按，《至元杂令》出自日本翻刻元泰定本《事林广记》，其他书未见著录。戴建国考证认为，《至元杂令》是杂抄元至元前期在行的各种法令、制度而成，因此不能将其视作一部严格意义上的法典。其编撰刊行时间，当在元至元十二年至十四年（1275—1277），是书商商业运作的产物。参见氏著《元〈至元杂令〉发覆》，《河北学刊》2012年第4期。

由监察机关审覆并上报中央，轻刑则地方有司可全权做出判决。[①] 以是否处以徒刑为界限，诉讼案件之间实际上形成了"自理"与"奏报"的区隔：户婚、田土、家财、债负以及斗殴等案件或不涉及刑罚，即使涉及亦量刑不重，绝大部分其实处在审级中最低一级——司、县的管辖范围内。绝大多数刑名案件司、县等下层官府无权断决，须层层申解。其中命、盗等又被称为"刑名重事"，往往需要上报中央，并受到监察机关严密监察。这种区分与明清时期"细故"和"重情"的划分有相通之处。

上述元代诉讼程序中不同案件的差异当然与现代诉讼制度中的刑事、民事之分不可同日而语，但其对司法实践的导向作用不可忽视。案件轻重不同，对社会秩序的影响程度亦不同，在司法资源有限的情况下，司法者有理由对其区别对待。更为重要的是，由于案件的审级设计，司法者面临的监督压力亦大不相同。在监察机构的司法监察中，其主要监察对象为"重罪过"。而对于所谓的"轻罪过"，司法者则拥有更大的自由。郑介夫言："有司每视刑名为重，而婚、田、钱、债略不加意。"[②] 相比于制度层面的有限分化，"轻罪过""重罪过"在诉讼实践中将会呈现出更为明显的差异化图景。

二 依法审断与"畏刑名之错"

（一）依法审断及其困境

对于刑名词讼等"重罪过"，元代司法制度要求必须严格依法审断，"若审听不明及拟断不当，释其有罪，刑及无辜，或官吏受财故有出入，

[①] 徒刑案件比较特殊，大德六年（1302）《强切盗贼通例》规定："徒罪，总管〔府〕官司公厅完坐，引其囚人，明示所犯罪名，取责准服文状，然后决配，仍申合干上司照验。"见《元典章》卷49《刑部十一·诸盗一·强窃盗·强切盗贼通例》，第1626页。也就是说，徒罪在由路总管府审问后可先予以决配，然后再报上级官府审核。

[②] 郑介夫：《上奏一纲二十目》，邱树森、何兆吉辑点《元代奏议集录》下册，第83页。

一切违枉者纠察"。① 若审断失当，司法者即犯"刑名违错"，会受到相应惩处。具体来说，审断中的"刑名违错"主要表现为"出罪"或"入罪"，"出罪"即罪重而刑轻，"入罪"为罪轻而刑重。同时，根据司法者有无故意，又分为故入人罪、故出人罪、失入人罪、失出人罪四种。按元制：

> 诸有司故入人罪，若未决者及囚自死者，以所入罪减一等论，入人全罪，以全罪论，若未决放，仍以减等论。诸故出人之罪，应全科而未决放者，从减等论，仍记过。诸失入人之罪者，减三等，失出人罪者减五等，未决放者又减一等，并记过。诸有司失出人死罪者，笞五十七，解职，期年后降先品一等叙，记过，正犯人追禁结案。②

在这种制度约束下，司法者对刑名案件的依法审断十分重视。王著任南丰州知州时，有兵卒犯罪而求免，司吏欲暗地助其脱罪，王著曰："不可，事干刑名，敢徇情曲法乎？"③ 元杂剧中常曰"休得顺人情，依条例拘束"，④ 或曰"休要顺人情，依法自行遣"，⑤ 抑或曰"国法王条不顺情"，⑥ 正是依法审断观念的集中体现。

要做到依法审断，其前提条件是有完善的法律可以作为依据，"无法则上下无所守"。⑦ 然而相比其他朝代来说，元代司法者面临更为特殊的

---

① 刘孟琛等编《南台备要·立行御史台条画》，第152页。
② 《元史》卷103《刑法志一》，第2633页。
③ 刘埙：《水云村稿》卷8《奉议大夫南丰州知州王公墓志铭》，《景印文渊阁四库全书》第1195册，第429页上。
④ 无名氏：《周羽教子寻亲记》，王季思主编《全元戏曲》第11卷，第360页。
⑤ 无名氏：《小孙屠》，王季思主编《全元戏曲》第9卷，第162页。
⑥ 无名氏：《冯玉兰夜月泣江舟》，王季思主编《全元戏曲》第6卷，第706页。
⑦ 胡祗遹：《紫山大全集》卷21《论治法》，《景印文渊阁四库全书》第1196册，第365页下。

制度环境。

元代刑法体系的建立十分曲折漫长，有学者认为，大德六年《强切盗贼通例》的颁布标志着元代刑法体系的确立。① 这时离忽必烈建元中统已经四十余年，离至治三年（1323）《大元通制》问世尚有二十余年。在这期间，至元八年以前尚可以"旧例"，即以《泰和律》为主的前朝法律作为断案依据。② 至元八年十一月，忽必烈宣布"泰和律令不用，休依着那者"，③"因此遂并古律俱废"。④ 元人虽曰"圣意概欲因时宜制，自我作古也"，⑤ 然而实际情况是旧律已废而新律长期未定，很长时间内都处于"官吏断事，无法可守"的尴尬境地。⑥

此后，刑法体系虽逐渐完善，但其表现形式与前代大相径庭，即没有编制《唐律》那样的法典，而是不断颁降一些单行法，同时判例成为审断的重要依据。虽然如学者所说，断例的应用是中古以降法律权威动摇的趋势，元代在很大程度上是延续宋代的做法，⑦ 然而在元代以前，判例只是辅助，元代这种"断狱用例不用律"的审断模式则是前所未有的。⑧《大元通制》颁布以后，"吏有所守"，⑨ 有司遂"以通制为宗"。⑩

---

① 姚大力：《论元代刑法体系的形成》，《元史论丛》第 3 辑，中华书局，1986，第 118 页。
② 有关元代司法中"旧例"的应用，可参见小林高四郎《元代法制史上之"旧例"》，潘世宪译，《蒙古学资料与情报》1990 年第 4 期。
③ 《元典章》卷 18《户部四·婚姻·牧民官娶部民》，第 639 页。
④ 吴澄：《吴文正公集》卷 11《大元通制条例纲目后序》，《元人文集珍本丛刊》第 4 册，第 232 页下。
⑤ 吴澄：《吴文正公集》卷 11《大元通制条例纲目后序》，《元人文集珍本丛刊》第 4 册，第 232 页下。
⑥ 胡祗遹：《紫山大全集》卷 23《民间疾苦状》，《景印文渊阁四库全书》第 1196 册，第 416 页下。
⑦ 宫崎市定：《宋元时代的法制和审判机构》，刘俊文主编《日本学者研究中国史论著选译》第 8 卷，第 256—258 页。此外，关于宋代断例，可参见川村康《宋代断例考》，吴海航译，《日本学者中国法论著选译》，第 345—390 页。
⑧ 吴澄：《吴文正公集》卷 2《丁巳乡试策问三首》，《元人文集珍本丛刊》第 4 册，第 90 页上。
⑨ 李榖：《稼亭集》卷 9《送揭理问序》，《韩国文集丛刊》，景仁出版社，1993，第 156 页上。
⑩ 李仲谋：《刑名通义序》，光绪《永嘉县志》卷 27《艺文志三》，《中国方志丛书》，台北：成文出版社，1965，第 2726 页。

《大元通制》中相当于以往"律"的部分为"断例",其中除一部分"断案通例"外,更多的是"断案事例",即判决例,二者共同成为断案的主要依据。① 元人称其"为皇元一代之新律","于古律暗用而明不用,名废而实不废"。② 然而笔者认为,《大元通制》采用了与前代律典殊异的编纂体例,将元代前期成文法与判例法相混合的体系固定下来,"断狱用例不用律"也就成为终元一代的审断传统。泰定二年(1325),刘有庆在《故唐律疏议序》中曰"国家律书未颁,比例为断",③ 正是对当时情形的真实描述。

对于"断狱用例不用律"的合理性,元人本身就存有疑问。吴澄在乡试策问中询问士子曰:"当今断狱用例不用律,然断例合天理、当人情,与律奚异?岂阳摈其名,阴用其实欤?或欲以今例、古律参合为一,或又谓例即律、律即例,有例固可以无律,然欤?否欤?"④ 在笔者看来,仅就依法审断而言,以判例为主要依据的审断机制无疑有着很多不足。

正如宫崎市定所说,"例少则不够用,多则有检索之难"。⑤ 更重要的

---

① 相关讨论可参见安部健夫《〈大元通制〉解说》,潘世宪译,《蒙古史研究参考资料》新编第18辑,1981;黄时鉴《〈大元通制〉考辨》,《中国社会科学》1987年第2期;方龄贵《〈通制条格〉新探》,《历史研究》1993年第3期;曾代伟《〈大元通制〉渊源考辨》,《现代法学》2003年第1期;殷啸虎《论〈大元通制〉"断例"的性质及其影响——兼与黄时鉴先生商榷》,《华东政法学院学报》1999年第1期;刘晓《〈大元通制〉断例小考——从〈五服图解〉中的两件〈通制〉断例说起》,《法律史论集》第3卷,法律出版社,2001;刘晓《〈大元通制〉到〈至正条格〉:论元代的法典编纂体系》,《文史哲》2012年第1期。
② 吴澄:《吴文正公集》卷19《大元通制条例纲目后序》,《元人文集珍本丛刊》第4册,第232页下。
③ 刘有庆:《故唐律疏议序》,长孙无忌等:《故唐律疏议》,《中华再造善本丛书》,北京图书馆出版社,2005。
④ 吴澄:《吴文正公集》卷2《丁巳乡试策问三首》,《元人文集珍本丛刊》第4册,第90页上。
⑤ 宫崎市定:《宋元时代的法制和审判机构》,刘俊文主编《日本学者研究中国史论著选译》第8卷,第258页。另外,胡兴东对于元代以判例法为中心的司法机制总体持正面评价,认为判例打破了中国传统以"情、理"为衡平来处理民事纠纷的固有模式。参见氏著《元代司法运作机制之研究》,《云南大学学报》(法学版)2006年第6期,第122页。

是，判例不断产生，对于相似案件很可能同时存在不同判例，在这之间如何取舍成为司法者必须面对的问题。其结果必然大大损害案件判决的一致性，出现"罪一而刑异"。① 从《元典章》中所载案例来看，司法官员在审断中常有援例失当的情况。以下是两个典型案例：

案例一：大德十一年三月廿四日，福建廉访司承奉行台札付：近据来申："为照刷本道宣慰司元帅府卷内漳州路申：'郑贵、郑子进同谋将侄郑昭举打死。郑贵男郑福德又与郑昭举妻通奸。'本路不行申解，辄将郑子进照依省部元拟米恤因侄米公寿于机上剪了纻丝三尺用棍打伤身死断例，各决一百七下，郑福德决杖八十七下，疏放，却将郑阿李通奸情罪并烧埋银两作疑申禀。本司帅府不为参详，止下本路，更为照勘无差，依例施行。虽在革前，缘事干人命，终无都省定拟明文。缘系为例事理，申乞照详。"得此。②

案例二：大德六年正月，江西道廉访司承奉行台札付：准御史台咨：〔来咨：〕"建康路录事司捉拿宵二娘与刘狗儿通奸，指出王福一亦曾与本妇通奸。取讫招词，将奸夫刘狗儿、奸妇宵二娘各断讫七十七下，王福一决讫五十七下。为此，就问得本路该吏梅珪状称：'前事比照苏小（尹）〔丑〕与苏七通奸，又指出与陈佐通奸，部拟断例，断遣。'看详：指奸革拨，此古不易之典。若苏小（尹）〔丑〕与苏七通奸指出陈佐一节，当元部拟，为冠氏县取讫本人明白招伏，以此约量断决，难为久例。今有司遇有指奸，即为定例，若不改正，无所定守。即系通例，咨请照详"事。③

---

① 胡祗遹：《紫山大全集》卷23《民间疾苦状》，《景印文渊阁四库全书》第1196册，第416页下。
② 《元典章》卷41《刑部三·诸恶·不睦·郑贵谋故杀侄》，第1398页。
③ 《元典章》卷45《刑部七·诸奸·指奸·指奸革拨》，第1530页。

这两个案例皆是依据判例而断，被监察机关认为拟断失当。案例一中，漳州路官员的判决依据是米恤打死侄米公寿一案，此案《元典章》有载。此案中米恤因侄米公寿于机上剪纻丝，又摔扯抵触，用柳木棍将其打伤身死。当时法司据"殴兄之子死者徒三年"的旧例断七十七下，中书省改断一百七下。① 案例一虽同样是叔杀亲侄，却是谋故杀，情节更重，漳州路所判明显失当。案例二中，建康路所据苏小丑与苏七通奸一案，《元典章》亦有记载。柳二妻苏小丑先是与苏七通奸被捉，审问时又指出曾与陈佐通奸。当时法司按照《泰和律》中"和奸者奸所捕获为理"的规定，拟判陈佐"非奸所捕获合行革拨"，但刑部认为一方面陈佐已经明白招伏，另一方面若全同捕获断决则太重，最终量情判笞五十七下。② 可见，苏小丑一案中对陈佐的判决只是特殊情况下的权宜之计，本不应成为定例，但建康路却以此为依据审断案件，即为失当。从这两个案例可以清楚地看到，司法者在应用判例的过程中很难确定其与所判案件是否相应，遑论区别哪些判例可以作为依据。

当然，上述两个案例都发生在《大元通制》颁布以前。那么，《大元通制》颁布后是否解决问题了呢？其实并不尽然。顺帝初年，苏天爵在《建言刑狱五事疏》中曰：

> 照得旧例，诸保辜者，手足殴伤人限十日，以他物殴伤者二十日，以刀及汤火伤人者三十日，折跌支体及破骨者五十日。限内死者，各依杀人论，其在限外，及虽在限内以他故死者，各依本殴伤法。参详：此法古今遵守，别难更易。今江、淮以南，或辜限已满，其被殴者身死，有司往往比依元贞元年孟福被死事例，加等科断。若皆如此遵行，是辜限为不可用。破已成之法，开奸弊之门，诚恐刑狱日滋，深为未便。照得孟福事例，通制既已不载，有司似难奉

---

① 《元典章》卷41《刑部三·诸恶·不睦·打死侄》，第1396页。
② 《元典章》卷45《刑部七·诸奸·和奸·和奸有夫妇人》，第1523页。

行。今后斗殴伤人者，止合依辜限之制，或在限外虽无他故死者，合无止依本殴治罪。其孟福例拟合遍行禁止，如此庶几奸伪不滋，法制归一矣。①

从中可见，元代虽定保辜之法，孟福被死判例《大元通制》已经不载，但有司仍往往依此为凭进行判决，与法律规定之间产生冲突。质言之，《大元通制》虽已颁降，但其他一些判例其实仍在司法实践中起作用。此外，随着年久日深，《大元通制》本身已逐渐不能反映最新的判例。苏天爵在《乞续编通制》中就曾指出，《大元通制》颁布后的二十年间，又有大量格例产生，《大元通制》的续修迫在眉睫。②根据学者统计，《至正条格》修成后，"断例"部分相比《大元通制》增加了近一半之多。③实际上，只要仍然保持以例断狱的模式，新的判例就会源源不断产生，而法典又很难及时得到修订，司法者常常会陷入无所适从的困境。

（二）"畏刑名之错"的应对策略

元代本身对刑名案件的审断要求十分严格，而在以判例为核心的审断机制下，避免"刑名违错"其实是很困难的。面对这一现实，司法官员通常有两种截然相反的策略。许多官员因惧怕刑名违错而匿案不报。苏天爵曾提到："今县未尝申解于州，州未尝申解于路，或畏刑名之错，或因结案之难，不问罪之轻重，尽皆死于囹圄。"④赵良辅任新喻知州时，

---

① 苏天爵：《滋溪文稿》卷 27《建言刑狱五事疏》，第 452 页。按，这道奏疏具体上疏时间未知，不过奏疏中提到："至元三年七月内，中书省奏准节该：'除人命重事外，偷大头匹等一切罪犯，赃仗完备，不须候五府官审理，令拘该衙门依律归结。'"查《元史·顺帝纪》，后至元三年秋七月庚申，诏："除人命重事之外，凡盗贼诸罪，不须候五府官审录，有司依例决之。"（第 841 页）此奏疏应不早于至元三年七月。
② 苏天爵：《滋溪文稿》卷 26《乞续编通制》，第 434—435 页。
③ 刘晓：《〈大元通制〉到〈至正条格〉：论元代的法典编纂体系》，《文史哲》2012 年第 1 期，第 69 页。
④ 苏天爵：《滋溪文稿》卷 27《禁治死损罪囚》，第 457 页。

民众多有犯恶逆者，僚佐却"惧罪莫发"。①

更常见的情况是，司法官员往往将案件向上级作疑咨禀，我们不妨通过具体的申文做进一步讨论：

> 案例一：至元二十一年八月，福建行中书省：据汀州路来申："谢阿丘告：'姊夫张叔坚兄张十习学染匠师弟陈生来家，将阿丘近腹肚下摸讫一下。告到人匠提领所，将阿丘、陈生监收，有谢押狱吓奸讫。'除干犯人陈生量情断罪外，据谢旺所招欺囚罪犯，府司不曾断过如此体例，诚恐违错，乞照详"事。得此。②

> 案例二：大德九年二月，准中书省：来咨："兴国路永兴县人氏尹廷桂状告：'大德三年二月，以尹元一为媒，娉定张阿陶女张德六娘名腊女为妻。为父服制，不曾成亲。本妇身怀有孕，问得系与陶重二叔姐夫李昇通奸是实。'其（被）〔非〕奸所捕获，革拨，止将奸妇断罪。缘系通例，咨请定夺回示。"③

> 案例三：皇庆二年十月二十五日，建宁路承奉福建宣慰司札付：承奉江浙省札付："来呈：'叶云一因与张明〔孙〕争斗，被张明孙推倒墈下，骑压在田，将云一头髻揪扯，连头脑于田禾内连撞数下。云一奔挣不放，寻思无可抵敌，省记元系尖头雕刀在身，用手扯下，于张明〔孙〕胸膛戳伤，致命身死。原情初无故杀情由，犯在十月二十九日已前，拟合释放。'得此。"④

这三通申文分别展现了司法官员在案件审断中咨禀的三种典型场景。案例一中，所谓"不曾断过如此体例"，即司法官没有这类案件的审断

---

① 许有壬：《至正集》卷52《故中顺大夫同知潭州路总管府事致仕赵公墓志铭》，《北京图书馆古籍珍本丛刊》第95册，第270页下。
② 《元典章》卷45《刑部七·诸奸·吓奸·欺奸囚妇》，第1524页。
③ 《元典章》卷45《刑部七·诸奸·指奸·指奸有孕例》，第1531页。
④ 《元典章》卷42《刑部四·诸杀一·故杀·持刀杀人同故杀》，第1438页。

· 239 ·

经验，又无可援引的先例，故而呈文，请求予以定夺；案例二中，虽案件有法可依，但司法官对具体如何判决仍有疑虑，因案件牵涉通例，司法官不敢擅断，故而咨禀；案例三中，案件审断期间正遇大赦，对于赦后如何量刑向上级官府咨禀请示。在案件遇到疑难时向上级官府请示本身有其制度基础，元制："诸州司县但有疑狱不能决断者，无得淹滞，随即申解本路上司。若犹有疑惑不能决者，申部。"[1] 揣测其初衷，概为防止疑难案件因地方官府无法理断而淹滞，必要时交由上级官府裁决，这本是司法过程中的合理需求。但这一制度渠道往往被滥用，"应处决而不处决，往往作疑咨呈都省，以致文繁事弊"。[2] 实际上，"泛滥咨禀"在很大程度上成为地方司法官员借以逃避责任的途径，胡祗遹批判说："即今司县官吏贪邪，每遇上项本职合断事理，于元告人、被论人处两下受讫贿赂，或瞻徇嘱托，或畏避形势，欲从正归结，则恐倒钱告讦，欲从邪处断，则恐提刑司照刷，兼负冤者不肯准服，所以申州申府，一解释怨谤，二洗雪己过，嫁是非于州府。为州府得此，复效司县所为，嫁是非于总府。"[3] 案件层层申解，最终将压力集中于省部，元廷对此深感困扰，中书省（尚书省）不得不一再告诫"不许泛滥咨禀"，但成效并不显著。

三 婚姻判决中的官、民与法

相对于刑名词讼中所面临的依法审断与刑名违错的双重困境，元代司法官员在户婚田土等案件中所受的约束无疑少得多。这些案件属于地方"自理"事务，通常在州县一级即可做出有效判决，同时由于元代朝廷视其为"小事""轻罪过"，司法监督亦大大弱于刑名重案，甚至对

---

[1] 《元典章》卷40《刑部二·刑狱·系狱·疑狱毋得淹禁》，第1361页。
[2] 《元典章》卷4《朝纲一·政纪·省部减繁格例》，第131—132页。
[3] 胡祗遹：《紫山大全集》卷23《县政要式》，《景印文渊阁四库全书》第1196册，第412页下。

于是否应严格依法审断,亦没有过多要求。在这种情况下,司法官员拥有极大的自由裁量空间,户婚案件的审断呈现为以"止争"为目的的多样化实践。正如前文所述,地方官员尝试通过多种途径平息诉讼,即使案件已经受理,依然通过调解而非判决化解纠纷。有时司法官员虽然需要做出判决,但由于缺乏相关法律依据,须根据现实情况进行灵活的利益调处。如靳孟亨任星子县尹时,开先寺与南康路学争田,路总管府命靳孟亨审断。靳孟亨召集佃人、邻人询问后发现,双方争端在于田中有一条小溪,靳孟亨遂将溪北之田归路学,溪南之田归开先寺,"遂不复争"。[1] 在这里,靳孟亨其实是根据实际情况进行相对公平的裁决,本质上是一种利益的调处。值得注意的是,即使在有明确法律规定的情况下,依然常常出现制度与实践之间的背离。

唐代以降,随着"法律儒家化""礼律合一"进程的完成,婚姻关系的解除被置于国家法律的全面调节之下,法律规范下的离婚制度呈现出这样一种局面:一方面,给予民众一定的离婚自由,丈夫可以"七出"休妻,夫妻双方亦可以在意见达成一致的情况下"和离";另一方面,当婚姻本身违律,或者婚姻中出现义绝行为,国家则主动干预,强制离异。相对于前者中法律的消极介入,后者需要进入正式的司法程序,即所谓"判决离婚"。[2] 由于史料所限,有关大蒙古国时期乃至更早期蒙古社会中的离婚制度可供我们了解很少。就忽必烈建元之后的离婚制度来看,很大程度上继承了汉地旧制。大量案例显示,对婚姻关系进行审判是元代地方官员日常司法的重要内容,而在具体的判决过程中,并非表

---

[1] 苏天爵:《滋溪文稿》卷7《大元赠中顺大夫兵部侍郎靳公神道碑铭》,第98页。
[2] 陈顾远曾将"七出"归于"裁判离婚",而将"义绝""违律成婚"的情况归于"强制离婚"。他同时指出,"违律为婚"在现代法学意义上实属无效婚姻,自始至终就不成立,严格来说不应看作判决离婚。(参见氏著《中国婚姻史》,上海书店,1984,第234页)滋贺秀三则从意思决定的角度出发,将中国古代离婚分为根据夫之意思成立和根据官府审判成立两种情形。(滋贺秀三:《中国家族法原理》,张建国、李力译,商务印书馆,2013,第489页)笔者在这里的分类更接近于滋贺秀三,即以意思决定为依据。

现为国家权力对婚姻关系的单方面干预,民众往往扮演着十分积极的角色。作为司法者的元代官员,则需要经过情、理、法的复杂平衡做出合适的判决,或"断离",或"已婚为定"。下文将系统考察元代婚姻判决的制度与实践,探究官民互动、情理考量如何影响最终的判决。

(一)元代判决离婚的制度设计

严格意义上来说,在元代无论以何种形式离婚,都会受到官府不同程度的"裁断"。如丈夫休妻,除须遵循"七出"与"三不去"的限制外,还须"分朗写立休书,赴官告押执照"。得到官府确认后,妻子才被允许归宗,"依理改嫁"。[①] 对以"手模"代替书契的行为,则严加禁治。[②] 妇女虽亦有一定的离婚自由,但仅限于男方有严重过失且定婚未嫁的某些特殊情况,必须获得官方批准才能离异,其所受到的限制和干预更远超过男方。[③] 不过,从"意思决定"的角度来看,无论是丈夫休妻、妻子申告离异抑或夫妻"和离",在符合法律规定的前提下,离或不离首先取决于夫妻本身,只是在官府按照一定程序确认后才具有合法性,这与取决于官府的判决离婚有本质的区别。元代的判决离婚主要有两种情形:违律为婚断离与义绝断离。下文将对此分别予以论述。需要指出的是,由于元代是一个多元族群国家,蒙古统治者又奉行多俗并举的政策,规定"诸色人同类自相婚姻者,各从本俗法,递相婚姻者以男为主",[④] 许多有关判决离婚的制度规定针对的主要是汉人、南人,对其他族群则不一定适用。对此,笔者在行文中不再予以特别说明。

---

① 《元典章》卷18《户部四·婚姻·休弃·离异买休妻例》,第646页。
② 方龄贵校注《通制条格校注》卷4《户令·嫁娶》,第173页。
③ 在元代,女方在两种情况下可向官府申请离异。其一,女子年满十五,定婚后"无故五年不成婚",或者"夫逃亡五年不还",准许离异,且不必交还聘财。其二,女子定婚未嫁,其夫犯重罪,亦准许离异。如至元十一年,刑部议定:"凡定婚女未嫁,其夫作盗,拟合听离,不还聘财。"分别见方龄贵校注《通制条格校注》卷4《户令·嫁娶》,第162、165页。
④ 《元典章》卷18《户部四·婚姻·婚礼·婚姻聘财体例》,第614—615页。

1. 违律为婚

《吏学指南》释"违律为婚"曰:"依法不许违律,其有故为之者,是名违律为婚。"[1] 这与《唐律疏议》中之解释大体一致,[2] 即违反法律的禁止性规定结婚的情况。与前代一样,元代国家对婚姻设置了诸多限制,防止不当的婚姻关系破坏社会伦理秩序,进而威胁国家统治的稳定。结婚一旦违律,其本身便不具有合法性,在对当事者处以刑罚的同时须对既成事实的非法婚姻进行禁止,从而恢复被破坏的伦理秩序。根据《至正条格·断例》,元代涉及违律为婚的罪行大致有12种,见表5-1。

表 5-1　元代违律为婚罪行

罪行	断例	史料出处
同姓为婚	至治二年十一月,东平路刘成将女嫁与刘海男为妻,主婚之人各笞四十七下,离异,元下财钱没官,媒人量笞二十七下	《至正条格·断例·户婚·同姓为婚》
违律收继	至顺元年九月,禁汉人、南人收继庶母并阿嫂,违者男子、妇人各杖八十七下,主婚者笞五十七下,媒合人四十七下,聘财一半没官,一半付告人充赏,虽会赦犹离之	《至正条格·断例·户婚·禁收庶母并嫂》
良贱为婚	至元二年四月,庆阳府同知尚瓒教令部民罗文通妾刘定哥,告伊夫有妻娶妻,非理凌虐,擅断离异,将本妇诱说,与驱作妻,在家驱使,杖七十七下,降二等,杂职内叙用,刘定哥离异归宗	《至正条格·断例·户婚·冒娶良人配驱》
官民为婚	后至元五年八月,江西省河泊所提领解复初,年过五旬,元娶正妻,已有所生儿男,不用媒证,自捏婚书,吓要大使王鼎持服孙女王福儿,强纳为妾,杖断七十七下,罢职不叙,王福儿归宗	《至正条格·断例·户婚·吓娶女使》
与乐人婚	至大四年八月,令乐人只娶乐人,其余人若娶乐人,断罪听离	《至正条格·断例·户婚·禁娶乐人》
居丧嫁娶	大德二年八月,均房翼奥鲁府千户王继祖,父王喜身故,将已定妻马氏,扶娶过门,拜灵成亲,断八十七下,罪遇释免,罢职离异,财钱没官,妇人不坐	《至正条格·断例·户婚·居丧嫁娶》
有妻娶妻	大德七年八月,万户李庆瑞,有妻妾三人,又与作阿刘女作养老婚,断四十七下,离异	《至正条格·断例·户婚·有妻娶妻》

---

[1]　徐元瑞:《吏学指南》(外三种),第93页。
[2]　《唐律·户婚》"违律为婚恐喝娶"条"疏议"曰:"依律不许为婚,其有故为之者,是名违律为婚。"见长孙无忌等《唐律疏议》卷14《户婚》,第271页。

续表

罪行	断例	史料出处
悔亲别嫁	皇庆二年四月，许嫁女已报婚书，及有私约或受财，而辄悔者，笞三十七下，若更许他人者，笞四十七下，已成者，五十七下，后娶者，知情减一等，女归前夫，男家悔者不坐，不追聘财	《至正条格·断例·户婚·许婚而悔》
恐吓强娶	大德六年六月，河间路田秀，凭媒说合李成侄女花心，与伊男为妻，议定财钱，不行依理聘娶，却以风闻奸事为由，引领人众，各执棍棒行凶，将李成等殴伤，强将花心拖去伊家，与男成亲，决五十七下，离异	《至正条格·断例·户婚·定婚闻奸强娶》
僧道娶妻	至元十九年十二月规定，除至元七年籍定有妻室亡殁，其余僧人不得再娶，违者，量决六十七下，听离，仍追元财没官	《至正条格·断例·户婚·僧道娶妻》
命妇再醮	至大四年六月，禁命妇再醮，如不遵守，将所受之宣敕追夺，断罪离异	《至正条格·断例·户婚·命妇不许再醮》
广官妻妾改嫁	大德三年十一月，在广官员殁后，抛下老小，听从本处官司，依例起遣还家，其妻妾不得擅自改嫁，如有违犯，断罪听离，前夫家私，勒令赔偿	《至正条格·断例·户婚·入广官员妻妾》

从内容来说，表5-1所列的元代违律为婚罪行可分为三类：第一，婚姻双方因有特殊的亲缘关系或者社会身份，故而不合为婚，如同姓为婚、违律收继、良贱为婚、官民为婚、与乐人婚；第二，在结婚过程中有违背礼、法的不当行为，如居丧嫁娶、有妻娶妻、悔亲别嫁、恐吓强娶；第三，一些特定群体被禁止结婚或者婚嫁受到严格的限制，如僧道娶妻、命妇再醮、广官妻妾改嫁。究其缘由，不外乎宗法礼制的要求或社会管理的现实考量，这与前代是基本一致的。[①] 不过，就具体规定来说，元代与前代相比也出现了一些明显的变化。

第一，对于婚姻双方身份的限制有所松动，更加重视婚姻中是否有妄冒或者胁迫等不当行为，这一点主要表现在对官民为婚、良贱为婚的规制

---

① 有关中国古代的离婚制度，可参见陈顾远《中国婚姻史》，第233—251页；陈鹏《中国婚姻史稿》，中华书局，1990，第589—666页；瞿同祖《中国法律与中国社会》，第146—159页；滋贺秀三《中国家族法原理》，第486—489页；仁井田陞《中国法制史》，第198—204页；戴炎辉《中国固有法上之离婚法》，《传统中华社会的民刑法制》，《法学丛刊》1971年第2—4期；崔兰琴《唐以降传统法定离婚制度探究》，博士学位论文，中国政法大学，2009。

上。依《唐律》，严禁在任官员为自己或其亲属求娶其任所之女子，枉法娶人妻妾及女则更"以奸论加二等"，"各离之"。[1] 盖为防止官员欺凌民众。元代考虑到外任迁转官员时常不归乡里，若完全禁止其在任所求娶，或致子嗣缺乏，故做法与前代有所不同。依大德八年（1304）规定："今后流官如委亡妻或无子嗣，欲娶妻妾者，许令官媒往来通说，明立婚书，听娶无违碍妇女。如违，治罪离异，追没元下财钱。"[2] 也就是说，官员依法在任所求娶妻妾是被允许的，但若非法求娶，则要"断罪离异"。对于良贱为婚，唐宋时期也是绝对禁止的。依《唐律》，无论是主人为奴婢娶良人还是奴婢自娶，都要断罪离异；若以奴婢冒充良人，而与良人结为夫妇，其刑罚更重。[3] 与元朝不同，金朝对于良贱为婚基本不予干涉，太宗天会十年（1132）规定："诸良人知情嫁奴者，听如故为妻，其不知而嫁者，去往悉从所欲。"[4] 元代的规定大体沿袭金代，至元六年（1269）规定，奴婢与良人为婚，只要双方自愿，写立婚书，即可"许听为婚"。[5] 不过，若其中有妄冒行为，则仍被严令禁止。表5-1中的相关断例，主要针对的并不是良、贱或者官、民之间的身份差别，而是为婚过程中的不当行为。

第二，婚姻中依然倾向于维护男方利益，但对女性利益也予以更多的关注，最明显的是对恐吓、强娶等违背女性意愿行为的规制。在早期蒙古社会，掠夺婚一度盛行，鲁布鲁克出使蒙古的蒙哥时代，蒙古人的婚礼中仍然带有武力抢夺的"仪式性"内容。[6] 而在中原王朝，是禁止在

---

[1] 长孙无忌等:《唐律疏议》卷14《户婚》，第265—266页。
[2] 方龄贵校注《通制条格校注》卷4《户令·嫁娶》，第172页。
[3] 长孙无忌等:《唐律疏议》卷14《户婚》，第269—270页。
[4] 《金史》卷3《太宗纪》，第64页。
[5] 《元典章》卷18《户部四·婚姻·驱良婚·奴婢不嫁良人》，第664页。
[6] 在《元朝秘史》中，掠夺婚的事例很多，如成吉思汗母亲诃额仑，本是蔑儿乞部也克赤列都之妻，在迎亲的时候被也速该所抢，成为也速该的妻子。见《元朝秘史》卷1，《四部丛刊三编》。又据鲁布鲁克记载："当有人向别的人购买他的女儿为妻时，做父亲的就举行宴会，女孩则逃到她的亲戚那里，藏了起来。这时父亲说：'好，我的女儿是你的了，只要你找得到她，就把她带走。'于是他和他的朋友去找她，找到为止。他必须用武力得到她，并且采取暴力的形式把她带回家。"见《鲁布鲁克东行纪》，何高济译，中华书局，1985，第194页。在这里，暴力的形式很大程度上是一种"仪式"，而非真正的抢夺。

婚姻中使用恐吓、威胁等方式强娶的。按《唐律》，若违律为婚而又"恐吓娶""强娶"，要加等断罪。即使应该为婚，"期要未至而强娶"，亦须"杖一百"，至于婚姻本身，则"依律不合从离"。① 依照表5-1中断例，元代一旦出现恐吓娶、强娶的行为，则明确断以离异，这对保护女性利益有着积极意义。

第三，出现了一些新的禁止性规定，主要是对僧道为婚、官员妻妾再嫁的限制。对于僧道娶妻，元代以前虽进行了法律规制，但未明确指出是否离异。如按唐代《僧道格》，僧、道婚娶，"以奸论加一等，僧道送五百里编管"。② 宋代则规定"道士不得蓄养妻孥"，对于成家的道士，令其"出外居止"。③ 表5-1中断例则明确规定，僧道娶妻，须予以离异。对于命妇改嫁，辽开泰六年（1017）有"禁命妇再醮"之规定。④ 元代不仅限制命妇再醮，同时亦禁止改嫁妇人获得封赠，延祐五年，元政府规定："除蒙古色目外，汉人官员娶到寡妇根底，不合与封赠。"⑤ 相对于一般妇女，命妇获得荣誉和身份的同时也失去了再嫁的自由。对入广官员妻妾改嫁的限制也是元代特有的。两广在元代被北人视为"烟瘴重地"，元政府为吸引官员任职两广，制定了许多优待措施。禁止入广官员妻妾擅自改嫁，主要是为保护入广官员的利益，以在一定程度上打消其顾虑。

2. 义绝

学界对中国古代的"义绝"讨论颇多，其中高明士的论述笔者认为尤能切中宏旨。据其所述，中国传统法规范下的人伦秩序大致可分为基于血缘的亲属关系（这里指内亲）和非血缘的义合关系两端，君臣、官吏、师生、夫妻、僧道等皆属于后者。非血缘的人伦关系建立在"义"

---

① 长孙无忌等:《唐律疏议》卷14《户婚》，第271页。
② 谢深甫:《庆元条法事类》卷51《道释门二》，《续修四库全书》第861册，第553页上。
③ 王林:《燕翼诒谋录》卷2，诚刚点校，中华书局，1981，第19页。
④ 《辽史》卷15《圣宗纪六》，中华书局，1974，第179页。
⑤ 《元典章》卷11《吏部五·封赠·失节妇不封赠》，第422页。

之上，若因某些行为导致"义"被损害，则关系终止，此为"义绝"。①《吏学指南》释"义绝"曰："伉俪之道义期同穴，一与之齐终身不改，苟违正道是名义绝。"②所言正是此意。"义者，宜也"，③在这里"义"大致指在非血缘人伦关系中互相承担的义务以及建立在此基础上的"情义"。《唐律·户婚》"义绝离之"条曰："诸犯义绝者离之，违者，徒一。"该条"疏议"又曰："官司判为义绝者，方得此坐，若未经官司处断，不合此科。"④也就是说，夫妻一旦义绝必须强制离异，同时，是否义绝以官府断决为准。正如元代判例中常说的，夫妻一旦义绝则"再难同处"，⑤这样的婚姻关系继续存在难免会有进一步的纷争和摩擦，官府只有对其断离才能维护整个社会的稳定。义绝的法制化，使国家可以对婚姻关系予以主动干预，从而维护非血缘人伦秩序。

那么，在法律中义绝适用于什么样的罪行呢？就目前所见，《唐律疏议》最早对此做出了明确规定：

> 殴妻之祖父母、父母及杀妻外祖父母、伯叔父母、兄弟、姑、姊妹，若夫妻祖父母、外祖父母、伯叔父母、兄弟、姑、姊妹自相杀及妻殴詈夫之祖父母、父母，杀伤夫外祖父母、伯叔父母、兄弟、姑、姊妹及与夫之缌麻以上亲，若妻母奸及欲害夫者，虽会赦，皆为义绝。⑥

---

① 参见高明士《义绝与义合——兼论唐朝律令的非血缘法律秩序》，《林天蔚教授纪念文集》，文史哲出版社，2009，第156—166页。
② 徐元瑞：《吏学指南》（外三种），第92页。
③ 《礼记正义》卷52《中庸》，阮元校刻《十三经注疏》，第1629页中。
④ 长孙无忌等：《唐律疏议》卷14《户婚》，第268页。
⑤ 《元典章》卷41《刑部三·诸恶·不义·妻告夫奸男妇断离》，第1420页。
⑥ 长孙无忌等：《唐律疏议》卷14《户婚》，第267页。按，据仁井田陞考证，此应为令文之一条。见仁井田陞『唐令拾遗』255页。

相同的内容亦见于《宋刑统》。[①] 就这条令文来看，义绝罪行主要有四个方面：夫犯妻族，妻犯夫族，夫族妻族相犯，妻犯夫。在这里，法律规制的对象是婚姻双方家族，对夫妻本身的关注反而很少，特别是妻子的利益几乎没有被提及。滋贺秀三对此评论说："与其说离婚重视夫妻个人的关系，莫如说更重视男女两家的关系。"[②] 可谓公允。可见，唐宋时期的义绝制度中，"宗族之义"远重于"夫妻之义"。不过，正如滋贺秀三随后所指出的，上述规定并不是经久不变的原则，在明清律中，相当于唐律义绝的规定实质上已不存在，代之以散见的为直接保护妻而做的若干个别的审判上的离婚规定。而这种变化的出现，实肇始于元代。[③]

元代法律对何种行为属义绝并没有做统一规定，元代史料中提到义绝多是在具体的判例中，对此先行研究已有初步梳理。[④] 笔者在前人基础上详考史籍，共检得义绝罪行 11 种，现将每种罪行及相应的典型判例列于表 5-2。

表 5-2　元代义绝罪行

罪行	判例	史料出处
夫殴妻母	袁州路萍乡州民许天祥抵触妻母，并将其咬伤，罪经原免，义绝离异	《刑统赋疏》
夫烧妻家房舍	黄牛儿烧妻家房舍，比"张宜住殴妻之母犯义绝"例，断令离异	《元典章·刑部十二·诸盗二·放火·婿烧妻家房舍离异》
夫杀妻家驱男	高乌呼蒲婿银延寿奴，将妻家驱男长寿转卖上都民家，在后事发到官，以杀害驱男自诬，杖断一百七下，将妻高氏离异，后查明改正	《秋涧先生大全文集·论重刑决不待时事状》
妻虐待夫前妻儿女	郝千驴后妻韩端哥，用火烧铁鞋锥将前妻十三岁女丑哥、十一岁男罵儿烧烙，酷毒如此，甚伤恩义，杖断七十七下，离异，返回元聘财钱	《元典章·刑部三·诸恶·不义·烧烙前妻儿女》

---

① 窦仪等：《宋刑统》卷 14《户婚律》，第 223 页。
② 滋贺秀三：《中国家族法原理》，第 488 页。
③ 滋贺秀三：《中国家族法原理》，第 488 页。
④ 参见陈鹏《中国婚姻史稿》，第 609—611 页；谭晓玲《浅析元代的判决离婚》，《内蒙古大学学报》2003 年第 3 期；曾代伟《蒙元"义绝"考略》，《西南民族大学学报》2004 年第 4 期；龚恒超《接续传统与时代嬗变——元代婚姻家庭法律规范研究》，博士学位论文，西南政法大学，2009。

续表

罪行	判例	史料出处
妻告夫奸	李先强奸妻前夫男妇，妻阿邓用言劝道，反将阿邓打伤，杖断一百七下，义绝离异	《刑统赋疏》
翁奸男妇	董文江将男妇福怜用言调戏，揣抹手足，贪夜摇撼房门，虽未成奸，已乱人伦尊卑之礼，令高福怜与伊夫董绵和离归宗，董文江依理决断	《元典章·刑部三·诸恶·内乱·翁戏男妇断离》
婿诬丈人与女奸	潘成养老女婿淮道安，虚指丈人潘成与亲女潘尿蛙奸，令亲眷将潘尿蛙抢夺回家，告发到官，杖断九十七下，义绝断离	《元典章·刑部七·诸奸·指奸·虚指丈人奸女》
男妇诬翁奸	男妇刘粉儿诬其翁李顺奸污，杖断八十七下，义绝离异归宗，追回元下聘财，给付夫家，别求妻室	《元典章·刑部七·诸奸·指奸·男妇执谋翁奸》
夫嫁卖其妻	段万十四将妻诈作亡弟妇，受财改嫁谭小十为妻，即系义绝，罪虽经革，听离，令本妇归宗，别行改嫁	《元典章·户部四·户部四·婚姻·嫁娶·嫁妻听离改嫁》
逼令妻妾为娼	王用逼令妻阿孙、妾彭鸾哥为娼，接客觅钱，已犯义绝，罪经释免，将阿孙并彭鸾哥与夫王用离异，俱断归宗	《元典章·刑部七·诸奸·纵奸·逼令妻妾为娼》
夫虐待损伤其妻	张留僧刁引女喜在逃，不从，斫伤手指，用斧将妻阿屈左耳脑顶上斫伤，杖八十七下，义绝离异	《刑统赋疏》

资料来源：沈仲纬《刑统赋疏》，枕碧楼丛书本，知识产权出版社，2006；《元典章》，陈高华等点校，中华书局、天津古籍出版社，2011；王恽《秋涧先生大全文集》，《四部丛刊初编》，商务印书馆，1922。

如表 5-2 所示，元代的义绝相比唐宋有着显著差异。

第一，夫妻侵害对方家族依然是义绝的重要原因，但在具体适用中更加灵活变通。在侵害行为上，并不局限于殴、杀、奸非，婿放火烧妻家房舍比照"殴妻之母"加重断罪，男妇诬翁奸或者婿诬丈人奸皆义绝离异。在侵害对象上，亦不拘泥于唐宋法律规定的范围，共居生活的夫家或妻家亲属，如前妻儿女、妻家驱男等皆被纳入法律规制的范围。

第二，许多伤害妻子的行为被纳入义绝的范畴。嫁卖妻妾、逼令妻妾为娼在唐宋法律中已规定要断离。如据《唐律疏议》，夫将妻子嫁卖与他人，同"嫁妻妾之罪"，应"二夫各离"；[①] 又据宋《庆元条法事类》所引《户令》，"诸令妻及子孙之妇若女，使为娼，并媒合与人奸者，虽未成立，

---

① 长孙无忌等：《唐律疏议》卷 14《户婚》，第 266 页。

并离之"。① 但是否属于义绝，皆未明言。丈夫虐待、伤害妻子以义绝断离，则是唐宋时期完全没有的新规定。元代义绝改变了唐宋完全以家族为中心、忽视妻子利益的状况，夫妻关系本身开始受到更多的关注。

概言之，元代判决离婚的原因与前代一样，不外乎两种情形：先天违律或后天义绝。其本质为国家权力对婚姻关系的主动干预。不过，相比唐宋，元代的判决离婚制度出现了许多积极的变化：对双方身份的限制有所松弛，更加重视婚姻中是否有妄冒、暴力、恐吓等不当行为，女性利益开始受到关注。同样是通过调整婚姻关系维护伦理秩序和社会稳定，唐宋主要强调社会身份和家族利益，元代则更加强调婚姻生活本身应和谐、有序。如此，当婚姻中一方利益受到伤害，官府判决离婚便成为一种救济措施。特别对处于相对弱势的妻子来说，其重要性更加凸显。

（二）离婚诉讼中的官民互动

不同于"重罪过"中的严格依法审判，在户婚案件中当事人的私约和主观意愿是司法者进行判决的重要依据。如唐柱、唐祯争家财一案，婺州路兰溪州人唐证因无子，过继亲侄唐柱为子。十二年之后，唐证典雇葛氏，又生一子唐祯。至元二十七年（1290）户籍抄数时，唐柱、唐祯分别以成丁长男、不成丁次男的身份立籍。至元三十一年（1294），唐证正妻王氏身故，次子唐祯生母葛氏掌家，遂生嫌隙，屡次告唐柱不欲为子、自愿归宗等事。后唐证与亲族唐刚大等议，令二子均分家产，并立书为证。其后婺州路达鲁花赤买驴凭唐祯所执唐证独名书押、无显证不堪凭信之言，断唐柱归宗。此案经浙东宣慰司申呈，最终中书省改判"唐证应有财产，令唐柱、唐祯均分"。宣慰司在呈文中，指出婺州路"不依都省已断万拱、萧千八例，又不凭至元二十七年钦奉圣旨抄定户籍，又不凭伊父唐证立下文书"，表明司法者在这一案件中其实有多

---

① 谢深甫：《庆元条法事类》卷80《杂门》，《续修四库全书》第861册，第678页下。

种依据：先行判例、官方户籍以及当事人私约。同时宣慰司一再强调，唐证并没有让唐柱归宗之意，唐柱本人亦不愿归宗。① 很显然，当事人之间的私约和意愿很大程度上影响了司法者的判决。

判决离婚在制度设计上本是在违律为婚或义绝罪行的情况下对当事人处以刑罚后附带执行的强制离婚，质言之，即统治者根据其对伦理秩序的想象对民众婚姻所施加的干预。然而在实践中，通常是民众主动利用这一制度寻求官府对婚姻关系予以干预。据前文，元代诉讼有"诉冤"与"告奸"之分，判决离婚案件同样可分为以下两类。

第一，由犯罪人、受害人之外的第三人向官府告发。从表5-3可见，告发的事由多为同姓为婚、服内成婚等严重违背社会伦理的情况，告发者与被告者之间大多为亲属、邻居等，关系密切。之所以呈现出这一图景，概因只有关系密切、同居共处才能知晓其婚姻内情，这也显示出元代民众对于婚姻相关的法律规定是有相当的认知的。而元代继承唐宋同居相容隐的制度，将"殴告夫及大功以上尊长、小功亲属"列入"十恶"之"不睦"，② 又规定"诸亲属相告，并同自首"，③ 告发亲属婚姻违律的动机何在呢？在表5-3的案例一中，胡千七将小女元七娘嫁与养子胡元一为妻，事先曾告知其兄胡元三，胡元三认为兄妹为婚"道理恐过不得"，但胡千七不听劝告。胡元三最终向社长揭发，申告官府，认为"恐已后事发，必致负累"，④ 即害怕事发后会连累自己。在案例七中，缪紧孙（即缪阿贤）状告房兄缪富二服内收继已故房弟缪富六妻阿雇，经官府查实，缪紧孙当时其实曾同坐饮酒，"明见缪富三合亲及书写过房文约画字事情"，⑤ 他之所以告发，可能是事后惧事发受累，亦可能与缪富二等有

---

① 《元典章》卷19《户部五·田宅·家财·同宗过继男与庶生子均分家财》，第688—689页。
② 《元史》卷102《刑法志一》，第2608页。
③ 《元史》卷105《刑法志四》，第2671页。
④ 《元典章》卷18《户部四·婚姻·嫁娶·胡元一兄妹为婚》，第630页。
⑤ 《元典章》新集《户部·婚姻·不收继续·兄收弟妻断离》，第2131页。

嫌隙。实际上，亲属、邻居同居共处，平时难免有各种纠纷，埋下仇怨，当知晓对方有违法行为，很可能告发以作报复。

表5-3 元代判决离婚案例中的告发

原告	被告	两造关系	告发事由	出处
胡元三	胡千七	亲兄弟	胡千七将其小女胡元七娘与其长男胡元一为妻	《元典章·户部四·婚姻·嫁娶·胡元一兄妹为婚》
高福	董祯	甥舅	董祯娶尊舅高三所休弃妻阿程为妻	《元典章·户部四·婚姻·官民婚·外甥转娶舅母为妻》
段集秀	张义	未知	张义收继其弟妻	《元典章·户部四·婚姻·不收继·兄收弟妻断离》
张德清	王继祖	上下级	千户王继祖于伊父服内停尸成亲	《元典章·户部四·婚姻·服内婚·停尸成亲断离》
陈良	蔡福	邻居	蔡福娶蔡大女广娘为妻，同姓为婚	《元典章》新集《至治条例·户部·婚姻·嫁娶·年幼过房难比同姓为婚》
王兴	钱璋	未知	钱璋居母之丧与男钱安一婚娶陆寿八娘，拜尸成亲	《元典章》新集《至治条例·户部·婚姻·服内成亲·祖母丧亡拜灵成亲离异》
缪紧孙	缪富二	房兄弟	缪紧孙状告房兄缪富二服内收继已故房弟缪六妻阿雇	《元典章》新集《至治条例·户部·婚姻·不收继续·兄收弟妻断离》

第二，相比告发，更多案例是婚姻中遭受侵害的一方向官府告诉。无论在婚姻缔结过程中还是日常婚姻生活中，一方侵害另一方利益从而使其遭受冤抑是十分常见的。据前述，元代法律对这些行为进行了规制，将其纳入违律为婚或义绝范畴，予以强制离异。而检视相关案例，民众在遇到此种情形时往往主动告诉于官府，求官府对婚姻关系予以判决。以下为两个典型案例：

案例一：至元二十五年，邵武路人许惠凭媒说合，与黄三七女鹤姐为妻。此后，因许惠出外，至元二十八年黄三七主婚，又将女出嫁与朱阿老为妻。大德四年，许惠还家，鹤姐已改嫁九年，所生男已六岁。许惠遂将此事告发到官。①

案例二：至元十五年正月十二日，潭州路人户杜庆病死，其妻阿吴于当月十八日将亡夫焚化，令夫表弟唐兴分付赵百三将骸骨扬于江内。当月二十八日，凭陈一嫂作媒，阿吴改嫁彭千一为妻，得钞两、银环等物。杜庆表妹秦阿陈告发到官。②

在这两个案例中，告诉者的身份不同，所处境况也有很大差异，但明显都在积极运用判决离婚这一法律途径来维护自己的利益。案例一中，许惠本与鹤姐定婚，但因长期在外，未能成婚，黄三七又将鹤姐改嫁，许惠告诉的目的显然是希望官府将鹤姐重新判给自己；案例二中，阿吴在其夫死后数日即将尸骸焚烧，改嫁他人，在其夫家看来，这对家族的颜面甚至经济利益都造成了损害，故通过官府将其断离。

除此之外，还有通过诬告从而使官府判离的案例，告诉者通常为女性。据前文所述，在元代离婚制度中，通常情况下，丈夫可以"七出"休妻，妻子却没有单方面离婚的权利。换言之，元代的离婚制度没有考虑女性正常的离婚诉求。但若假称婚姻违律或义绝，告诉于官府，则有可能判决离婚。黑水城文书《失林婚书案文卷》中记载了一件"妾妻"试图通过诬告离异的案例，颇具代表性。③其中编号为M1·0689（F116：W205）的六纸残页为被告人失林的取状，现将其中第二纸内容抄录如下：

---

① 《元典章》卷18《户部四·婚姻·嫁娶·领讫财礼改嫁事理》，第628—629页。
② 《元典章》卷18《户部四·婚姻·服内·焚夫尸嫁断例》，第668—669页。
③ 《失林婚书案文卷》包含与此案相关的诉状、取状、识认状、责领状、承管状等二十四件文书。李逸友最先将其整理、誊录。见李逸友编著《黑城出土文书（汉文文书卷）》，科学出版社，1991，第164—170页。其后侯爱梅又对文书的内容与相关问题进行了探究。见氏著《〈失林婚书案文卷〉初探》，《宁夏社会科学》2007年第2期。

1. 黑帖木将失林并货物□□□□□□□
2. 要往回回地面去，以此失林恐怕太□□□□
3. 驱使唤，不曾随顺，要行赴官□□□□□
4. 脱黑帖木却行写立合同婚书□□□□□
5. 林于婚书画字讫，得到亦集乃□□□□
6. 今告夫阿兀中统钞二十定□□□□□□
7. 与本人为妾妻。有本人□失林□□□□
8. 亦集乃本家住坐。次后，有夫阿兀□□□
9. 林不行看管，常时打骂，好生□□□□
10. 以过遣。以此失林思想，阿兀将失林□□
11. 肯看管若将阿兀元娶失林合同婚□□□
12. 烧，别无执把，赴官司告夫阿兀□□□□
13. 良为驱，与阿兀相离，别行改嫁□□□□
14. 便。本处又无亲戚人等，□□如与夫□□

（后缺）[①]

根据这段取状同时参照其他文书可知，失林本为回回人脱黑儿过房与脱黑帖木之义女，因脱黑帖木回返回回地面，以中统钞二十锭嫁与亦集乃路商人阿兀为妾。婚后失林常遭受打骂，故而萌发离异的念头。其计划是，先将婚书烧毁，然后状告阿兀压良为驱，从而离异。其后，阿兀外出经商，失林与邻居闫小亮相识，二人商议将上述计划付诸实施，然后失林再嫁与闫小亮。不过二人皆不识字，不得不在街上托史外郎帮忙识认，并谎称买柴时拾得。阿兀回来后，恰好遇到史外郎，被告知有人捡到他的婚书。阿兀生疑，告至官府。经审讯，失林、闫小亮供认不讳，失林被断笞四十七下，由阿兀带回严加看管。在这一戏剧性的案件

---

① 塔拉等主编《中国藏黑水城汉文文献》第4册，第916页。

中，当失林因婚姻不如意而欲离异时，正常途径无法达成，不得不试图通过诬告达到目的。这种案件在当时绝非个案，赵素在《为政九要》中提到："民间夫妇不和，妇寻出路，往往诬误许媒翁伯大人加淫之事。"[1]可见，妇人通过诬告寻求判离的现象，在元代是比较常见的。

当然，即使出现违律为婚或者义绝情形，民众告诉于官府并不意味着一定以解除婚姻关系为诉求。特别在涉及义绝的案例中，民众之所以告诉往往是遭受侵害而又无力反抗，希望借助官府的力量改变处境，惩罚施暴者。官府最后虽然以义绝判离，但很少有证据表明这是告诉者的主观意图。在有的案例中，受害者甚至明确表示希望不予判离。如至元四年（1267）发生于济南路棣州的"打死定婚夫还活"一案，孙歪头定婚妻慈不揪先是与蕲留住通奸，后二人谋划将孙歪头杀害，于至元四年三月初八日在城外用砖棒将孙歪头打死。孙歪头于次日复活，慈不揪、蕲留住被告至官府。蕲留住以"谋杀人已伤"被判处死刑，而慈不揪则因定婚未嫁"同凡人"，又"从而不行"，被判杖刑一百零七下，"将元受财定追还，别求妻室"。其后孙歪头父孙福向官府申言无钱另求新妇，仍将慈不揪与孙歪头为妻。[2]对于男方来说，娶妻的花费巨大，而再娶的成本是很多普通民众难以承受的。在受到侵害后固然希望官府为自己"伸冤"，离异却并非总是好的选项。这同样表明，民众在诉讼过程中会积极地表达自己的诉求，进而影响最终的判决。

（三）"已婚为定"中的情理考量

所谓"准已婚"或"准已婚为定"，在元代的法律表达中指承认事实婚姻关系，维持现有婚姻关系。元代在颁布有关婚姻的禁令时，一般遵从不溯及以往的原则，对法令生效前的违律婚姻不予追究。如至元八年有关"服内成婚"的条画中规定，"至元八年正月一日为始，已前有

---

[1] 参见徐元瑞《吏学指南》（外三种），第147页。
[2] 《元典章》卷42《刑部四·诸杀·因奸杀人·打死定婚夫还活》，第1465页。

居父母夫丧内嫁娶者准已婚为定,格后格者依法断罪听离",①即承认至元八年正月一日前的服内为婚为合法。在具体判决中,官府对于民众不合理的离婚请求一般不予支持,②有时婚姻即使有违礼法,但因缺乏明确的法律规定,亦不予离异。如阿耿服内改嫁李斌一案,因当时"服制未定",最终被判"已婚为定"。③然而值得玩味的是,在一些案例中,依照法律明明应予以判决离异,最终却"已婚为定",对于这一现象又该如何理解与评价呢?

要理解官府"已婚为定"的判决逻辑,需对案件中的具体案情以及官府的判决表述等信息进行详细的考察。《元典章》所载至元九年的一道中书省札付中,反映了一件发生在辉州路的将犯奸妻转卖为驱的案例,十分典型,笔者将其整理如下:

> 邓嫌儿本为捕户邓移山亲女,聘与军户周璘为妻。起先,邓嫌儿背夫私逃,与他人通奸,捉住后被断笞四十七下,依旧与周璘共同生活。其后,周璘别娶到孟大姐为妻,听其教唆,暗地将阿邓卖与周都运之子周二为驱,嫁与驱口小苏(即苏老)为妻,得钞一千一百两。阿邓与小苏一起生活十四年,生有儿女。十四年后,阿邓与周璘之子周尧当将此事告发到官,汲县断定令周璘赎取阿邓为良,辉州路总管府却断阿邓与周都运依旧为驱。经按察司勘核,认为辉州路所判"事属违错",重新拟判:"虽是邓嫌儿与苏老

---

① 《元典章》卷18《户部四·婚姻·服内婚·服内成婚》,第668页。
② 比如,元代盛行赘婿婚,女婿因为种种原因生活并不如意,往往外逃。民间在招赘女婿时,婚书中常写立私约,若女婿不绍家业或长期在逃,"便同休弃"。当女婿私逃后,女家则告到官府,希望依婚书所立私约断离。至元十年,中书省认为"若不凭准私约婚书归断,别无依据",规定"依两各自愿立到私约婚书,断听两离"。见《元典章》卷18《户部四·婚姻·嫁娶·女婿在逃依婚书断离》,第623页。其后不久,汶上县尹杜闻认为此为"浇薄之俗","当禁而不可启"。中书省重新规定:今后招召女婿,"毋得似前于婚书上该写'如有女婿在逃等事,便同休弃'等语句"。见《元典章》卷18《户部四·婚姻·嫁娶·女婿在逃》,第624页。对于女家的离婚请求不再支持。
③ 《元典章》卷18《户部四·婚姻·嫁娶·定婚奸逃已婚为定》,第625页。

为妻,至今一十余年,亦有所生男女,终是不应。合行听离,改正为良,别适他人。如不愿招嫁,合令伊男周秃当奉养以送终。"申送刑部后,刑部支持了按察司所拟判决,但中书省却又将其改判:"周璘因妻邓嫌儿在逃犯奸断讫,卖与周二,配与伊驱苏老为妻,经今一十四年,已有所生儿男,难议断离。拟令邓嫌儿与所生男为良给据,随夫住坐。若苏老身故之后,另户名收系当差。"[1]

此案案情其实并不复杂,但审判过程却一波三折,从汲县一直到中书省,对于"断离"还是"已婚为定"各级官府持不同意见。早在此案之前的至元六年,元政府即规定,除至元六年正月初一以前婚聘且"经官断者"外,以后奴婢不得嫁娶良人,除非双方着实自愿,则"各立婚书,许听为婚"。至于丈夫嫁卖妻子,此时虽没有明确的法律规定,但根据前文所述,元代的态度与唐、宋是一样的,即妻子与前夫、后夫都须离异。此案中周璘暗地里将本为良人的妻子卖与周二,又与驱口小苏匹配为婚,显然于法不合,汲县所断其实并无不妥。因周二恰为辉州路总管,判阿邓与苏老依旧住坐,难脱以公谋私之嫌。那么,为何在按察司、刑部都认定辉州路"违错",改判离异后,中书省又断"难拟断离"呢?其给出的理由有两点:一是为婚已有十四年之久,二是已生有儿男。原其本意,大概考虑到判离不仅拆散成婚已久的夫妻,更使其子女的养育无法保证,与其将这个家庭拆散不如"已婚为定"。

因类似原因而被判"已婚为定"的情况是最常见的。如另一例发生于大德元年(1297)平江路的毁亲别嫁案例:

> 杨千六先是将女杨福一娘许嫁陆细一男陆千五,后将女杨福一娘改嫁与陈千十二为妻,显然是属定婚女悔亲别嫁。大德元年正月,

---

[1] 《元典章》卷18《户部四·婚姻·休弃·犯奸妻转卖为驱》,第648—649页。

陆千五在路上遇到杨福一娘,将其夺去,陈告至官。理问所指出,"理合断付先夫",但因杨福一娘与陈千十二成亲已有十年之久,二人生有男女二人,最后断"已婚为定","免致子母离散"。为了弥补前夫的损失,"若杨福一娘有未定婚亲妹,令陆千五依理下财求娶,如无,令陈千十二等出备财礼,与陆千五别娶妻室"。①

"一与之齐,终身不改。"②在这种理念下,中国古代是禁止定婚女私自悔亲别嫁的。按唐宋时期法律规定,无论是已有婚书还是私约,许嫁女都不得悔婚,若已许他人,"女追归前夫,前夫不娶,还娉财,后夫婚如法"。③元至元八年后虽宣布"泰和律令不用","古律俱废",但在法律实践中依然遵循这一做法。至元十年,郭伯成告李仲和将原定男妇丑哥转召驴儿为婿,当时判决"将李丑哥断付郭伯成男驴儿为妇"。④而据《至正条格》载皇庆二年(1313)四月断例,女子一旦许嫁,无论是有婚书、私约还是接受聘财,除非男方悔亲或者"五年无故不娶",其不得悔亲。若另许他人,除加重处罚外,女子也要"归前夫"。⑤可以说,元代对毁亲别嫁的态度一直是延续前代的。在上述案例中,杨千一将已定婚女转嫁,明显是毁亲别嫁,无论根据"旧例"还是元代已有断例,都应离异。但理问所最后拟判"已婚为定",即维持现有婚姻关系,其给出的理由与前述邓嫌儿一案如出一辙。同样,前文提到的"许惠告黄三七将女改嫁"一案中,因鹤姐已结婚多年,且其子已六岁,江浙行省认为"与陆千五告杨千六将女杨福一娘改嫁事理相同",判决鹤姐依旧为朱阿老之妻。⑥

---

① 《元典章》卷18《户部四·婚姻·嫁娶·领讫财礼改嫁事理》,第628页。
② 《礼记正义》卷26《郊特牲》,阮元校刻《十三经注疏》,第1456页中。
③ 长孙无忌等:《唐律疏议》卷13《户婚》,第253—254页。
④ 《元典章》卷18《户部四·婚姻·嫁娶·定婚女再嫁》,第619页。
⑤ 《至正条格》(校注本),断例卷7《户婚·许婚而悔》,第243页。
⑥ 《元典章》卷18《户部四·婚姻·嫁娶·领讫财礼改嫁事理》,第629页。

第五章　诉讼分类与审断策略

除上述原因外，维护妇女贞节也是元代地方官员做出"已婚为定"判决的另一个重要因素。下面的"丁庆一争婚"案便是一典型案例：

> 皇庆元年二月，平江路吴江州民徐千三凭周千二为媒，定娶丁庆一女丁阿女与男徐伴哥为妻，徐千三却将女徐二娘许嫁丁庆一男丁阿孙为妇，各受聘财，交门换亲，未曾成亲。延祐元年，因遇水灾，双方立合同文字休弃。延祐三年九月，丁庆一将丁阿女定与倪福一为妻，未曾过门。当年十二月初七日，徐千三同妻阿丘、男徐伴哥等驾船将丁庆一女丁阿女强抱上船还家，违理成婚。理问所认为，若依至元二十一年三月中书省户部拟白玉告胡兴强抱伊女白满儿与胡回斤为妻断令离异，皇庆二年七月中书省、礼部却又有规定，今后许嫁女受财而辄悔者，依例断罪，女归前夫。吴江州认为，徐伴哥强取丁阿女媾合不应依悔亲断令完聚，若依白满儿例拟合离异，则丁阿女不免再醮他人。最后，礼部指出："若拟离异，必致一女连适二夫，甚非所宜。"令两家依旧换亲。①

早期蒙古社会虽有掠夺婚的习俗，但中原王朝对此是明确禁止的。元朝建立以后，在前代法律基础上更进一步，出现恐吓娶、强娶的行为，往往断离。在上述案例中，丁阿女虽与徐伴哥有婚约，但已立合同休弃，丁阿女再嫁不存在违律，而徐千三等将丁阿女强抢回家成婚却不合律法。此案中亦提到，至元二十一年有胡兴强抱白满儿与胡回斤为妻被断离的先例，这本该成为此案判决的依据。但吴江州的拟判显然考虑到，如果判离则丁阿女"一女连适二夫"，最后礼部也支持了这一判决。审判者显然认为，相比于惩罚强娶这一行为，确保丁阿女的贞节更加重要，两家既然以往有换亲之约，莫若仍然依旧约。这也表明，元代虽然不禁女

---

① 《元典章》卷18《户部四·婚姻·嫁娶·丁庆一争婚》，第633页。

性再嫁,但在司法中亦尽量避免出现"一女连适二夫"。

从上述案例来看,在司法官员对婚姻关系的判决中,法律规定显然不是决定其判决结果的唯一因素,"酌情"也是非常重要的一个方面。在做出"已婚为定"判决的官员看来,这种判决有时虽不尽"合法",却"合情"。判决离婚的目的是维护伦理秩序和社会稳定,承认事实婚姻则主要出于现实的考量,二者并不矛盾。值得注意的是,"已婚为定"皆是发生在违律为婚的案例中,涉及义绝的案例没有这一现象。前文已经指出,在元人的理解中,一旦义绝则婚姻存续的基础已经存在,"再难同处""再难同活"。这也在一定程度上反映了元代官府干预民众婚姻关系的一个基本考量:婚姻本身是否和谐,是否有存续的现实基础。

当然,这种曲法伸情的判决并非没有代价。如前文所言,官府对民众违律为婚的行为不予以严惩,法律的威慑力就会受到损害,难免使民众心存侥幸。如此一来,不良风气蔓延开来,社会秩序就会受到极大的挑战。许有壬在《至正集》中提到的"廖所瞻娶祖母之妹陈西娘为妻"一案,时礼部认为"终是各姓未有服制,成婚年远,生子见孙,难议离异",许有壬则指出,"愚民虽出于无知,明法不可以少贷,苟行姑息,恐愈浇漓"。[①]皇庆二年,晋宁路总管在针对民间悔亲别嫁的一道上书中指出,因诉讼到官后长时间难以判决,违律为婚者已生有子女,官府往往断"已婚为定","启侥幸之路,成贪鄙之风,不惟紊烦官府,实为有伤风化"。[②]其言正切中此弊。

《周易》载:"人伦之道,莫大乎夫妇。"[③]对于传统中国社会来说,婚姻的意义远超出夫妻关系本身,更多的是维系双方家族,进而稳固整个社会,是伦理秩序的基石。正由于认识到婚姻的重要性,元代法律对婚姻的缔结与解除都予以规制,而判决离婚则是元代国家规范婚姻关

---

① 许有壬:《至正集》卷75《陈西娘》,《北京图书馆古籍珍本丛刊》第95册,第383页。
② 《元典章》卷18《户部四·婚姻·休弃·定婚不许毁亲》,第631页。
③ 《周易正义》卷9《序卦》,阮元校刻《十三经注疏》,第96页上。

系的最后一道防线：通过国家权力的主动干预，对违律或者义绝的婚姻强制离异，从而维护伦理秩序和社会稳定。从长时段的角度来看，元代的判决离婚制度无疑是在唐代以降的制度框架上建立起来的，但其变化也很明显：对婚姻双方身份的限制有所松弛，对婚姻中侵害行为的规定趋于严格，女性的利益开始受到重视。如果说唐宋时期判决离异主要基于社会、家族的考量，元代则开始将夫妻关系作为判决的出发点。

相比唐、宋，元代的判决离婚制度在解决婚姻冲突、救济婚姻双方等方面的作用更加明显，这对于民众来说有着重要意义。深入具体的案例可以发现，元代的判决离婚绝不是国家对民众婚姻的单方面干预，更多的是民众主动寻求官府对婚姻关系进行调整，有时女性甚至试图通过诬告的方式寻求判决离异。在"七出""和离"之外，判决离婚成为民众解除婚姻关系的又一重要途径。同时，元代许多判决离婚的法律规定，正是由于民众的兴讼产生判例，进而制定有针对性的条格，最终得以完善。[①]在很大程度上，民众的诉讼是元代国家完善法律制度的动力源。对于司法官员来说，其并不倾向于判决离异，不仅在法律没有明确规定判离的情况下往往"已婚为定"，有时候即使按照法律规定应判离，考虑到夫妻感情、子女抚养以及妇女贞节等因素，亦维持现有的婚姻关系。其判决实践体现出"法意"与"人情"之间的平衡与兼顾。

本章小结

自清末以西方法律为模板进行法律移植，不仅旧有的法律体系从根本上被取代，西方法律的理论与概念体系亦主宰了中国法律史的叙事，乃至成为一种"前见"。然而，中国古代社会及其法制与西方本是完全

---

① 这样的例子很多，如有关服内成婚，元初多有于父母及夫丧期成婚者，致使"词讼繁冗"，"为无定例，难便归断"，于是尚书省于至元七年十二月颁布了禁止服内成婚的规定。见《元典章》卷41《刑部三·诸恶·不义·居丧为嫁娶者徒》，第1412页。

不同的体系，正如梁治平所说，"中国文明具有与包括西方文明在内的所有其他文明大不相同的面貌、性格和命运"。① 如果以西方法学的概念与知识分类体系讨论中国法史问题，难免有凿枘不投的尴尬，有关元代诉讼分类的研究正是如此。在以往研究中，学者受现代诉讼制度中民事、刑事相分离这一前见的影响，往往径直讨论元代"民事诉讼"与"刑事诉讼"的区别。然而由于政治、文化土壤的差异，元代的户婚钱债和刑名词讼本质上与现代意义上的刑事诉讼、民事诉讼不可完全等同，更多是统一在公权裁决下的轻重、大小之别，即元人所谓"轻罪过"与"重罪过"。相应的，元代司法制度中不同案件的诉讼程序亦没有严格区分，而是在某些环节有所差异，以及在审级制度下形成自理与奏报的潜在区别。

"重罪过"与"轻罪过"涉及的纠纷内容及其严重程度有很大差异，元政府对于不同案件的审断有不同的要求和制度设计，从而相应地形成了不同的实践图景。但须注意的是，这种实践又非制度的简单呈现。对于"重罪过"，元政府要求必须严格依法审断，监察机关对审断结果进行严格监督。无论出罪或者入罪、故意或者过失，司法者都要承担刑名违错的责任，因而面临巨大压力。更重要的是，元代"断狱用例不用律"，将判例作为重要的判决依据。在这种审判机制下，具体的判决和量刑十分难以把握。为了避免刑名违错，许多官员通过匿案不报的方式消极应对，更多人则将案件作疑申禀。通过层层申禀，司法压力最终集中到省部。对于"轻罪过"，元代要求地方官员应尽量自理，减少不必要的咨禀，但对是否依法审断并无特殊要求，司法监督也相对宽松。在这类案件的审断中，司法官员有相当大的自由裁量空间，其具体的判决方式则多种多样，或以调代判，或根据国法与私约判决，或进行利益调处。即使在正式判决中，官民互动、情理考量都会对最终的判决结果产

---

① 梁治平：《法律史的视界》，第411页。

生极大影响。在以往的研究中,以滋贺秀三为代表的日本学者和以黄宗智为代表的美国学者曾就明清时期的"民事审判"究竟是"依法裁决"还是"情理调处"产生争议。[①] 实际上,就元代司法官员在户婚等"轻罪过"案件中的判决实践来看,既不是严格的"依法裁决",亦不能完全说是"情理调处",而是围绕"止争"的最终目的,进行多样化的实践。

元代的诉讼分类与现代司法制度中的刑民之分似同实异,其制度设计与现实秩序同样差距甚远,这些共同构成了元代诉讼分类模糊又复杂的图景。这种诉讼分类体系被明清继承并继续发展:元代审级制度下潜在的自理与奏报的分离到明清时期被正式确立,而明清州县自理案件与奏报案件分别对应的"细故"和"重情",亦与元代的"重罪过"和"轻罪过"相一致。

---

① 概括来说,黄宗智认为清代的"民事判决"基本是依据《大清律例》,而滋贺秀三则认为中国古代的"民事审判"主要是根据"情理"进行衡平,清代所做的是"教谕式调停"。其主要观点分别参见黄宗智《民事审判与民间调解:清代的表达与实践》,中国社会科学出版社,1998;滋贺秀三《清代诉讼制度之民事法源的概括性考察——情、理、法》,滋贺秀三等著,王亚新、梁治平编《明清时期的民事审判与民间契约》,第19—53页。

第六章

地域社会中的讼争与博弈
——以两浙湖讼案件为中心

　　现实中的司法秩序是司法场域运作的动态呈现,而司法场域一方面有其自身规则,同时又与其所根植的"元场域"——地域社会密不可分。质言之,司法实践的参与者本身来自地域社会,地域社会中的秩序结构同样会投射到司法之中。因此,只有将司法秩序置入地域社会中进行观察,才能对其有更为深刻的理解。从另一方面来说,司法秩序也是观察地域社会的一个切入点。在元代两浙地区[①],由围湖垦田引发的讼争是当时十分突出的社会现象,这种讼争通常不是一家一户之争,而是民众与地方强势力量的对抗,在案件的审断中充斥着各种参与者的行动。本章将从两浙地区的湖讼案件切入,特别是通过两个典型案例——花屿湖案与永安湖案,观察元代司法运作与地域社会之间的复杂关系。

---

① 包括今苏南、浙北地区,北宋设两浙路,南宋建炎南渡后分为两浙东路与两浙西路。入元后,基本以南宋格局设置浙东、浙西两宣慰使司。至元二十六年后,江浙行省定于杭州,浙西道宣慰使司不再设置,但仍存有江南浙西道肃政廉访(提刑按察司)的设置。两浙格局基本仍依宋制。具体来说,浙西包括杭州路、嘉兴路、湖州路、平江路、常州路、镇江路、建德路、松江府、江阴州,浙东包括庆元路、衢州路、婺州路、绍兴路、温州路、台州路、处州路。

第六章 地域社会中的讼争与博弈

一 元代两浙地区的围湖垦田与讼争

江南多湖泊薮泽，围田，又称圩田，是土地开发的普遍方式，有地土肥沃、不惧水旱之利。① 两浙地区的围田很早便已出现，不过早期围田多是开垦沼泽草荡，大规模围湖造田则始自北宋。② 先是庆历、嘉祐年间，民间"盗湖为田"者渐盛，到徽宗政和间设应奉局，官府亦大肆废湖为田。马端临《文献通考》曰："圩田、湖田多起于政和以来，其在浙间者，隶应奉局，其在江东者，蔡京、秦桧相继得之，大概今之田昔之湖。"③ 在官方与民间的合力下，浙西太湖流域与浙东宁绍平原的大量湖泊被围淤为田。

宋南渡后，军国之需仰赖东南半壁，许多豪强大族亦围占日甚。由于围田不加节制，弊端逐渐开始显现，特别是由于湖泊萎缩，应对水旱灾荒的能力大大减弱。有鉴于此，许多官员建议禁止围湖垦田，应废田还湖。南宋朝廷亦曾多次颁布禁令，特别是乾道年间曾将一些已废弃的湖泊重新恢复。然而由于政府本身亦赖围田之利，政策反复无常，终成具文。开禧二年（1206），卫泾上书曰："隆兴、乾道之后，豪宗大姓相

---

① 关于围田，宋人杨万里《圩丁词》云："江东水乡，堤河两岸，而田其中，谓之圩。农家云：圩者，围也，内以围田，外以围水。盖河高而田反在水下，沿堤通斗门，每门疏港以溉田，故有丰年，而无水患。"见杨万里《诚斋集》卷32《圩丁词十解》，《景印文渊阁四库全书》第1160册，第345页下。王祯《农书》又云："各处富有之家，度视地形，筑土作堤，环而不断，内地率有千顷。旱则通水，涝则泄去，故名曰'围田'。又有据水筑为堤岸，复叠外护，或高至数丈，或曲不等长至弥望。每遇霖潦，以扞水势，故名曰'圩田'。内有沟渎以通灌溉，其田亦或不下千顷，此又水田之善者。"见王祯《农书》卷3《农桑通诀三》，《景印文渊阁四库全书》第730册，第338页下。简而言之，围田即围占湖泊薮泽开垦土地。
② 关于宋代围田的研究很多，主要可参见宁可《宋代的圩田》，《史学月刊》1958年第12期；郑学檬《宋代两浙围湖垦田之弊——读〈宋会辑稿〉"食货""水利"笔记》，《中国社会经济史研究》1982年第3期；张芳《宋代两浙的围湖垦田》，《农业考古》1986年第1期；张建民《对围湖造田的历史考察》，《农业考古》1987年第1期。
③ 马端临：《文献通考》卷6《田赋考六·湖田围田》，中华书局，1986，第71页中。

继迭出，广包强占，无岁无之。陂湖之利，日朘月削，已亡几何，而所在围田则遍满矣。以臣耳目所接，三十年间，昔之曰江、曰湖、曰草荡者，今皆田也。"①

入元后，江南地区围湖垦田之势不改，甚至许多南宋时期开垦后被又恢复的湖又重新废弃为田，"一圩动是数百顷"。②其中一部分是官圩，据王祯《农书》，当时屯戍江淮诸将仿效当地围田的做法，"令兵众分工起土"，"故官民异属"。③更为常见的情况是，一些地方豪民大肆围占，太湖流域湖群与宁绍平原湖群受害尤深。如松江淀山湖，西通太湖，东流入海，"周回几二百里"。④宋时禁止在淀山湖围田，且设有撩洗军人，专掌修治。入元后，军卒裁撤，遂为豪民侵占，"二百余里湖面大半为田"。⑤湖中有山有寺，⑥宋时在湖水中心，东有出水港，"各阔十余丈，深五七尺"。到元代，由于围湖垦田，山寺已在田中，"虽有港溇，阔不及二丈，湖泥淤塞，深不及二三尺，潮水、湖水不相往来，拦住去水"。⑦上虞夏盖湖，本唐长庆中以民田开辟，周一百五十里，灌溉十三万亩，在宋代曾屡经兴废。元代官府监管不力，周围居民在湖堤私种，元贞间营田使又垦田三十顷。此后一发不可收拾，湖几乎不存。至正十二年（1352），县尹林希元复之。至正十九年，豪民侵种，县尹李睿又复之。后行台在此驻兵，屡为兵将屯种，最后赖行台御史，湖幸免于被废。⑧同

---

① 卫泾：《后乐集》卷13《论围田札子》，《景印文渊阁四库全书》第1169册，第654页上。
② 王奕：《玉斗山人集》卷2《黄池大水歌》，京都大学人文科学研究所藏本。
③ 王祯：《农书》卷11《农器图谱一》，《景印文渊阁四库全书》第730册，第416页上。
④ 任仁发：《水利集》卷4《大德八年江浙行省咨都省开吴淞江》，《续修四库全书》第851册，第43页上。
⑤ 任仁发：《水利集》卷4《大德八年江浙行省咨都省开吴淞江》，《续修四库全书》第851册，第43页上。
⑥ 黄溍诗中云："最忆淀山湖北寺，白云堆里看青天。"见黄溍《金华黄先生文集》卷2《松江舟中偶书》，《四部丛刊初编》。
⑦ 潘应武：《决放湖水议》，光绪《青浦县志》卷5《水利》，《中国方志丛书》，台北：成文出版社，1970，第386—388页。
⑧ 贡师泰：《玩斋集》卷7《上虞县复湖记》，《景印文渊阁四库全书》第1215册，第620页上—621页上。

处上虞的白马湖[①]、西溪湖[②]亦有类似的遭遇。

不可否认，围湖垦田是两浙地区人多地少情况下的举措，本身有其合理性。最明显的是，经过围垦，土地数量大大增加。在平江路，二县四州共有围田8829围，[③]其田赋也因此从宋代的30余万石升至元代的80余万石。[④]在当时文人笔下，围田不缺美好的意象，舒頔诗曰："稻满圩田水满陂，石桥松径槿花篱。鸡鸣犬吠日将夕，一带人家似旧时。"[⑤]但同时，围湖垦田带来的弊端愈发凸显。至正十二年，翰林应奉林希元任上虞县尹，着力恢复被废的西溪湖，他在《西溪湖当复条议》中仿苏轼论西湖之言，提出西溪湖有"五不可废"，笔者不烦其冗，移录于下：

> 窃观西南溪涧之水，盘旋交曲注入于湖，达于运河，溉上管、孝义、峨眉三乡之田，包纳湖面三千七百亩有奇，荫田供税全赖湖水蓄积，若雨不时降，则民拱手以视禾稼之焦枯耳，此湖之不可废者一也。
>
> 虞邑南距群山，北面大海，东倾姚江，西抵曹娥，地势高仰，河渠东流，其水易涸，若以湖属田，遇旱则沟港断流，农民坐以待毙，是官常亏赋，民常告饥，公私悉系于是，此湖之不可废者二也。
>
> 虞之四陲，其在西南地势高，东北地势下，为诸大川之所会，华渡、孟宅、诸畈其地甚洼。方春积雨连朝，则浩淼泛涨，奔溃莫御，平原之野必致冲激荡决之患，且有啮堤崩岸之虞，及天一霁，则水之既去者不可复留而病涸矣！惟为堤以防其渗漏，置闸以时其

[①] 张守正：《白马湖记》，光绪《上虞县志》卷20《舆地志·水利》，《中国方志丛书》，台北：成文出版社，1970，第424页下。
[②] 贡师泰：《玩斋集》卷7《上虞县核田记》，《景印文渊阁四库全书》第1215册，第621页上—622页下。
[③] 王鏊：《姑苏志》卷15《田地》，《景印文渊阁四库全书》第493册，第309页下。
[④] 王鏊：《姑苏志》卷15《田赋》，《景印文渊阁四库全书》第493册，第309页下。
[⑤] 舒頔：《贞素斋集》卷7《青山之旁曰眉山乔木俨如昔时因其事而赋之》，《景印文渊阁四库全书》第1217册，第642页下。

启闭，旱则决水以灌溉，涝则导水以入江，庶积水汪洋，永藉沾渥之休，禾黍登场，咸乐平康之福，此湖之不可废者三也。

西南一境多大山深谷，砂瘠土硗，盖藉湖内掘污泥划草芽以为种植之本，若以湖为田，农夫必无所取，畎亩何得而饶？所谓霈而田畴，淤而泥涂，翠浪千里，玉粒如坻，炊粳酿秫，既甘且旨者，无复可望，此湖之不可废者四也。

傍湖窭人家，无粒食之储，惟赖入湖采取鱼虾贸易钱米以资口食，若以湖为田，鱼虾既不蕃息，穷民无所采取，是犹扼喉吭而夺之食，生意微矣，此湖之不可废者五也。①

在此条议中，林希元很好地总结了西溪湖废湖为田的弊端，而这不仅适用于西溪湖，也是两浙地区的共同问题。湖泊泽沼等水体本身具有重要的作用，旱时可以引水灌溉，涝时可以调蓄洪水。同时，湖泊也是重要的资源，许多农民赖以谋生。不计后果地将湖泊围垦，虽然围田本身肥饶，但整个区域内的水系却因此被破坏，民田无法灌溉，抵御水旱灾害的能力更是大大降低。而水旱过后，作物减产甚至绝收，很容易造成饥荒。这一系列的问题在元代两浙地区十分突出。松江淀山湖被围垦后，每遇霖雨，长兴、宜兴、乌程、归安等地洪水泛滥，"皆因下流不决，积水往来为害"。② 上虞白马湖，由于不断被豪黠侵占，渐为其私有，最后"湖之存仅一线"，"旱则独专其利，涝则决以病民，为害莫甚"。③ 马端临言："徒知湖中之水可涸以垦田，而不知湖外之田将胥而为水也。"④ 参与围垦的多是地方豪强势力，实际上是以私利而害众利。普

---

① 林希元：《西溪湖当复条议》，光绪《上虞县志》卷21《舆地志·水利》，《中国方志丛书》，第447页下——448页上。
② 潘应武：《决放湖水议》，光绪《青浦县志》卷5《水利》，《中国方志丛书》，第387页。
③ 张守正：《白马湖记》，光绪《上虞县志》卷20《舆地志·水利》，《中国方志丛书》，第424页下。
④ 马端临：《文献通考》卷6《田赋考六·湖田围田》，第71页中。

通民众无法享围田之利却受其害，故而与围垦的权豪产生激烈的矛盾。

对于泛滥围垦之害，元政府并非没有加以注意，特别是当围垦造成区域水系严重破坏，引起严重灾害时，政府亦会主持疏浚，淀山湖是其中代表。世祖末年，太湖水系日渐淤塞，浙西水利灌溉已出现很大问题，修复之议渐起。至元二十八年（1291），江淮行省参知政事燕公楠言，"有淀山湖者，富豪之家占据为田，以致湖水涨漫，损坏田禾"，中书省遂命人主持开挑。至元二十九年，开浚沟浦三百余处。但这次成效不大，所开沟浦"并无一处通彻"。至元三十年，又值霖雨，中书省命江南行枢密院佥院董士选等择选通晓水利者潘应武等会计勘察。至元三十一年开工，"即湖田开新港三条，阔越三十余丈，及浚赵屯、大盈二浦，活疾湖流而遂辍焉"。[①] 这次工程动用民夫达二十万，[②] 是成效比较大的一次。不过，就整体而言，终元一代两浙地区围湖垦田的现象一直没有得到有效遏制，往往反复无常。之所以出现这一现象，除了人地矛盾这一客观因素外，更重要的是主观原因。

第一，由于围田有大利可图，一些地方豪民往往不顾地方官府的阻止而盗垦。他们拥有雄厚的赀财而得以交通权要，有的甚至本身就是权贵，即使有人提出异议，往往亦无力相抗。在淀山湖的疏浚中，当朝中有议及此事，"辄受赂而止"。[③] 其后行省命人察视，亦"每为势力所阻"。[④] 淀山湖疏浚后，官府曾在现有湖田设立界限，然而富家豪民"巧计瞒官仍复回付"。到大德间任仁发主持浙西水利，"淀山之围田愈广，太湖之流愈迟"。[⑤]

---

① 杨维桢：《淀山湖志》，张国维：《吴中水利全书》卷18《志》，《景印文渊阁四库全书》第578册，第664页下。
② 《元史》卷65《河渠志二·淀山湖》，第1638页。
③ 吴澄：《吴文正公集》卷32《元荣禄大夫平章政事赵国董忠宣公神道碑》，《元人文集珍本丛刊》第3册，第543页上。
④ 潘应武：《决放湖水议》，光绪《青浦县志》卷5《水利》，《中国方志丛书》，第387—388页。
⑤ 任仁发：《水利集》卷4《大德八年江浙行省咨都省开吴淞江》，《续修四库全书》第851册，第43页上。

第二，正如植松正所指出的，元政府必须依靠豪民与吏胥在江南进行经营和征税，这决定了其统治政策很大程度上是与地域社会相妥协的。①更何况，这些湖田本身就是元政府税赋的重要来源。元代很少像南宋那样颁降禁止围垦的法令（即使颁布也不一定有效），即使需要修建水利、疏通河湖，也基本不会触动现有的围田。在淀山湖的疏浚中，潘应武言："究得淀山湖东大小漕港、斜沥口、汊港口，固是水之尾闾门，今为权豪占据为田，此处水路卒难复旧。"②他其实亦认识到，这些被权豪占据的湖田是很难再恢复为湖的。在镇江练湖，"豪势之家于湖中筑堤围田耕种，侵占既广，不足受水，遂致泛溢"，世祖末年参政暗都剌奏请疏治，但对侵占者采取的措施仅是"验亩加赋"。③至正十二年，林希元谋复西溪湖，当时有人提议部分恢复即可，既可存湖之名，"税易足供而民力可省"。林希元认为土地乃天子所有，"湖废而田废，田废而无其税，可也"。④林希元的想法显然太过于天真，而其复西溪湖的努力也最终未果。⑤

终元一代，两浙地区的围湖垦田一直十分严重，而国家却很少进行有力的制约。在这种情况下，围垦的权豪与当地民众产生激烈的矛盾，由此而生的讼争也就不可避免。相比普通的诉讼案件，这类案件有其特殊性。被告的豪民拥有远超告诉者的经济资本、社会资本甚至政治资本。可以想见，进入诉讼后，这些豪民绝不会俯首认罪，他们所拥有的各种资本都会转化为影响案件审断的力量。这种情况对于地方司法者来说是巨大的考验。下文将通过两个湖讼案例做进一步的具体分析。

---

① 植松正：《元朝统治下的江南地域社会》，近藤一成主编《宋元史学的基本问题》，中华书局，2010，第168—187页。
② 潘应武：《决放湖水议》，光绪《青浦县志》卷5《水利》，《中国方志丛书》，第388页。
③ 《元史》卷65《河渠志二》，第1633页。
④ 林希元：《西溪湖当复条议》，光绪《上虞县志》卷21《舆地志·水利》，《中国方志丛书》，第448页上。
⑤ 徐渭：《西溪湖记》，雍正《浙江通志》卷262《艺文》，《景印文渊阁四库全书》第526册，第111页下。

二 案例分析：永安湖案与花屿湖案

按照元代的案件分类，湖讼并非刑名重事，官方文书中少有提及，对于个案的详细记录更是缺乏。幸运的是，笔者在方志材料中搜得浙东地区两例湖讼案件，叙述尚称完整。下面将叙述两个案例的具体情况，并在此基础上进行分析。

（一）永安湖案

永安湖又名"澉湖"，为一潟湖，属嘉兴路海盐州，位置在海盐州城西南四十五里，其东北方向五里左右即是唐代以来名港澉浦。永安湖三面环诸小山，"曰麂山、曰飓山、曰荆山、曰庙山、曰窦家山、曰葛家山"，[①] 一面向海，"久雨水弥漫，则东南入于海上"。[②] 永安湖自宋代便为一名胜，宋人常棠《海盐澉水志》中记曰：

> 永安湖在镇西南五里，周围一十二里，元以民田为湖，储水灌溉，均其税于湖侧田上，税虽重而田少旱。四围皆山，中间小堤，春时游人竞渡行乐，号为"小西湖"。[③]

可见，永安湖不仅有风景之胜，且本身即为民田开掘而成，其功能主要在于调蓄洪水。海盐多雨，风雨骤来即成水涝；又滨海地低，雨水虽多却难以蓄积。故而当时民众自愿将农田开掘为湖，以调节丰枯。

---

① 嘉靖《嘉兴府图记》卷6《物土一·山川》，《中国方志丛书》，台北：成文出版社，1983，第303页。
② 李贤、万安等纂修《明一统志》卷39《嘉兴府·山川》，《景印文渊阁四库全书》第472册，第974页下。
③ 常棠：《海盐澉水志》卷2《水门》，《中国方志丛书》，台北：成文出版社，1983，第32页。

· 271 ·

虽然开掘永安湖减少了农田面积，湖面原先的税赋加到周边田地，因而赋税加重，但因无水、旱之患，宋末以前此地甚为丰饶。不过，自至元十三年（1276）海盐归附元朝，情况发生了变化。根据至正四年（1344）东坡书院山长赵若源所撰之《复永安湖碑记》，先是驻守澉浦镇的招讨使王熔强令当地民夫在永安湖西南面筑堤，得围田三百八十亩，每秋纳粮三十八石。至元二十六年，王熔之子王四万户"过佃召业"，应该就是在这时候湖田又归于招讨使杨思谅。此后，沿湖居民渐渐效仿，直欲将永安湖全部围垦为田。由是滨湖之澉墅、澉浦、石帆三村村民"屡经旱患，民食不给，多流徙四方者"。大德三年（1299），当地村民王仁具状向海盐州告诉，讼争遂起。不过，海盐州虽立案鞠治，"犹未削诛"。案件的最终解决是依靠寓居澉浦的南宁州前安抚使王济。王济将此事上报中书省，中书省和御史台同时遣官审问此案。到大德四年七月，江浙行省平章政事彻里与都水监官员、府州官员共同亲临纠治，永安湖得以恢复。[①] 光绪《嘉兴府志》中收有一通《结勘永安湖状》，应为当时社长人等的保结核查文书，录文如下：

> 德政乡十三都澉墅、石帆村社长张千五等，照勘得本里古有永安湖三千七百亩，积诸山之水，灌溉澉浦、澉墅、石帆三村官民田八千三百余亩。此湖原系民田为湖，其税均于湖侧田上输纳。就湖东际石砌斗门，木板为闸，以时启闭。每遇天旱，开闸放水，下流灌救田苗。或天雨连绵，湖水涨溢，却有东南葛母山下古置浑水闸，放泄入海。是以三村农田，岁无水旱之忧。至元十三年归附初，镇守管军官王招讨，将永安河西南际湖面筑捺，围里成田三百八十亩，纳官粮三十八石。于后至元二十六年，招讨男王四万户将上项湖田过佃召业，却于湖田南际掘开海塘，创造石闸。连年每遇春水汛涨

---

① 赵若源：《复永安湖碑记》，光绪《嘉兴府志》卷29《水利》，《中国方志丛书》，台北：成文出版社，1970，第713页。

之时，将湖水夤夜放泄入海。及至夏旱，又被管佃户坝塞。致有三年两旱，田禾不收。若蒙官司将上项湖田仍旧开掘为湖，积水灌田，实为民便。元大德（十六）〔四〕①年六月初一日结。②

大德四年永安湖恢复后，又得以重现旧观。至正间顾瑛与友人刘季章、夏仲信等游永安湖，其诗中言："啄花莺坐水杨柳，雪藕人歌山鹧鸪。"③

这个案件本身并不复杂，但参与者众多：一是以王仁为代表的德政乡村民，二是被告人王熔父子以及招讨使杨思谅，三是最初受理此案的海盐州，四是将案情上诉于省部的寓公王济，五是最后处理此案的省台官员。就被告人的身份来说，海盐州官员其实很难对案件做出应有判决。宋本曰："国制，用中原兵戍江南列城，非大故不易，而兵若民异属。万夫长、千夫长、百夫长恃世守，凌轹有司，欺细民，细民畏之过守令。其卒群聚为虐，或讼之有司，举令甲召其偏裨，共弊则诺而不至，事率中浸，民苦无可奈何。"④由于约会制度的存在，在军人涉讼的时候，江南的地方有司其实很难进行审断，何况此处涉及的又非普通军卒，"犹未削诛"其实是很正常的结果。最终案件出现转机有赖于寓公王济，他将案情直接上报中书省，促成省台过问此案。可以说，案件的最终解决并非纯粹依靠司法运作本身，而是引入了更为强势的权力干预。

（二）花屿湖案

相比永安湖，慈溪花屿湖的遭遇要曲折得多，此案主要记载在顺帝

---

① 这里所谓"大德十六年"明显有误。据《复永安湖碑记》，王仁始向海盐州状告在"大德己亥"，即大德三年，案件于大德四年七月结绝。故推断此应为"大德四年"。
② 张千五等：《结勘永安湖状》，光绪《嘉兴府志》卷29《水利》，《中国方志丛书》，第713页上。
③ 顾瑛：《玉山璞稿·次韵刘季章治中邀夏仲信郎中游永安湖》，《景印文渊阁四库全书》第1220册，第139页下。
④ 宋本：《续溪县尹张公旧政记》，苏天爵编《国朝文类》卷31，《四部丛刊初编》。

· 273 ·

后至元五年（1339）慈溪县令程郇所作之《花屿湖记》中。慈溪位于庆元路北部，其田位于东侧滨海地带，内侧有群山，水出山后奔流汗漫，容易枯竭，必须借助湖塘调蓄，才能进行灌溉。唐贞元十年（794），明州刺史任侗与慈溪县令房琯共同主持修筑花屿东、西二湖，共计十七顷四十余亩，灌溉农田六千余亩。① 在早先，花屿湖其实叫作"花墅湖"，"中有小墅，春花明媚，多于众山，故名。湖多鱼及莼菱，并湖之人资以为利"。② 其后，此湖一度为豪民围垦为田，逐渐废弃。至宋嘉祐间，当时的慈溪县主簿成立主持修治，加高堤岸，并在湖边立碑，述湖之利弊，防止再有人侵盗。

入元后，花屿湖曾三废三复。第一次是在归附后不久。先是东皋寺僧人占十余亩，种植蒲莲。到大德初年，浙东廉访司副使家奴朱珍与江浙行省左丞家奴周寿，在此筑田十七顷，纳粮二百余石。大德七年（1303），里民黄国瑞等向行省和行台告诉，"誓以死争"。大德八年，都水使冯君辅分治浙东，"公端毅正直，不避豪贵，按图考牒，即日坏其田，除其粮，囚其人，遂复为湖"。第二次在天历初。当地豪民勾结道士李至善等，通过道教所申闻省部，获得许可后决堤放水，试图复占为田。当地民众群集向有司告诉，值廉访分司按治，豪民的意图没有得逞。第三次在顺帝后至元五年。当时以两浙田土失实，朝廷派遣官员核查。温州路同知杨某按治庆元，道士李至善等人趁机复起，贿赂上下官员，议定废湖为田。当吏员将已拟好的文书呈给县尹程郇时，程郇拒不签署，并向杨某谏言，废湖之议遂寝。③ 花屿湖在元代累筑为田而累复，但最终并没有逃脱被围垦的结局。明洪武三十一年（1398），就有当地人建议

---

① 王元恭修，王厚孙、徐亮纂《至正四明续志》卷4，《宋元方志丛刊》第7册，第6495页。按《至正四明续志》中本作"贞观十年"，查《延祐四明志》，载明州刺史任侗于贞元九年修广德湖之事，《至正四明续志》应误。
② 胡榘修，方万里、罗濬纂《宝庆四明志》卷16，《宋元方志丛刊》第5册，第5208页下。
③ 程郇：《花屿湖记》，王元恭修，王厚孙、徐亮纂《至正四明续志》卷4，《宋元方志丛刊》第7册，第6496页。

以湖为田。到永乐五年（1407），最终以定海卫陈详所奏，废湖为田。①

有元一代，花屿湖不断面临被权豪侵占的危险，引起的讼争也断断续续地从成宗大德年间延续到顺帝时期。相比永安湖案，花屿湖案中参与围湖的力量不仅有权豪，还有道教势力，后者在后两次废湖危机中起到了关键作用。元代道教势力虽不如佛教，但亦十分兴盛，其中北方以全真道为尊，南方以正一道为首。道教提倡清静无为，而当时江南的许多道士却倚仗特殊身份行枉法之事。郑介夫就曾讥诮道："道家以老子为宗，惟在清净无为。祖师系赤松子的孙，惟求辟谷弃人间事。今张天师纵情姬爱，广置田庄，招揽权势，凌烁官府，乃江南一大豪霸也。"②道士的一大优势是其管理独立于有司，除中央有集贤院，"天下郡县置道官，又置南北道教所以领之"。③根据元代司法制度，除刑名重事外，普通户婚田土案件须有司与道官约会断决，这无疑为其阻挠诉讼的正常审理提供了方便。在这一案件中，李至善更是通过江南道教所这一道教机构直接上通省部，促使批准围湖造田。在诉讼中，民众之所以能够获胜，多有赖于司法者不畏权贵，特别是监察官员起到了重要作用。元代虽有越诉之限，但对于控告官员不法情事则没有限制，"被扰的百姓上位根底到不得，近的台里告，远的廉访司里告呵"。④因此，黄国瑞等才能直接向行省和行台告诉。而在第二次诉讼中，更直接依靠按治的廉访分司官员。这在一定程度上反映了元代地方监察机关在司法中的重要作用。

这两例案件最终都以民众的胜诉告终，湖泊最终得以保全。不过，若将此作为元代的普遍情况则过于乐观。之所以现在能看到的案例多以胜诉告终，很大程度上是因为经过努力保全湖泊，当地民众和地方官员往往会撰文刻石，以资纪念。若保湖努力失败，湖泊最终消失，当时发

---

① 雍正《浙江通志》卷56，《景印文渊阁四库全书》第520册，第455页下。
② 郑介夫：《上奏一纲二十目》，邱树森、何兆吉辑点《元代奏议集录》下册，第110页。
③ 揭傒斯：《揭文安公全集》卷7《乐丘碑》，《四部丛刊初编》。
④ 《元典章》卷53《刑部十五·诉讼·称冤·称冤赴台陈告》，第1768页。

生的讼争或许不会刻石记录。实际上，即使有时民众赢得诉讼，依然不能保证围田者退田。如杭州路富阳县有定塘，原可灌溉十顷。当地豪民将其围垦为田，民众不堪忍受而告争，案件直达中书省。中书省将案件下发户部，议定将定塘还民，但富阳县吏却畏惧豪民势力而不敢奉行。①从上述案件可以看出，司法之外的权力关系在很大程度上影响着司法本身的正常进行。在这种情况下，地方司法者的态度固然是影响案件走向的重要因素，但要最终实现案件的公正判决，很大程度上取决于是否能够引入足以与权豪相对抗的力量。

三 讨论：元代江南司法中的地方势力

两浙地区的湖讼案件从一个侧面展现了地域社会中的强势力量在案件审断中的重要影响，我们不妨在宏观层面上，进一步对各种地方势力在司法运作中通常所扮演的角色进行更为全面的检视。需要强调的是，笔者认为中国古代地域社会本身是各种力量相互交结的场域，因此这里所谓"地方势力"是在比较宽泛的意义上使用的，并不局限于"国家"或者"社会"。从这一角度来说，元代江南的司法场域中主要有两种地方势力在发挥重要影响：一是权贵势力，二是以士人、富民为核心的地方精英。

（一）权贵势力

元代江南的权贵势力比前代更为复杂，包括蒙古宗王、贵族势力，官员、军将，乃至僧、道等宗教势力皆可划入这一范畴。元代征服江南后，许多民户被分封给诸王、贵族，他们在江南设立各种投下机构。同时，大批官员和军将前往江南各地进行行政管理和镇戍，尤其是军将，他们世袭其职，逐渐形成军事家族。得益于元代的宗教政策，僧、道等

---

① 黄溍：《金华黄先生文集》卷32《承务郎杭州路富阳县尹致仕倪公墓志铭》，《四部丛刊初编》。

宗教势力亦成为一大特权阶层，特别是僧道官，"出入驺从甚都，前诃后殿，行人辟易，视部刺史、郡太守无辨"，[①]为僧录、道录者"与三品正官平牒往来"。[②]这些群体以其政治身份拥有不同特权，严格来说并不属于"地方"，而是"统治精英"及其附庸，同时又在地域社会中有着重要影响。

在司法中，权贵势力所拥有的身份与权力很容易成为破坏性的因素，当他们进入司法场域中，往往以权力秩序取代司法本身的规则。无论作为诉讼一方还是第三方，当权贵群体通过自己的权势左右审断结果，便出现"法律失效"的现象。具体来说，特权群体干预司法的方式通常有两种。

第一，直接干预司法者的审断。如曹伯启任常州路推官时，路民赵友谅之妻与邻居汤氏子私通，赵友谅杀了汤氏子而放过了自己妻子。赵友谅的岳父为一千夫长，耻于其女通奸之污名，遂诬称赵友谅酗酒杀人，"遍赂当要"。若非曹伯启，赵友谅极可能最终以酗酒杀人而被断死罪。[③]

第二，引入外部权力干预司法。阿里海牙之子和尚为湖南道宣慰使，颇为骄横，私取当地织官所造尚服。廉访司佥事李栋欲纠劾，和尚反而上报中央，诬告李栋强质醴陵民田，促使御史台派官审问李栋，同时恐吓田主和证人，几乎致李栋于死地。[④]

实际上，慑于权贵的威势，地方官吏在司法中很难秉公审断，甚至主动阿附。在湖州路归安县，白云宗僧沈某"冒名爵、凌官府"，为当地豪霸。沈某与两人有隙，欲置其于死地，使人诬陷此二人入狱，典史

[①] 吴澄：《吴文正公集》卷25《抚州玄都观藏室记》，《元人文集珍本丛刊》第3册，第446页下。
[②] 郑介夫：《上奏一纲二十目》，邱树森、何兆吉辑点《元代奏议集录》下册，第111页。
[③] 曹鉴：《大元故资善大夫陕西行御史台中丞赠体忠守笃功臣资政大夫河南江北等处行中书左丞上护军追封鲁郡公谥文贞曹公神道碑铭》，曹伯启：《曹文贞公诗集后录》，《景印文渊阁四库全书》第1202册，第535页下。
[④] 虞集：《道园学古录》卷20《李象贤传》，《四部丛刊初编》。

徐泰亨欲平冤，吏坚持不可，曰："此沈公意，孰敢拒也？"[1]吉安守将恣横不法，因地方官员不从其言，竟然派遣兵卒将官员之子绑缚于城门，吉安地方官吏集体向守将求情才得释放，监察官员听闻后亦"一无所诘"。[2]

（二）地方精英

中唐以降，士绅阶层便从走向"平民化"进一步走向"地方化"。[3]宋元易代后，江南士人出现了两个明显的动向：一方面，随着朝代更替，特别是科举中辍，元代江南士人在仕进机会以及社会地位上确实比前代有所不及；[4]另一方面，正因为入仕途径的缩窄，众多江南士人被抛向社会，他们以地方社会为中心进行治生、合族以及兴学等活动，地方性格进一步形塑。[5]相比士人，宋元易代对富民的影响显然小得多。富民阶层在唐宋之际开始崛起，蒙古统治不仅没有对其造成大的冲击，反而因政令的疏阔赓续和壮大。[6]元代江南的士人、富民虽然很少有政治上的特权，但他们因文化、经济与社会资源的优势而成为地方社会的领导者，是元代江南地方精英的核心群体。在先行研究中，学者对元代江南地方精英在平讼中的重要作用予以了积极评价。[7]实际上，如果进行更为全面

---

[1] 黄溍：《金华黄先生文集》卷34《青阳县尹徐君墓志铭》，《四部丛刊初编》。
[2] 傅若金：《傅与砺文集》卷9《故百丈尹张先生行状》，《北京图书馆古籍珍本丛刊》第92册，第98页上。
[3] 鲁西奇：《"小国家"、"大地方"：士的地方化与地方社会——读韩明士〈官僚与乡绅〉》，《中国图书评论》2006年第5期。
[4] 萧启庆：《元代的儒户：儒士地位演进史上的一章》，《内北国而外中国——蒙元史研究》，中华书局，2007，第371—414页。
[5] 参见周鑫《儒士新地方性格的成长：以元代江西抚州儒士为中心》，博士学位论文，南开大学，2007。
[6] 林文勋、杨瑞璟：《宋元明清的"富民"阶层与社会结构》，《思想战线》2014年第6期。此外，陈得芝在有关元代江南地主阶级的研究中也指出，蒙古灭宋对江南地主阶级冲击不大，元代江南地主阶级的经济实力依然沿着南宋时的发展趋势不断增长。参见陈得芝《元代江南之地主阶级》，南京大学历史系元史研究室编《元史及北方民族史研究集刊》第7期，1983。
[7] 苏力：《元代地方精英与基层社会——以江南地区为中心》，第51—63页。

第六章　地域社会中的讼争与博弈

的审视，他们在司法中往往同时具有两种截然不同的形象。

一方面，士人、富民等地方精英是地方司法中重要的辅助力量，首先体现在精英群体参与调解民间纠纷。洪氏为歙县大族，"环里甲中数百家皆洪氏，无他姓"。洪味卿在世时，"人有是非曲直，一处以公，乡间讼争者所诣府君求直"。洪味卿去世后，乡里讼争纷然，时人叹曰："安得复见洪公，以白吾心也。"[①] 建康张文盛少习儒术、医药，元平江南后，转而从商，"为大区广陵市中，家童数百指。北出燕齐，南抵闽广，懋迁络绎，资用丰沛"。乡里凡有争讼多由其调解，"君为剖析枉直，谕之以理，皆愧让而退"。[②] 抚州吴德新平素常周济乡里，"亲旧邻里之贫，有贷未尝计息。衣其寒，食其饥。疾不能医者助药费，死不能葬者助葬费"；里中有讼争，吴德新常予以劝解，"片言解纷，一出公是非，靡不心服"。[③] 类似记载在元代比比皆是，虽然多有溢美之词，但也在一定程度上反映了当时的现实状况。

除调解纠纷外，地方精英在正式的司法审断中同样发挥着重要作用。地方精英居于乡里，往往知晓地方官员不知道的信息，而由于他们的特殊身份，地方官员对其所言通常比较重视，甚至有时地方精英与官员之间本身就有私人关系。特别当亲友有冤抑之时，地方精英时常利用自己的力量使案件得到公正判决。如熊朋来的一个事例：

> 刘公宣之持宪节也，尤敬先生，与先生论经义无虚日，间以政事为问，先生愀然曰："郡学上丁释奠，诸生有与执事者，公固见之。而是日有盗劫伤人者，南昌贼曹执而掠之，幸儒者善柔，不能

[①] 程文：《洪府君（味卿）墓志铭》，程敏政编《新安文献志》卷89，《景印文渊阁四库全书》第1376册，第463页下。
[②] 陆文圭：《墙东类稿》卷13《巽溪翁墓志铭》，《元人文集珍本丛刊》第4册，第603页下。
[③] 吴澄：《吴文正公集》卷41《故抚城吴居士墓志铭》，《元人文集珍本丛刊》第4册，第13页上。

自白，诬之狱成矣。耳目所及尚有此，又何问乎？"刘公曰："有是哉？"即日审得实，立破械出此儒，即以械械贼曹。诸公由是益知先生有用于世者，而终不敢以事涴先生也。①

在这一案例中，熊朋来利用与宪司官员的关系使案件在最短的时间内得到解决。类似情况在元代十分常见，如婺源汪庭桂就通过向地方官员进言，"平反冤狱者二家，出伪楮株连者百人"。②吴江州同知陆某，因得罪权豪，被诬陷治罪，谢应芳与其他士人一起为其陈言，希望"俯察本官之冤枉"。③有些地方官员还经常主动以狱讼事请教地方人士。如富州人熊升，"诸公贵人仕于其乡，知公忠信，皆争取，下狱有疑，多所请教，公缘是直冤者生死者甚众"。④歙县人唐如介，不仅精研儒学，且通律法，"县有大狱疑谳，咨君勘治"。⑤平江路推官冯某，恐断案失当，或为吏所欺，"在署审成案未察，退参所疑于父老宾客，故月朔作乡约于父老宾客，使之过有以告"。⑥

另一方面，地方精英也有倚仗权势、财富干预正常司法运作的现象。其常见者有二。

一为出脱己罪。抚州豪民龚胡造伪钞十余年，后惧罪发，向官府自首。官府疑有不实，于其家中搜得伪钞、钞板，为其所自首数量之数倍。案件审定后，省部遣使处决，龚胡贿赂使者，被改断为"减死"。⑦奉新

---

① 虞集：《道园学古录》卷18《熊与可墓志铭》，《四部丛刊初编》。
② 王球：《存耕处士汪公（庭桂）墓志铭》，程敏政编《新安文献志》卷92上，《景印文渊阁四库全书》第1376册，第515页下。
③ 谢应芳：《龟巢稿》卷7《诸士友陈言陆同知诬枉事启》，《四部丛刊三编》。
④ 赵文：《青山集》卷6《熊刚申墓志铭》，《景印文渊阁四库全书》第1195册，第82页上。
⑤ 唐元：《筠轩集》卷12《唐处士墓志铭》，《景印文渊阁四库全书》第1213册，第581页上。
⑥ 杨维桢：《东维子文集》卷4《送平江路推官冯君序》，《四部丛刊初编》。
⑦ 欧阳玄：《有元赠中奉大夫湖广等处行中书省参知政事护军追封鲁郡公许公神道碑铭有序》，罗振玉编《金石萃编未刻稿》卷中，《石刻史料新编》第1辑第5册，第3691页下。

县庖人于豪民家治庖，与豪民家女婢私通，被豪民之子见而杀死，投尸水中。庖人之兄寻弟不得，豪民予其谷千斗，使其勿讼。庖人之兄告诉于官府，豪民贿赂胥吏，反而诬称其诬告，其被屈打成招。[1]

二为构陷他人。昌国州富商贿赂州将，将平民诬为盗贼，"死者殆十二三"。[2] 宁都县有富民与人争田，趁夜派人将未熟的稻子收割，守田人在打斗中用竹椿将割稻者打伤，割稻者一天后身死。富民贿赂胥吏，"以夜为昼，以斗为杀，以竹椿为田器，论置重辟"。[3] 安仁县豪民闻得仇家与妻前夫女通奸，通过贿赂官吏，将仇家以与亲女奸断死罪[4]。

更有甚者，有些地方精英成为武断乡曲、把持官府的豪强，通过威逼利诱使官府听命于己，司法成为其私人工具。在这种意义上，他们即郑介夫所言的"在乡之豪"：

> 凡有词讼，必须经手，若不禀白而径陈之有司者，则设阱寻隙，陷之于刑。既已归命于己，而官吏有不顺从者，则别生事端，累赃诬告，其齑粉可立而待也。威势既成，动皆如意，村落居民，事之如父母，敬之如神明，郡县守宰，颐指气使，俯首听命而已。间有一二刚方自立，奋然出为冤民施一援手，仅能抑之一时，被罪还家之后，故态依然，真是法制所不能及，礼义所不能移。[5]

袁桷曰："今之为县，常患夫土豪之控持也。"[6] 在元代江南，这种把

---

[1] 吴澄：《吴文正公集》卷26《江西等处行中书省照磨李侯平反疑狱之碑》，《元人文集珍本丛刊》第3册，第462页上。
[2] 朱文刚：《庆元路总管正议王侯去思碑》，阮元编《两浙金石志》卷17，《石刻史料新编》第1辑第14册，第10620页上。
[3] 吴澄：《吴文正公集》卷40《元承事郎同知宁郡州事计府君墓志铭》，《元人文集珍本丛刊》第3册，第644页上。
[4] 揭傒斯：《揭文安公全集》卷11《善余堂记》，《四部丛刊初编》。
[5] 郑介夫：《论抑强状》，邱树森、何兆吉辑点《元代奏议集录》下册，第119页。
[6] 袁桷：《清容居士集》卷18《慈溪县兴造记》，《四部丛刊初编》。

持官府的地方豪强甚多。永嘉县豪猾孟某,"贿上下,肆毒邻里,煽民讼,因为居间,持吏长短不敢问,必从其所向"。^①金溪余氏、宜黄陶氏、乐安廖氏、临川之许氏,"皆以哗讦持长吏短长,恣睢不法"。^②湘乡州豪民陈清,"素武断乡曲,握持官府事,家赀累巨万。复众募奸人伪造钞其家,久辄杀其人以灭口,阴结大官为势援,所为不法,人莫敢谁何"。^③

实际上,无论片言解纷还是把持官府,其本质都是地方精英利用自身资源影响司法。正如梁庚尧指出的,地方精英有"豪横"与"长者"两种,而这两种人物由于政府功能的不足同时存在。^④日本学者小野泰认为,元代的地方官、地方领导者与农民相互协调,成为一种"地域共同体"。^⑤就江南地方精英在司法中的双重面相来看,这一论断似乎稍显简单化。不过,地方精英在江南地域社会中的重要地位是显而易见的。相比宋代,元代江南的地方精英作为"身份性精英"的色彩有所退却,主要是布衣。但他们经济实力的增长同样为其在地域社会中发挥领导作用提供了坚实的基础。元代豪民问题的突出,正反映了当地方精英实力增长以后,地方官府的控驭已经力不从心。

综上所述,无论是具体的讼诉案件还是宏观分析,都凸显出元代江南的案件审断与地域社会之间的密切关系,其核心是各种地方势力对司法场域所施加的影响。随着元代对江南的征服,蒙古诸王、贵族将势力扩展到江南,大量文武官员前往江南进行统治,僧道势力亦取得了前代不曾拥有的特权地位。这些权贵势力在司法场域中往往以权力秩序代替

---

① 吴海:《闻过斋集》卷5《故翰林直学士奉议大夫知制诰同修国史林公行状》,《元人文集珍本丛刊》第8册,第274页下。
② 欧阳玄:《元故翰林待制朝列大夫致事西昌杨公墓碑铭》,卞永誉:《式古堂书画汇考》卷18《书十八》,《景印文渊阁四库全书》827册,第821页上。
③ 王祎:《王忠文公文集》卷22《元中宪大夫金庸田司事致仕王公行状》,《北京图书馆古籍珍本丛刊》第98册,第398页下。
④ 梁庚尧:《豪横与长者:南宋官户与士人居乡的两种形象》,《新史学》第4卷第4期,1993年,第93页。
⑤ 小野泰「13—14世紀中國の鄉村社會」『河合文化教育研究論集』第10号、2012。

司法规则，成为司法秩序的破坏者。相比之下，以士人、富民为核心的地方精英在司法中的角色则更为复杂。一方面，他们是辅助司法的重要力量；另一方面，他们时常展现出豪横的一面，武断乡曲，把持官府。实际上，权贵势力与地方精英在司法场域中的角色正是元代江南地域社会秩序的一个缩影。

本章小结

从北宋开始，江南围湖垦田的现象急剧增多，到元代，国家对围湖垦田的管控力度有所放松，不仅不断有新的湖泊被围占，许多入元以前已经被恢复的湖泊又重新被围占。权豪为了私利将湖泊围垦，由此产生的生态后果给普通民众带来很大损失，双方经常发生讼争，永安湖案与花屿湖案就是两个典型案例。在这类案件的司法实践中，被告论者的权豪身份给地方司法者带来不小困难，案件最终的圆满解决不仅依靠司法者不惧权贵，更多是依靠外部权威的介入。由此引申开去，可见元代江南地区司法秩序与地域社会之间的密切关系，其核心是各种地方势力对司法所施加的影响。随着元代对江南的征服，蒙古诸王、贵族将势力扩展到江南，大量文武官员前往江南进行统治，僧道势力亦取得了前代不曾拥有的特权地位。这些权贵势力在司法场域中往往以权力秩序代替司法规则，成为司法秩序的破坏者。相比之下，以士人、富民为核心的地方精英在司法中的角色则更为复杂。他们有时是辅助司法的重要力量，同时又常展现出豪横的一面，武断乡曲，把持官府。

如李治安先生所说，中唐以降国家对基层社会的支配方式发生了根本性变化，由设置乡官直接掌控转为间接支配，"拉开了'县令之职，犹不下侵'的序幕"。[1] 正规的乡里行政组织不复存在，以往由乡官所承担

---

[1] 李治安：《宋元明清基层社会秩序的新构建》，《南开学报》2008 年第 3 期，第 44 页。

的众多职位则出现空缺。在宋元时期，明代中期以后那种能够承担多种社会职责的"乡绅"尚未完全成熟，地方官府不得不直接面对广大民众的各种纠纷，所谓民风"好讼"与此不无关联。在这种情况下，元代国家与江南的地方官员都选择将部分调解纠纷的任务分配给一些地方人士承担，已在一定程度上显现出地方治理对地方力量的依赖。同时，地方力量本身在元代亦迅速发展，其中一些豪民甚至已经开始与官府争夺权力。到明初，朱元璋一方面大力打击豪民，另一方面在元代社制的基础上建立老人制，赋予其"小事诉讼的排他性管辖权"。这很大程度上应是朱元璋在吸取元代经验教训的基础上，对基层社会秩序的重新调整。

结　论

　　在元代法律史研究中，司法问题一直备受关注，回顾过去几十年的研究成果，可以发现两个显著的特点：首先，在研究对象上，主要以司法机构与司法程序为中心；其次，在问题意识上，注重发掘元代司法制度的独特性。在相关问题的讨论中，有高岩、宫崎市定、陈高华等前辈学者做出了卓越的贡献。近二十年来，中国法律史的研究发生了许多新的变化，其中十分重要的一点是，学者不再满足于对制度的探讨，而是将法律实践作为研究的重点，在法律与社会的相互发明中获得对中国历史的整体理解。受这种学术路径的启发，本书在有关元代地方司法的研究中亦从制度扩展至秩序，重点对司法场域中官、民的实践活动进行了考察。

一　元代地方司法体制的特点与意义

　　司法秩序是司法场域运作的动态呈现，而司法场域的运作规则与司法体制密不可分。元代的地方司法体制是在忽必烈建立元朝以后逐渐发展成熟的，平宋后移植到江南。总的来说，这一司法体制仍延续着传统的集约型模式，司法任务由各级地方官府承担，司法与行政之间没有明确的分野。地方官府本身也维持着较小的规模，路以下没有专门司法官员的设置。但同时，元代地方司法体制无论在整体司法体系还是官府内部运作上，都有着与前代明显不同的特点。

宋、辽、金时期的行政区划基本形成路（道）—州—县三级制，元代行政区划的层级大大增加，为行省—宣慰司—路—府—州—县（司）六级。同时，各级区划之间组合纷繁复杂，呈现出多级混合的特征。元代地方判决权限止于徒刑，相比唐宋时期有所削弱，多级混合行政体系中的审级划分使判决权进一步细分。案件依据量刑的轻重层层申转和审覆，由上级官府对上报的审理结果进行审核，有错误则予以纠正。若下级官府审理不当，民众亦可逐级上诉，由上级官府予以重审和改判。在多级混合的地方行政体系中，司法权力逐级分配，形成纵向的制约机制。

元代户口结构极为复杂，不仅有投下与"大数目里"之分，又根据民众的职业、族群等标准设置了诸色户计。除民户归属有司管理外，各种户计多有专门的管理机构。在这种情况下，元代对司法实行了有限的专门管辖：对于户婚田土等案件，各户计各归其所属管理机构，不同户计之间争讼则由双方约会；对于刑名重事，则一概由有司审断。从而形成司法管辖的多元化。司法管辖的多元化在保证国家掌控重大案件审判的前提下，使司县等基层亲民官府与各户计管理机构之间形成权力制衡。

元代在地方设置了由行台和肃政廉访司构成的两级监察网络，受理、检验、审理、判决、监禁等各个司法环节，皆在监察官员的监督范围内。通过录囚、刷卷、受理上诉、复核重刑以及对监狱的管理，监察官员对狱讼的违错和淹滞进行纠治和改正，同时对司法官员进行惩处。

元代地方司法体系的变化可以归纳为两点：一是司法权力向上集中，二是司法权力横向制约。这种权力结构对于防止司法官员的违法枉断可起到一定作用，但同时又很容易产生效率低下的弊端。由于地方判决权限过低，审级又极为烦琐，案件在申转与体覆中拖延难断。各户计施行多元司法管辖，一旦涉及约会，时常互相牵制。面对严苛的司法监督，地方官员为了避免违错而消极应对。集约型模式下的地方官府本身在应对诉讼时便捉襟见肘,权力的制约进一步削弱了其司法效率和理讼能力,进而影响司法者在实践中的策略选择。

在地方衙署内部,路、县两级司法运作机制体现出明显的差异。县衙没有专门的司法官员,也没有专门的司法空间,其司法运作体现为典型的圆坐联署,集体参与决策。在圆署制下,形成权力的制衡关系,有利于防止专断造成的司法失误,但互相掣肘造成的效率低下也在所难免,甚至"旷时累日,不敢决一事"。在集体决策体制下,官员虽然进行了不同的司法参与,但个人角色皆让位于圆署体制的结构性力量,本作为联结圆署体制运转的文书行政重要性大增,职掌文书的吏员很容易架空司法官员。路级政务的繁重使得路级司法无法再完全依靠圆署制,因此设立推官专门职掌司法。作为最具专业性的官员,元政府在选任推官时将法律知识与刑狱经验作为首要标准。但在经历一段时间的监察官员举荐后,推官的选任最终"混于常流"。作为路级唯一专任司法官员,推官负责一郡所有刑名案件的审覆,"独专刑名"的内涵主要在于"专责"而非"专权"。

二 官、民的司法实践与秩序的构建

司法秩序既是"规则的秩序",更是"行动的秩序",通过官、民的实践活动集中表现出来。元代史料往往称"江南好讼",其情势甚至比宋代更甚。但通过对相关文本进行深入分析可以看到,所谓"江南好讼"与现实之间其实有很大差异。从书写语境来看,元代文本中有关江南地区"好讼"的书写,表面是描述民风好讼喜争,真正强调的实是民众好讼带来的狱讼压力。这些文本多出自旁观者之手,其用意主要是论证为政之难,很多时候其实是一种"模式化的书写"。从话语逻辑来看,元代文献中有关江南"好讼"的书写中通常包含"民风好讼→狱讼烦滋

→治理不易"的逻辑链条。但诉讼的繁多并不意味着民众好讼，诉讼本身是民众的合理需求。诉讼压力大亦不能完全归因于诉讼数量多，其本质上是官府理讼能力无法满足民众诉讼需求的一种表现。元代江南地方官府理讼能力的低下与官员本身的素养有关，更与司法体制有着脱不开的干系。"江南好讼"这一话语之所以在元代如此盛行，不仅因为元代江南诉讼数量本身确实繁多以及社会上有少量"好讼之徒"，更是元人观念世界下的产物。元人观念中本身就有"贱讼"倾向以及对江南风俗的成见，由于当时普遍存在"滞讼"困境，元代国家和江南地方官员需要这样一种话语策略，希望在不明显增加行政成本的情况下缓解诉讼压力，进而维持统治秩序。

从现实情况来说，元代地方诉讼主要有两种情形：一种为"诉冤"，告诉者由于遭受侵害或发生利益纠纷而产生冤抑，从而需要外部力量予以救济；另一种为"告奸"，其所针对的是各种违法行为，其中一部分严重侵害国家统治和社会秩序的罪行，国家规定民众有举告的义务，更多则是以奖赏鼓励举告。在鼓励举告和对"好讼"进行道德贬抑之间，体现了元代国家对民众诉讼的复杂心态，即希望通过民众举告打击犯罪，同时减少因婚姻田土等纠纷产生的诉讼。这其实是与元代国家"集权的简约治理"模式相适应的，即在稳定统治秩序的情况下，尽量节省行政成本。但从民众的角度来说，无论"诉冤"抑或"告奸"，告诉的根本动因皆出于自身利益，婚姻田土等纠纷在日常生活中最为常见，必然出现"民诉之繁，婚、田为盛"的情况。在诉讼中，官与民各有不同的立场，显现出逻辑的错位。

不过，虽然诉讼是民众的必然需求，但并不代表告诉中的民众在主观上具有"好讼"的心态。元代民众之所以往往有诉讼倾向主要有两方面原因：一方面，由于法律知识的广泛传播，民众的法律意识有所提高，自然将诉讼作为解决纠纷的主要途径；另一方面，地方社会中的确有一部分"教唆词讼"者，他们往往唆使民众告诉以牟利。但若真的选择诉讼，民众不仅需要承受由此产生的经济代价，诉讼结果亦不确定，这往往使民众对诉讼有着深深的忧虑。总的来说，诉讼与否对于普通民众来说其实是两难的选择。

面对层出不穷的诉讼，地方官员的应对策略首先是息讼。若纯粹从法律的立场出发，司法者追求的应该是法律规定的实现，关注审判本身的公平与公正。元代地方官员之所以将息讼作为优先策略，根本原因是其"父母官"而非司法官的本质属性，其行动逻辑是超出司法本身的。具体来说，元代地方官员致力于息讼有两方面原因。首先，从思想上来说，儒家"无讼"的理想直接导致了息讼理念的产生。在元代的舆论中，息讼是循吏的重要标准。同时，许多官员也将息讼作为对自己的要求。其次，从现实考量来说，在元代的考课制度中，"词讼简"是考核地方官员的重要标准，息讼其实是地方官员必须完成的任务。不仅如此，面对元代严苛的司法监督，听讼本身充满风险，若能做到息讼则可以从根本上规避这一风险。而即使地方官员不惧诉讼之累，理讼能力与诉讼烦冗之间的矛盾亦使其疲于应对。息讼其实是元代地方官员综合各种因素下的最佳策略。

元代地方官员的息讼实践体现在两大方面。

一是"无争"社会秩序的构建和维护。延续宋儒的理念，元人将诉讼与民众的心性相联系，认为息讼的本质在于施行教化，从源头上防止诉讼的产生，"好讼"之风其实是地方官疏于教化的结果。许多官员通常利用庙学讲书、春月劝农等公共活动，劝谕民众躬行孝悌之道、遵守儒家伦理秩序，强调争讼之害。有时亦刻印相关的劝谕文字，或直接向民众散发，或由社长宣讲。同时，地方官员还非常重视法律的宣传，使民众知晓国家法律而避免发生违法行为，从而避免诉讼产生。其具体措施包括文字和口头等多种宣传方式。元代耻辱刑的应用十分普遍，其功能不仅在于对受刑者的教化，同时亦成为民众日常生活中常见的"公共景观"。通过这种公共景观，民众切身感受到震慑而避免类似违法行为的发生，更象征着遭受破坏的秩序——包括"礼"与"法"——得以重振。红泥粉壁、枷号刑等耻辱刑又尤以讼棍哗徒为重点惩治对象，在息讼方面发挥着特殊的作用。

　　二是诉争产生后的平息之术。元代司法制度对告诉者的身份以及告诉的内容有着严格限制，凡不符合要求者皆为"不应告"，对于官府来说即为"不应理"。在制度设计上，写状人是防止不合理告诉的重要一环，但在实践中更多依靠地方官员的辨别能力。地方官员通过诉状中的信息与观察言辞，决定受理或者不受理。有时，即使告诉本身在应受理的范围内，地方官员亦尝试进行劝解，避免争讼。有些地方官员十分重视建立社会性的纠纷解决渠道，通过社长、耆老等人士分流官府的诉讼压力。即使案件已经受理，地方官员依然尝试劝谕调解，同时允许诉讼双方主动告拦，实现"始不免讼而终无讼"。

　　在元代的案件审断中，由于不同案件的性质不同，地方官员采取了差异化的实践策略。在以往元代法律史的研究中，无论是法律本身还是司法诉讼，学者皆默认刑民二分。这种分类方式其实来自西方法律的理论与概念体系，对元代并不完全适合。从元代固有的概念体系来看，诉讼案件其实只是根据轻重进行了大致划分，其中人命、盗贼等刑名重事为"重罪过"，户婚、钱债以及斗殴等为"轻罪过"。这种案件分类体系的形成，首先与案件本身性质有关，源自刑名与婚姻、田土、家财、债负的区别。同时，亦与元代审级制度中"自理"和"上报"的区分相契合。对于"重罪过"，元代国家要求须严格依法审判。监察机关对审断结果进行严格监督，无论出罪或者入罪、故意或者过失，司法者都要承担刑名违错的责任，因而面临巨大压力。更重要的是，元代"断狱用例不用律"，将判例作为重要的判决依据。在这种审判机制下，具体的判决和量刑十分难以把握。为了避免刑名违错，许多官员通过匿案不报的方式消极应对，更多人则将案件作疑申禀。通过层层申禀，司法压力最终集中到省部。对于"轻罪过"，元代国家要求地方官员应尽量自理，

· 290 ·

减少不必要的咨禀,但对是否依法审断并无特殊要求,司法监督也相对宽松。在这类案件的审断中,司法者的最终目标是"止争",其具体的判决方式则多种多样。或以调代判,或根据国法与私约判决,或进行利益调处。在情、理、法的平衡中,有时甚至出现"曲法伸情"的现象。

元代地方的司法者本质上是"牧民官""父母官",司法只是其政务的一部分。在理讼能力不足与司法监督的压力下,地方官的目标是在维护整体社会秩序的前提下尽量减轻司法压力、规避司法风险,对息讼的重视以及审断中的各种表现,都是在这种理念下的实践策略。而对于告诉者来说,无论是"诉冤"抑或"告奸",目的都是维护自己的利益,其实践策略来自对收益与成本的衡量。地域社会中的强势力量则可以通过自身所掌握的特殊资源,影响甚至干预司法运作。概言之,司法秩序通过行动者的实践最终呈现出来,但实践与司法制度之间并非简单的对应关系。在制度的规范下,行动者同时进行能动性的策略选择,最终实现秩序的构建。

三 司法秩序与地域社会

司法场域中的参与者来自地域社会,案件的审断难免为地域社会中的权力关系所影响。在两浙地区的湖讼案件中,围湖者通常为权豪势要,告诉者为饱受围湖之害的普通民众。在湖讼案件的审断中,由于被告人的特殊身份,司法的正常运作经常受到阻碍。案件的圆满解决不仅依靠司法者不惧权贵,更多是依靠外部权威的介入。从更为宏观的层面来看,在元代,各种地方势力其实皆在司法运作中扮演着不同的角色。元代权贵势力主要包括蒙古诸王、贵族、官员甚至僧道势力,他们享有特殊的政治地位和特权,是地域社会中的强势力量。权贵势力对司法的影响主要体现在以权力破坏司法规则,导致司法秩序的异化。士人、富民是地域社会中主要的精英群体,他们在司法中同时具有截然相反的两种形象:

一方面是协助司法运作的重要力量,另一方面又时常有武断乡曲、把持官府的现象。然而无论何种面相,实质都是地方精英凭借自己的影响力干预司法运作。

司法场域是一个相对独立的社会空间,它既有不可被化约的逻辑和规则,也受外部权力秩序影响。换言之,司法秩序其实是反映制度与社会变迁的一面镜子。透过司法秩序,可以发现地方官府与民间社会都在发生显著的变化。

元代地方司法体制最大的特点为权力制约的加强。元政府将地方的司法判决权限大大削弱,同时通过横向与纵向多种途径建立权力的制约监督机制,其结果是司法权力向中央集中。宫崎市定讨论元代强化监察时指出:"出身北方民族的元王朝,由于骤然成为地域辽阔的中国的主人,因此虽然统治着人数众多、文化先进的民族,仍然感到困惑,对被征服的汉族人一开始就不给予信任。西域色目人的忠诚也值得怀疑,即使同一民族的蒙古人也不一定可以作为官吏而委以政务。在这种情况下,强化监察机构,尽可能取缔官吏的非法行为,变成了唯一的选择。"[①]宫崎市定似乎是将元代监察的强化归于其统治的不自信,有关这一点仍有讨论的余地。但无论怎样,元代统治者在地方司法建设上表现出来的确实是重视权力制约,却忽视地方官员的法律素养。一个重要的表现是,与法律考试兴盛的宋代不同,元代不但废除了律学,在官员的选拔中也没有专门针对法律素养进行考查。[②]马祖常曾建议设立律学博士,[③]元政府内部亦确实曾讨论欲"仿古置律学以授徒",[④]但终未见施行。《山居新

[①] 宫崎市定:《宋元时代的法制和审判机构》,刘俊文主编《日本学者研究中国史论著选译》第8卷,第301页。
[②] 在宋代,不仅科举考试中律义是重要的考试内容,凡任司法官者在铨注时还要加试律书。具体情况可参见陈景良《宋代司法传统的现代解读》,《中国法学》2006年第3期。
[③] 马祖常:《石田文集》卷7《建白一十五事》,《景印文渊阁四库全书》第1206册,第565页下。
[④] 吴师道:《礼部集》卷19《国学策问四十道》,《景印文渊阁四库全书》第1212册,第272页上。

结 论

语》记载了这样三个例子：

> 至元间，有一御史分巡，民以争田事告之曰："此事连年不已，官司每以务停为词，故迁延之。"御史不晓务停之说，乃喻之曰："传我言语，开了务者。"闻者失笑。又至正间，松江有一推官，提牢至狱中，见诸重囚，因问曰："汝等是正身耶？替头耶？"狱卒为之掩口。又一知府到任，村民告里正把持者，怒曰："以三十七打罢这厮。"若此三人者，卤莽如此。①

很难判定材料中所言是不是真实发生的，但对法律考核的轻视显然对提高地方官员的法律素养是十分不利的。元杂剧中常讥讽司法官员"行法断案不会"，②很大程度应是文学对现实的反映。遑论当时许多在地方为官的蒙古人"不识字"，③甚至"不能执笔花押"。④在集约型司法体制、权力制约与法律素养缺乏的共同作用下，元代地方官府的理讼能力堪忧。如果说在人口相对少的北方地区情况尚不至于很糟糕，在人多事繁的江南地区，地方官府理讼能力的不足就显得尤为突出。

与此同时，元代社会中最引人注意的动向是地方精英的迅速壮大。在元代统治下，士人的仕途变得异常狭窄，即使延祐开科以后，由于取士人数远远不能和前代相比，亦没有从根本上改变士人入仕困难的状况。但这种境遇并没有使他们沉沦到"九儒十丐"的境地，士人所拥有的文化资源其实在很大程度上使他们很容易进行职业的再选择。更为重要的是，元代统治者在经济上基本延续了宋代以来的政策，富民阶层不仅没有衰落，反而以前所未有的速度在崛起，"元平江南，政令疏阔，

---

① 杨瑀：《山居新语》卷1，第202页。
② 无名氏：《苏子瞻醉写赤壁赋》，王季思主编《全元戏曲》第6卷，第747页。
③ 叶子奇：《草木子》卷4《谈薮篇》，第83页。
④ 陶宗仪：《南村辍耕录》卷2《刻名印》，第27页。

· 293 ·

赋税宽简，他无征发，以故富家大族，役使小民，动至千百，至今佃户苍头，有至千百者，其来非一朝一夕也"。① 士人与富民构成元代地方精英的主要力量，其中富民的力量又尤为强大。元代地方精英虽然相比宋、明两代缺乏政治身份，但这并不影响他们在地域社会中的影响力。世祖以降，元代文献中关于"豪民"的记载越来越普遍，正如在司法场域所表现出来的，他们形象中"豪横"的一面更甚于"长者"。有些豪民甚至交结在江南的权贵，特别是投下官司，获得官职，"以建康一路言之，如勾容县豪民王训，白身人钦受宣命承务郎、大都等处打捕鹰房民匠总管，同居叔王熙，亦受宣命奉训大夫、中瑞司丞。唐兴宗元系江西行省理问所令史，见任建康财赋提举。似此不可枚举"。② 从大德后期开始，元政府不断颁布禁治豪霸的格例，如大德七年（1303）规定：

> 奸豪猾吏把持官府者，置立板牓，所在官司悬挂，仍大字书写粉壁，再犯断罪移徙，以惩后来，比以明刑之要务。③

又大德八年格例：

> 各处豪霸凶徒〔非理〕害民，凌犯官府，合准奉使宣抚所拟，严加禁约。敢有违犯之人，初犯痛行断罪，于各处门首泥置粉壁，书写过名，若三年改过，许令除籍，其有不悛再犯者，加等断罪，迁徙迤北地面屯种相应。④

---

① 于慎行：《谷山笔麈》卷12《赋币》，中华书局，2007，第139页。
② 《元典章》卷8《吏部二·官制二·承荫·禁治骤升品级》，第260—261页。
③ 《元典章》卷48《刑部十·诸赃三·杂例·罗织清廉官吏》，第1617页。
④ 《元典章》卷57《刑部十九·禁例·禁豪霸·豪霸红粉壁迤北屯种》，第1918页。

结 论

  类似格例在元代不胜枚举。可见，元政府之所以禁止"豪霸"，针对的主要是其把持官府的行为。所谓"把持官府"，其本质其实是地方力量对官府的权威形成冲击，甚至凌驾其上。无论这些豪民本身作为如何，其背后反映出来的是地方力量的迅速壮大已经威胁到了元代的地方统治秩序，故越来越引起元政府的紧张。地方力量的强势与地方官府能力的孱弱形成鲜明对比，从某种程度上凸显了元代统治的吃力。

  如李治安所说，中唐以降国家对基层社会的支配方式发生了根本性变化，由设置乡官直接掌控转为间接支配，"拉开了'县令之职，犹不下侵'的序幕"。[①]正规的乡里行政组织不复存在，以往由乡官所承担的众多职能则出现空缺。在宋元时期，明代中期以后那种能够承担多种社会职责的"乡绅"尚未完全成熟，地方官府不得不直接面对广大民众的各种纠纷，所谓民风"好讼"与此不无关联。在这种情况下，元代国家与地方官员，都选择将部分调解纠纷的任务分配给一些地方人士承担，已在一定程度上显现出地方治理对地方力量的依赖。同时，地方力量本身在元代亦迅速发展，其中一些豪民甚至已经开始与官府争夺权力。到明初，朱元璋一方面大力打击豪民，另一方面在元代社制的基础上建立老人制，赋予老人"小事诉讼的排他性管辖权"。[②]这很大程度上应是朱元璋吸取元代经验教训的基础上，对基层社会秩序的重新调整。

[①] 李治安：《宋元明清基层社会秩序的新构建》，《南开学报》2008年第3期，第44页。
[②] 有关明代老人制，以及老人参与诉讼的研究，可参见中岛乐章《明代乡村纠纷与秩序：以徽州文书为中心》，第51—140页。

参考文献

一 古籍文献

(一)经部、子部

《礼记正义》,阮元校刻《十三经注疏》,中华书局,1980。

《论语注疏》,阮元校刻《十三经注疏》,中华书局,1980。

《周礼注疏》,阮元校刻《十三经注疏》,中华书局,1980。

《周易正义》,阮元校刻《十三经注疏》,中华书局,1980。

卞永誉:《式古堂书画汇考》,《景印文渊阁四库全书》第827册,台北:台湾商务印书馆,1986。

陈天祥:《四书辨疑》,《景印文渊阁四库全书》第202册,台北:台湾商务印书馆,1986。

陈元靓:《事林广记》,中华书局,1963。

黄晖:《论衡校释》,中华书局,1990。

解缙等编《永乐大典》,中华书局,1980。

商鞅:《商子》,《丛书集成初编》,中华书局,1963。

王先谦:《荀子集解》,《诸子集成》,中华书局,1954。

王先慎:《韩非子集解》,中华书局,1954。

王祯:《农书》,《景印文渊阁四库全书》第730册,台北:台湾商务印书馆，1986。

许慎撰，段玉裁注《说文解字注》，上海古籍出版社，1981。

朱谦之:《老子校释》，中华书局，1963。

朱熹:《四书章句集注》，中华书局，2012。

（二）正史、杂史、政书

《汉书》，中华书局，1962。

《后汉书》，中华书局，1965。

《金史》，中华书局，1975。

《旧唐书》，中华书局，1975。

《辽史》，中华书局，1974。

《庙学典礼》，王颋点校，浙江古籍出版社，1992。

《史记》，中华书局，1959。

《宋史》，中华书局，1985。

《隋书》，中华书局，1973。

《新唐书》，中华书局，1975。

《元朝秘史》，《四部丛刊三编》，商务印书馆，1936。

《元典章》，陈高华等点校，天津古籍出版社、中华书局，2011。

《元史》，中华书局，1976。

陈得芝等辑点《元代奏议集录》，浙江古籍出版社，1998。

窦仪等:《宋刑统》，吴翊如点校，中华书局，1984。

方龄贵校注《通制条格校注》，中华书局，2001。

龚端礼:《五服图解》，《宛委别藏》第10册，江苏古籍出版社，1988。

黄淮、杨士奇编《历代名臣奏议》，上海古籍出版社，1989。

黄虞稷:《千顷堂书目》，瞿凤起、潘景郑整理，上海古籍出版社，2001。

李林甫等:《唐六典》，陈仲夫点校，中华书局，1992。

李焘:《续资治通鉴长编》,中华书局,1995。

马端临:《文献通考》,中华书局,1986。

申时行等:《明会典》,中华书局,1989。

沈仲纬:《刑统赋疏》,《枕碧楼丛书》,知识产权出版社,2006。

释祥迈:《至元辨伪录》,《北京图书馆古籍珍本丛刊》第77册,书目文献出版社,1988。

天一阁博物馆、中国社会科学院历史研究所天圣令整理课题组校证《天一阁藏明钞本天圣令校证》,中华书局,2006。

王溥:《唐会要》,中华书局,1955。

王与:《无冤录》,《续修四库全书》第972册,上海古籍出版社,2002。

徐梦莘:《三朝北盟会编》,上海古籍出版社,1987。

徐元瑞:《吏学指南》(外三种),杨讷点校,浙江古籍出版社,1999。

宇文懋昭撰,崔文印校证《大金国志校证》,中华书局,1986。

张德信、毛佩琦主编《洪武御制全书》,黄山书社,1995。

张光大:《救荒活民类要》,《续修四库全书》第846册,上海古籍出版社,2002。

张国维:《吴中水利全书》,《景印文渊阁四库全书》第578册,台北:台湾商务印书馆,1986。

张养浩:《三事忠告》,《景印文渊阁四库全书》第602册,台北:台湾商务印书馆,1986。

长孙无忌等:《故唐律疏议》,《中华再造善本丛书》,北京图书馆出版社,2005。

长孙无忌等:《唐律疏议》,刘俊文点校,中华书局,1983。

赵承禧等编撰《宪台通纪》(外三种),王晓欣点校,浙江古籍出版社,2002。

郑太和:《郑氏规范》,《丛书集成初编》,中华书局,1985。

韩国学中央研究院编《至正条格》(校注本)，首尔：humanist 出版集团，2007。

拉施特：《史集》，余大钧译，商务印书馆，1997。

《鲁布鲁克东行纪》，何高济译，中华书局，2002。

《伊本·白图泰游记》，马金鹏译，宁夏人民出版社，2000。

（三）方志

马光祖修，周应合纂《景定建康志》，《宋元方志丛刊》第 2 册，中华书局，1990。

常棠：《海盐澉水志》，《中国方志丛书》，台北：成文出版社，1983。

胡榘修，方万里、罗濬纂《宝庆四明志》，《宋元方志丛刊》第 5 册，中华书局，1990。

马泽修，袁桷纂《延祐四明志》，《宋元方志丛刊》第 6 册，中华书局，1990。

脱因修，俞希鲁纂《至顺镇江志》，《宋元方志丛刊》第 3 册，中华书局，1990。

单庆修，徐硕纂《至元嘉禾志》，《宋元方志丛刊》第 5 册，中华书局，1990。

王元恭修，王存孙、徐亮纂《至正四明续志》，《宋元方志丛刊》第 7 册，中华书局，1990。

张铉：《至正金陵新志》，《宋元方志丛刊》第 6 册，中华书局，1990。

马暾：《潞州志》，中华书局，1995。

弘治《温州府志》，《天一阁藏明代方志选刊续编》第 32 册，上海书店出版社，1990。

正德《瑞州府志》，《天一阁藏明代方志选刊续编》第 42 册，上海书店出版社，1990。

嘉靖《嘉兴府图记》，《中国方志丛书》，台北：成文出版社，1983。

嘉靖《高陵县志》,《中国地方志集成·陕西府县志辑》第 6 册,凤凰出版社,2007。

李贤、万安等纂修《明一统志》,《景印文渊阁四库全书》第 472—473 册,台北:台湾商务印书馆,1986。

王鏊:《姑苏志》,《景印文渊阁四库全书》,台北:台湾商务印书馆,1986。

乾隆《汾州府志》,《中国地方志集成·山西府州县志辑》第 27 册,凤凰出版社,2005。

乾隆《平原县志》,《中国方志丛书》,台北:成文出版社,1983。

乾隆《新乡县志》,《中国方志丛书》,台北:成文出版社,1966。

乾隆《镇江府志》,《中国地方志集成·江苏府县志辑》第 27 册,江苏古籍出版社,1991。

乾隆《行唐县新志》,《中国地方志集成·河北府县志辑》第 4 册,上海书店出版社,2006。

嘉庆《松江府志》,《中国方志丛书》,台北:成文出版社,1970。

道光《章邱县志》,《中国地方志集成·山东府县志辑》第 68 册,凤凰出版社,2004。

光绪《承德府志》,《中国方志丛书》,台北:成文出版社,1968。

光绪《嘉兴府志》,《中国方志丛书》,台北:成文出版社,1970。

光绪《青浦县志》,《中国方志丛书》,台北:成文出版社,1970。

光绪《上虞县志》,《中国方志丛书》,台北:成文出版社,1970。

光绪《严州府志》,《中国地方志集成·浙江府州县志辑》第 8 册,上海书店出版社,1993。

光绪《永嘉县志》,《中国方志丛书》,台北:成文出版社,1965。

光绪《直隶和州志》,《中国地方志集成·安徽府县志辑》第 7 册,江苏古籍出版社,1998。

雍正《浙江通志》,《景印文渊阁四库全书》,台北:台湾商务印书馆，1986。

民国《井陉县志》，《中国方志丛书》，台北：成文出版社，1968。

民国《茌平县志》，《中国方志丛书》，台北：成文出版社，1968。

民国《东莞县志》，《中国方志丛书》，台北：成文出版社，1966。

刘纬毅等辑《宋辽金元方志辑佚》，上海古籍出版社，2011。

（四）文集、笔记、戏曲

《宋文选》，《景印文渊阁四库全书》第1346册，台北：台湾商务印书馆，1986。

苏天爵编《国朝文类》，《四部丛刊初编》，商务印书馆，1922。

刘贞编《新刊类编历举三场文选·壬集》，日本内阁文库藏朝鲜刊本。

程敏政编《新安文献志》，《景印文渊阁四库全书》第1375—1376册，台北：台湾商务印书馆，1986。

《编类运使复斋郭公敏行录》，《宛委别藏》第42册，江苏古籍出版社，1988。

曹伯启：《曹文贞公诗集》，《景印文渊阁四库全书》第1202册，台北：台湾商务印书馆，1986。

陈基：《夷白斋稿》，《四部丛刊三编》，商务印书馆，1936。

陈栎：《定宇集》，《景印文渊阁四库全书》第1205册，台北：台湾商务印书馆，1986。

陈旅：《安雅堂集》，《元代珍本文集汇刊》，台北"中央"图书馆，1970。

程端礼：《畏斋集》，《景印文渊阁四库全书》第1199册，台北：台湾商务印书馆，1986。

程端学：《积斋集》，《景印文渊阁四库全书》第1212册，台北：台湾商务印书馆，1986。

程钜夫：《程雪楼文集》，《元代珍本文集汇刊》，台北"中央"图书馆，1970。

戴表元：《剡源戴先生文集》，《四部丛刊初编》，商务印书馆，1922。

戴良：《九灵山房集》，《四部丛刊初编》，商务印书馆，1922。

邓文原：《巴西文集》，日本京都大学人文科学研究所藏清钞本。

方回：《桐江集》，《宛委别藏》第105册，江苏古籍出版社，1988。

傅若金：《傅与砺文集》，《北京图书馆古籍珍本丛刊》第92册，书目文献出版社，1988。

贡师泰：《玩斋集》，《景印文渊阁四库全书》第1215册，台北：台湾商务印书馆，1986。

胡祗遹：《紫山大全集》，《景印文渊阁四库全书》第1196册，台北：台湾商务印书馆，1986。

黄溍：《金华黄先生文集》，《四部丛刊初编》，商务印书馆，1922。

蒋易：《鹤田集》，北京图书馆藏京师图书馆钞本。

揭傒斯：《揭文安公全集》，《四部丛刊初编》，商务印书馆，1922。

李存：《鄱阳仲公李先生文集》，《北京图书馆古籍珍本丛刊》第92册，书目文献出版社，1988。

李榖：《稼亭集》，《韩国文集丛刊》，首尔：景仁出版社，1993。

李祁：《云阳集》，《景印文渊阁四库全书》第1219册，台北：台湾商务印书馆，1986。

梁寅：《新喻梁石门先生集》，《北京图书馆古籍珍本丛刊》第96册，书目文献出版社，1988。

刘将孙：《养吾斋集》，《景印文渊阁四库全书》第1199册，台北：台湾商务印书馆，1986。

刘敏中：《中庵先生刘文简公文集》，《北京图书馆古籍珍本丛刊》第92册，书目文献出版社，1988。

刘崧：《槎翁文集》，国家图书馆出版社，2014。

刘埙：《水云村稿》，《景印文渊阁四库全书》第1195册，台北：台湾商务印书馆，1986。

柳贯:《柳待制文集》,《四部丛刊初编》，商务印书馆，1922。

楼钥:《攻愧集》,《四部丛刊初编》，商务印书馆，1922。

鲁贞:《桐山老农集》,《景印文渊阁四库全书》第1219册，台北：台湾商务印书馆，1986。

陆文圭:《墙东类稿》,《元人文集珍本丛刊》第4册，台北：新文丰出版公司，1985。

马祖常:《石田文集》,《景印文渊阁四库全书》第1206册，台北：台湾商务印书馆，1986。

欧阳玄:《圭斋文集》,《四部丛刊初编》，商务印书馆，1922。

蒲道源:《闲居丛稿》,《元代珍本文集汇刊》，台北"中央"图书馆，1970。

任仁发:《水利集》,《续修四库全书》第851册，上海古籍出版社，2002。

邵亨贞:《野处集》,《景印文渊阁四库全书》第1215册，台北：台湾商务印书馆，1986。

沈梦麟:《花溪集》,《元人文集珍本丛刊》第8册，台北：新文丰出版公司，1985。

释念常:《佛祖历代通载》,《景印文渊阁四库全书》第1054册，台北：台湾商务印书馆，1986。

舒頔:《贞素斋集》,《景印文渊阁四库全书》第1217册，台北：台湾商务印书馆，1986。

宋祁:《宋景文笔记》,《景印文渊阁四库全书》第862册，台北：台湾商务印书馆，1986。

苏天爵:《滋溪文稿》，陈高华、孟繁清点校，中华书局，1997。

唐元:《筠轩集》,《景印文渊阁四库全书》第1213册，台北：台湾商务印书馆，1986。

汪元量:《水云集》,《景印文渊阁四库全书》第1188册,台北:台湾商务印书馆,1986。

王结:《文忠集》,《景印文渊阁四库全书》第1206册,台北:台湾商务印书馆,1986。

王祎:《王忠文公文集》,《北京图书馆古籍珍本丛刊》第98册,书目文献出版社,1988。

王沂:《伊滨集》,《景印文渊阁四库全书》第1208册,台北:台湾商务印书馆,1986。

王奕:《玉斗山人集》,京都大学人文科学研究所藏本。

王毅:《木讷斋文集》,《续修四库全书》第1324册,上海古籍出版社,2002。

王恽:《秋涧先生大全文集》,《四部丛刊初编》,商务印书馆,1922。

危素:《危太朴集》,《元人文集珍本丛刊》第7册,台北:新文丰出版公司,1985。

魏初:《青崖集》,《景印文渊阁四库全书》第1198册,台北:台湾商务印书馆,1986。

吴澄:《吴文正公集》,《元人文集珍本丛刊》第3—4册,台北:新文丰出版公司,1985。

吴海:《闻过斋集》,《元人文集珍本丛刊》第8册,台北:新文丰出版公司,1985。

吴师道:《礼部集》,《景印文渊阁四库全书》第1212册,台北:台湾商务印书馆,1986。

谢应芳:《龟巢稿》,《四部丛刊三编》,商务印书馆,1936。

徐明善:《芳谷集》,《景印文渊阁四库全书》第1202册,台北:台湾商务印书馆,1986。

许衡:《鲁斋遗书》,《景印文渊阁四库全书》第1198册,台北:台湾商务印书馆,1986年,1983。

许有壬:《至正集》,《北京图书馆古籍珍本丛刊》第 95 册,书目文献出版社,1988。

杨万里:《诚斋集》,《景印文渊阁四库全书》第 1160—1161 册,台北:台湾商务印书馆,1986。

杨维桢:《东维子文集》,《四部丛刊初编》,商务印书馆,1922。

姚燧:《牧庵集》,《四部丛刊初编》,商务印书馆,1922。

殷奎:《强斋集》,《景印文渊阁四库全书》第 1232 册,台北:台湾商务印书馆,1986。

应俊:《琴堂谕俗编》,《景印文渊阁四库全书》第 865 册,台北:台湾商务印书馆,1986。

虞集:《道园类稿》,《元人文集珍本丛刊》第 6 册,台北:新文丰出版公司,1985。

虞集:《道园学古录》,《四部丛刊初编》,商务印书馆,1922。

袁桷:《清容居士集》,《四部丛刊初编》,商务印书馆,1922。

张养浩:《归田类稿》,《景印文渊阁四库全书》第 1192 册,台北:台湾商务印书馆,1986。

张之翰:《西岩集》,《景印文渊阁四库全书》第 1171 册,台北:台湾商务印书馆,1986。

赵滂:《东山存稿》,《景印文渊阁四库全书》第 1121 册,台北:台湾商务印书馆,1986。

赵天麟:《太平金镜策》,《四库全书存目丛书》集部第 21 册,齐鲁书社,1997。

赵文:《青山集》,《景印文渊阁四库全书》第 1116 册,台北:台湾商务印书馆,1986。

赵偕:《赵宝峰先生文集》,《续修四库全书》第 1321 册,上海古籍出版社,2002。

郑玉:《师山先生文集》,《中华再造善本丛书》,北京图书馆出版社,

2005。

郑元祐:《侨吴集》,《元代珍本文集汇刊》,台北"中央"图书馆,1970。

朱德润:《存复斋续集》,《续修四库全书》第1324册,上海古籍出版社,2002。

朱善:《朱一斋先生文集》,《四库全书存目丛书》集部第25册,齐鲁书社,1997。

朱晞颜:《瓢泉吟稿》,《景印文渊阁四库全书》第1213册,台北:台湾商务印书馆,1986。

孔齐:《至正直记》,上海古籍出版社,1987。

庞元英:《文昌杂录》,《丛书集成初编》,中华书局,1958。

邵伯温:《邵氏闻见录》,李剑雄、刘德全点校,中华书局,1983。

陶宗仪:《南村辍耕录》,中华书局,1980。

杨瑀:《山居新语》,余大钧点校,中华书局,2006。

叶子奇:《草木子》,中华书局,1959。

郑元祐:《遂昌杂录》,《景印文渊阁四库全书》第1040册,台北:台湾商务印书馆,1986。

周密:《癸辛杂识》,吴企明点校,中华书局,1988。

杨朝英选《朝野新声太平乐府》,隋树森校订,中华书局,1958。

王季思主编《全元戏曲》,人民文学出版社,1990。

(五)石刻、文书、史料汇编

罗振玉编《金石萃编未刻稿》,《石刻史料新编》第1辑第5册,台北:新文丰出版公司,1977。

阮元编《两浙金石志》,《石刻史料新编》第1辑第14册,台北:新文丰出版公司,1977。

国家图书馆善本金石组编《辽金元石刻文献全编》,北京图书馆出版社,2003。

李逸友编著《黑城出土文书（汉文文书卷）》，科学出版社，1991。

塔拉等主编《中国藏黑水城汉文文献》，北京图书馆出版社，2008。

黄时鉴辑点《元代法律资料辑存》，浙江古籍出版社，1988。

洪金富点校《元代台宪文书汇编》，台北：中研院历史语言研究所，2003。

张传玺主编《中国历代契约会编考释》，北京大学出版社，1995。

二 今人论著

（一）专著

陈彩云:《元代温州研究》，浙江人民出版社，2011。

陈高华、史卫民:《中国政治制度通史·元代》，人民出版社，1996。

陈顾远:《中国法制史》，商务印书馆，1934。

陈鹏:《中国婚姻史稿》，中华书局，1990。

戴炎辉:《中国法制史》，台北：三民书局，1966。

费孝通:《中国绅士》，惠海鸣译，中国社会科学出版社，2006。

费孝通:《乡土中国》，生活·读书·新知三联书店，1985。

高树林:《元代赋役制度研究》，河北大学出版社，1997。

韩儒林:《元朝史》，人民出版社，2009。

黄清连:《元代户计制度研究》，台北：台湾大学出版社，1977。

李治安:《元代分封制度研究》，天津古籍出版社，1992。

李治安:《元代政治制度研究》，人民出版社，2003。

林端:《韦伯论中国传统法律：韦伯比较社会学的批判》，台北：三民书局，2003。

刘晓:《元史研究》，福建人民出版社，2006。

刘馨珺:《明镜高悬：南宋县衙的狱讼》，北京大学出版社，2007。

雒竹筠编著，李新乾编补《元史艺文志辑本》，北京燕山出版社，1999。

瞿同祖:《中国法律与中国社会》,商务印书馆,2010。

申万里:《理想、尊严与生存挣扎:元代江南士人与社会综合研究》,中华书局,2012。

申万里:《元代教育研究》,武汉大学出版社,2007。

沈家本:《历代刑法考》,邓经元、骈宇骞点校,中华书局,1985。

苏力:《法律与文学:以中国传统戏剧为材料》,生活·读书·新知三联书店,2006。

苏力:《元代地方精英与基层社会——以江南地区为中心》,天津古籍出版社,2009。

吴海航:《元代法文化研究》,北京师范大学出版社,2000。

吴松弟:《中国人口史·辽宋金元时期》,复旦大学出版社,2000。

萧启庆:《内北国而外中国——蒙元史研究》,中华书局,2007。

徐忠明、杜金:《传播与阅读:明清法律知识史》,北京大学出版社,2012。

徐忠明:《案例、故事与明清时期的司法文化》,法律出版社,2006。

徐忠明:《包公故事:一个考察中国法律文化的视角》,中国政法大学出版社,2002。

徐忠明:《〈老乞大〉与〈朴通事〉:蒙元时期庶民的日常法律生活》,上海三联书店,2012。

徐忠明:《明镜高悬:中国法律文化的多维观照》,广西师范大学出版社,2014。

徐忠明:《情感、循吏与明清时期司法实践》,上海三联书店,2009。

徐忠明:《众声喧哗:明清法律文化的复调叙事》,清华大学出版社,2007。

许凡:《元代吏制研究》,劳动人事出版社,1987。

杨联陞:《中国制度史研究》,江苏人民出版社,2007。

杨鸿烈:《中国法律发达史》,上海书店出版社,1990。

姚大力:《蒙元制度与政治文化》,北京大学出版社,2011。

尤陈俊:《法律知识的文字传播:明清日用类书与社会日常生活》,上海人民出版社,2013。

张金铣:《元代地方行政制度研究》,安徽大学出版社,2001。

中国政法大学法律史学研究院编《日本学者中国法论著选译》,中国政法大学出版社,2012。

中国古籍善本书目编辑委员会编《中国古籍善本书目·史部》,上海古籍出版社,1993。

周良霄、顾菊英:《元代史》,上海人民出版社,1993。

沟口雄三、小岛毅编《中国的思维世界》,孙歌等译,江苏人民出版社,2006。

沟口雄三:《中国的公与私·公私》,郑静译,孙歌校,生活·读书·新知三联书店,2011。

仁井田陞:《中国法制史》,牟发松译,上海古籍出版社,2011。

寺田浩明:《权利与冤抑:寺田浩明中国法史论集》,王亚新等译,清华大学出版社,2012。

中岛乐章:《明代乡村纠纷与秩序:以徽州文书为中心》,郭万平、高飞译,江苏人民出版社,2012。

滋贺秀三等著,王亚新、梁治平编《明清时期的民事审判与民间契约》,王亚新、范愉、陈少峰译,法律出版社,1998。

滋贺秀三:《中国家族法原理》,张建国、李力译,商务印书馆,2013。

汉斯-格奥尔格·加达默尔:《真理与方法——哲学诠释学的基本特征》,洪汉鼎译,上海译文出版社,1999。

拉德布鲁赫:《法学导论》,米健、朱林译,中国大百科全书出版社,1997。

马克斯·韦伯:《儒教与道教》,洪天富译,江苏人民出版社,2008。

马克斯·韦伯:《经济与社会》,阎克文译,上海人民出版社,2010。

韩森:《传统中国日常生活中的协商:中古契约研究》,鲁西奇译,凤凰出版社,2008。

黄宗智:《民事审判与民间调解:清代的表达与实践》,中国社会科学出版社,1998。

黄宗智:《清代以来民事法律的表达与实践:历史、理论与现实》,法律出版社,2014。

卡特:《中国印刷术的发明和它的西传》,吴泽炎译,商务印书馆,1957。

梅因:《古代法》,沈景一译,商务印书馆,1959。

米歇尔·福柯:《规训与惩罚:监狱的诞生》,刘北成、杨远婴译,生活·读书·新知三联书店,2003。

皮埃尔·布迪厄、华康德:《实践与反思——反思社会学导引》,李猛、李康译,中央编译出版社,1998。

皮埃尔·布迪厄:《实践感》,蒋梓骅译,译林出版社,2003。

桑德罗·斯奇巴尼选编《正义和法》,黄风译,中国政法大学出版社,1992。

仁井田陞『唐令拾遺』東京大學出版會、1983。

Mark Elvin, *The Pattern of the Chinese Past: A Social and Economic Interpretation*(Stanford:Stanford University Press, 1973).

Michel Foucalt, *The Archaeology of Knowledge and the Discourse on Language*, trans.by A.M.Sheridan Smith(New York:Pantheon, 1972).

Paul Heng-chao Ch'en, *Chinese Legal Tradition Under the Mongols:The Code of 1291 as Reconstructed*(Princeton, N.J.:Princeton University Press, 1979).

Paul Jakov Smith and Richard von Glahn, eds., *The Song-Yuan-Ming Transition:in Chinese History*(Harvard University Asia Center, 2003).

R.G.Gettell, *History of Political Thought*（New York:Appleton-Century-Crofts, INC., 1924）.

（二）学术论文

安部健夫：《〈大元通制〉解说》，《蒙古史研究参考资料》新编第18辑，内蒙古大学蒙古史研究室，1981。

岸本美绪：《"秩序问题"与明清江南社会》，《近代中国史研究通讯》（台湾）第32期，2001年。

包伟民：《中国九到十三世纪社会识字率提高的几个问题》，《杭州大学学报》1992年第4期。

卞利：《明清徽州民俗健讼初探》，《江淮论坛》1993年第5期。

布迪厄：《法律的力量——迈向司法场域的社会学》，强世功译，《北大法律评论》第2卷第2辑，北京大学出版社，1999。

陈宝良：《从"无讼"到"好讼"：明清时期的法律观念及其司法实践》，《安徽史学》2011年第4期。

陈高华：《元朝的审判机构和审判程序》，《陈高华文集》，上海辞书出版社，2005。

陈高华：《元代出版史概述》，《历史教学》2004年第11期。

陈景良：《讼学、讼师与士大夫——宋代司法传统的转型及其意义》，《河南省政法管理干部学院学报》2002年第1期。

陈景良：《讼学与讼师：宋代司法传统的诠释》，《中西法律传统》第1卷，中国政法大学出版社，2001。

陈景良：《宋代司法传统的现代解读》，《中国法学》2006年第3期。

陈景良：《元朝民事诉讼与民事法规论略》，《法律史论集》第2卷，法律出版社，1999。

陈丽蓉：《息讼、健讼以及惩治唆讼》，《中西法律传统》第10卷，中国政法大学出版社，2014。

陈伟：《回眸与启示：对中国古代死刑执行方式的省思》，《刑法论丛》2013 年第 3 期。

陈雯怡：《从朝廷到地方——元代去思碑的盛行与应用场域的转移》，《台大历史学报》第 54 期，2014 年。

陈雯怡：《从去思碑到言行录——元代士人的政绩颂扬、交游文化与身分形塑》，《中央研究院历史语言研究所集刊》第 86 本第 1 分，2014。

陈志英：《元皇庆元年（公元 1312 年）十二月亦集乃路刑房文书初探》，《内蒙古社会科学》（汉文版）2004 年第 5 期。

陈智超：《宋代的书铺与讼师》，《陈智超自选集》，安徽大学出版社，2003。

崔永东：《论司法秩序与司法权威》，《中国司法》2012 年第 1 期。

戴建国：《元〈至元杂令〉发覆》，《河北学刊》2012 年第 4 期。

戴建国：《"主仆名分"与宋代奴婢的法律地位——唐宋变革时期阶级结构研究之一》，《历史研究》2004 年第 4 期。

邓建鹏：《词讼与案件：清代的诉讼分类及其实践》，《法学家》2012 年第 5 期。

邓建鹏：《健讼与贱讼：两宋以降民事诉讼中的矛盾》，《中外法学》2003 年第 6 期。

邓建鹏：《中国法律史研究思路新探》，《法商研究》2008 年第 1 期。

邓小南：《走向"活的"制度史——以宋代官僚政治制度史研究为例的点滴思考》，《浙江学刊》2003 年第 3 期。

杜芳琴：《元代理学初渐对妇女的影响》，《山西师大学报》1996 年第 4 期。

范忠信：《贱讼：中国古代法观念中的一个有趣逻辑》，《比较法研究》1989 年第 2 期。

方龄贵：《〈通制条格〉新探》，《历史研究》1993 年第 3 期。

方潇：《孔子"无讼"思想的变异及其原因分析——兼论对我国当前司法调解的启示》，《法商研究》2013 年第 1 期。

夫马进:《中国诉讼社会史概论》,范愉译,《中国古代法律文献研究》第 6 辑,社会科学文献出版社,2012。

高玉玲:《论宋代的民事息讼——以〈名公书判清明集〉为考察中心》,《安徽师范大学学报》(人文社会科学版) 2012 年第 6 期。

宫崎市定:《宋元时代的法制和审判机构》,刘俊文主编《日本学者研究中国史论著选译》第 8 卷,姚荣涛、徐世虹译,中华书局,1992。

龚汝富:《中国古代健讼之风与息讼机制评析》,《光明日报》2002 年 7 月 23 日。

顾元、李元:《无讼的价值理想与和谐的现实追求——中国传统司法基本特质的再认识》,《中国人民公安大学学报》(社会科学版) 2008 年第 1 期。

郭超颖、王承略:《从〈吏学指南〉看元代吏员意识》,《江西社会科学》2015 年第 2 期。

郭东旭:《立赏告奸:宋代一个广泛的法域》,《宋史研究论丛》第 9 辑,河北大学出版社,2008。

郭东旭:《宋代的诉讼之学》,《河北学刊》1988 年第 2 期。

郭星华:《无讼、厌讼与抑讼——对中国传统诉讼文化的法社会学分析》,《学术月刊》2014 年第 9 期。

韩清友:《元朝路总管府推官初探》,《元史及民族与边疆研究集刊》第 35 辑,上海古籍出版社,2018。

韩养民:《中国风俗文化与地域视野》,《历史研究》1991 年第 5 期。

侯爱梅:《〈失林婚书案文卷〉初探》,《宁夏社会科学》2007 年第 3 期。

侯欣一:《清代江南地区民间的健讼问题——以地方志为中心的考察》,《法学研究》2006 年第 4 期。

胡兴东:《元代"社"的职能考辨》,《云南师范大学学报》(哲学社会科学版) 2001 年第 4 期。

胡兴东:《元代法律史研究几个重要问题评析(2000—2011)》,《内蒙古师范大学学报》(哲学社会科学版)2013年第4期。

胡兴东:《元代民事审判制度研究》,《民族研究》2003年第1期。

胡兴东:《元代司法运作机制之研究》,《云南大学学报》(法学版)2006年第6期。

胡兴东:《元代司法中判例适用问题研究》,《司法》第4辑,2009。

胡兴东:《元代刑事审判制度之研究》,《云南大学学报》(法学版)2005年第2期。

胡旭晟:《无讼:"法"的失落——兼与西方比较》,《比较法研究》1991年第1期。

胡永恒:《法律史研究的方向:法学化还是史学化》,《历史研究》2013年第1期。

黄宽重:《从活的制度史迈向新的政治史——综论宋代政治史研究趋向》,《中国史研究》2009年第4期。

黄时鉴:《〈大元通制〉考辨》,《中国社会科学》1987年第2期。

黄宗智:《中国法律的实践历史研究》,《开放时代》2008年第4期。

黄宗智:《中国法律制度的经济史、社会史、文化史研究》,《中国经济史研究》1999年第2期。

霍存福:《敦煌吐鲁番借贷契约的抵赦条款与国家对民间债负的赦免——唐宋时期民间高利贷与国家控制的博弈》,《甘肃政法学院学报》2007年第2期。

蒋楠楠:《社会变革下的宋代司法秩序——从司法活动中的"幹"说起》,《南京大学学报》(哲学·人文科学·社会科学)2014年第4期。

雷家宏:《从民间争讼看宋朝社会》,《贵州师范大学学报》2001年第3期。

李明德:《元代司法制度述略》,《法学研究》1995年第1期。

李祎恒、金俭:《论法律史研究方法的路径选择》,《学海》2009年第

5 期。

李泽岩:《元代法律研究概述》,《法律文献信息与研究》2007 年第 4 期。

里赞:《司法或政务：清代州县诉讼中的审断问题》,《法学研究》2009 年第 5 期。

里赞:《刑民之分与重情细故：清代法研究中的法及案件分类问题》,《西南民族大学学报》2008 年第 12 期。

里赞:《中国法律史研究中的方法、材料和细节——以清代州县审断问题研究为例》,《法学》2009 年第 3 期。

梁庚尧:《豪横与长者：南宋官户与士人居乡的两种形象》,《新史学》第 4 卷第 4 期,1993。

梁治平:《"法"辨》,《中国社会科学》1986 年第 4 期。

梁治平:《法律的文化解释》,《中国社会科学季刊》(香港)第 4 期,1993 年。

梁治平:《法律史的视界：方法、旨趣与范式》,《中国文化》2002 年第 19、20 期。

刘晓:《〈大元通制〉到〈至正条格〉：论元代的法典编纂体系》,《文史哲》2012 年第 1 期。

刘晓:《日本有关元代法制史研究概述》,《中国史研究动态》1996 年第 4 期。

刘晓:《宋元金溪吴氏研究》,《中国社会科学院历史研究所学刊》第 1 集,社会科学文献出版社,2001。

刘晓:《元朝断事官考》,《中国社会科学院研究生院学报》1998 年第 4 期。

刘晓:《元代大宗正府考述》,《内蒙古大学学报》(哲学社会科学版)1996 年第 2 期。

刘晓:《元代监狱制度研究》,《元史论丛》第 7 辑,江西教育出版社,

1999。

刘晓:《元代的警迹与警迹人》,《北大史学》第 2 辑,北京大学出版社,1994。

刘晓:《元代劓刑小考》,《中国古代法律文献研究》第 6 辑,社会科学文献出版社,2012。

刘馨珺:《南宋狱讼判决文书中的"健讼之徒"》,宋史座谈会主编《宋史研究集》第 31 辑,兰台出版社,2001。

龙大轩:《道与中国"无讼"法律传统》,《现代法学》2015 年第 1 期。

鲁西奇:《"小国家"、"大地方":士的地方化与地方社会——读韩明士〈官僚与乡绅〉》,《中国图书评论》2006 年第 5 期。

陆韧:《元代宣慰司的边疆演化及军政管控特点》,《云南师范大学学报》(哲学社会科学版)2012 年第 6 期。

吕志兴:《元代"约会"审判制度与多民族国家的治理》,《西南政法大学学报》2011 年第 4 期。

马建春:《元代答失蛮与回回哈的司的设置》,《宗教学研究》2005 年第 1 期。

马晓林:《地方社会中官方祠庙的经济问题:以元代会稽山南镇庙为中心》,《中国社会经济史研究》2011 年第 3 期。

马作武:《古代息讼之术探讨》,《武汉大学学报》(哲学社会科学版)1998 年第 2 期。

默书民:《元代前期腹里地区的土地开发与田产争讼》,《河北师范大学学报》(哲学社会科学版)2003 年第 4 期。

牛杰:《宋代好讼之风产生原因再思考——以乡村司法机制为中心》,《保定师范专科学校学报》2006 年第 1 期。

潘修人:《元代达鲁花赤的职掌及为政述论》,《内蒙古社会科学》(文史哲版)1993 年第 6 期。

朴永哲:《从讼师的出现看宋代中国的法与社会》,《宋史研究论丛》

第 9 辑，河北大学出版社，2008。

邱树森：《元"回回哈的司"研究》，《中国史研究》2001 年第 1 期。

任姝欣：《枷号刑历史流变考究——以明清时期为考察重心》，《政法学刊》2014 年第 4 期。

任志安：《无讼：中国传统法律文化的价值取向》，《政治与法律》2001 年第 1 期。

阮剑豪：《释元代"警迹人"》，《西南交通大学学报》（社会科学版）2009 年第 2 期。

申万里：《宋元乡饮酒礼考》，《史学月刊》2005 年第 2 期。

申万里：《元代的粉壁及其社会职能》，《中国史研究》2008 年第 1 期。

申万里：《元代庙学考辨》，《内蒙古大学学报》（人文社会科学版）2002 年第 2 期。

寺田浩明：《清代民事审判：性质及意义——日美两国学者之间的争论》，王亚新译，《北大法律评论》1998 年第 2 期。

苏力：《黑城出土 F116：W98 号元代文书研究》，《古代文明》2011 年第 4 期。

苏力：《耆老与元代基层社会的控制》，《民族史研究》第 7 辑，民族出版社，2007。

苏力：《元代劝农文对农民的劝化》，《农业考古》2006 年第 4 期。

孙正军：《中古良吏书写的两种模式》，《历史研究》2014 年第 3 期。

谭晓玲：《浅析元代的判决离婚》，《内蒙古大学学报》（人文社会科学版）2003 年第 3 期。

仝晰纲：《元代的村社制度》，《山东师大学报》（社会科学版）1996 年第 6 期。

汪雄涛：《迈向生活的法律史》，《中外法学》2014 年第 2 期。

王东平：《元代的回回、回回法和回回哈的司》，《民族史研究》第 1 辑，民族出版社，1999。

王健:《瞿同祖与法律社会史研究——瞿同祖先生访谈录》,《中外法学》1998年第4期。

王敬松:《论元代法律中没有"十恶"体系》,《民族研究》2013年第5期。

王敬松:《元代宪司分行录囚述论》,《北京联合大学学报》(人文社会科学版)2013年第1期。

王盼:《由黑水城文书看亦集乃路民事纠纷的调解机制》,《西夏研究》2010年第2期。

王平原:《一枝一叶总关情——蒙元法制的开端与学术社会思潮的演变》,《法律文化研究》第2辑,中国人民大学出版社,2006。

王日根、江涛:《清代安徽士人健讼与社会风气——徐士林〈守皖谳词〉的解读》,《中国社会经济史研究》2009年第2期。

王善军:《辽代籍没法考述》,《民族研究》2002年第2期。

王晓欣、郑旭东:《元湖州路户籍册初探——宋刊元印本〈增修互注礼部韵略〉第一册纸背公文纸资料整理与研究》,《文史》2015年第1期。

王旭杰:《中国古代官箴书中的息讼思想探析》,《宁夏社会科学》2014年第6期。

吴海航:《论元代判例的生成及其运用》,《法治研究》2014年第5期。

吴佩林:《清代地方社会的诉讼实态》,《清史研究》2013年第4期。

武波:《试析元代法律中特殊的"奴告主"现象》,《云南师范大学学报》(社会科学版)2009年第4期。

武波:《元代考课制度》,《史学月刊》2013年第8期。

小林高四郎:《元代法制史上之"旧例"》,潘世宪译,《蒙古学资料与情报》1990年第4期。

徐忠明、杜金:《清代诉讼风气的实证分析与文化解释——以地方志为中心的考察》,《清华法学》2007年第1期。

徐忠明:《关于中国法律史研究的几点省思》,《现代法学》2001年第1期。

徐忠明:《明清国家的法律宣传:路径与意图》,《法制与社会发展》2010年第1期。

徐忠明:《偏好与追求:中国法律史的跨学科研究》,《华南师范大学学报》(社会科学版)2015年第1期。

徐忠明:《权利与伸冤:传统中国诉讼意识的解释》,《中山大学学报》(社会科学版)2004年第6期。

徐忠明:《中国法律史研究的可能前景:超越西方,回归本土?》,《政法论坛》2006年第1期。

许凡:《元代的首领官》,《西北师大学报》(社会科学版)1983年第2期。

薛磊:《元代县尉述论》,《史学月刊》2011年第12期。

严音莉:《"天人合一"理念下的无讼与和解思想及其影响》,《政治与法律》2008年第6期。

杨德华、胡兴东:《元代"约会"制度初探》,《云南师范大学学报》(哲学社会科学版)1999年第5期。

杨鸿雁:《中国古代耻辱刑考略》,《法学研究》2005年第1期。

杨讷:《元代农村社制研究》,《历史研究》1965年第4期。

杨淑红:《从人口买卖看元朝政府与民间社会的博弈》,《河北师范大学学报》(哲学社会科学版)2011年第2期。

杨淑红:《元代有关民事司法制度及其实效》,《元史及民族史研究集刊》第17辑,澳门:澳亚周刊出版有限公司,2004。

杨晓春:《〈大元通制〉、〈至正条格〉札记三则》,《元史及民族与边疆研究集刊》第24辑,上海古籍出版社,2012。

姚大力:《论元代刑法体系的形成》,《元史论丛》第3辑,中华书局,1986。

叶三方:《古代息讼经验的现代借鉴》,《武汉大学学报》(哲学社会科学版)2008年第2期。

殷啸虎:《论〈大元通制〉"断例"的性质及其影响》,《华东政法学院学报》1999年第1期。

尤陈俊、范忠信:《中国法律史研究在台湾——一个学术史的述评》,《中西法律传统》第6卷,北京大学出版社,2008。

尤陈俊:《"新法律史"如何可能——美国的中国法律史研究新动向及其启示》,《开放时代》2008年第6期。

尤陈俊:《"厌讼"幻象之下的"健讼"实相？重思明清中国的诉讼与社会》,《中外法学》2012年第4期。

尤陈俊:《清代简约型司法体制下的"健讼"问题研究——从财政制约的角度切入》,《法商研究》2012年第2期。

于语和:《试论"无讼"法律传统产生的历史根源和消极影响》,《法学家》2000年第1期。

俞江:《关于"中国古代有无民法"问题的再思考》,《现代法学》2001年第6期。

俞江:《明清州县细故案件审理的法律史重构》,《历史研究》2014年第2期。

张本顺:《无讼理想下的宋代讼师》,《社会科学战线》2009年第5期。

张斌:《从黑城汉文书看元代地方社会民事纠纷的解决机制》,《青海社会科学》2012年第1期。

张帆:《元朝皇帝的"本命日"——兼论中国古代"本命日"禁忌的源流》,《元史论丛》第12辑,内蒙古教育出版社,2010。

张帆:《重现于世的元代法律典籍——残本〈至正条格〉》,《文史知识》2008年第2期。

张晋藩:《中国古代民事诉讼制度通论》,《法制与社会发展》1996年第3期。

张柿:《"中国历史上的宋元明过渡"简介》,《宋史研究通讯》2003年第2期。

张田田:《元代律学探析——以王元亮"纂例"图表为中心》,《中西法律传统》第9卷,北京大学出版社,2014。

张小也:《从"自理"到"宪律":对清代"民法"与"民事诉讼"的考察——以〈刑案汇览〉中的坟山争讼为中心》,《学术月刊》2006年第8期。

张小也:《健讼之人与地方公共事务——以清代漕讼为中心》,《清史研究》2004年第2期。

张笑峰:《元代亦集乃路诸案成因及处理初探——以黑水城出土元代律令与词讼文书为中心》,《西夏学》2013年第2期。

张重艳:《也火汝足立嵬地土案文卷初探》,《西夏学》第6辑,上海古籍出版社,2010。

张重艳:《中国藏黑水城所出元代律令与词讼文书的史学价值》,《南京师大学报》(社会科学版)2012年第5期。

赵文坦:《元朝的狱讼管辖与约会制度》,《中国史论集》,天津古籍出版社,1994。

赵文坦:《元代的刑部和大宗正府》,《历史教学》1995年第8期。

赵文坦:《元代刑法轻重考辨》,《中国史研究》1999年第2期。

赵晓耕、沈玮玮:《健讼与惧讼:清代州县司法的一个悖论解释》,《江苏大学学报》(社会科学版)2011年第6期。

郑玉敏:《无讼与中国法律文化》,《东北师大学报》2004年第3期。

周绍泉:《退契与元明的乡村裁判》,《中国史研究》2002年第2期。

朱琍:《耻辱刑的教化功能及其现实意义》,《学习与实践》2007年第6期。

朱文慧:《现实与观念:南宋社会"民风好讼"现象再认识》,《中山大学学报》(社会科学版)2014年第6期。

卓泽渊:《中国古代的法律宣传》,《河北法学》1985年第1期。

赤城隆治「南宋期の訴訟について——"健訟"と地方官」『史潮』第16号、1985。

村上正二「元朝における投下の意義」『蒙古學報』第1号、1940。

大島立子「『承継』判例から見た法の適用」『宋一清代の法と地域社会』東洋文庫、2006。

大島立子「元朝の首領官」『明代史研究』第30号、2002。

大島立子「元代における『刑事』事件と女性」『中国女性史研究』第17号、2008。

党宝海「略論元代江南學田與地方社會——以碑刻上的學田訴訟案為中心」『13、14世紀東アジア史料通信』第11号、2009。

岡本敬二「吏学指南の研究——元代法の史的意義」『史學研究』第36号、1962。

岡本敬二「元代の社制と郷村」『歴史教育』13巻9号、1965。

宮崎市定「宋元時代の法制と裁判機構——元典章成立の時代的・社会的背景」『東方學報』第24号、1954。

海老沢哲雄「約会に關する覺書」小竹文夫・岡本敬二編『元史刑法志の研究訳註』教育書籍、1962。

会沢卓司「元雜劇における胥吏の姿」『集刊東洋學』第29号、1973。

井之崎隆興「元代社制の政治的考察」『東洋史研究』15巻1号、1956。

柳田節子「宋代の父老:宋朝專制權力の農民支配に關連して」『東洋學報』第81号、1999。

七野敏光「元初強姦犯殺害の——裁判案件について」『法學論集』第46号、2000。

勝藤猛「元朝初期の胥吏について」『東洋史研究』17巻2号、

1958。

太田彌一郎「元代社制の性格」『集刊東洋學』第 23 号、1970。

田村実造「元朝札魯忽赤考」『東洋史論叢：桑原博士還暦記念』弘文堂、1930。

小野泰「13－14 世紀中國的郷村社會」『河合文化教育研究論集』第 10 号、2012。

岩村忍「元典章刑部の研究——刑罰手續」『東方學報』第 24 号、1954。

岩村忍「元時代の肉刑について」『東方學報』第 36 号、1964。

有高巖、松本善海「元代に於ける社制の創立」『東方學報』11 卷 1 号、1940。

有高巖「元代の司法制度特に約會制に就いて」『史潮』6 卷 1 号、1936。

中島楽章「元代社制の成立と展開」『九州大学東洋史論集』第 29 号、2001。

（三）学位论文

范洋达:《元代的地方狱政初探》，硕士学位论文，台湾清华大学，2006。

洪丽珠:《元代县级官员群体研究》，博士学位论文，台湾清华大学，2012。

侯爱梅:《黑水城所出元代词讼文书研究》，博士学位论文，中央民族大学，2014。

李春园:《元代的物价和财税制度》，博士学位论文，复旦大学，2014。

李玉年:《元代多元法律问题研究》，博士学位论文，南京大学，2008。

武波:《元代法律问题研究——以蒙汉二元视角的观察为中心》，博士学位论文，南开大学，2010。

杨淑红:《元代民间契约关系研究》，博士学位论文，河北师范大学，2012。

杨振东:《元代"富民"阶层初探》，硕士学位论文，云南大学，2011。

余蔚:《宋代地方行政制度研究》，博士学位论文，复旦大学，2004。

张延昭:《下沉与渗透：多元文化背景下的元代教化研究》，博士学位论文，华东师范大学，2010。

周鑫:《儒士新地方性格的成长：以元代江西抚州儒士为中心》，博士学位论文，南开大学，2007。

后　记

　　这本修改自博士论文的小书终于要付梓了，距离2016年博士毕业已有七年时间，距离初稿交付出版社也已三年。之所以拖延至今，固然是个人疏懒所致，更有不易言明的惶恐。毕业答辩时博士论文虽未受到太多批评，诸位先生皆以鼓励为主，但自己深知内中缺漏甚多，错讹者恐亦不少。毕业后困于"不发表便出局"的现状，将博士论文部分章节陆续修改发表，其实一直深有不安。特别是随着近年阅读量的增加和视野的拓展，更加理解古人为何"悔其少作"。相比博士论文，本书在章节结构和内容上皆有较大调整，行文亦反复润色，但仍远未称善。如今即将付梓，祈请学界同行批评指正，其间不尽如人意处，则有待于将来予以纠正和完善。

　　从本科进入历史专业算起，已十有八年，恰好人生之半，感慨良多。我作为家中次子，出生时正值计划生育管控最严厉的年代，少时不得不居乡间，由祖父母抚养。乡间生活优哉游哉，无聊时常翻阅祖父的《文史资料选辑》，当是最早接触的历史书籍。回城入学后，不善与人言，寄情于读书，尤爱中国古典小说与历史演义，许多个周末就在读冯梦龙《东周列国志》、蔡东藩《历朝通俗演义》中度过。犹记进入大学后的见面会上，系主任吴春梅教授询问谁第一志愿报了历史，"有幸"成为当时举手的两人之一。实际上，大学填报历史专业，除了自幼读历史演义小说所产生的兴趣，还有些清高自诩的"中二病"，钟爱远离世俗的人文之学，对经管财会之类则颇为不喜。其实当时对史学研究并无具体概念，也未想过什么"名山事业"。本科时虽好读书却不求甚解，当时历史专业转专业成风，自己也曾患得患失，颇为浮躁，并未窥得史学研究之真正风貌。

自硕士进入武汉大学历史学院后，浸润于唐长孺、吴于廑等诸先贤所开创的严谨、朴实之学风，更有诸位师长之教诲，终领略到这门精致学问中的独特魅力，学业稍有长进。尤其得遇恩师申万里教授，为一生之幸。申万里师是一位十分难得的纯粹的学者，自硕士时有幸忝列门下，成为我学术和人生的引路人。当时武大硕士为两年制，第一年恰遇申师在哈佛访学，自己学习蒙元史颇为吃力，毕业后觉学术难有造诣，决定赴上海工作。当我决意重回学校深造时，申师又欣然接纳，使我有机会继续学业。申师与宗圣曾子同乡，为人颇有鲁人的朴实厚重，同时又满腹锦绣，学识渊博。他醉心于史学而淡泊名利，对学问之外的世俗琐事从不萦怀，这极大影响了我对学术和生活的态度，使我最终从患得患失的心态中走出来，对史学研究产生由衷的热爱。除申师外，宋元史研究中心的杨果老师、陈曦老师，使我受惠良多。杨老师是一位令人敬佩的前辈学者，研一时有幸在杨老师课上接受文献阅读训练，当时的我虽因功底薄弱而颇为吃力，但正由此逐渐掌握了研读史料、分析问题的正确方法，终生受用。陈老师对待科研的勤奋、专注和严谨一直是我努力学习的榜样，她开设的有关宋代民间信仰的课程，不仅让我接触到以往不曾关注的领域，更极大地开阔了思维。

申师待研究生颇为包容，记忆中从无严厉的批评，总是时时鼓励。对于论文选题，申师非常尊重学生们的自主探索，同门诸君的选题多为自选。我由于硕士期间参与写作法史通俗读物的经历，对法律史产生兴趣，又受韦伯法律社会学启发，决定进行元代法律社会史的研究。当时申师正进行元代士人与社会的研究，其"社会史"的视角对我同样影响很大。博士论文选题最终定为"元代江南地区的司法秩序"，意在探讨元代地方司法制度的变迁以及司法制度与地方社会的互动。在博士论文的撰写中，从布局谋篇到行文表述，申师倾注了大量心血。特别在论文撰写的最后阶段，我常有难以为继之感，甚至一度打算延期，幸有申师不时的鼓励和引导。最终的博士论文并没有完成当初与申师商定的框架，尤其是由于史料的限制，论文题目虽聚焦"江南"，但区域视角并不明显。因此工作后申请教育部课题时，将选题改为"法律社会史视阈下的元代地方司法研究"，本书就是这一课题的结项成果。从求学武大到工作的十余年间，一直蒙申师鼓励提携，此次本书出版又赐以嘉序，师恩之厚，无以为报。

博士毕业后，申师推荐我到南开大学，跟随申师博士导师李治安先生进行博士后研究。先生是当代元史大家，自硕士开始元史学习，便是我高山仰止的对象，能跟随先生继续深造，于我是莫大的机缘。先生早年专研元代政治制度史，其有关元代分封制度、元代行省制度研究的专著是元史研究者的必读之书，其考证之精令人惊叹。近二十年先生开始进行"融通断代"的宏观问题研究，发表一系列重要论述，系统阐释中古以降南北地域差异的博弈与整合发展，重建中近古历史脉络。在我的学习历程中，先生有关中国古代区域子文明博弈整合的论述，对我问题意识的萌发影响最大。在南开期间，每周有一次师门课，进行碑刻研读，虽然主要是学生们汇报，但令人最印象深刻的，还是老师们的精彩点评，李治安先生对史料之熟稔，王晓欣老师学识之渊博，薛磊老师眼光之敏锐，马晓林老师视野之宏阔，皆给我留下深刻印象。惭愧的是博后期间过于疏懒，错过许多向各位老师问学的机会，思之未免痛惜。

博后出站后李治安先生曾推荐我去重点大学专业学院工作，当时急于回武汉和爱人团聚，只能婉拒先生盛意。后来在武大和华中师大历史学院谋教职不顺，幸得华农马院接纳。先生恐我去马院后发展不利，专门打电话询问我是否有意去外地其他专业学院，表示愿意再做推荐，当时我"一意孤行"要留汉，遂不了了之。后有机会与先生在武汉相聚，先生表示理解我的选择并予以鼓励，但更加深了我的愧疚。稍可宽慰的是工作以来虽学问未有精进，但始终未放弃专业，犹可待将来。感谢单位各位领导对我的包容，使我虽然已经无法完全以史学为"职业"，尚可以史学为"志业"。

马克斯·韦伯曾告诫青年人："凡是不能让人怀着热情去从事的事，就人作为人来说，都是不值得的事。"感谢求学以来所有老师们的教导和启迪，让我能够找到一个热爱的志业，能做自己觉得"值得"的事，这是人作为人莫大的幸运。

郑　鹏

2023 年 7 月 7 日于寓所

图书在版编目(CIP)数据

制度与秩序：元代地方司法运作研究/郑鹏著.--
北京：社会科学文献出版社，2023.7
ISBN 978-7-5228-0441-5

Ⅰ.①制… Ⅱ.①郑… Ⅲ.①地方法规－司法制度－
研究－中国－元代　Ⅳ.①D929.47

中国版本图书馆CIP数据核字（2022）第127004号

制度与秩序：元代地方司法运作研究

著　　者 / 郑　鹏

出 版 人 / 王利民
责任编辑 / 郑庆寰　赵　晨
文稿编辑 / 徐　花
责任印制 / 王京美

出　　版 / 社会科学文献出版社·历史学分社（010）59367256
　　　　　 地址：北京市北三环中路甲29号院华龙大厦　邮编：100029
　　　　　 网址：www.ssap.com.cn

发　　行 / 社会科学文献出版社（010）59367028
印　　装 / 三河市尚艺印装有限公司

规　　格 / 开　本：787mm×1092mm 1/16
　　　　　 印　张：21.25　字　数：295千字
版　　次 / 2023年7月第1版　2023年7月第1次印刷
书　　号 / ISBN 978-7-5228-0441-5
定　　价 / 89.00元

读者服务电话：4008918866

版权所有　翻印必究